Steuerfachbücher

Herausgegeben von
Professor Dr. Klaus von Sicherer

Bisher erschienene Werke:

Kirsch, Besteuerung von Gesellschaften
Seigel, Betriebliche Steuerlehre – Arbeitsbuch
Seigel, Bilanzsteuerrecht – Arbeitsbuch
von Sicherer, Einkommensteuer, 2. Auflage

Betriebliche Steuerlehre

Arbeitsbuch

Von
Professor
Dr. Günter Seigel

R. Oldenbourg Verlag München Wien

Die Deutsche Bibliothek - CIP-Einheitsaufnahme

Seigel, Günter:
Betriebliche Steuerlehre : Arbeitsbuch / von Günter Seigel. -
München ; Wien : Oldenbourg, 2002
(Steuerfachbücher)
ISBN 3-486-25882-6

Rosenheimer Straße 145, D-81671 München
Telefon: (089) 45051-0
www.oldenbourg-verlag.de

Gedruckt auf säure- und chlorfreiem Papier
Druck: MB Verlagsdruck, Schrobenhausen
Bindung: R. Oldenbourg Graphische Betriebe Binderei GmbH

ISBN 3-486-25882-6

Vorwort

Dieses Arbeitsbuch vermittelt das praxisrelevante Grundwissen über die wichtigsten Unternehmenssteuern sowie über das Besteuerungsverfahren in Frage- und Antwortform. Der Schwerpunkt liegt auf den prüfungsanfälligen Vorschriften.

Im Einzelnen erfolgt nach einer kurzen Beschreibung des Aufgabengebiets der „Betrieblichen Steuerlehre“ und der Erläuterung wichtiger steuerlicher Grundbegriffe sowie der Rechtsquellen des Steuerrechts eine Abhandlung der wichtigsten Einzelsteuern (Einkommensteuer, Körperschaftsteuer, Gewerbesteuer, Erbschaft- und Schenkungsteuer, Grundsteuer, Umsatzsteuer, Grunderwerbsteuer). Sodann erfolgt ein kurzer Abriss des Besteuerungsverfahrens.

Da in den Klausuren in den Fachgebieten „Steuerlehre“, „Betriebliche Steuerlehre“ und „Steuerrecht“ in aller Regel recht anspruchsvolle Steuerfälle zu lösen sind, wurden die erfahrungsgemäß prüfungsanfälligen Vorschriften besonders detailliert behandelt. Den einzelnen Kapitel sind Literaturhinweise vorangestellt. Das Arbeitsbuch dient in erster Linie der Wiederholung und Vertiefung des in den Lehrveranstaltungen behandelten Stoffes. Es eignet sich aber auch zur erstmaligen Erarbeitung des Lehrstoffes.

Dem Leser wird dringend empfohlen, die angegebenen Rechtsgrundlagen (Paragraphen der Gesetze sowie Abschnitte der Richtlinien) nachzuschlagen und sorgfältig zu lesen.

Der Einsatz des Lehrmittels „Fragen und Antworten“ hat zu vergleichsweise besseren Klausurergebnissen geführt. Die Verwendung von Arbeitsbüchern in Frage- und Antwortform scheinen ein besonders geeignetes Mittel zur Prüfungsvorbereitung zu sein. Der Verfasser ist daher für erhellende Hinweise dankbar.

Auf einen störenden und sperrigen Fußnotenapparat wurde in dem Arbeitsbuch weitgehend verzichtet. Im Wesentlichen wurde nur die unmittelbare inhaltliche Entlehnung von Beispielsfällen direkt kenntlich gemacht. Die Standardlehrbücher, aus denen zwangsläufig zahlreiche Anregungen zu den Fragen und Antworten entstammen, wurden im Literaturverzeichnis angegeben.

Für wertvolle Hinweise und Verbesserungsvorschläge sowie für das Lesen des Manuskriptes danke ich meiner Ehefrau Monika Seigel. Ihrer langjährigen Erfahrung als Steuerberaterin verdanke ich zahlreiche praxisrelevante Fragen. Nicht zuletzt danke ich dem Verlag für die harmonische Zusammenarbeit.

Dieses Arbeitsbuch basiert auf den von mir an der Fachhochschule Gelsenkirchen, Abt. Bocholt, gehaltenen Vorlesungen und Übungen im Grundstudium.

Bocholt Günter Seigel

Inhaltsverzeichnis

Seite

Vorwort V
Abkürzungsverzeichnis IX

Erster Teil: Grundlagen der Betrieblichen Steuerlehre

1. Aufgaben der Betrieblichen Steuerlehre 1
2. Grundlagen und Grundbegriffe der Betrieblichen Steuerlehre 3

Zweiter Teil: Die Steuern des Unternehmens

1. Abschnitt: Steuern auf die Einkommens- und Ertragserzielung

1. Einkommensteuer 29
2. Körperschaftsteuer 133
3. Gewerbesteuer 168
4. Zuschlagsteuern 193

2. Abschnitt: Steuern auf die Vermögenssubstanz

1. Bewertungsgesetz 197
2. Grundsteuer 208
3. Erbschaft- und Schenkungsteuer 213

3. Abschnitt: Steuern auf die Einkommens- und Vermögensverwendung

1. Umsatzsteuer 227
2. Grunderwerbsteuer 326

Dritter Teil: Besteuerungsverfahren 331

Literaturverzeichnis 383
Stichwortverzeichnis 385

Abkürzungsverzeichnis

a.a.O.	am angegebenen Ort
Abs.	Absatz
Abschn.	Abschnitt
AEAO	Anwendungserlass zur Abgabenordnung
a.F.	alte Fassung
AG	Aktiengesellschaft
AktG	Aktiengesetz
Anm.	Anmerkung
AO	Abgabenordnung
Art.	Artikel
AStG	Außensteuergesetz
Aufl.	Auflage
Bd.	Band
BdF	Bundesminister der Finanzen
BewG	Bewertungsgesetz
BFH	Bundesfinanzhof
BFM	Bundesfinanzministerium
BGB	Bürgerliches Gesetzbuch
BGBl	Bundesgesetzblatt
BStBl	Bundesteuerblatt
BT-Drucks.	Bundestags-Drucksache
BVerfG	Bundesverfassungsgericht
DBA	Doppelbesteuerungsabkommen
DV	Durchführungsverordnung
EG	Europäische Gemeinschaft
EK	Eigenkapital
ErbStG	Erbschaftsteuergesetz
ErbStR	Erbschaftsteuer-Richtlinien
EStDV	Einkommensteuer-Durchführungsverordnung
EStG	Einkommensteuergesetz
EStH	Einkommensteuer-Hinweise
EStR	Einkommensteuer-Richtlinien
EU	Europäische Union
EUSt	Einfuhrumsatzsteuer

f	folgende
ff.	fortfolgende
FGO	Finanzgerichtsordnung
gem.	gemäß
GewStDV	Gewerbesteuer-Durchführungsverordnung
GewStG	Gewerbesteuergesetz
GewStR	Gewerbesteuer-Richtlinien
GG	Grundgesetz
GmbH	Gesellschaft mit beschränkter Haftung
GrS	Großer Senat
GrStG	Grundsteuergesetz
HGB	Handelsgesetzbuch
hM	herrschende Meinung
i.d.F.	in der Fassung
i.H.v.	in Höhe von
i.S.d.	im Sinne des
i.S.v.	im Sinne von
i.V.m.	in Verbindung mit
KiStG	Kirchensteuergesetz
KStDV	Körperschaftsteuer-Durchführungsverordnung
KStG	Körperschaftsteuergesetz
KStR	Körperschaftsteuer-Richtlinien
LSt	Lohnsteuer
LStDV	Lohnsteuer-Durchführungsverordnung
LStH	Lohnsteuer-Hinweise
LStR	Lohnsteuer-Richtlinien
Nr.	Nummer
NWB	Neue Wirtschaftsbriefe
OHG	Offene Handelgesellschaft
R	Richtlinien
SachBezVO	Sachbezugsverordnung
SolzG	Solidaritätszuschlag
UStDV	Umsatzsteuer-Durchführungsverordnung
UStG	Umsatzsteuergesetz
UStR	Umsatzsteuer-Richtlinien
v.H.	vom Hundert
ZG	Zollgesetz

Erster Teil

Grundlagen der Betrieblichen Steuerlehre

Literaturhinweise: Haberstock, H., Breithecker, V., Einführung in die Betriebswirtschaftliche Steuerlehre, 11. Aufl., Bielefeld 2000, S. 1 – 28; Kußmaul, H., Betriebswirtschaftliche Steuerlehre, 2. Aufl., München/Wien 2000, S. 1 - 3; Seigel, G./Schemmel, L., ABWL. Eine praxisorientierte Einführung in die moderne Betriebswirtschaftslehre, Köln 1999, S. 272 – 284; Seigel, G., Steuerlehre, Stuttgart 2001, S. 1 – 13; Wöhe, G., Betriebswirtschaftliche Steuerlehre I/1. Die Steuern des Unternehmens - Das Besteuerungsverfahren, 6. Aufl., München 1988, S. 3 – 53.

1. Aufgaben der Betrieblichen Steuerlehre

1. Welche Gründe sprechen für eine Beschäftigung mit dem Thema „Betrieb und Steuern"?

Steuern belasten nicht nur das betriebliche Ergebnis und vermindern als Steuerzahlungen das Vermögen, Steuern nehmen u.a. auch Einfluss auf die Wahl der Rechtsform, die nationale und internationale Standortwahl oder die Vorteilhaftigkeit von Investitionen. Das Steuerrecht nimmt aufgrund der umgekehrten Maßgeblichkeit Einfluss auf die Handelsbilanz. Zusätzlich bedarf es im Unternehmen organisatorischer Vorkehrungen zur Erfüllung der vielfältigen steuerlichen Verpflichtungen (z.B. Buchführungs- und Aufzeichnungspflichten, Berechnung, Einbehaltung und Abführung der Lohnsteuer der Arbeitnehmer).

2. Welche Aufgaben hat die Betriebliche Steuerlehre?

Geht man von dem Begriff **„Betriebliche Steuerlehre"** aus, so ist die Betriebliche Steuerlehre die Lehre von den Problemen, die den Betrieben durch die Besteuerung entstehen.

Das **Aufgabengebiet** der Betrieblichen Steuerlehre besteht somit darin, zu untersuchen, wie **betriebliche Größen** (z.B. Umsätze in der Mineralölindustrie bei Erhöhung des Benzinpreises) und **Prozessabläufe** (Veränderung des Faktoreinsatzes bei Belastung eines Produktionsfaktors) durch die Besteuerung beeinflusst werden **(Steuerwirkungslehre)** und welche **unternehmerischen Entscheidungen** getroffen werden müssen, um die steuerliche Belastung zu minimieren **(Steuergestaltungslehre)**.
Zum Aufgabengebiet der Betrieblichen Steuerlehre gehört es auch, aus ihren Erkenntnissen heraus Vorschläge für eine mögliche Gestaltung der Steuergesetze zu unterbreiten **(Steuerrechtsgestaltungslehre)**.
Die Bewältigung dieser Aufgaben setzt fundierte **steuerrechtliche Kenntnisse** voraus. Deshalb wird in den Lehrbüchern und Lehrveranstaltungen zur Betrieblichen Steuerlehre zunächst ein **Überblick über die wichtigsten Steuerrechtsnormen** gegeben. Die Betriebliche Steuerlehre hat deshalb auch die Aufgabe, die wichtigsten Steuerrechtsnormen zu vermitteln **(Steuerrechtsnormenlehre)**.

3. Mit welchen Fragen beschäftigt sich die Steuerwirkungslehre schwerpunktmäßig?

Die **Steuerwirkungslehre** befasst sich **schwerpunktmäßig** mit dem **Einfluss der Besteuerung** auf die **Aufbauelemente** (Produktionsfaktoren, Rechtsform, Unternehmenszusammenschlüsse, Standort) und die **Hauptfunktionen** (Beschaffung, Produktion, Absatz, Finanzierung, Investition) des Betriebs.

4. Mit welchen Fragen beschäftigt sich die Steuergestaltungslehre schwerpunktmäßig?

Die **Steuergestaltungslehre** beschäftigt sich **schwerpunktmäßig** mit der **betrieblichen Steuerplanung** und der **betrieblichen Steuerpolitik**.

5. Welches Verhältnis hat die Betriebliche Steuerlehre zur Allgemeinen Betriebswirtschaftslehre?

Die Besteuerung ist einer von vielen Einflussfaktoren auf betriebliche Entscheidungen (z.B. Rechtsform, Standort, Investition, Finanzierung). Somit sollten die steuerlichen Probleme der Betriebe nicht gesondert, sondern im Rahmen der Allgemeinen Betriebswirtschaftslehre behandelt werden. Dem stehen allerdings **praktische Probleme** gegenüber. Das Stoffgebiet der Betrieblichen Steuerlehre ist außerordentlich umfangreich und würde bei Einbeziehung in die Allgemeine Betriebswirtschaftslehre deren Umfang sprengen. Dies gilt sowohl für die Lehrbücher als auch für die Lehrveranstaltungen. Deshalb hat sich eine gesonderte Behandlung der Thematik „Betrieb und Steuern" als zweckmäßig erwiesen.

2. Grundlagen und Grundbegriffe der Betrieblichen Steuerlehre

1. Welche tatbestandlichen Voraussetzungen müssen nach § 3 Abs. 1 Satz 1 AO erfüllt sein, damit es sich bei einer Abgabe um eine Steuer handelt (Begriff der Steuer)?

Steuern sind nach § 3 Abs. 1 Satz 1 AO „Geldleistungen, die nicht eine Gegenleistung für eine besondere Leistung darstellen und von einem öffentlich-rechtlichen Gemeinwesen zur Erzielung von Einnahmen allen auferlegt werden, bei denen der Tatbestand zutrifft, an den das Gesetz die Leistungspflicht knüpft; die Erzielung von Einnahmen kann Nebenzweck sein." Aus dieser Begriffsbestimmung ergeben sich im Einzelnen die **tatbestandlichen Voraussetzungen**, die **sämtlich** erfüllt sein müssen, damit es sich bei einer Abgabe um eine Steuer handelt.[1]

2. Sind nur Geldleistungen Steuern?

[1] Die Behandlung des Begriffs der Steuer zeigt bereits exemplarisch, wie mit Hilfe dieses Arbeitsbuches der Anwendungsbereich der steuerlichen Vorschriften der wichtigsten Steuergesetze erarbeitet werden kann.

Durch die Verwendung des Begriffs **„Geldleistungen"** in § 3 Abs. 1 Satz 1 AO werden **Sach- und Dienstleistungen** (z.B. die Einbehaltung und Abführung der Lohnsteuer durch den Arbeitgeber) von vornherein aus dem Steuerbegriff ausgeschieden. Somit sind nur **Geldleistungen** Steuern.

3. Ist es für die Einordnung einer Geldleistung als Steuer erheblich, ob die Leistung einmalig oder laufend erhoben wird?

Für die Einordnung einer Geldleistung als Steuer ist es **unerheblich**, ob sie **einmalig** (z.B. Erbschaftsteuer,[2] Grunderwerbsteuer) oder **laufend** (z.B. Einkommensteuer, Körperschaftsteuer, Gewerbesteuer) erhoben wird.

4. Müssen Steuern von einem öffentlich-rechtlichen Gemeinwesen auferlegt sein oder können Steuern auch von privat-rechtlichen Organisationen auferlegt werden?

Steuern müssen von einem **öffentlich-rechtlichen Gemeinwesen** auferlegt sein. Von privat-rechtlichen Organisationen können keine Steuern auferlegt werden.

5. Was ist unter einem öffentlich-rechtlichen Gemeinwesen zu verstehen?

Unter einem öffentlich-rechtlichen Gemeinwesen sind **alle Arten von juristischen Personen des öffentlichen Rechts** zu verstehen. Dies sind insbesondere die Gebietskörperschaften Bund, Länder und Gemeinden. Die Religionsgemeinschaften des öffentlichen Rechts gehören auch dazu.

6. Was bedeutet „auferlegt"?

Die Geldleistung muss **„auferlegt"** sein. Nach der grundgesetzlichen Ordnung heißt das, dass die Geldleistung **aufgrund eines Gesetzes** dem

[2] Es werden durchgängig die fachsprachlichen Bezeichnungen der Steuern verwendet. Also: Erbschaftsteuer und nicht – wie nach der Rechtschreibereform - Erbschaftssteuer.

Bürger **auferlegt** sein muss. Die Verpflichtung des Betroffenen zur Leistung wird **ohne Rücksicht** auf seinen Willen durch einen Hoheitsakt der öffentlichen Gewalt festgelegt.

7. Muss eine Steuer zur Erzielung von Einnahmen auferlegt sein?

Eine Steuer muss zur Erzielung von **Einnahmen** auferlegt sein.

8. Muss die Erzielung von Einnahmen stets Hauptzweck einer Steuer sein oder können mit der Auferlegung von Steuern auch Nebenzwecke verfolgt werden?

Die Erzielung von Einnahmen braucht **nicht der Hauptzweck** einer Steuer zu sein. Es genügt, wenn die Steuer als **Nebenzweck** Einnahmen für ein öffentliches Gemeinwesen erbringen soll. Wenn die Erzielung von Einnahmen dagegen völlig zurücktritt und die Geldleistung ausschließlich zu anderen Zwecken auferlegt wird, z.B. als rückzahlbare Konjunkturabgabe,[3] handelt es sich nicht um eine Steuer.

9. Gehören die in § 3 Abs. 3 AO aufgeführten Säumnis- und Verspätungszuschläge sowie Zwangsgelder zu den Steuern?

Zwangsgelder, Säumnis- und Verspätungszuschläge werden als **Ungehorsamsfolgen** und als **Druckmittel** auferlegt und sind deshalb **keine Steuern,** sondern **steuerliche Nebenleistungen** (§ 3 Abs. 3 AO).

10. Dürfen Steuern eine Gegenleistung für eine besondere Leistung darstellen?

Steuern dürfen **keine Gegenleistung** für eine besondere Leistung darstellen. Steuern sind demnach **kein Entgelt** für eine bestimmte Leistung der

[3] Vgl. BVerfG, BStBl 1984 II S. 858.

steuererhebenden Körperschaft und begründen auch keinen Anspruch auf eine bestimmte Gegenleistung der steuererhebenden Körperschaft.

11. Handelt es sich bei Gebühren und Beiträgen um Steuern?

Gebühren und Beiträge sind **keine** Steuern. **Gebühren** sind gesetzlich oder aufgrund eines Gesetzes festgelegte Entgelte für die Inanspruchnahme bzw. Benutzung der öffentlichen Verwaltung. So sind Verwaltungsgebühren für die Vornahme von Amtshandlungen zu entrichten. Benutzungsgebühren sind das Entgelt für die Benutzung einer öffentlichen Einrichtung, z.B. Gebühren für die Zulassung von Kraftfahrzeugen.

Während also Steuern in erster Linie den Finanzbedarf des Staates decken, stehen Gebühren im Zusammenhang mit einer **konkreten Gegenleistung** an den Abgabeschuldner.

Beiträge sind von den **Interessenten** einer öffentlichen Einrichtung aufzubringen, ohne dass ein unmittelbarer zeitlicher Zusammenhang zwischen Leistung und Gegenleistung besteht. Im Gegensatz zu den Gebühren werden Beiträge **ohne Rücksicht auf die tatsächliche Inanspruchnahme** erhoben, z.B. Straßenanliegerbeiträge.

Der Gedanke der Gegenleistung im Sinne eines Ausgleichs von Vorteilen und Lasten ist dabei der den Beitrag legitimierende Gesichtspunkt. Der Kreis der Beitragspflichtigen und der Veranlagungsmaßstab müssen bestimmt sein.

12. Was besagt der Grundsatz der Tatbestandsmäßigkeit der Besteuerung?

Die Geldleistungen müssen nach § 3 Abs. 1 AO allen auferlegt sein, bei denen der **Tatbestand** zutrifft, an den das Gesetz die Leistungspflicht knüpft. In dieser Forderung des Gesetzgebers kommt der Grundsatz der Tatbestandsmäßigkeit der Besteuerung zum Ausdruck.

Nach dem **Grundsatz der Tatbestandsmäßigkeit** der Besteuerung darf eine Steuer nur erhoben werden, wenn der im Gesetz festgelegte **Tatbestand** verwirklicht ist.

Im Einzelnen fordert der Grundsatz, dass die Norm, die eine Steuerpflicht begründet, nach Inhalt, Gegenstand, Zweck und Ausmaß hinreichend bestimmt und begrenzt sein muss, so dass eine Steuerlast messbar und in gewissem Umfang für den Staatsbürger voraussehbar und überschaubar wird.

13. Was besagt der Grundsatz der Gleichmäßigkeit der Besteuerung?

Durch die Bestimmung, dass die Geldleistungen **allen auferlegt** sein müssen, wird das Merkmal der **Gleichmäßigkeit der Besteuerung** Bestandteil des Steuerbegriffs.
Der **Grundsatz der Gleichmäßigkeit** der Besteuerung besagt, dass bei der Auferlegung und Erhebung von Steuern alle Steuerpflichtigen **gleichmäßig erfasst** werden sollen und **keine willkürlichen Unterschiede** und **Ausnahmen** zulässig sind. Für das Bundesverfassungsgericht sind **Gleichmäßigkeit** der Besteuerung und **Gerechtigkeit** der Besteuerung **inhaltsgleich**.

14. Wann ist der Grundsatz der Gleichmäßigkeit der Besteuerung verletzt?

Der Grundsatz der Gleichmäßigkeit der Besteuerung ist **verletzt**, wenn sich ein vernünftiger, sich aus der Natur der Sache ergebender Grund für eine gesetzliche Differenzierung oder Ungleichbehandlung nicht finden lässt, wenn also die Bestimmung als **willkürlich** bezeichnet werden muss.
Das **Bundesverfassungsgericht** hat in der Vergangenheit mehrfach Verstöße gegen den Grundsatz der Gleichmäßigkeit der Besteuerung festgestellt. So hat es beispielsweise mit seinen Beschlüssen vom 22.6.1995 die bis zum 31.12.1996 geltende **Vermögensteuer** und die bis zum 31.12.1995 geltende **Erbschaftsteuer** für mit dem Grundgesetz unvereinbar erklärt.[4]

15. Dürfen mit der Erhebung von Steuern vorrangig wirtschaftspolitische Ziele verfolgt werden?

[4] Vgl. BVerfG, BStBl 1995 II S. 655 und S. 671.

Der Gesetzgeber bedient sich der Steuern in erster Linie zur **Finanzierung der öffentlichen Haushalte**. Daneben dürfen mit der Erhebung (Nichterhebung) von Steuern auch **wirtschaftspolitische** Ziele verfolgt werden, wie z.B. allgemeine konjunktur-politische Ziele wie Preisstabilität, Vollbeschäftigung, außenwirtschaftliches Gleichgewicht oder Wirtschaftswachstum.
Es dürfen **regionalpolitische** Ziele, wie eine Verbesserung der Infrastruktur, **strukturpolitische** Ziele durch die Gewährung von Subventionen oder steuerliche Erleichterungen für einzelne Wirtschaftsbereiche verfolgt werden. Darüber hinaus dürfen im Wege der Besteuerung **weitere Ziele**, wie z.B. die Förderung von **Umweltschutzmaßnahmen** oder der **Entwicklungshilfe**, verfolgt werden.

16. Wer ist Steuersubjekt?

Steuersubjekt ist das **Rechtssubjekt eines Steuergesetzes**, dem ein Steuerobjekt und die damit verbundene Steuerschuld zugerechnet wird.

17. Wer ist bei der Einkommensteuer das Steuersubjekt?

Bei der **Einkommensteuer** als Personensteuer ist eine **natürliche Person** das Steuersubjekt.

18. Wer ist bei der Körperschaftsteuer das Steuersubjekt?

Bei der **Körperschaftsteuer** als Personensteuer ist eine **juristische Person** das Steuersubjekt.

19. Wer ist Steuerschuldner?

Steuerschuldner ist derjenige, der den **Tatbestand verwirklicht**, an den das Gesetz die Leistungspflicht knüpft. Wer im Einzelnen Steuerschuldner ist, bestimmen die Einzelsteuergesetze (§ 43 AO).

20. Wer ist bei der Umsatzsteuer, der Lohnsteuer und der Gewerbesteuer Steuerschuldner?

Nach dem **Umsatzsteuergesetz** ist in der Regel der **Unternehmer** selbst Steuerschuldner (§ 13 Abs. 2 Nr. 1 UStG). Bei der **Lohnsteuer** ist der **Arbeitnehmer** Steuerschuldner (§ 38 Abs. 2 Satz 1 EStG). Bei der **pauschalierten Lohnsteuer** nach § 40 Abs. 3 Satz 2 EStG ist hingegen der **Arbeitgeber** Steuerschuldner. Bei der **Gewerbesteuer** ist der **Unternehmer** oder die **Gesellschaft** Steuerschuldner (§ 5 Abs. 1 Sätze 1 und 3 GewStG).

21. Manche Steuergesetze enthalten keine ausdrückliche Bestimmung hinsichtlich des Steuerschuldners. Wer ist in diesen Fällen Steuerschuldner?

Enthält ein Einzelsteuergesetz keine ausdrückliche Bestimmung hinsichtlich des Steuerschuldners, so kann von dem **Grundsatz** ausgegangen werden, dass derjenige Steuerschuldner ist, der den **Tatbestand verwirklicht**, an den das Einzelsteuergesetz die Steuer knüpft.

22. Wer ist Steuerpflichtiger?

Nach § 33 Abs. 1 AO ist Steuerpflichtiger, „wer eine Steuer schuldet, für eine Steuer haftet, eine Steuer für Rechnung eines Dritten einzubehalten und abzuführen hat, wer eine Steuererklärung abzugeben hat, Sicherheit zu leisten, Bücher und Aufzeichnungen zu führen oder andere ihm durch die Steuergesetze auferlegte Verpflichtungen zu erfüllen hat".

23. Wer ist steuerrechtsfähig?

Steuerrechtsfähig ist, wer als – natürliche oder juristische - Person **Träger von Rechten und Pflichten** sein kann. Nähere Regelungen finden sich in den Einzelsteuergesetzen.

24. Wann beginnt und wann endet die Steuerrechtsfähigkeit?

Die Steuerrechtsfähigkeit **beginnt** bei natürlichen Personen mit der **Vollendung der Geburt** und **endet** mit dem **Tod.**

25. Wer ist Steuerzahler?

Steuerzahler ist dasjenige Rechtssubjekt, das nach dem jeweiligen Steuergesetz die **Steuer** an den Fiskus **zu entrichten** hat.

26. Wer ist Steuergläubiger?

Steuergläubiger ist diejenige **Körperschaft**, der die **Steuer** oder ein Anteil daran **zusteht** (Bund, Länder, Gemeinden).

27. Wer ist Steuerdestinatar?

Als Steuerdestinatar wird diejenige Person bezeichnet, die nach dem **Willen des Gesetzgebers** die Steuer **wirtschaftlich tragen soll**, z.B. der Letztverbraucher bei der Umsatzsteuer.

28. Wer ist Steuerträger?

Steuerträger ist derjenige, den die Steuer **im Endergebnis belastet**, der die Steuer letzten Endes **tatsächlich trägt**.

29. Wer ist bei der Einkommensteuer, der Lohnsteuer sowie bei der Umsatzsteuer in der Regel Steuerschuldner, Steuerträger, Steuerzahler sowie Steuerdestinatar?

Bei der **Einkommensteuer** sind in der Regel der Steuerschuldner, Steuerträger, Steuerzahler und Steuerdestinatar in einer Person vereinigt.

Bei der **Lohnsteuer** ist Steuerschuldner, Steuerdestinatar und Steuerträger der Arbeitnehmer, während der Arbeitgeber Steuerzahler ist und für die ordnungsgemäße Entrichtung der Steuer haftet.
Bei der **Umsatzsteuer** ist der Unternehmer Steuerschuldner und zugleich Steuerzahler. Der Letztverbraucher ist Steuerdestinatar und im Falle der Überwälzung Steuerträger. Gelingt die Überwälzung der Umsatzsteuer nicht, so ist der Unternehmer zugleich Steuerträger.

30. Was ist das Steuerobjekt bzw. der Steuergegenstand?

Das **Steuerobjekt** bzw. der **Steuergegenstand** ist der **Tatbestand** (Sache, Rechtsverhältnis, Vorgang), der als **Grundlage der Besteuerung** dient (z.B. Einkommen, Gewerbebetrieb, Grundbesitz).

31. Was ist der Steuergegenstand der Gewerbesteuer?

Steuergegenstand der Gewerbesteuer ist der **Gewerbebetrieb** (§ 2 Abs. 1 Satz 1 GewStG).

32. Was wird als Steuerbemessungsgrundlage (Bemessungsgrundlage) bezeichnet?

Die **Größe** (Quantität) **des Steuerobjekts** wird als **Steuerbemessungsgrundlage** (Bemessungsgrundlage) bezeichnet. Sie wird durch Normen gebildet, die das Steuerobjekt quantifizieren.
In den einzelnen Steuergesetzen wird die relevante Bemessungsgrundlage jeweils definiert. Sie kann als **Wert** (zu versteuerndes Einkommen, Höhe des Gewerbeertrags, Höhe des Einheitswerts) oder auch als **Mengengröße** (z.B. Hubraum des Pkw) produzierter, umgesetzter oder benutzter Güter bestimmt werden.

33. Was ist die Steuerbemessungsgrundlage bei der Einkommensteuer, der Körperschaftsteuer und der Gewerbeertragsteuer?

Die **Steuerbemessungsgrundlage** bei der Einkommen- und Körperschaftsteuer ist das **zu versteuernden Einkommen**, bei der Gewerbeertragsteuer der **Gewerbeertrag.**

34. Entsprechen die Bemessungsgrundlagen bei den drei Ertragsteuern Einkommensteuer, Körperschaftsteuer und Gewerbeertragsteuer den Begriffen Ertrag, Gewinn oder Einkommen des Wirtschaftslebens?

Die Bemessungsgrundlagen der drei Ertragsteuern entsprechen **nicht** den Begriffen Ertrag, Gewinn oder Einkommen des Wirtschaftslebens. Vielmehr enthalten das Einkommensteuergesetz, das Körperschaftsteuergesetz und das Gewerbesteuergesetz detaillierte Bestimmungen zur Ermittlung des zu versteuernden Einkommens bei der Einkommen- und Körperschaftsteuer und des Gewerbeertrags bei der Gewerbeertragsteuer.
Bei der Ermittlung der Bemessungsgrundlagen für diese Steuern ergeben sich **Abweichungen** zu den Begriffen des Wirtschaftslebens. Zum einen dürfen bestimmte Erträge steuerfrei gelassen werden und zum anderen dürfen bestimmte Aufwendungen, obwohl sie wirtschaftlich den Erfolg mindern, nicht als Aufwendungen von der steuerlichen Bemessungsgrundlage abgezogen werden.

35. Was versteht man unter dem Steuertarif und welche Bedeutung hat er?

Der **Steuertarif** ist eine **formelmäßige** oder **tabellarische** Zusammenstellung, der für jede beliebige Höhe der Bemessungsgrundlage einer Steuerart den entsprechenden **„Steuersatz“** angibt. Durch Anwendung des Steuertarifs auf die Bemessungsgrundlage ergibt sich die Höhe der Steuer.

36. Welche Steuertarife gibt es im gegenwärtigen deutschen Steuersystem?

Im gegenwärtigen deutschen Steuersystem gibt es **progressive** Tarife (z.B. bei der Einkommensteuer) und **proportionale** Tarife (z.B. bei der

Körperschaftsteuer, Umsatzsteuer und Grunderwerbsteuer), z.T. mit Freibeträgen und Freigrenzen.

37. Was versteht man unter dem Steuersatz?

Der Steuersatz ist die **Größe** (DM-Betrag bzw. Euro-Betrag, v.H.-Satz oder v.T.-Satz) die zusammen mit der steuerlichen Bemessungsgrundlage das **Maß** der steuerlichen Belastung ergibt.

38. Kann allein anhand der Steuersätze auf die steuerliche Belastung geschlossen werden?

Allein anhand der Steuersätze kann **nicht** auf die steuerliche Belastung geschlossen werden. Bei der **Einkommensteuer** beispielweise hängt die steuerliche Belastung von der **Art der Einkünfte** ab. Bei der **Gewerbeertragsteuer** steht die steuerliche Belastung u.a. in Abhängigkeit von der **Rechtsform**. Personenunternehmen steht ein Freibetrag und ein Stufentarif zur Verfügung, Kapitalgesellschaften hingegen nicht.

39. Welche Tarifformen werden nach dem Verhältnis der Steuersätze zur Bemessungsgrundlage unterschieden?

Nach dem **Verhältnis der Steuersätze zur Bemessungsgrundlage** werden **proportionale, progressive** und **regressive** Tarifformen unterschieden.

40. In welchem Verhältnis stehen die Steuersätze zu der Bemessungsgrundlage bei einem proportionalen Tarif?

Bei einem **proportionalen Tarif** bleibt der **durchschnittliche Steuersatz** bei jeder Höhe der Bemessungsgrundlage **konstant**. (Beispiele: Körperschaftsteuer, Umsatzsteuer).

41. In welchem Verhältnis stehen die Steuersätze zu der Bemessungsgrundlage bei einem progressiven Tarif?

Bei einem **progressiven Tarif** nimmt der **durchschnittliche Steuersatz** bei steigender Bemessungsgrundlage zu. Der Grenzsteuersatz ist stets größer als der Durchschnittssteuersatz. (Beispiel: Einkommensteuer).

42. In welchem Verhältnis stehen die Steuersätze zu der Bemessungsgrundlage bei einem regressiven Tarif?

Bei einem **regressiven Tarif** nimmt der **durchschnittliche Steuersatz** bei steigender Bemessungsgrundlage ab. Ein regressiver Tarif wird in Deutschland derzeit nicht angewandt.

43. Welche Progression wird als direkte Progression bezeichnet?

Die Progression, die ihren Ausdruck im **Tarifaufbau** findet, wird als **direkte Progression** bezeichnet.

44. Welche Progression wird als indirekte Progression bezeichnet?

Wird die Progression durch **Abzug von der Bemessungsgrundlage** (z.B. durch Freibeträge) erreicht, so handelt es sich um eine **indirekte Progression.**

Freibeträge führen bei proportionalen Steuersätzen zu einer indirekten Progression der durchschnittlichen Steuersätze in Bezug auf die Bemessungsgrundlage.

45. Wie ermittelt man den Durchschnittssteuersatz?

Setzt man Bemessungsgrundlage und Steuerbetrag ins Verhältnis, so ergibt sich der Durchschnittssteuersatz.

46. Was versteht man unter dem Grenzsteuersatz?

Den Steuersatz, mit dem die jeweils **letzte Einheit** der **Bemessungsgrundlage** belastet wird, bezeichnet man als **Grenzsteuersatz** oder als marginalen Steuersatz.

47. Was versteht man unter einer Freigrenze?

Eine **Freigrenze** ist ein Betrag, bei dessen **Überschreitung** die Steuerpflicht **beginnt** und fortan die **gesamte** Bemessungsgrundlage der Besteuerung unterliegt. So bleiben beispielsweise Spekulationsgewinne aus den privaten Veräußerungsgeschäften nur dann steuerfrei, wenn der erzielte Gesamtgewinn im Kalenderjahr weniger als 512 € betragen hat (§ 23 Abs. 3 Satz 6 EStG).

48. Was versteht man unter einem Freibetrag?

Beträge, die bei der Ermittlung der Steuerbemessungsgrundlage abzugsfähig und damit steuerfrei sind, stellen **Freibeträge** dar.

49. Gibt es in Deutschland ein einheitliches Steuersystem?

In Deutschland gibt es **kein** einheitliches Steuersystem. Fast jede Steuer ist in einem besonderen Gesetz geregelt. Die Einzelsteuergesetze sind nicht nach einheitlichen Gesichtspunkten gegliedert.

50. Welche Bedeutung hat die Abgabenordnung?

Den **besonderen Steuergesetzen** ist als **allgemeiner Teil** die **Abgabenordnung** vorangestellt. Sie zieht diejenigen Materien vor die Klammer, die für alle oder doch für mehrere Steuern gemeinsam gelten. Die Abgabenordnung soll die Einzelsteuergesetze entlasten und ständige Wiederholungen vermeiden.

51. Gibt es neben der Abgabenordnung ein weiteres allgemeines Steuergesetz, das für mehrere Steuern gilt?

Ein **allgemeines Gesetz**, das für **mehrere Steuern gilt**, ist auch das **Bewertungsgesetz.**

52. Gibt es im Steuerrecht im Vergleich zu den anderen Rechtsgebieten vergleichsweise häufig oder eher selten Reformen (Steuerreformen)?

Veränderungen in der Wirtschafts- und Gesellschaftsordnung wie auch der instrumentale Einsatz der Steuern in der Wirtschafts- und Sozialpolitik haben immer wieder größere und kleine Reformgesetze zur Folge gehabt. Es gibt in der Bundesrepublik Deutschland wohl keine Rechtsmaterie, die derart zahlreichen Änderungen unterworfen war, wie das Steuerrecht. Änderungen in Steuergesetzen wurden schon vorgenommen, bevor die ursprüngliche Gesetzesänderung überhaupt zur Anwendung kam (z.B. § 3b EStG).

53. Sind für die Unternehmen und damit für das Fachgebiet „Betriebliche Steuerlehre" alle Steuern von Bedeutung?

Für die Unternehmen und damit für das Fachgebiet „Betriebliche Steuerlehre" sind **nicht alle Steuern** von Bedeutung. Von Bedeutung für die Besteuerung der Unternehmung sind im Wesentlichen nur diejenigen ökonomischen Größen und Tatbestände, die als **Bemessungsgrundlage der Unternehmensbesteuerung** dienen.

54. Welches sind die wichtigsten ökonomischen Größen, die für die Besteuerung von Bedeutung sind?

Die **wichtigsten ökonomischen Größen**, die für die Besteuerung von Bedeutung sind, sind der **Ertrag**, der **Umsatz** und das **Vermögen** der Unternehmen. Die laufende Besteuerung der Unternehmen basiert im Wesentlichen auf den beiden erstgenannten Größen. Teile des Ertrages

sind in Form des Steuerbilanzgewinns Bemessungsgrundlage für die Einkommen- und Körperschaftsteuer und in Form des Gewerbeertrags Bemessungsgrundlage für die Gewerbesteuer.
Neben der laufenden Besteuerung sind für die Unternehmung auch einmalige Verkehrsteuern auf Rechtsvorgänge von Bedeutung, wie z.B. die Grunderwerbsteuer. Das Vermögen wurde bis 1997 als Gewerbekapital mit der Gewerbekapitalsteuer belegt. Soweit das Vermögen Grundvermögen darstellt, dient es der Grundsteuer als Bemessungsgrundlage. Der Umsatz wird als Nettoumsatz der Umsatzsteuer unterworfen.

55. Welche Zielsetzungen werden mit der Besteuerung verfolgt?

Primär dienen die Steuern der **Einnahmeerzielung des Staates**, um über Mittel zur Durchführung öffentlicher Aufgaben zu verfügen. Der Grad der Aufgabenerfüllung des Staates hängt weitgehend von der Höhe der Steuereinnahmen ab. Zunehmend wird die Steuer zu einem **Instrument der Wirtschaftslenkung** („Steuern mit Steuern").

56. Welches sind die wichtigsten Grundsätze des Steuerrechts?

Die wichtigsten **Grundsätze des Steuerrechts** sind:

- der Grundsatz der Gesetzmäßigkeit der Verwaltung,
- der Grundsatz der Tatbestandsmäßigkeit der Besteuerung und
- der Grundsatz der Grundrechtsbindung des Steuerrechts.

57. Was besagt der Grundsatz der Gesetzmäßigkeit der Verwaltung?

Der Grundsatz der **Gesetzmäßigkeit der Verwaltung** besagt, dass jedes Verwaltungshandeln einer gesetzlichen Grundlage bedarf. Als gesetzliche Grundlage reicht jede Rechtsnorm aus.

58. Welche Grundrechtsbindungen des Steuerrechts gibt es und welche Bedeutung kommt ihnen zu?

Nach dem **Grundsatz der Tatbestandsmäßigkeit der Besteuerung** ist der **Grundsatz der Gleichmäßigkeit der Besteuerung** das nächstälteste steuerliche Verfassungsprinzip (Fundamentalprinzip des deutschen Steuerrechts).[5]
Ein weiterer wesentlicher Grundsatz stellt der **Grundsatz der Besteuerung nach der Leistungsfähigkeit** dar.

59. Was besagt der Grundsatz der Besteuerung nach der Leistungsfähigkeit?

Nach diesem Grundsatz hat jeder entsprechend seiner wirtschaftlichen Leistungsfähigkeit Steuern zu entrichten. Die steuerliche Leistungsfähigkeit hängt von der **wirtschaftlichen** Leistungsfähigkeit ab. Steuerliche Leistungsfähigkeit ist die Fähigkeit Steuern zahlen zu können. Sie ist bei Privatpersonen weitgehend identisch mit der **wirtschaftlichen Fähigkeit private Bedürfnisse und Wünsche befriedigen zu können.**
Mit der wirtschaftlichen Leistungsfähigkeit steigt - jenseits des Existenzminimums - auch die steuerliche. Je mehr sich ein Einzelner zur Befriedigung privater Wünsche leisten kann, desto mehr kann er zu Lasten solcher Wünsche für den Fiskus abzweigen.
Steuerliche Leistungsfähigkeit muss **gemessen** werden. Aktuelle Bemessungsgrundlagen sind das Einkommen, der Gewerbeertrag, die Bereicherung durch Erbschaft oder Schenkung und die Einkommensverwendung.
Dabei wird jeweils nach dem **Nominalwertprinzip** verfahren. Dies kann in Zeiten hoher Inflation zur Besteuerung von Scheineinkünften (Scheingewinnen) und damit zu einer Verletzung des Leistungsfähigkeitsprinzips führen.

[5] Der Grundsatz der Gleichmäßigkeit der Besteuerung ergibt sich aus Art. 3 GG. Er bestimmt in Satz 1: „Alle Menschen sind vor dem Gesetz gleich."

60. Wie lassen sich die Steuern nach der Steuerbelastung bzw. nach der Art der Erfassung der wirtschaftlichen Leistungsfähigkeit einteilen?

Die Einteilung der Steuern nach der **Steuerbelastung** bzw. nach der Art der Erfassung der wirtschaftlichen Leistungsfähigkeit kann in **direkte** und **indirekte** Steuern erfolgen.

61. Welche Steuern gehören zu den direkten Steuern?

Zu den **direkten Steuern** gehören die **Personensteuern** und die **Objektsteuern**.

62. Welche Steuern gehören zu den direkten Personensteuern?

Zu den **direkten Personensteuern** gehören die Einkommensteuer, die Körperschaftsteuer, die Vermögensteuer[6], die Erbschaftsteuer und die Kirchensteuer.

63. Welche Steuern gehören zu den direkten Objektsteuern?

Zu den **direkten Objektsteuern** gehören die Gewerbeertragsteuer und die Grundsteuer.

64. Was ist das wesentliche Merkmal der Personensteuern?

Die Personensteuern erfassen die **Leistungsfähigkeit** natürlicher und juristischer Personen **unmittelbar**. Sie werden von den Personen erhoben, die von der Steuer getroffen werden sollen.

65. Was ist das wesentliche Merkmal von Objektsteuern?

[6] Die Vermögensteuer wird ab dem 1.1.1997 nicht mehr erhoben.

Objektsteuern sind auf die **unmittelbare Erfassung der Ertragsfähigkeit eines Objektes** abgestellt. Hierzu gehören die Gewerbesteuer und die Grundsteuer.

66. Was ist das wesentliche Merkmal indirekter Steuern?

Indirekte Steuern erfassen die **Leistungsfähigkeit** von Personen **mittelbar** über Vorgänge in der Vermögenssphäre und bei der Einkommensverwendung. Indirekte Steuern werden von anderen Person erhoben als denjenigen, die von der Steuer getroffen werden sollen. Steuerschuldner und Steuerträger fallen auseinander, da die Steuer überwälzt werden soll.

67. Welche Steuern zählen zu den indirekten Steuern?

Zu den **indirekten Steuern** zählen die **Verkehrsteuern** und die **Verbrauchsteuern**.

68. Was ist das wesentliche Merkmal der Verkehrsteuern?

Verkehrsteuern erfassen und belasten **Vorgänge des Rechts- und Wirtschaftsverkehrs.**

69. Welche Steuern zählen zu den Verkehrsteuern?

Verkehrsteuern sind die Feuerschutzsteuer, die Grunderwerbsteuer, die Kraftfahrzeugsteuer, die Renn- und Lotteriesteuer, die **Umsatzsteuer** und Versicherungsteuer.

70. Was ist das wesentliche Merkmal der Verbrauchsteuern?

Verbrauchsteuern erfassen und belasten den **Verbrauch einzelner Verbrauchsgüter**.

71. Welche Steuern zählen zu den Verbrauchsteuern?

Zu den **Verbrauchsteuern** zählen die Steuern auf **Lebensmittel** (Süßstoffsteuer) und auf **Genussmittel** (Biersteuer, Branntweinsteuer, Kaffeesteuer, Schaumweinsteuer, Tabaksteuer) und **sonstige Verbrauchsgüter** (Mineralölsteuer, Spielkartensteuer).

72. Wie erfolgt die Einteilung der Steuern nach dem Steuerobjekt?

Die **Einteilung** nach dem **Steuerobjekt** (Steuergegenstand) orientiert sich an dem **Tatbestand, der die Steuer auslöst**. Die Einteilung erfolgt in **Besitzsteuern, Realsteuern, Verkehrsteuern und Verbrauchsteuern**.

73. Welche Steuern zählen zu den Besitzsteuern?

Zu den **Besitzsteuern** zählen die Steuern, die unmittelbar die **wirtschaftliche Leistungsfähigkeit** einer natürlichen oder juristischen Person erfassen und damit Einkommen und Vermögen belasten. Es ist üblich, die Besitzsteuern in **Personen- und Realsteuern** einzuteilen.

74. Was ist das wesentliche Merkmal der Realsteuern?

Bei den **Realsteuern** ist der **Steuergegenstand** eine **Sache**. Die Realsteuern werden ausschließlich nach bestimmten **sachlichen Kriterien** erhoben, so dass die persönliche wirtschaftliche Leistungsfähigkeit unberücksichtigt bleibt.

75. Welche Steuern gehören zu den Realsteuern?

Zu den Realsteuern gehören die Gewerbesteuer und die Grundsteuer.

76. Wie erfolgt die Einteilung der Steuern nach dem Steueraufkommen?

Gemäß **Art. 106 GG** erfolgt die **Einteilung nach dem Steueraufkommen** in

- Gemeinschaftssteuern,
- Bundessteuern,
- Ländersteuern und
- Gemeindesteuern.

77: Welche Steuern gehören zu den Gemeinschaftssteuern?

Zu den **Gemeinschaftssteuern** (gemeinsame Steuern von Bund und Ländern) gehören die Einkommensteuer, Körperschaftsteuer und die Umsatzsteuer.

78. Welche Steuern gehören zu den Bundessteuern?

Zu den **Bundessteuern** gehören die Zölle und Finanzmonopole und die Verbrauchsteuern (soweit sie nicht den Ländern und Gemeinden zufließen) sowie die Versicherungsteuer.

79. Welche Steuern gehören zu den Ländersteuern?

Zu den **Ländersteuern** gehören die Vermögensteuer, die Erbschaftsteuer, die Kraftfahrzeugsteuer, die Verkehrsteuern, soweit sie nicht dem Bund zustehen, die Biersteuer und die Abgabe von Spielbanken.

80. Welche Steuern gehören zu den Gemeindesteuern?

Zu den **Gemeindesteuern** gehören die Gewerbesteuer, die Grundsteuer, die örtlichen Verbrauch- und Aufwandsteuern und der Anteil an der Lohn- und Einkommensteuer.

81. Wie kann eine Einteilung der Steuern nach betriebswirtschaftlichen Gesichtspunkten erfolgen?

Eine **Einteilung der Steuern** nach **betriebswirtschaftlichen Gesichtspunkten** soll die **Einflüsse der Steuern** auf die **unternehmerischen Entscheidungen** deutlich machen. Hierbei interessieren insbesondere die Einflüsse der Steuern auf

- die Wahl und den Wechsel der Rechtsform,
- die Betriebszusammenschlüsse,
- die nationale und internationale Standortwahl,
- die Kostenrelevanz,
- die Preisgestaltung,
- die Investitionen,
- die Finanzierung,
- die Beschaffung,
- die Produktion und
- den Absatz.

Unter betriebswirtschaftlichen Gesichtspunkten kann auch eine Einteilung in **Produktionsfaktorsteuern**, **Betriebsleistungssteuern** und **Ertragsteuern** erfolgen.

82. Was ist das wesentliche Merkmal von Produktionsfaktorsteuern?

Bei **Produktionsfaktorsteuern** ist **Bemessungsgrundlage** der Einsatz von Produktionsfaktoren nach Menge und Preis.

83. Welche Produktionsfaktoren werden heute einer besonderen Besteuerung unterworfen?

Heute wird der Einsatzfaktor **„Boden“** von der Grundsteuer und der Grunderwerbsteuer erfasst. Der Einsatzfaktor **„Betriebsmittel“** wird, wenn es sich um ein Kraftfahrzeug handelt, von der Kraftfahrzeugsteuer erfasst.

Ferner wird der Einsatz **bestimmter Betriebsmittel** von den **Verbrauchsteuern** erfasst.

84. Was ist das wesentliche Merkmal der Betriebsleistungssteuern?

Bei **Betriebsleistungssteuern** ist **Bemessungsgrundlage** die **Menge oder der Preis der erstellten oder erbrachten Leistung.** Erbringt beispielsweise ein Steuerberater eine Beratungsleistung, so unterliegt die Leistung der Umsatzsteuer.

85. Was ist das wesentliche Merkmal der Ertragsteuern?

Bei **Ertragsteuern** ist **Bemessungsgrundlage** der **„Ertrag"**. Bei der Einkommen- und Körperschaftsteuer wird der „Ertrag" in Form des zu versteuernden Einkommen als Bemessungsgrundlage verwendet, bei der Gewerbesteuer der Gewerbeertrag i.S.d. Gewerbesteuergesetzes.

86. Wie hoch waren die Steuereinnahmen im Jahre 2000 insgesamt?

Die **Steuereinnahmen** im **Jahre 2000** beliefen sich auf **921 Mrd. DM.**

87. Welches sind die fünf Steuern mit dem höchsten Aufkommen in Deutschland im Jahre 2000?

Steuerart	**Mio. DM**
1. Lohnsteuer	265.000
2. Umsatzsteuer einschließlich Einfuhrumsatzsteuer	276.900
3. Mineralölsteuer	77.000
4. Gewerbesteuer	52.700
5. Körperschaftsteuer	46.500
	718.100

Damit entstammen rund **78 %** der Steuereinnahmen aus fünf Steuern.

88. Welches sind die Rechtsquellen des Steuerrechts?

Folgende **Rechtsquellen** sind auf dem **Gebiete der Besteuerung** von Bedeutung:

I. Gesetze

- Grundgesetz,
- Abgabenordnung,
- Bewertungsgesetz,
- Einzelsteuergesetze.

II. Rechtsverordnungen

Rechtsverordnungen haben **Gesetzeskraft** und unterscheiden sich von den Gesetzen nur dadurch, dass sie nicht von der Legislative, sondern von der **Exekutive** aufgrund einer **gesetzlichen Ermächtigung** erlassen werden. Besondere Bedeutung haben die Durchführungsverordnungen (z.B. EStDV, LStDV, KStDV, UStDV).

III. Rechtsprechung

Die **Rechtsprechung** ist die **dritte Rechtsquelle**. Die Urteile der Gerichte, hier der Steuergerichte, sind zwar keine Quellen objektiven Rechts und haben nicht die Bedeutung von Gesetzen, doch sind sie für die Steuerpraxis deshalb besonders wichtig, weil sich die **Steuerverwaltungen** bei der Auslegung von Steuergesetzen in der Regel nach ihnen richten und sie in aller Regel Eingang in die **Steuerrichtlinien** finden.

Die **Finanzgerichtsbarkeit** hat - im Gegensatz zur übrigen Gerichtsbarkeit - nur einen **zweistufigen Aufbau** und gliedert sich in

- die **Finanzgerichte** als obere Landgerichte und
- den **Bundesfinanzhof** als oberste Instanz mit Sitz in München.

IV. Verwaltungsanweisungen

Verwaltungsanweisungen sind Vorschriften, welche die Steuergesetze und Rechtsverordnungen ergänzen. Sie werden von **übergeordneten Instanzen** an **untergeordnete Behörden** gerichtet und haben den **Zweck, Zweifelsfragen zu regeln** und **Auslegungsgrundsätze zu vereinheitlichen.**

89. Welche Verwaltungsanweisungen unterscheidet man im Einzelnen?

Man unterscheidet im Einzelnen folgende **Verwaltungsanweisungen**:

- **Richtlinien:** Sie beziehen sich auf die **Anwendung** eines Gesetzes. Beispiel: EStR, LStR, KStR, GewStR, UStR.
- **Erlasse** („Schreiben“) des Bundesministers der Finanzen oder des Bundesministeriums der Finanzen bzw. der Länderfinanzministerien: Sie beinhalten **Richtlinien** für bestimmte steuerliche Sachverhalte, z.B. die Leasing-Erlasse.
- **Verfügungen:** Verfügungen werden zur **Klärung bestimmter Einzelfragen** erlassen. Sie werden häufig von Oberfinanzdirektionen erlassen.

90. Welches sind die wichtigsten Finanzbehörden?

Die **wichtigsten Finanzbehörden** sind

- das Bundesministerium der Finanzen,
- die Landesfinanzministerien,
- die Oberfinanzdirektionen als Mittelbehörden,
- die Finanzämter (§ 6 Abs. 2 AO).

Soweit die Gemeinden **Lohnsteuerkarten** ausstellen, Eintragungen darauf vornehmen oder ändern, sind sie gem. der Sondervorschrift des § 39 Abs. 6 EStG örtliche Landesfinanzbehörden.

91. Welche Bedeutung hat das Schrifttum für die am Vorgang der Besteuerung Beteiligten?

Eine große Bedeutung für alle am Vorgang der Besteuerung beteiligten Personen hat das einschlägige **Schrifttum**. Besonders hervorzuheben sind das **Bundessteuerblatt** sowie die einschlägigen **Fachzeitschriften** und **Kommentare**.
Um mit der raschen Entwicklung auf dem Gebiet der Besteuerung Schritt halten zu können, ist ein regelmäßiges und zeitnahes Lesen des Bundessteuerblatts sowie der Fachzeitschriften erforderlich.
Obwohl in den letzten Jahren in verstärktem Maße Abhandlungen zu Themen der Betrieblichen Steuerlehre erscheinen, ist die überwiegende Anzahl der Abhandlungen, insbesondere der Fachbücher, für die Ausbildung von Steuerbeamten sowie Steuerfachgehilfen, Steuerfachwirte und Steuerberater verfasst. Beispielhaft angeführt sei hier die im Fleischer-Verlag erschienene **„Grüne Reihe"** sowie die im Schäffer-Poeschel-Verlag erschienene **„Blaue Reihe"**. Auch im NWB-Verlag sind zahlreiche Werke zur Ausbildung der Beschäftigten in der Steuerverwaltung erschienen. Bezüglich der Literatur zur **Betriebswirtschaftlichen Steuerlehre** sei insbesondere auf das umfassende Werk von Wöhe hingewiesen.[7]

Legislative, Exekutive und Judikative beeinflussen naturgemäß mit ihren Handlungen in starken Maße Themenstellungen und Kommentierungen im Schrifttum. Umgekehrt werden aber auch die drei Gewalten in erheblichem Maße von dem einschlägigen Schrifttum beeinflusst. Insbesondere der Bundesfinanzhof verweist in seinen Entscheidungen auf das einschlägige Schrifttum.
Darüber hinaus werden Vertreter der Betrieblichen Steuerlehre nicht selten im Rahmen von Gesetzgebungsverfahren um Stellungnahme gebeten.

[7] Vgl. Wöhe, G., Betriebliche Steuerlehre I/1. Die Steuern des Unternehmens - Das Besteuerungsverfahren, 6. Aufl., München 1988; Wöhe, G., Betriebswirtschaftliche Steuerlehre I/2. Der Einfluß der Besteuerung auf das Rechnungswesen des Betriebes, 7. Aufl., München 1992; Wöhe, G., Betriebswirtschaftliche Steuerlehre II/1. Der Einfluß der Besteuerung auf die Wahl und den Wechsel der Rechtsform des Betriebs, 5. Aufl., München 1990.

Zweiter Teil

Die Steuern des Unternehmens

1. Abschnitt

Steuern auf die Einkommens- und Ertragserzielung

1. Einkommensteuer

Literaturhinweise: Plückebaum, R./Wendt, W./Niemeier, G., Einkommensteuer, 19. Aufl., Achim 1999; Rick, E./Gunsenheimer, G./Martin, K./Schneider, J., Lehrbuch der Einkommensteuer, 10. Aufl., Herne/Berlin 1999; Zenthöfer, W./ Schulze zur Wiesche, D., Einkommensteuer, 6. Aufl., Stuttgart 2001.

1. Wie kann die Einkommensteuer im Einzelnen charakterisiert werden?

Die Einkommensteuer kann im Einzelnen wie folgt charakterisiert werden:

- Die Einkommensteuer ist eine Steuer i.S.d. § 3 Abs. 1 AO.
- Die Einkommensteuer wird vom Einkommen der natürlichen Personen erhoben.
- Die Einkommensteuer ist einschließlich der Lohnsteuer und der Kapitalertragsteuer vom haushaltsmäßigen Aufkommen die bedeutendste Steuer.
- Die Einkommensteuer ist ferner eine
  - direkte Steuer,
  - Personensteuer,
  - Besitzsteuer,
  - Veranlagungssteuer,
  - Gemeinschaftssteuer,
  - Maßstabsteuer und
  - nicht abzugsfähige Steuer.

2. Warum ist die Einkommensteuer eine direkte Steuer?

Die Einkommensteuer ist eine **direkte Steuer**, weil die **Steuerbelastung** bei derjenigen Person eintritt, die von der Steuer getroffen wird. Steuerschuldner und Steuerträger sind bei der Einkommensteuer identisch.

3. Warum ist die Einkommensteuer eine Personensteuer?

Die Einkommensteuer ist eine **Personensteuer**, weil sie von den **natürlichen** Personen erhoben wird. Sie stellt – zumindest bei der unbeschränkten Steuerpflicht – auf die **wirtschaftliche Leistungsfähigkeit** des Steuerpflichtigen ab. Sie berücksichtigt hierbei die **persönlichen Verhältnisse** des Steuerpflichtigen, wie z.B. Familienstand, Kinderzahl, Alter, außergewöhnliche Belastungen. Ferner bleibt das **Existenzminimum** steuerfrei.
Als **Personensteuer** ist die Einkommensteuer weder bei den einzelnen Einkunftsarten noch vom Gesamtbetrag der Einkünfte abzugsfähig (§ 12 Nr. 3 EStG). Die **Einkommensteuer** ist somit eine **nichtabzugsfähige** Steuer.

4. Warum ist die Einkommensteuer eine Besitzsteuer?

Die Einkommensteuer ist eine **Besitzsteuer**, da sie an die **Einkommenserzielung** und an den **Vermögensstatus** anknüpft.

5. Warum ist die Einkommensteuer eine Veranlagungssteuer?

Die Einkommensteuer ist eine **Veranlagungssteuer**, da die **Steuerschuld** im **Veranlagungsverfahren** festgesetzt wird.

6. Was versteht man unter dem Veranlagungsverfahren?

Das Veranlagungsverfahren ist das Verfahren in dem die Steuer **festgesetzt** wird.

7. Wird die Einkommensteuer bei allen Steuerpflichtigen im Veranlagungsverfahren erhoben?

Die Einkommensteuer wird **nicht** bei allen Steuerpflichtigen im Veranlagungsverfahren erhoben. In bestimmten Fällen wird die Einkommensteuer im Wege des **Steuerabzugs** erhoben, und zwar bei der **Lohnsteuer** (§§ 38 ff. EStG) und der **Kapitalertragsteuer** (§§ 43 ff. EStG). Bei **beschränkt Steuerpflichtigen** erfolgt die Erhebung der Steuer ebenfalls durch den Steuerabzug (§ 50a Abs. 4 EStG).

8. Warum gehört die Einkommensteuer zu den Gemeinschaftssteuern?

Die Einkommensteuer gehört zu den **Gemeinschaftssteuern**, weil das Aufkommen **Bund, Ländern und Gemeinden gemeinsam** zusteht (Art. 106 Abs. 3 und 5 GG). Das Einkommensteueraufkommen wird diesen Körperschaften entsprechend dem jeweils geltenden Aufteilungsmaßstab zugeteilt.

9. Für welche Steuer ist die Einkommensteuer Maßstabsteuer?

Die Einkommensteuer ist **Maßstabsteuer** für die **Kirchensteuer** und den **Solidaritätszuschlag**.

10. Welche Arten der Steuerpflicht werden unterschieden?

Es wird zwischen **persönlicher** und **sachlicher** Steuerpflicht unterschieden.

11. Welche Frage klärt die persönliche Steuerpflicht?

Die **persönliche** Steuerpflicht klärt die Frage, **wer** dem Einkommensteuergesetz unterliegt. Sie bestimmt damit den **Personenkreis**, der unter das Einkommensteuergesetz fällt.

12. Welche Frage klärt die sachliche Steuerpflicht?

Die **sachliche** Steuerpflicht klärt die Frage, **was** der Einkommensteuer unterliegt. Wenn nach der sachlichen Steuerpflicht gefragt wird, wird nach der **Grundlage** für die Besteuerung gesucht.
Das **Vorliegen der sachlichen Steuerpflicht** bedeutet das **Vorhandensein** einer **Bemessungsgrundlage** für die **Einkommensteuer. Bemessungsgrundlage** der Einkommensteuer ist das **zu versteuernde Einkommen.**

13. Welche Personen unterliegen der persönlichen Einkommensteuerpflicht?

Der **persönlichen** Einkommensteuerpflicht unterliegen nur **natürliche Personen** (§ 1 Abs. 1 EStG). Eine **natürliche Person** ist der **lebende Mensch**.
Jede Person ist **einzeln** steuerpflichtig, und zwar **unabhängig** vom **Veranlagungswahlrecht** des § 26 Abs. 1 Satz 1 EStG für **Ehegatten**. Das gilt auch für **minderjährige Kinder**. Es findet **keine Haushaltsbesteuerung** statt.

14. Sind Personengesellschaften einkommensteuerpflichtig?

Personengesellschaften sind selbst **nicht einkommensteuerpflichtig.** Steuerpflichtig sind lediglich die an den Personengesellschaften beteiligten **Gesellschafter** als **natürliche** (oder juristische) **Personen.**

15. A und B sind Gesellschafter einer ins Handelsregister eingetragenen Kommanditgesellschaft (KG). Wer unterliegt der Einkommensteuer, die KG oder deren Gesellschafter?

Der **Einkommensteuer** unterliegen die **Gesellschafter** der KG (A und B) als natürliche Personen. Der Gewinn der KG wird in einem besonderen Verfahren einheitlich und gesondert festgestellt und auf die Gesellschafter aufgeteilt.

16. Unterliegen Kapitalgesellschaften (AG und GmbH) der Einkommensteuer?

Kapitalgesellschaften (AG oder GmbH) unterliegen **nicht** der Einkommensteuer. Diese Gesellschaften unterliegen nach § 1 Abs. 1 KStG der **Körperschaftsteuer**.

17. A besitzt sämtliche Anteile der A-GmbH. Wer unterliegt der Einkommensteuer, A oder die A-GmbH?

Die **A-GmbH** unterliegt als **juristische Person** der **Körperschaftsteuer** (§ 1 Abs. 1 Nr. 1 KStG). A unterliegt nur im Falle von **Zuflüssen** aus der GmbH (wie Gewinnausschüttungen) der Einkommensteuer.

18. Welche Arten der persönlichen Steuerpflicht werden nach dem Einkommensteuergesetz unterschieden?

Es gibt grundsätzlich **zwei Arten** der **persönlichen Steuerpflicht** nach dem Einkommensteuergesetz, und zwar die **unbeschränkte** und die **beschränkte** Steuerpflicht.

19. Welche Arten der unbeschränkten Steuerpflicht sind zu unterscheiden?

Hinsichtlich der **unbeschränkten Steuerpflicht** sind nach den **unterschiedlichen tatbestandlichen Voraussetzungen** folgende **Arten** zu unterscheiden:

1. die unbeschränkte Steuerpflicht nach § 1 Abs. 1 EStG,
2. die erweiterte unbeschränkte Steuerpflicht nach § 1 Abs. 2 EStG,
3. die unbeschränkte Steuerpflicht auf Antrag nach § 1 Abs. 3 EStG,
4. die fiktive unbeschränkte Steuerpflicht von EU- und EWR-Familienangehörigen nach § 1a EStG.

20. Welche Arten der beschränkten Steuerpflicht sind zu unterscheiden?

Hinsichtlich der **beschränkten** Steuerpflicht ist zwischen

1. der beschränkten Steuerpflicht nach § 1 Abs. 4 EStG und
2. der erweiterten beschränkten Steuerpflicht nach § 2 Abs. 1 AStG

zu unterscheiden.

21. Wer ist unbeschränkt steuerpflichtig?

Unbeschränkt steuerpflichtig ist **jede natürliche Person**, die im **Inland einen Wohnsitz** oder **ihren gewöhnlichen Aufenthalt** hat (§ 1 Abs. 1 Satz 1 EStG).

22. Wer ist Steuersubjekt der unbeschränkten Steuerpflicht?

Steuersubjekt der unbeschränkten Steuerpflicht ist **jede natürliche Person**, die **einen Wohnsitz** oder **ihren gewöhnlichen Aufenthalt** im **Inland** hat.

23. Was gehört nach dem Einkommensteuergesetz zum Inland?

Zum **Inland** gehört das **Gebiet der Bundesrepublik Deutschland**. Über die völkerrechtliche Festlegung des Staatsgebietes hinaus gehört nach § 1 Abs. 1 Satz 2 EStG zum **Inland** auch der der Bundesrepublik Deutschland zustehende **Anteil am Festlandsockel**, soweit dort **Naturschätze** auf dem Meeresgrund oder dem Meeresuntergrund erforscht und ausgebeutet werden. Die dort erzielten Einkünfte der **Förderunternehmen** und der **Arbeitnehmer** sind damit **inländische Einkünfte i.S.d. § 49 EStG**. Auch **Schiffe unter inländischer Flagge auf hoher See** rechnen zum Inland.

24. Gehören die Zollausschlüsse und die Freihäfen sowie die Dreimeilenzone zum Inland?

Maßgebend für den **Inlandsbegriff** sind die **hoheitlichen Grenzen**, nicht die Zollgrenzen. Zum **Inland** gehören die **Zollausschlüsse** (Exklave Büsingen), die **Freihäfen** und die **Dreimeilenzone**.

25. Wo hat eine Person einen Wohnsitz?

Nach § 8 AO hat jemand **einen** Wohnsitz dort, wo er **eine Wohnung** unter Umständen **innehat**, die darauf schließen lassen, dass er die Wohnung **beibehalten und benutzen** wird.

Damit setzt der Begriff des Wohnsitzes **drei Tatbestandsmerkmale** voraus:

- eine Wohnung,
- Innehaben der Wohnung,
- Beibehalten und Benutzen der Wohnung.

26. Was ist eine Wohnung im Sinne des Steuerrechts?

Eine Wohnung im Sinne des Steuerrechts sind **objektiv** zum **Wohnen geeignete Räumlichkeiten**, die dem Steuerpflichtigen eine **„bescheidene Bleibe"** bieten (§ 8 AO).

27. Erfordert der Wohnungsbegriff des Steuerrechts eine abgeschlossene Wohnung mit Küche und separater Waschgelegenheit?

Der Wohnungsbegriff des Steuerrechts erfordert **keine** abgeschlossene Wohnung mit Küche und separater Waschgelegenheit.

28. Was versteht das Steuerrecht unter „Innehaben der Wohnung"?

„Innehaben einer Wohnung" ist nach dem Steuerrecht gegeben, wenn der Steuerpflichtige über eine Wohnung **rechtlich** oder **tatsächlich** verfügt.

Auf die **Absicht des Steuerpflichtigen** kommt es **nicht** an. Maßgeblich sind die **objektiven Umstände**.

29. Wann liegt ein „Beibehalten und Benutzen" der Wohnung vor?

Das **„Beibehalten und Benutzen"** der Wohnung ist nach den **tatsächlichen äußeren Umständen** zu beurteilen, d.h. der Steuerpflichtige muss die Wohnung ständig, zumindest aber mit einer **gewissen Regelmäßigkeit** und **Gewohnheit** – und **nicht** nur gelegentlich und zu vorübergehenden Zwecken – in Anspruch nehmen.

30. Kann eine natürliche Person mehrere Wohnsitze haben?

Eine natürliche Person kann **mehrere** Wohnsitze haben. Für die unbeschränkte Steuerpflicht genügt es, dass eine natürliche Person **einen** Wohnsitz im Inland hat. Daneben kann sie weitere Wohnsitze im Ausland haben. § 1 Abs. 1 Satz 1 EStG verwendet ausdrücklich die Formulierung **„einen"** Wohnsitz und nicht die Formulierung **„ihren"** Wohnsitz. Die Formulierung „ihren Wohnsitz" würde in einer Klausur einen (schweren) Fehler darstellen.

31. Wo hat eine Person ihren gewöhnlichen Aufenthalt?

Ihren **gewöhnlichen Aufenthalt** hat eine Person dort, wo sie sich unter Umständen aufhält, die erkennen lassen, dass sie an diesem Ort oder in diesem Gebiet **nicht nur vorübergehend** verweilt (§ 9 Satz 1 AO).

32. Welche unwiderlegbare Vermutung stellt § 9 Satz 2 AO auf?

Nach § 9 Satz 2 AO wird an den **inländischen Aufenthalt** während eines **zusammenhängenden Zeitraums von mehr als sechs Monaten** die **unwiderlegbare Vermutung** für das Vorhandensein eines **gewöhnlichen**

Aufenthalts geknüpft. Der Begriff **„gewöhnlich"** ist gleichbedeutend mit **„dauernd"** (§ 9 Nr. 1 Satz 2 AEAO).

33. Erfordert der Begriff „dauernd" eine ununterbrochene Anwesenheit?

Der Begriff **„dauernd"** erfordert **keine** ununterbrochene Anwesenheit, sondern ist im Sinne von **„nicht nur vorübergehend"** zu verstehen (§ 9 Nr. 1 Satz 3 AEAO).

34. Welche Bedeutung haben kurzfristige Unterbrechungen?

Kurzfristige Unterbrechungen (z.B. Familienheimfahrten, Kur- und Erholungsaufenthalte, Geschäfts- und Schulungsreisen, Weihnachtsurlaub, Jahresurlaub eines Gastarbeiters) bleiben unberücksichtigt (§ 9 Nr. 1 Satz 6 AEAO).

35. Wie ist ein rechtswidriger oder unfreiwilliger Aufenthalt zu beurteilen?

Ein rechtswidriger oder unfreiwilliger Aufenthalt genügt für die Begründung des gewöhnlichen Aufenthalts. Der Wille des Steuerpflichtigen ist unbeachtlich.

36. In welchen Fällen kommt es auf den gewöhnlichen Aufenthalt für die Begründung der unbeschränkten Steuerpflicht an?

Auf den gewöhnlichen Aufenthalt kommt es für die Begründung der unbeschränkten Steuerpflicht nur **hilfsweise** an, und zwar dann, wenn es an einem Wohnsitz fehlt.

37. Worin liegt der Unterschied des gewöhnlichen Aufenthalts zum Wohnsitz?

Der Unterschied des gewöhnlichen Aufenthalts zum Wohnsitz liegt darin, dass beim gewöhnlichen Aufenthalt **keine Wohnung als Lebensmittelpunkt** unterhalten werden muss. Beim gewöhnlichen Aufenthalt muss nicht einmal ein gleichbleibender Aufenthaltsort bestehen.

38. Welche Bedeutung hat die Staatsangehörigkeit für die Feststellung der Steuerpflicht?

Für die Feststellung der Steuerpflicht ist Staatsangehörigkeit **grundsätzlich ohne Bedeutung.**
Die unbeschränkte Steuerpflicht nach § 1 Abs. 1 EStG, die fiktive unbeschränkte Steuerpflicht nach § 1 Abs. 3 EStG und die beschränkte Steuerpflicht nach § 1 Abs. 4 EStG sind losgelöst von der Staatsangehörigkeit der natürlichen Personen zu beurteilen.
Von diesem Grundsatz gibt es **Ausnahmen**. Für die erweiterte unbeschränkte Steuerpflicht i.S.d. § 1 Abs. 2 EStG sowie für die erweiterte beschränkte Steuerpflicht nach § 2 Abs. 1 AStG ist die **deutsche Staatsangehörigkeit Voraussetzung**. Ferner muss der Steuerpflichtige, der die Vergünstigungen des § 1a EStG beantragt, **Staatsangehöriger** eines **Mitgliedstaates der Europäischen Union** (EU) oder des **Europäischen Wirtschaftsraums** (EWR) sein.

39. Auf welche Einkünfte erstreckt sich die unbeschränkte Steuerpflicht einer natürlichen Person?

Die **unbeschränkte Steuerpflicht** einer **natürlichen Person** erstreckt sich auf **sämtliche Einkünfte**, die die natürliche Person im **Inland und Ausland** erzielt (Welteinkommensprinzip oder Totalitätsprinzip). **Objekt** der **unbeschränkten Steuerpflicht** sind somit **alle in- und ausländischen Einkünfte** (Welteinkommen).

40. Unterliegen ausländische Einkünfte einer im Inland unbeschränkt steuerpflichtigen Person in jedem Fall der deutschen Einkommensteuer?

Die Einkünfte, die eine im Inland unbeschränkt steuerpflichtige Person im Ausland erzielt, unterliegen **nicht** in jedem Fall der deutschen Einkommensteuer. Im Fall des Bestehens eines **Doppelbesteuerungsabkommens** (DBA) könnte das Besteuerungsrecht für diese Einkünfte der Bundesrepublik Deutschland u.U. nicht zustehen. Eine Befreiung kann auch aufgrund des **Kaufkraftausgleichs** gem. § 3 Nr. 64 EStG bestehen.

41. Welche Personen sind nach § 1 Abs. 2 EStG erweitert unbeschränkt steuerpflichtig?

Erweitert unbeschränkt steuerpflichtig sind nach § 1 Abs. 2 EStG **deutsche Staatsangehörige**, die

- im Inland weder einen Wohnsitz noch ihren gewöhnlichen Aufenthalt haben **und**
- zu einer **inländischen juristischen Person des öffentlichen Rechts** in einem Dienstverhältnis stehen und dafür Arbeitslohn aus einer inländischen öffentlichen Kasse beziehen,

wenn diese natürlichen Personen in dem Staat, in dem sie einen Wohnsitz oder ihren gewöhnlichen Aufenthalt haben, ihr **Einkommen** nur in einem der **beschränkten Steuerpflicht ähnlichen Umfang** versteuern.

Diese Vorschrift betrifft insbesondere die **von der Bundesrepublik Deutschland ins Ausland entsandte deutsche Staatsangehörige**, wie z.B. Beamte der diplomatischen oder konsularischen Vertretung.

42. Welche Personen sind beschränkt steuerpflichtig?

Natürliche Personen, die im Inland **weder einen Wohnsitz noch ihren gewöhnlichen Aufenthalt** haben, sind gem. § 1 Abs. 4 EStG beschränkt steuerpflichtig, wenn sie **inländische Einkünfte i.S.d. § 49 EStG** haben. Die Steuerpflicht wird auf die im Inland bezogenen Einkünfte beschränkt (Territorialitätsprinzip).

43. Was ist das Steuerobjekt der beschränkten Steuerpflicht?

Das **Steuerobjekt** der beschränkten Steuerpflicht sind **alle Einkünfte i.S.d. § 49 EStG**. Die Vorschrift des § 49 EStG beinhaltet sowohl die einzelnen **Tatbestandsmerkmale** als auch die **Rechtsfolge.**

44. Welche Personen sind erweitert beschränkt steuerpflichtig?

Die erweiterte beschränkte Steuerpflicht erweitert **nicht den persönlichen,** sondern den **sachlichen Umfang** der Besteuerung. Diese Regelung findet sich im **Außensteuergesetz**. Sie stellt auf den **Wohnsitzwechsel** einer **natürlichen Person in niedrig besteuernde Gebiete** ab (§ 2 AStG).
Im Einzelnen sind erweitert beschränkt steuerpflichtig, **Deutsche,** die weder einen Wohnsitz noch ihren gewöhnlichen Aufenthalt im Inland haben, jedoch innerhalb der **letzten zehn Jahre** vor Wohnsitzverlegung ins Ausland **mindestens insgesamt fünf Jahre** unbeschränkt steuerpflichtig waren, weiterhin noch **wesentliche wirtschaftliche Interessen** im Inland haben und ihren Wohnsitz in ein sog. **Niedrigsteuerland** verlegt haben (§ 2 Abs. 1 Satz 1 AStG).

45. Was ist ein Niedrigsteuerland?

Ein **Niedrigsteuerland** ist ein Land, in dem ein **Alleinstehender** mit einem Jahreseinkommen von 77.000 € **weniger** als 2/3 der Steuern zahlen muss, die in Deutschland zu entrichten wären (§ 2 Abs. 2 EStG).

46. Wann liegen wesentliche wirtschaftliche Interessen vor?

Eine Person hat **„wesentliche wirtschaftliche Interessen"**, wenn

- sie Unternehmer oder Mitunternehmer eines im Inland belegenden Gewerbebetriebs oder Kommanditist mit einer Beteiligung von mehr als 25 v.H. ist,
- ihr eine Beteiligung i.S.d. § 17 Abs. 1 Satz 3 EStG gehört,

- ihre Einkünfte, die nicht solche nach § 34c Abs. 1 EStG sind, mehr als 30 v.H. der Gesamteinkünfte betragen bzw. absolut 62.000 € übersteigen,
- ihr Vermögen, dessen Erträge nicht solche nach § 34c Abs. 1 EStG wären, mehr als 30 v.H. ihres Gesamtvermögens beträgt oder 154.000 € übersteigt (§ 2 Abs. 3 AStG).

47. Welche Einkünfte erfasst die erweiterte beschränkte Steuerpflicht?

Die **erweiterte beschränkte Steuerpflicht** erfasst **alle Einkünfte**, die **nicht ausländische** Einkünfte i.S.d. § 34c Abs. 1 EStG sind.

48. Welche Personen können sich auf Antrag unbeschränkt steuerpflichtig behandeln lassen?

Beschränkt steuerpflichtige natürliche Personen können sich nach § 1 Abs. 3 EStG **auf Antrag** unbeschränkt steuerpflichtig behandeln lassen, wenn sie weder einen Wohnsitz noch ihren gewöhnlichen Aufenthalt im Inland haben, soweit sie **inländische Einkünfte i.S.d. § 49 EStG** beziehen und diese Einkünfte **zu mindestens 90 v.H.** der **deutschen Einkommensteuer** unterliegen **(relative Begrenzung)**, oder wenn die **nicht** der deutschen Einkommensteuer unterliegenden Einkünfte nicht mehr als **6.136 € im Kalenderjahr** betragen **(absolute Begrenzung)**.

49. Welches Ziel wird mit der Vorschrift des § 1 Abs. 3 EStG verfolgt?

Beschränkt steuerpflichtige natürliche Personen, die im Inland weder einen Wohnsitz noch ihren gewöhnlichen Aufenthalt haben und inländische Einkünfte i.S.d. § 49 EStG erzielen, waren in der Vergangenheit **steuerliche Vergünstigungen versagt**. Besonders betroffen von dieser Regelung waren **Grenzeinpendler**. Im Zuge der Durchlässigkeit der Grenzen im Rahmen der EG/EU hat sich diese Problematik verschärft. Der Gesetzgeber hat mit der Regelung des § 1 Abs. 3 EStG die **Möglichkeit der Beantragung der unbeschränkten Einkommensteuerpflicht** geschaffen, und zwar für **alle Auslandsbewohner mit Inlandseinkünften.** § 1 Abs. 3 EStG **begrenzt** allerdings seine Wirkung auf die Person des **Grenzpendlers** selbst. Eine **Ausdehnung steuerlicher Vergünstigungen auf den Ehegatten und die Kinder** enthält **§ 1a EStG.**

50. Welches Ziel wird mit der Vorschrift des § 1a EStG verfolgt?

§ 1a EStG ist eine **Ergänzungsvorschrift** zu § 1 Abs. 1 - 3 EStG, insbesondere zu **§ 1 Abs. 3 EStG.** Mit dieser Vorschrift erfüllt der Gesetzgeber die Auflagen des EuGH[1], **EU/EWR-Grenzpendlern,** die im Inland weder einen Wohnsitz noch ihren gewöhnlichen Aufenthalt haben, **personen- und familienbezogene Vergünstigungen** für **Ehegatten** und **Kinder** im **EU/EWR-Ausland** zu gewähren. Zu diesem Zweck wird entweder die unbeschränkte Steuerpflicht der Angehörigen fingiert (§ 1a Abs. 1 Nr. 2 EStG) oder die Ansässigkeit im Ausland negiert (§ 1a Nr. 1, 3, 4 EStG).[2]

51. Welche Vergünstigungen kommen nach § 1a EStG in Betracht?

Nach **§ 1a EStG** kommen folgende Vergünstigungen in Betracht:

- Berücksichtigung von Unterhaltsaufwendungen an den geschiedenen oder dauernd getrennt lebenden Ehegatten nach § 10 Abs. 1 Nr. 1 EStG (§ 1a Abs. 1 Nr. 1 EStG),
- Ehegattenveranlagung nach § 26 Abs. 1 Satz 1 EStG (§ 1a Abs. 1 Nr. 2 EStG),
- Gewährung des Haushaltsfreibetrags nach § 32 Abs. 7 EStG für bestimmte Kinder unter bestimmten Voraussetzungen (§ 1a Abs. 1 Nr. 3 EStG).

52. Welche regionalen Begrenzungen beinhaltet § 1a EStG?

[1] EuGH vom 14.2.1995 Rs C-279/93, DB 1995, S. 407 (Fall Schumacker).

[2] Vgl. Schneider, J., Familienbezogene Einkommensteuervergünstigungen des § 1a EStG, SteuerStud 2001, S. 294 f.

§ 1a EStG **beschränkt** seinen Anwendungsbereich auf **Staatsangehörige** eines **EU-Mitgliedstaates** oder eines der **EWR-Staaten** Island, Norwegen und Liechtenstein. - Staatsangehöriger der genannten EWR-Staaten werden begünstigt, weil der EWR-Vertrag die EU- bzw. EG-Grundfreiheiten gewährt.

53. Hat die Rechtsprechung des Europäischen Gerichtshofs Einfluss auf die Gesetzgebung im Bereich der direkten Steuern?

Die direkten Steuern, zu denen die Einkommensteuer gehört, fallen in den Zuständigkeitsbereich der jeweiligen EU-Staaten. Dennoch müssen die einzelnen EU-Staaten bei der Ausübung ihrer Befugnisse das Gemeinschaftsrecht wahren und jede offene oder versteckte Diskriminierung Staatsangehöriger anderer EU-Staaten unterlassen. Vor diesem Hintergrund ist die Regelung des § 1a EStG zu sehen.

54. Welche Gründe sprechen für die Behandlung der beschränkten Steuerpflicht im Rahmen der Betrieblichen Steuerlehre?

Die inländische steuerliche Behandlung von nicht im Inland ansässigen **Arbeitnehmern** wie auch die Behandlung von **Erträgen aus inländischen Beteiligungen** von im Ausland ansässigen natürlichen Personen nehmen Einfluss auf die **Attraktivität des Standortes Deutschland**.

55. Wann beginnt die unbeschränkte persönliche Steuerpflicht einer natürlichen Person?

Die unbeschränkte persönliche Steuerpflicht einer natürlichen Person **beginnt**

- mit der Vollendung der Geburt oder
- dem Zuzug ins Inland mit der Begründung eines Wohnsitzes oder des gewöhnlichen Aufenthalts.

56. Wann endet die unbeschränkte persönliche Steuerpflicht einer natürlichen Person?

Die unbeschränkte persönliche Steuerpflicht einer natürlichen Person **endet** entweder

- mit dem Tod oder
- durch Aufgabe des Wohnsitzes oder des gewöhnlichen Aufenthalts im Inland.

57. Welche Bedeutung hat die bürgerlich-rechtliche Rechtsfähigkeit für den Beginn und das Ende der Steuerpflicht?

Die **bürgerlich-rechtliche Rechtsfähigkeit** ist für den Beginn und das Ende der Steuerpflicht **unbeachtlich.**

58. Welche Bedeutung hat das Alter einer Person für den Beginn und das Ende der Steuerpflicht?

Das **Alter einer Person** ist für den Beginn und das Ende der Steuerpflicht **ohne Bedeutung.**

59. Welche Rechtsfolgen hat der Wechsel der Steuerpflicht?

Beim Übergang von der unbeschränkten Steuerpflicht zur beschränkten Steuerpflicht und umgekehrt ist stets die bisherige Steuerpflicht beendet und eine neue Steuerpflicht begründet.
Tritt der Fall ein, dass in einem Kalenderjahr die Steuerpflicht wechselt, so sind ab dem Veranlagungszeitraum 1996 **nicht** mehr zwei Veranlagungen vorzunehmen (§ 2 Abs. 7 Satz 3 EStG).

60. Welche Bedeutung hat die sachliche Steuerpflicht?

Die **sachliche** Steuerpflicht bedeutet das **Vorhandensein einer Bemessungsgrundlage** für die Einkommensteuer. Wenn nach der **sachlichen Einkommensteuerpflicht** gefragt wird, wird nach der **Grundlage für die Besteuerung** gesucht.

61. Welche Vorschriften regeln die sachliche Steuerpflicht?

§ 2 EStG ist die **Rechtsgrundlage** für die **sachliche Steuerpflicht**. Diese Vorschrift beschränkt sich auf **einführende Aussagen**. Die **Einzelheiten** sind sodann in den **§§ 3 - 24 EStG** geregelt.

62. Gibt es eine Vorschrift, aus der sich sowohl eine allgemein gültige Definition für die einzelne Einkunftsart als auch für die Gesamtzahl der Einkunftsarten herleiten lässt?

Eine Vorschrift, aus der sich sowohl eine allgemein gültige Definition für die einzelne Einkunftsart als auch für die Gesamtzahl der Einkunftsarten herleiten lässt, gibt es nicht. Das Einkommensteuergesetz begnügt sich in **§ 2 Abs. 1 EStG** mit der **Aufzählung der sieben Einkunftsarten**:

1. Einkünfte aus Land- und Forstwirtschaft,
2. Einkünfte aus Gewerbebetrieb,
3. Einkünfte aus selbständiger Arbeit,[3]
4. Einkünfte aus nicht selbständiger Arbeit,[4]
5. Einkünfte aus Kapitalvermögen,
6. Einkünfte aus Vermietung und Verpachtung,
7. Sonstige Einkünfte i.S.d. § 22 EStG.

63. Was bezeichnet der Gesetzgeber als Einkünfte?

[3] Fachsprachliche Schreibweise (z.B. Bundessteuerblatt) immer noch „selbständige" Arbeit; nach der Rechtschreibereform regelmäßig „selbstständige" Arbeit.

[4] Fachsprachliche Bezeichnung.

Der Gesetzgeber bezeichnet den **Reinertrag** aus allen wirtschaftlichen Betätigungen, die zu **derselben** Einkunftsart gehören, als **Einkünfte**. Dies bedeutet, dass festgestellt werden muss, zu welcher Einkunftsart eine bestimmte Betätigung führt.

64. Wie können die sieben Einkunftsarten nach der Art ihrer Ermittlung eingeteilt werden?

Nach der **Art ihrer Ermittlung** können die sieben Einkunftsarten in **Gewinneinkunftsarten** und **Überschusseinkunftsarten** eingeteilt werden.

65. Welche Einkünfte gehören zu den Gewinneinkunftsarten?

Zu den **Gewinneinkunftsarten** gehören die **Einkünfte aus Land- und Forstwirtschaft, Gewerbebetrieb und selbständiger Arbeit**.

66. Welche Einkünfte gehören zu den Überschusseinkunftsarten?

Zu den **Überschusseinkunftsarten** gehören die **Einkünfte aus nichtselbständiger Arbeit, Kapitalvermögen, Vermietung und Verpachtung und die Sonstigen Einkünfte i.S.d. § 22 EStG.**

67. Wie werden die Einkunftsarten untereinander abgegrenzt?

Die Gewinneinkunftsarten werden als **Haupteinkunftsarten** und die Überschusseinkunftsarten als **Nebeneinkunftsarten** behandelt.

68. Stehen die sieben Einkunftsarten gleichrangig nebeneinander?

Die sieben Einkunftsarten stehen **nicht gleichrangig** nebeneinander. So liegen nur dann Einkünfte aus Kapitalvermögen, Vermietung und Verpachtung oder Sonstige Einkünfte i.S.d. § 22 EStG vor, wenn die

Einkünfte nicht aufgrund einer der **Subsidiaritätsklauseln** der **§§ 20 Abs. 3, 21 Abs. 3, 22 Nr. 1 Satz 1 EStG** einer anderen Einkunftsart zuzurechnen sind. So werden z.B. Vermietungserträge, die im Rahmen eines Gewerbebetriebes erzielt werden, den Einkünften aus Gewerbebetrieb (§ 15 EStG) zugerechnet **(Subsidiaritätsprinzip)**. Einkünfte aus den Nebeneinkunftsarten werden nur dann angenommen, wenn diese Einkünfte nicht schon einer der Haupteinkunftsarten zuzuordnen sind.

69. Gilt das Subsidiaritätsprinzip auch hinsichtlich der Haupteinkunftsarten?

Hinsichtlich der **Haupteinkunftsarten** bestehen **keine Subsidiaritätsklauseln**. Die Abgrenzung der Haupteinkunftsarten untereinander erfolgt über die **Definition** dieser Einkunftsarten.

70. Ist die richtige Zuordnung von Einkünften zu der jeweiligen Einkunftsart gem. § 2 Abs. 1 EStG von Bedeutung?

Die **richtige Zuordnung von Einkünften** zu der jeweiligen Einkunftsart gem. § 2 Abs. 1 EStG ist von **erheblicher Bedeutung**. Jede der **sieben Einkunftsarten** hat **eigene Gesetzlichkeiten**, die den **Umfang der Steuerpflicht** beeinflussen.

Beispiele:

- Die Einkünfte der Einkunftsarten 1 - 3 werden durch Gewinnermittlung, die der Einkunftsarten 4 - 7 durch Überschuss der Einnahmen über die Werbungskosten ermittelt.
- Bei den Einkunftsarten 4, 5 und 7 werden Werbungskostenpauschbeträge gewährt (§ 9a EStG).
- Freibeträge und Freigrenzen werden nur bei bestimmten Einkunftsarten gewährt:
  - § 13 Abs. 3 EStG bei Land- und Forstwirtschaft,
  - §§ 14, 14a, 16, 17, 18 Abs. 3 EStG bei bestimmten Veräußerungsgewinnen,

- § 19 Abs. 2 EStG (Versorgungsfreibetrag) bei nichtselbständiger Arbeit,
- § 22 Nr. 2 EStG bei Einkünften aus Spekulationsgeschäften,
- § 22 Nr. 3 EStG bei Einkünften aus bestimmten Leistungen.
- Die richtige Zuordnung der Einkünfte ist bei der Berechnung des Altersentlastungsbetrages (§ 24a EStG) von Bedeutung.
- Eine Reihe von Steuervergünstigungen kommen nur bei bestimmten Einkunftsarten in Betracht (z.B. § 7g, § 35 EStG).
- Der Verlustausgleich ist in verschiedenen Fällen eingeschränkt (z.B. § 15 Abs. 4 EStG, § 23 Abs. 3 EStG).
- Bei bestimmten Einkunftsarten bestehen Buchführungs- und Aufzeichnungspflichten.

71. Unterliegen auch solche Vermögensmehrungen, die nicht unter die sieben Einkunftsarten fallen, der Einkommensbesteuerung?

Vermögensmehrungen, die nicht unter die sieben Einkunftsarten (§§ 13 - 24 EStG) fallen, unterliegen **nicht** der Einkommensbesteuerung. In § 2 Abs. 1 EStG sind die Einkünfte, die der Einkommensteuer unterliegen, **erschöpfend** aufgezählt. Der Einkommensteuer unterliegen z.B. nicht Vermögensmehrungen infolge von Schenkungen, Erbschaften, Spielen und Wetten (Spiel- und Wettgewinne). Die Erträge aus diesem Vermögen unterliegen allerdings der Besteuerung.

72. Unterliegen Einkünfte aus verbotenen oder unsittlichen Tätigkeiten der Einkommensbesteuerung?

Einkünfte aus verbotenen oder unsittlichen Tätigkeiten **sind zu versteuern**, und zwar dann, wenn die Tätigkeit **gewerbsmäßig** betrieben wird (z.B. gewerbsmäßiger Schmuggel).

73. Zählen Einkünfte aus Liebhaberei zu den Einkünften i.S.d. Einkommensteuergesetzes?

Einkünfte aus Liebhaberei rechnen **nicht** zu den Einkünften i.S.d. Einkommensteuergesetzes.

74. Was wird im steuerrechtlichen Sinne unter Liebhaberei verstanden?

Unter **Liebhaberei im steuerrechtlichen Sinne** ist eine Betätigung zu verstehen, die **ohne Gewinnerzielungsabsicht** ausgeübt wird oder - allgemeiner ausgedrückt - nicht der Erzielung positiver Einkünfte dient, sondern aus persönlichen (nicht wirtschaftlichen) Gründen betrieben wird.

75. Ist das Beibehalten der Tätigkeit trotz anhaltender Verluste über die tätigkeitsspezifische Anlaufzeit hinaus allein ein Beweis für Liebhaberei?

Ein **wichtiger objektiver Umstand** für die Annahme von Liebhaberei ist das **Beibehalten** der Tätigkeit trotz andauernder Verluste über die tätigkeitsspezifische (i.d.R. branchenspezifische) Anlaufzeit hinaus.
Andauernde Verluste über die Anlaufzeit hinaus sind jedoch **allein kein Beweis** der Liebhaberei. Kann dargelegt und glaubhaft gemacht werden, dass trotz der in der Vergangenheit entstandenen dauernden Verluste der **Totalgewinn** der Vermögensnutzung (der betrieblichen Tätigkeit) **positiv** sein wird, liegt **keine Liebhaberei** vor.

76. Der Nachweis und die Glaubhaftmachung eines positiven Totalergebnisses gelingt nicht. Liegt in diesen Fällen stets Liebhaberei vor?

Gelingt der Nachweis eines positiven Totalergebnisses nicht, liegt dennoch **keine** Liebhaberei vor, wenn glaubhaft gemacht wird, dass die Tätigkeit **nicht** aus im Bereich der privaten Lebensführung liegenden **persönlichen Gründen** ausgeübt wird (= subjektive Betrachtungsweise).

77. In welchen Fällen könnte die Tätigkeit aus persönlichen Gründen oder Neigungen ausgeübt werden?

Für **persönliche Gründe oder Neigungen** kann der Umstand sprechen, dass der Steuerpflichtige wegen **anderer hoher Einkünfte** oder **aufgrund seines Vermögens** finanziell in der Lage ist, die jährlich anfallenden Verluste zu tragen.

78. Welche Rechtsfolge ist mit der Bejahung der Liebhaberei verbunden?

Bei **Bejahung der Liebhaberei** bleiben **Erträge und Aufwendungen** bei der Einkünfteermittlung **außer Betracht.**

79. In welchen Fällen tritt die Frage, ob eine Betätigung eine Liebhaberei darstellt oder der Erzielung von Einkünften i.S.d. § 2 EStG dient, in der Praxis häufig auf?

In der **Praxis** tritt die Frage, ob eine Betätigung eine Liebhaberei darstellt oder der Erzielung von Einkünften i.S.d. § 2 EStG dient, häufig bei den **Betrieben der Land- und Forstwirtschaft** auf, insbesondere dann, wenn die land- und forstwirtschaftlichen Betriebe von einem **Nicht-Landwirt bzw. Nicht-Forstwirt** (z.B. einem Bankier) betrieben werden. Die Frage der Liebhaberei tritt auch bei **Gestüten und ähnlichen Betrieben** auf. Gleichfalls von Bedeutung ist die Frage der Liebhaberei bei **Reisejournalisten.**

80. Zählen alle Einkünfte, die nicht zu den ersten sechs Einkunftsarten rechnen, zur siebenten Einkunftsart „Sonstige Einkünfte"?

Zu der siebenten Einkunftsart **„Sonstige Einkünfte"** rechnen **nicht** alle Einkünfte, die in den Einkunftsarten des § 2 Abs. 1 Nr. 1 - 6 EStG nicht untergebracht werden können. In § 2 Abs. 1 Nr. 7 EStG steht nämlich ausdrücklich: **„Sonstige Einkünfte i.S.d. § 22 EStG"**. In § 22 EStG sind diese Einkünfte näher (= abschließend) bezeichnet.

81. Was sind Einkünfte?

Einkünfte sind

- bei den Einkunftsarten nach § 2 Abs. 1 **Nr. 1 - 3** EStG der **Gewinn** (sog. Gewinneinkünfte), § 2 Abs. 2 Nr. 1 EStG,
- bei den übrigen Einkunftsarten nach § 2 Abs. 1 **Nr. 4 - 7** EStG der **Überschuss der Einnahmen über die Werbungskosten** (sog. Überschusseinkünfte), § 2 Abs. 2 Nr. 2 EStG.

82. Wodurch unterscheiden sich die Einkünfte von den Einnahmen?

Einnahmen sind die Beträge, die zufließen (Roheinnahmen), **ohne jeglichen Abzug. Einkünfte** sind das **Ergebnis der jeweiligen Einkunftsart** (entweder der Gewinn oder der Überschuss der Einnahmen über die Werbungskosten). Ist das **Ergebnis negativ**, so liegt ein **Verlust** vor, und zwar unabhängig von der Einkunftsart.

83. Wie erfolgt die Ermittlung der Einkünfte?

Die Ermittlung der Einkünfte erfolgt in **zwei Schritten**. Zunächst erfolgt die **sachliche Zurechnung** (= Festlegen der Einkunftsart, zu der die Betätigung führt). Nach der sachlichen Zurechnung erfolgt die **betragsmäßige Berechnung** des Gewinns bzw. des Überschusses der Einnahmen über die Werbungskosten aller zu einer Einkunftsart gehörenden Betätigungen.

84. Was ist die Summe der Einkünfte allgemein?

Die **Summe der Einkünfte** allgemein ist die Summe der positiven und negativen Einkünfte innerhalb **eines Veranlagungszeitraums.**

85. Wie werden Verluste bei der Einkommensteuer berücksichtigt?

Verluste werden bei der Einkommensteuer im Wege des **horizontalen** und **vertikalen Verlustausgleichs** gem. **§ 2 Abs. 3 EStG** und im Wege des **Verlustabzugs** gem. **§ 10d EStG** berücksichtigt. Hierbei bestehen erhebliche Beschränkungen.

86. Bestehen über die Regelungen der § 2 Abs. 3 EStG und § 10d EStG hinaus weitere Vorschriften, die den Verlustausgleich einschränken oder gar verbieten?

Es gibt im Einkommensteuergesetz weitere Vorschriften, die den Verlustausgleich gesetzlich einschränken oder gar verbieten, insbesondere für Verluste aus

- bestimmten ausländischen Quellen (§ 2a EStG),
- der Beteiligung als beschränkt haftender Gesellschafter (§ 15a EStG),
- bestimmten Sonstigen Einkünften (§ 22 Nr. 3 EStG),
- Spekulationsgeschäften (§ 23 Abs. 3 EStG),
- bestimmten Kapitalerträgen bei beschränkter Einkommensteuerpflicht (§ 50 Abs. 2 EStG).

Eine **Sonderregelung** gilt für Verluste aus **gewerblicher Tierzucht** und **gewerblicher Tierhaltung**. Diese Verluste dürfen nach § 15 Abs. 4 EStG weder mit anderen Einkünften aus Gewerbebetrieb noch mit anderen Einkünften aus anderen Einkunftsarten ausgeglichen werden.
Eine **weitere Sonderregelung** besteht für Veräußerungsverluste nach § 17 Abs. 2 Satz 4 EStG.

87. Was versteht man unter dem Verlustausgleich?

Der **Verlustausgleich** ist der Ausgleich positiver Einkünfte mit negativen Einkünften **desselben** Steuerpflichtigen im **gleichen** Veranlagungszeitraum.

88. Was versteht man unter dem horizontalen Verlustausgleich?

Unter dem **horizontalen** Verlustausgleich versteht man den Ausgleich von negativen Einkünften mit positiven Einkünften innerhalb **derselben Einkunftsart**. Der horizontale Verlustausgleich ist Bestandteil der Einkünfteermittlung.

89. Unternehmer U betreibt einen Großhandel und einen Einzelhandel. Aus dem Großhandel erzielt er im Wirtschaftsjahr 01 einen Gewinn von 50.000 €. Aus dem Einzelhandel erzielt er in demselben Wirtschaftsjahr einen Verlust von 75.000 €. Wie erfolgt der horizontale Verlustausgleich?

Der horizontale Verlustausgleich findet wie folgt statt:

Gewinn aus Gewerbebetrieb (Großhandel)	50.000 €
Verlust aus Gewerbebetrieb (Einzelhandel)	./. 75.000 €
Einkünfte aus Gewerbebetrieb (Verlust)	./. 25.000 €

90. Muss der horizontale Verlustausgleich zwingend vorgenommen werden oder hat der Steuerpflichtige ein Wahlrecht?

Der horizontale Verlustausgleich **ist** zwingend vorzunehmen. Der Steuerpflichtige hat **kein Wahlrecht**. Erst nach dem erfolgten horizontalen Verlustausgleich kann ein vertikaler Verlustausgleich erfolgen.[5]

91. Was versteht man unter dem vertikalen Verlustausgleich?

Beim vertikalen Verlustausgleich erfolgt der Ausgleich **innerhalb mehrerer Einkunftsarten**. Der vertikale Verlustausgleich ist in § 2 Abs. 3 Sätze 2 - 8 EStG geregelt.

92. Ist der vertikale Verlustausgleich unbeschränkt möglich?

[5] Vgl. BFH, BStBl 1995 II S. 698.

Der vertikale Verlustausgleich ist **nicht** unbeschränkt möglich. Er unterliegt den **betragsmäßigen** Begrenzungen des **§ 2 Abs. 3 Sätze 2 - 8 EStG**.

93. Wie erfolgt der vertikale Verlustausgleich nach § 2 Abs. 3 EStG, wenn die Summe der negativen Einkünfte bis zu 51.500 € und Summe der positiven Einkünfte ebenfalls bis zu 51.500 € beträgt? [6]

a) Ergeben sich die negativen Einkünfte und die positiven Einkünfte nur aus **einer Einkunftsart**, so erfolgt ein **unbegrenzter** Ausgleich der positiven mit den negativen Einkünften. Nicht ausgeglichene negative Einkünfte gehen in den Verlustabzug nach § 10d EStG ein.
b) Ergibt sich die Summe der negativen Einkünfte und/oder die Summe der positiven Einkünfte aus **mehreren positiven Einkunftsarten**, so ist zunächst das **Verhältnis** der negativen und/oder positiven Salden der einzelnen Einkunftsarten zur Summe der negativen und/oder positiven Einkünfte zu ermitteln. Anschließend sind die positiven Einkünfte der einzelnen Einkunftsarten mit den negativen Einkünften der einzelnen Einkunftsarten jeweils entsprechend der ermittelten Verhältniszahlen auszugleichen. Nicht ausgeglichene negative Einkünfte gehen in den Verlustabzug nach § 10d EStG ein.

94. Wie erfolgt der Verlustausgleich nach § 2 Abs. 3 EStG, wenn die Summe der negativen Einkünfte bis zu 51.500 € und die Summe der positiven Einkünfte mehr als 51.500 € beträgt?

a) Ergeben sich die positiven Einkünfte nur aus **einer Einkunftsart**, so sind die positiven Einkünfte um bis zu 51.500 € zu mindern.
b) Ergibt sich die Summe der positiven Einkünfte aus **mehreren Einkunftsarten**, so ist zunächst das **Verhältnis** der positiven Salden der einzelnen Einkunftsarten zur Summe der positiven Einkünfte zu ermitteln. Anschließend sind die positiven Einkünfte der einzelnen

[6] Die Beträge in Euro (€) gelten ab dem 1.1.2002. Bis einschließlich 2001 lauteten die betragsmäßigen Angaben in § 2 Abs. 3 EStG auf 100.000 DM bzw. 200.000 DM.

Einkunftsarten entsprechend diesem Verhältnis durch die negativen Einkünfte zu mindern.

95. Wie erfolgt der Verlustausgleich nach § 2 Abs. 3 EStG, wenn die Summe der positiven Einkünfte bis zu 51.500 € und die Summe der negativen Einkünfte mehr als 51.500 € beträgt?

a) Ergeben sich die negativen Einkünfte nur aus **einer Einkunftsart**, so erfolgt ein unbegrenzter Ausgleich der positiven Einkünfte mit den negativen Einkünften. Nicht ausgeglichene Verluste gehen in den Verlustabzug nach § 10d EStG ein.

b) Ergibt sich die Summe der negativen Einkünfte aus **mehreren Einkunftsarten**, so ist zunächst das **Verhältnis** der negativen Salden der einzelnen Einkunftsarten zur Summe der negativen Einkünfte zu ermitteln. Anschließend sind die negativen Einkünfte der einzelnen Einkunftsarten entsprechend diesem Verhältnis von den positiven Einkünften abzuziehen. Nicht ausgeglichene negative Einkünfte gehen in den Verlustabzug nach § 10d EStG ein.

96. Wie erfolgt der Verlustausgleich nach § 2 Abs. 3 EStG, wenn die Summe der negativen Einkünfte und die Summe der positiven Einkünfte mehr als 51.500 € beträgt?

a) Ergeben sich die negativen Einkünfte sowie die positiven Einkünfte aus jeweils **einer Einkunftsart**, so sind die positiven Einkünfte um 51.500 €, darüber hinaus bis zur **Hälfte** der verbleibenden positiven Einkünfte zu mindern. Nicht ausgeglichene negative Einkünfte gehen in den Verlustabzug nach § 10d EStG ein.

b) Ergibt sich die Summe der negativen Einkünfte und/oder die Summe der positiven Einkünfte aus **mehreren Einkunftsarten**, so ist zunächst das **Verhältnis** der negativen und/oder positiven Salden der einzelnen Einkunftsarten zur Summe der negativen und/oder positiven Einkünfte zu ermitteln. Anschließend sind die positiven Einkünfte der einzelnen Einkunftsarten mit den negativen Einkünfte der einzelnen Einkunftsarten jeweils entsprechend der ermittelten Verhältniszahlen bis zu insgesamt 51.500 €, darüber hinaus bis zur **Hälfte** der Summe der verbleibenden positiven Einkünfte auszugleichen. Nicht ausgeglichene negative Einkünfte gehen in den Verlustabzug nach § 10d EStG ein.

97. Was versteht man unter dem Verlustabzug?

Verluste, die bei der Ermittlung der Summe der Einkünfte nicht ausgeglichen werden, können bei der Ermittlung des Gesamtbetrags der Einkünfte in **einem anderen Veranlagungszeitraum** berücksichtigt werden **(Verlustabzug).** Dies geschieht zum einen durch den **Verlustrücktrag** und zum anderen durch den **Verlustvortrag.**

98. Ist der Verlustrücktrag unbegrenzt möglich?

Der **Verlustrücktrag** ist **ab** dem **Veranlagungszeitraum 2001** auf **ein Jahr** und einen **Höchstbetrag von 1.000.000 DM (511.500 €)** begrenzt (§ 10d Abs. 1 EStG). Er erfolgt **vorrangig** vor den Sonderausgaben, den außergewöhnlichen Belastungen und den sonstigen Abzugsbeträgen. Die Begrenzungen des § 2 Abs. 3 EStG gelten sinngemäß.

99. Bestehen hinsichtlich des Verlustvortrags Begrenzungen?

Hinsichtlich des Verlustvortrags bestehen **weder zeitliche noch betragsmäßige Begrenzungen.**

100. Ist der Verlustrücktrag zwingend vorzunehmen?

Auf den Verlustrücktrag kann **auf Antrag** ganz oder teilweise **verzichtet** werden (§ 10d Abs. 1 Sätze 7 und 8 EStG).

101. Wann kann ein ganzer oder teilweiser Verzicht auf den Verlustrücktrag sinnvoll sein?

Ein ganzer oder teilweiser Verzicht auf den Verlustrücktrag kann bei einer **Minderung des zu versteuernden Einkommens auf Null** sinnvoll sein, da der **Verlustrücktrag** in Höhe des Grundfreibetrags sowie der Sonderausgaben, außergewöhnlichen Belastungen und sonstigen Abzugsbeträgen keine Wirkung entfaltet und dennoch für den Verlustvortrag **verloren** geht.

102. Was ist der Gesamtbetrag der Einkünfte i.S.d. § 2 Abs. 3 EStG?

Der Gesamtbetrag der Einkünfte i.S.d. § 2 Abs. 3 Satz 1 EStG ist die Summe der Einkünfte, **vermindert** um den Altersentlastungsbetrag und den Abzug nach § 13 Abs. 3 EStG.

103. In welchen Fällen ist der Gesamtbetrag der Einkünfte von Bedeutung?

Der Gesamtbetrag der Einkünfte hat insbesondere in folgenden Fällen Bedeutung:

- **Verlustabzug** (§ 10d EStG);
- **Spendenbemessungsgrundlage** (§ 10b Abs. 1 Sätze 1 und 3 EStG);
- **Berechnung der zumutbaren Belastung** i.S.d. § 33 Abs. 1 und 3 EStG (außergewöhnliche Belastungen).

104. Welche Steuerpflichtigen erhalten den Altersentlastungsbetrag nach § 24a EStG?

Steuerpflichtige, die **vor Beginn des Kalenderjahres,** in dem sie ihr Einkommen bezogen haben, das **64. Lebensjahr** vollendet haben, erhalten einen Altersentlastungsbetrag. Der Altersentlastungsbetrag beträgt 40 v.H. des Arbeitslohns **und** der positiven Summe der übrigen Einkünfte, **maximal 1.908 €**. Außer Betracht bleiben bei der Berechnung die Versorgungsbezüge i.S.d. § 19 Abs. 2 EStG, Einkünfte aus Leibrenten i.S.d. 22 Nr. 1 Satz 3 Buchst. a EStG und Einkünfte i.S.d. § 22 Nr. 4 Satz 4 Buchst. b EStG.

105. Welche Steuerpflichtigen erhalten den Freibetrag für Land- und Forstwirte nach § 13 Abs. 3 EStG?

Gem. § 13 Abs. 3 Satz 1 EStG erhalten alle Steuerpflichtigen mit positiven Einkünften aus Land- und Forstwirtschaft einen Freibetrag i.H.v. **670 €**, höchstens in Höhe der positiven Einkünfte aus § 13 EStG, wenn das Einkommen ohne Berücksichtigung des Freibetrages nach Satz 1 **30.700 €** nicht übersteigt. Dieser Freibetrag wird bei der Ermittlung des Gesamtbetrages der Einkünfte nach dem Altersentlastungsbetrag abgezogen.

106. Wie wird das Einkommen ermittelt?

Gem. **§ 2 Abs. 4 EStG** ist der Gesamtbetrag der Einkünfte, **vermindert** um die Sonderausgaben und die außergewöhnlichen Belastungen, das **Einkommen**.

107. Gibt § 2 Abs. 4 EStG den Einkommensbegriff umfassend wieder?

§ 2 Abs. 4 EStG gibt den Einkommensbegriff **nicht** umfassend wieder. Vom Gesamtbetrag der Einkünfte ist neben den Sonderausgaben und außergewöhnlichen Belastungen u.a. auch der Verlustabzug nach § 10d EStG abzuziehen.

108. Was sind Sonderausgaben?

Sonderausgaben sind **Kosten der privaten Lebensführung**, die ohne die spezialgesetzliche Regelung der §§ 10 und 10b EStG - nach dem Abzugsverbot des § 12 EStG - nicht abzugsfähig wären.

109. Unter welcher grundsätzlichen Voraussetzung können Aufwendungen als Sonderausgaben berücksichtigt werden?

Aufwendungen können grundsätzlich nur dann als Sonderausgaben berücksichtigt werden, wenn sie **weder Betriebsausgaben noch Werbungskosten** darstellen. Sonderausgaben stehen im Gegensatz zu den Betriebsausgaben und Werbungskosten mit **keiner** bestimmten Einkunftsart im Zusammenhang.

110. Wie werden Sonderausgaben nach ihrer Abzugsfähigkeit eingeteilt?

Sonderausgaben werden nach **ihrer Abzugsfähigkeit** in **unbeschränkt** und **beschränkt** abzugsfähige Sonderausgaben eingeteilt.

111. Welche Aufwendungen sind unbeschränkt als Sonderausgaben abzugsfähig?

Unbeschränkt als Sonderausgaben abzugsfähig sind

- Renten und dauernde Lasten (§ 10 Abs. 1 Nr. 1a EStG),
- Kirchensteuern (§ 10 Abs. 1 Nr. 4 EStG),
- Steuerberatungskosten (§ 10 Abs. 1 Nr. 6 EStG),
- 30 v.H. des Schulgelds für bestimmte Privatschulen (§ 10 Nr. 9 EStG).

112. Welche Aufwendungen sind beschränkt als Sonderausgaben abzugsfähig?

Beschränkt als Sonderausgaben abzugsfähig sind

- Unterhaltsleistungen an geschiedene/dauernd getrennt lebende Ehegatten (§ 10 Abs. 1 Nr. 1 EStG),
- Beiträge zu Versicherungen (§ 10 Abs. 1 Nr. 2 EStG),
- Aufwendungen für die Berufsausbildung oder Weiterbildung in einem nicht ausgeübten Beruf (§ 10 Abs. 1 Nr. 7 EStG),
- Aufwendungen für hauswirtschaftliche Beschäftigungsverhältnisse (§ 10 Abs. 1 Nr. 8 EStG),
- Spenden (§ 10b EStG),

- Vorsorgeaufwendungen (§ 10 Abs. 1 Nr. 2 EStG).

113. Was sind Vorsorgeaufwendungen?

Vorsorgeaufwendungen sind **beschränkt** abzugsfähige Sonderausgaben für **Versicherungsaufwendungen**. Hinsichtlich der Vorsorgeaufwendungen bestehen **besondere Abzugsvoraussetzungen** nach § 10 Abs. 2 EStG. Ferner dürfen sie nur in Rahmen **bestimmter Höchstbeträge** abgezogen werden (§ 10 Abs. 3 EStG).

114. Was ist unter außergewöhnlichen Belastungen nach § 33 EStG zu verstehen?

Aus Gründen der **sozialen Gerechtigkeit** lässt § 33 EStG **bestimmte Lebensführungskosten** zum Abzug zu.
Außergewöhnliche Belastungen liegen nach § 33 Abs. 1 EStG vor, wenn einem Steuerpflichtigen **zwangsläufig** höhere Aufwendungen erwachsen als der überwiegenden Mehrzahl der Steuerpflichtigen gleicher Einkommensverhältnisse, gleicher Vermögensverhältnisse und gleichen Familienstandes.
Zwangsläufig bedeutet, dass sich der Steuerpflichtige diesen Aufwendungen aus rechtlichen, tatsächlichen oder sittlichen Gründen nicht entziehen kann.

115. Welche Systematik liegt den Regelungen zu den außergewöhnlichen Belastungen zu Grunde?

§ 33 EStG enthält eine **allgemein gehaltene Begriffsbestimmung** der außergewöhnlichen Belastungen, mit der den unterschiedlichsten Belastungsfällen Rechnung getragen wird. **§ 33a und § 33b EStG** regeln den **Abzug** in **typisierten Fällen**. Im Einzelnen sind geregelt:

- Unterhaltsaufwendungen (§ 33a Abs. 1 EStG),
- Ausbildungsfreibeträge (§ 33a Abs. 2 EStG),

- Freibeträge für Hilfe im Haushalt und Heimunterbringung (§ 33a Abs. 3 EStG),
- Pauschbetrag wegen Körperbehinderung, Pflege-Pauschbetrag (§ 33b Abs. 6 EStG).

116. Wie ist das zu versteuernde Einkommen zu ermitteln?

Gem. **§ 2 Abs. 5 EStG** ergibt sich das **zu versteuernde Einkommen** wie folgt:

Einkommen
./. Kinderfreibeträge nach § 32 Abs. 6 EStG
./. Haushaltsfreibetrag nach § 32 Abs. 7 EStG
./. sonstige vom Einkommen abzuziehende Beträge
= zu versteuerndes Einkommen

117. Wonach bemisst sich die tarifliche Einkommensteuer?

Die **tarifliche Einkommensteuer** bemisst sich nach dem **zu versteuernden Einkommen** (§ 2 Abs. 5 Satz 1 2. HS EStG).

118. Was ist die tarifliche Einkommensteuer?

Die **tarifliche Einkommensteuer** (§ 32a Abs. 1, 5 EStG) ist der **Steuerbetrag** laut **Einkommensteuer-Grundtabelle/Splitting-Tabelle** unter Beachtung von tariflichen Sonderbestimmungen.

119. Welche Tarifstufen enthält der Einkommensteuertarif?

Der Einkommensteuertarif enthält bzw. enthielt **Tarifstufen** i.H.v. **54 DM**. Die Einkommensteuer für eine Tarifstufe richtete sich bis einschließlich Veranlagungszeitraum 2000 nach dem untersten Wert der Tarifstufe

(Untergrenze). Ab dem Veranlagungszeitraum 2001 wird die Einkommensteuer für den mittleren Wert der Tarifstufe ermittelt (Mittelwertverfahren).

Im Zuge der **Umstellung auf den Euro** im Jahr 2002 wird statt der Tarifstufe 54 DM eine **Tarifstufe** von **36 €** verwendet. Durch die Umstellung auf das **Mittelwertverfahren** erhöht sich die Einkommensteuer.
Ab **Veranlagungszeitraum 2001** wird auf die **Tarifstufen verzichtet**. Die **Tarifformel** wird hierbei unmittelbar auf das als **voller Euro-Betrag** ermittelte zu versteuernde Einkommen angewendet und der so ermittelte Steuerbetrag auf **volle Euro abgerundet.**[7] Auf die **Veröffentlichung der Einkommensteuertabellen** (Grund- und Splitting-Tabelle) **als Anlage zum Gesetz** wird **ab dem Veranlagungszeitraum 2001 verzichtet**. § 32a Abs. 4 EStG wird aufgehoben (§ 52 Abs. 1 Satz 1 EStG). Die **Einkommensteuertabellen** werden als Konkretisierung der gesetzlichen Tarifvorschriften in § 32a EStG **im Bundesanzeiger** veröffentlicht.

120. Wie stellt sich die tarifliche Situation im Bereich der Einkommensteuer für den Zeitraum 2000 bis 2005 ff. für Ledige dar?

Für den Zeitraum **2000 bis 2005 ff.** stellt sich die tarifliche Situation im Bereich der Einkommensteuer für Ledige wie folgt dar:[8]

Steuersenkungsgesetz	**2000**	**2001**	**2002**	**2003/2004**	**ab 2005**
Eingangssteuersatz	22,9 %	19,9 %	19,9 %	17 %	15 %
Grundfreibetrag (Ledige)	13.499 DM	14.093 DM	14.150 DM 7.235 €	14.524 DM 7.426 €	14.990 DM 7.664 €
Spitzensteuersatz	51 %	48,5 %	48,5 %	47 %	42 %
gilt für Ledige ab DM/€	114.696 DM	107.568 DM	107.568 DM 55.008 €	102.276 DM 52.293 €	102.000 DM 52.152 €
Tarifbegrenzung für gewerbliche Einkünfte in v.H.	43	entfällt	entfällt	entfällt	entfällt

121. Was ist bei der Einkommensteuer der Ermittlungszeitraum?

[7] Vgl. BT-Drucks. 14/3366, S. 122; Graf, W., Obermeier, A., NWB Steuerrecht aktuell 3/2000, a.a.O., S. 63 – 65. Wegen der Vergleichbarkeit werden die Beträge auch in DM angegeben.
[8] Vgl. Harle, H., Kulemann, G., Unternehmenssteuerreform, Herne/Berlin 2001, S. 29.

Die **Einkommensteuer** ist eine **Jahressteuer** (§ 2 Abs. 7 Satz 1 EStG). Nach § 2 Abs. 7 Satz 2 EStG sind die **Grundlagen für ihre Festsetzung** jeweils für **ein Kalenderjahr** zu ermitteln (Ermittlungszeitraum = Kalenderjahr).

122. Was ist bei der Einkommensteuer der Veranlagungszeitraum?

Die **Einkommensteuer** wird nach dem **Ablauf des Kalenderjahrs** (= Veranlagungszeitraum) nach dem **Einkommen** veranlagt, das der Steuerpflichtige in diesem Veranlagungszeitraum bezogen hat (§ 25 Abs. 1 Satz 1 EStG).

123. Wie ist das Veranlagungsverfahren zur Einkommensteuer aufgebaut?

Bei der **Veranlagung** werden in einem **besonderen Verfahren** (Veranlagungsverfahren) die **Besteuerungsgrundlagen** (Einkünfte, Sonderausgaben, außergewöhnliche Belastungen, tarifliche Freibeträge usw.) **ermittelt** und die **Steuerschuld** durch **Steuerbescheid festgesetzt**.

Das **Veranlagungsverfahren** besteht aus **zwei Teilen**:

1. der Ermittlung der Besteuerungsgrundlagen (Ermittlungsverfahren) und
2. der Festsetzung der Steuerschuld (Festsetzungsverfahren) und der Bekanntgabe des Steuerbescheids.

124. Warum hat der Gesetzgeber bestimmte Einnahmen von der Besteuerung ausgenommen (steuerfreie Einnahmen)?

Der Gesetzgeber hat aus wirtschaftspolitischen, sozialpolitischen und verschiedenen anderen Gründen eine Vielzahl **Einnahmen**, die der **sachlichen Steuerpflicht** unterliegen, von der Besteuerung ausgenommen. Diese Einnahmen werden vom Gesetzgeber als **steuerfreie Einnahmen** bezeichnet.

125. Welche Vorschrift enthält die steuerfreien Einnahmen?

§ 3 EStG enthält die umfangreiche und unsystematische Aufzählung der steuerfreien Einnahmen. Die Vorschrift enthält **69 Nummern**, die zwar nicht alle besetzt, jedoch zum Teil weiter untergliedert sind (z.B. § 3 Nr. 40 Buchst. a – j EStG).
Eine weitere Vorschrift (§ 3b EStG) enthält die Steuerbefreiung von bestimmten Zuschlägen für Sonntags-, Feiertags- oder Nachtarbeit.

126. Was ist unter Einnahmen i.S.d. § 8 EStG zu verstehen?

Einnahmen i.S.d. § 8 EStG sind **alle Güter in Geld oder Geldeswert**, die dem Steuerpflichtigen im Rahmen einer der **Überschuss-Einkunftsarten** des **§ 2 Abs. 1 Nr. 4 - 7 EStG** zufließen.

127. Wie ist die Vorschrift des § 8 EStG aufgebaut?

Die Vorschrift des § 8 EStG ist wie folgt aufgebaut:

1. § 8 Abs. 1 EStG enthält die Definition des Begriffs **„Einnahmen"**.
2. § 8 Abs. 2 EStG definiert die **„Einnahmen in Geldeswert"** und deren steuerliche Behandlung.
3. § 8 Abs. 3 EStG definiert bestimmte, vom Arbeitgeber an seine Arbeitnehmer gewährte **geldwerte Vorteile.**

128. Was sind typische Einnahmen in Geld bei den Überschuss-Einkunftsarten?

Typische **Einnahmen in Geld** sind bei den Einkünften

- aus **nichtselbständiger Arbeit** (§ 19 EStG): Gehälter, Löhne, Gratifikationen, Tantiemen, die für eine Beschäftigung im öffentlichen oder privaten Dienst gewährt werden, sowie Ruhegelder, Witwen- und

Waisengelder und andere Bezüge aus früheren Dienstverhältnissen, und zwar als laufende oder einmalige Bezüge;
- aus **Kapitalvermögen** (§ 20 EStG): Zinsen, Gewinnanteile, Dividenden;
- aus **Vermietung und Verpachtung** (§ 21 EStG): Mieten und Pachten;
- **Sonstige Einkünfte i.S.d. § 22 EStG**: Ertragsanteile von Renten, Erlöse aus Spekulationsgeschäften, Abgeordnetenbezüge.

129. Um welche Einnahmen handelt es sich bei Einnahmen in Geldeswert (Gütern in Geldeswert)?

Bei **Einnahmen in Geldeswert** (sog. geldwerte Vorteile) handelt es sich um **Sachen, Rechte oder sonstige Vorteile**, deren Zufluss infolge eines wirtschaftlichen Werts zu einer **Vermögensmehrung** führt.

130. Bei welcher Einkunftsart haben die Einnahmen in Geldeswert die größte Bedeutung?

Die größte Bedeutung haben Einnahmen in Geldeswert im Rahmen der Einkünfte aus **nichtselbständiger Arbeit** (§ 19 EStG).

131. Welches sind typische Beispiele für Einnahmen in Geldeswert?

Typische Beispiele für **Einnahmen in Geldeswert** sind:

- Waren,
- private Nutzung eines Dienstwagens,
- freie Wohnung, Verpflegung und Kleidung (hierfür sind in der Sachbezugsverordnung bestimmte Werte festgesetzt),
- Freifahrten, Freiflüge,
- zinslose oder niedrig verzinsliche Darlehen.

132. Wie werden Sachbezüge an Arbeitnehmer bewertet?

Für die **Bewertung von Sachbezügen an Arbeitnehmer** kommen folgende **Wertkategorien** in Betracht:

1. die um **übliche Preisnachlässe geminderten üblichen Endpreise am Abgabeort** (§ 8 Abs. 2 **Satz 1** EStG). Das sind grundsätzlich die **Einzelhandelspreise einschließlich Umsatzsteuer**;
2. die durch die **Sachbezugsverordnung vorgeschriebenen Werte** für bestimmte Arten von Sachbezügen, nämlich für **Verpflegung, Unterkunft einschließlich Heizung und Beleuchtung und Wohnung** zwecks Vereinheitlichung und Vereinfachung (§ 8 Abs. 2 **Satz 6** EStG);
3. die **amtlichen Durchschnittswerte** für andere als die in der Sachbezugsverordnung geregelten Sachbezüge, die eine individuelle Ermittlung der Endpreise überflüssig machen (§ 8 Abs. 2 **Satz 8** EStG).

Daneben enthält § 8 **Abs. 3** EStG eine **begünstigende Sonderregel** für die Bewertung der dort genannten **Sachbezüge** (Waren oder Dienstleistungen des Arbeitgebers an seine Arbeitnehmer = **Belegschaftsrabatte**).

133. Unter welchen Voraussetzungen bleiben Sachbezüge nach § 8 Abs. 2 Satz 1 EStG außer Ansatz?

Sachbezüge, die nach § 8 Abs. 2 **Satz 1** EStG zu bewerten sind, bleiben außer Ansatz, wenn die Vorteile, die sich nach Anrechnung der vom Steuerpflichtigen gezahlten Entgelte ergeben, insgesamt **50 € im Kalendermonat** nicht übersteigen (§ 8 Abs. 2 **Satz 9** EStG). Hierbei handelt es sich um eine **Freigrenze.**

134. Was ist unter dem um übliche Preisnachlässe geminderten Endpreis am Abgabeort nach § 8 Abs. 2 Satz 1 EStG zu verstehen?

Der **um übliche Preisnachlässe geminderte Endpreis am Abgabeort** ist der Preis, der **im allgemeinen Geschäftsverkehr** von **Letztverbrauchern** in der Mehrzahl der Verkaufsfälle am Abgabeort für gleichartige Waren oder Dienstleistungen **tatsächlich gezahlt** wird. Er enthält auch die

Umsatzsteuer und sonstige Preisbestandteile (Abschn. 31 Abs. 2 Sätze 2 und 3 LStR).

135. Wodurch werden amtliche Sachbezugswerte festgesetzt?

Amtliche Sachbezugswerte werden durch die **Sachbezugsverordnung** festgesetzt.

136. Welche geldwerten Vorteile gehören nach § 8 Abs. 3 EStG nicht zum steuerpflichtigen Arbeitslohn?

Bestimmte, vom Arbeitgeber seinen Arbeitnehmern eingeräumte **geldwerte Vorteile** (Freitabak, Freibier, Kaffee oder Tee, günstige Einkaufsmöglichkeiten und Inanspruchnahme von Dienstleistungen sowie Nutzungsvorteile) gehören aus **Gründen** der **Verwaltungsvereinfachung** bis zu **bestimmten Grenzen** nicht zum steuerpflichtigen Arbeitslohn.
§ 8 Abs. 3 EStG **begrenzt** diese Vorteile bei **Waren und Dienstleistungen** auf **4 v.H. des Endpreises** und **1.224 €** (Rabattfreibetrag) **im Kalenderjahr**.

137. Welche Ausgaben dürfen von den Einnahmen i.S.d. § 8 EStG abgezogen werden?

Von den **Einnahmen** i.S.d. § 8 EStG (= Bruttoeinnahmen) dürfen bei der Ermittlung der Einkünfte die mit diesen Einnahmen in einem **wirtschaftlichen Zusammenhang** stehenden **Ausgaben** abgezogen werden.

138. Welche Ausgaben werden als Betriebsausgaben und welche als Werbungskosten bezeichnet?

Stehen die **Ausgaben** mit den **ersten drei Einkunftsarten** in **Zusammenhang**, werden sie **Betriebsausgaben** genannt, stehen sie mit den **anderen**

vier Einkunftsarten in **Zusammenhang**, spricht man von **Werbungskosten**.

139. Was sind Werbungskosten?

„Werbungskosten sind Aufwendungen zur Erwerbung, Sicherung und Erhaltung **der** Einnahmen" (§ 9 Abs. 1 Satz 1 EStG). Nach dieser Definition sind nur solche **Aufwendungen** Werbungskosten, die in einem **zweckbestimmten** (finalen) Zusammenhang mit den **Einnahmen** stehen.

140. Enthält § 9 Abs. 1 Satz 3 Nr. 1 - 7 EStG eine abschließende Aufzählung der Werbungskosten?

Bei der Aufzählung von Werbungskosten in § 9 Abs. 1 Satz 3 Nr. 1 - 7 EStG handelt es sich um **keine abschließende Aufzählung**. Dies ergibt sich aus den Worten **„Werbungskosten sind auch"** in § 9 Abs. 1 Satz 3 EStG.

141. Welches ist der in der Praxis wohl häufigste Fall von Werbungskosten?

Der in der **Praxis** wohl **häufigste Fall** von **Werbungskosten** betrifft die Aufwendungen des Arbeitnehmers für **Wege zwischen Wohnung und Arbeitsstätte** (§ 9 Abs. 1 Satz 3 Nr. 4 EStG).

142. Sind die Vorschriften über die nicht abziehbaren Betriebsausgaben (§ 4 Abs. 5 - 7 EStG) sinngemäß auf die Werbungskosten anzuwenden?

Nach § 9 Abs. 5 EStG sind eine **Reihe der Vorschriften** über die nicht abziehbaren Betriebsausgaben **sinngemäß** auf Werbungskosten anzuwenden. Die anzuwenden Vorschriften sind in § 9 Abs. 5 EStG im Einzelnen aufgeführt.

143. Bei welchen Einkunftsarten sind bei der Ermittlung der Einkünfte Pauschbeträge für Werbungskosten nach § 9a EStG abzuziehen, wenn nicht höhere Werbungskosten nachgewiesen werden?

Pauschbeträge für Werbungskosten (Werbungskostenpauschbeträge) sind bei der Ermittlung der Einkünfte bei folgenden Einkunftsarten abzuziehen, wenn nicht höhere Werbungskosten nachgewiesen werden:

1. bei den **Einnahmen aus nicht selbständiger Arbeit** (§ 19 EStG): **Arbeitnehmer-Pauschbetrag** von **1.044 €** (§ 9a Satz 1 Nr. 1 EStG);
2. bei **Einnahmen aus Kapitalvermögen** (§ 20 EStG): **Pauschbetrag** von insgesamt **51 €/102 €** (ledig/verheiratet) (§ 9a Satz 1 Nr. 2 EStG);
3. bei den **Einnahmen i.S.d. § 22 Nr. 1 und 1a EStG** (wiederkehrende Bezüge): **Pauschbetrag von insgesamt 102 €** (§ 9a Satz 1 Nr. 3 EStG).

144. Was sind Betriebseinnahmen?

Der Begriff **Betriebseinnahmen** ist gesetzlich **nicht bestimmt**. Nach **Sinn und Zweck** ist er **in Anlehnung an § 8 EStG** zu bestimmen. Danach sind Betriebseinnahmen **alle betrieblich veranlassten Wertzugänge zum Betriebsvermögen, die keine Einlagen sind und dem Steuerpflichtigen im Rahmen der ersten drei Einkunftsarten zufließen**. Folglich gehören zu den Betriebseinnahmen nicht nur Geldeinnahmen, sondern auch geldwerte Einnahmen.

145. Was sind Betriebsausgaben?

Nach **§ 4 Abs. 4 EStG** sind Betriebsausgaben **„die Aufwendungen, die durch den Betrieb veranlasst sind"**. Eine **betriebliche Veranlassung** ist bei Betriebsausgaben anzunehmen, wenn **objektiv** ein Zusammenhang mit dem Betrieb besteht (notwendige Voraussetzung) und **subjektiv** die Aufwendungen zur Förderung des Betriebs gemacht werden (keine notwendige Voraussetzung).

146. Können Betriebsausgaben in Geldeswert bestehen?

Betriebsausgaben können **in Geldeswert** bestehen.

147. Welches sind typische Betriebsausgaben in Geldeswert?

Typische Betriebsausgaben in Geldeswert kommen vor allem im Bereich der **Personalkosten** vor. (Beispiele: Dienstwohnungen, zinslose Darlehen, private Nutzung eines Firmenwagens).

148. Ist mit der zutreffenden Feststellung, dass es sich bei bestimmten Aufwendungen nicht um nach § 12 EStG vom Abzug ausgeschlossene Aufwendungen der privaten Lebensführung, sondern um Betriebsausgaben nach § 4 Abs. 4 EStG handelt, bereits abschließend über deren gewinnmindernde Abziehbarkeit entschieden?

Mit der zutreffenden Feststellung, dass es sich bei bestimmten Aufwendungen nicht um nach § 12 EStG vom Abzug ausgeschlossene Aufwendungen für die private Lebensführung, sondern um Betriebsausgaben nach § 4 Abs. 4 EStG handelt, ist noch **nicht abschließend** über die Abziehbarkeit der Aufwendungen als Betriebsausgaben entschieden. Es muss vielmehr in einem weiteren Schritt geprüft werden, ob es sich bei den Aufwendungen, die den Tatbestand einer Betriebsausgabe nach § 4 Abs. 4 EStG erfüllen, um **abziehbare Betriebsausgaben** handelt.[9]

149. Welche Betriebsausgaben sind nach § 4 Abs. 4a und 5 Satz 1 Nr. 1 - 10 EStG ganz oder teilweise vom Abzug ausgeschlossen?

Folgende **Betriebsausgaben** sind nach § 4 Abs. 4a und Abs. 5 Satz 1 Nr. 1 – 10 EStG vom **Abzug** ganz oder teilweise **ausgeschlossen**:

---

[9] Grundsätzlich ist hinsichtlich der Abziehbarkeit von Aufwendungen als Betriebsausgaben im ersten Schritt zu prüfen, ob diese Aufwendungen zu den nicht abziehbaren Aufwendungen der privaten Lebensführung i.S.d. § 12 Nr. 1 EStG gehören (R 21 Abs. 1 Satz 2 EStR). Erst wenn dies zu verneinen ist und somit Betriebsausgaben nach § 4 Abs. 4 EStG vorliegen, ist im zweiten Schritt die Abziehbarkeit der Aufwendungen als Betriebsausgabe zu prüfen.

- Schuldzinsen bei Überentnahmen (§ 4 Abs. 4a EStG),
- bestimmte Geschenke an Geschäftsfreunde (§ 4 Abs. 5 Satz 1 Nr. 1 EStG),
- Bewirtungsaufwendungen in bestimmter Höhe (§ 4 Abs. 5 Satz 1 Nr. 2 EStG),
- bestimmte Aufwendungen für Gästehäuser (§ 4 Abs. 5 Satz 1 Nr. 3 EStG),
- bestimmte Aufwendungen für Jagd, Fischerei, Segeljachten oder Motorjachten (§ 4 Abs. 5 Satz 1 Nr. 4 EStG),
- bestimmte Mehraufwendungen für Verpflegung (§ 4 Abs. 5 Satz 1 Nr. 5 EStG),
- bestimmte Aufwendungen für Wege zwischen Wohnung und Arbeitsstätte (§ 4 Abs. 5 Satz 1 Nr. 6 EStG),
- Mehraufwendungen wegen einer aus betrieblichem Anlass begründeten doppelten Haushaltsführung, soweit die doppelte Haushaltsführung über die Dauer von zwei Jahren am selben Ort beibehalten wird (§ 4 Abs. 5 Satz 1 Nr. 6a EStG),
- bestimmte Aufwendungen für ein häusliches Arbeitszimmer (§ 4 Abs. 5 Satz 1 Nr. 6b EStG),
- andere als die in den Nummern 1 – 6 und 6b bezeichneten Aufwendungen, die die Lebensführung des Steuerpflichtigen berühren, soweit sie nach allgemeiner Verkehrsauffassung als unangemessen anzusehen sind (§ 4 Abs. 5 Satz 1 Nr. 7 EStG),
- bestimmte Geldbußen und Ordnungsstrafen (§ 4 Abs. 5 Satz 1 Nr. 8 EStG),
- Zinsen auf hinterzogene Steuern nach § 235 AO (§ 4 Abs. 5 Satz 1 Nr. 8a EStG),
- bestimmte Ausgleichszahlungen an außenstehende Anteilseigner (§ 4 Abs. 5 Satz 1 Nr. 9 EStG),
- bestimmte Aufwendungen, die mit rechtswidrigen Handlungen im Zusammenhang stehen (§ 4 Abs. 5 Satz 1 Nr. 10 EStG).

150. Welche grundsätzliche Überlegung liegt § 4 Abs. 4a EStG zu Grunde?

§ 4 Abs. 4a EStG liegt die Überlegung zu Grunde, dass der Unternehmer **ohne Nachteile** beim **Schuldzinsenabzug** den von ihm erwirtschafteten **Gewinn** entnehmen darf.[10]

151. Welche Einschränkung enthält § 4 Abs. 4a Satz 1 EStG hinsichtlich des Schuldzinsenabzugs?

§ 4 Abs. 4a **Satz 1** EStG bestimmt, dass der **Schuldzinsenabzug eingeschränkt** wird, wenn der Steuerpflichtige sog. **Überentnahmen** vornimmt.

152. Was ist eine Überentnahme?

Eine **Überentnahme** ist der Betrag, um den die **Entnahmen** die Summe des Gewinns und der Einlagen des Wirtschaftsjahres übersteigen (§ 4 Abs. 4a Satz 2 EStG).

153. Inwieweit sind Aufwendungen für Geschenke an Geschäftsfreunde abziehbar?

Aufwendungen für **Geschenke an Geschäftsfreunde** sind nur abziehbar, wenn die **Anschaffungs- oder Herstellungskosten** der dem Geschäftsfreund zugewendeten Geschenke **im Wirtschaftsjahr 40 €** (= Freigrenze) **nicht übersteigen** (§ 4 Abs. 5 Satz 1 Nr. 1 EStG). Das Abzugsverbot greift nicht, wenn die zugewendeten Wirtschaftsgüter beim Empfänger **ausschließlich betrieblich genutzt** werden (R 21 Abs. 2 Satz 4 EStR).
Kränze und Blumen bei Beerdigungen sind keine Geschenke, da es an einem Empfänger fehlt (R 21 Abs. 4 Satz 5 Nr. 1 EStR).

154. Inwieweit sind Bewirtungsaufwendungen für Personen aus geschäftlichem Anlass abziehbar?

---

[10] Vgl. Siegle, W., Übungsfälle zum Schuldzinsenabzug, SteuerStud 2000, S. 237.

Bewirtungsaufwendungen für Personen aus **geschäftlichem Anlass** sind nur bis zu **80 v.H. der Aufwendungen** abziehbar (§ 4 Abs. 5 Satz 1 Nr. 2 Satz 1 EStG).

155. Bedarf es hinsichtlich der Bewirtungsaufwendungen besonderer Nachweise?

Hinsichtlich der **Bewirtungsaufwendungen** bedarf **es besonderer Nachweise,** die im Einzelnen in § 4 Abs. 5 Satz 1 Nr. 2 Sätze 2 und 3 EStG aufgeführt sind.

156. Inwieweit sind Mehraufwendungen für Verpflegung abziehbar?

Mehraufwendungen für Verpflegung sind nur im Rahmen der **gesetzlich festgelegten Pauschbeträge** abziehbar (§ 4 Abs. 5 Satz 1 Nr. 5 EStG). Die Möglichkeit des **Einzelnachweises** besteht **nicht.**

157. Dürfen Aufwendungen für Wege zwischen Wohnung und Betriebsstätte in vollem Umfang als Betriebsausgaben abgezogen werden?

Aufwendungen für **Wege zwischen Wohnung Betriebsstätte** dürfen nur **im Rahmen des § 4 Abs. 5 Satz 1 Nr. 6 EStG** als Betriebsausgaben abgezogen werden.

158. Was besagt § 4 Abs. 5 Satz 1 Nr. 6 Satz 3 letzter HS EStG hinsichtlich der privaten Nutzung eines Kraftfahrzeugs für Wege zwischen Wohnung und Betriebsstätte?

Ermittelt der Steuerpflichtige die private Nutzung des Kraftfahrzeugs nach den **tatsächlichen Kosten** (§ 6 Abs. 1 Nr. 4 Satz 3 EStG), so werden der Ermittlung nach § 4 Abs. 5 Satz 1 Nr. 6 Satz 3 EStG für **Wege zwischen Wohnung und Betriebsstätte** statt der Pauschalregelung gleichfalls die **tatsächlichen Kosten** zugrunde gelegt.

159. Wie lange werden Mehraufwendungen wegen einer doppelten Haushaltsführung am selben Ort anerkannt?

Mehraufwendungen wegen einer **doppelten Haushaltsführung am selben Ort** werden **nach zwei Jahren nicht mehr anerkannt** (§ 4 Abs. 5 Satz 1 Nr. 6a, § 9 Abs. 1 Satz 3 Nr. 5 Satz 3 EStG).

160. Welche Regelung besteht hinsichtlich des häuslichen Arbeitszimmers nach § 4 Abs. 5 Satz 1 Nr. 6b, § 9 Abs. 5 EStG?

Aufwendungen für ein **häusliches Arbeitszimmer** sowie **die Kosten der Ausstattung** sind bis zu einem **Höchstbetrag von 1.250 € abzugsfähig,** wenn

- die betriebliche bzw. berufliche Nutzung des Zimmers **mehr als 50 v.H.** der gesamten betrieblichen und beruflichen Tätigkeit beträgt **oder**
- für die betriebliche bzw. berufliche Tätigkeit **kein anderer Arbeitsplatz** zur Verfügung steht.

161. Steuerberaterin Neu übt ihre selbstständige Steuerberatertätigkeit nach bestandenem Steuerberaterexamen zunächst einmal in einem Zimmer ihrer Mietwohnung aus. Die anteiligen Aufwendungen belaufen sich in 01 auf 4.000 €. Sind die Aufwendungen für das Zimmer in der Mietwohnung abziehbar?

Die anteiligen Aufwendungen sind **in vollem Umfang abziehbar,** da das **Arbeitszimmer** in diesem Fall den **Mittelpunkt der gesamten beruflichen Tätigkeit** der Steuerberaterin Neu bildet.

162. Wirtschaftsprüferassistent Fleißig arbeitet bei einer Wirtschaftsprüfungsgesellschaft und macht Aufwendungen für sein häusliches Arbeitszimmer in seiner Mietwohnung in Höhe von 1.800 € geltend. Zu Recht?

Diese Aufwendungen sind **nicht** abziehbar, weil der Wirtschaftsprüferassistent Fleißig im Büro seines Arbeitgebers einen **anderen Arbeitsplatz** hat und wohl davon auszugehen ist, dass der häusliche Raum nicht zu mehr als 50 v.H. beruflich genutzt wird.

163. Besteht hinsichtlich der Aufwendungen i.S.d. § 4 Abs. 5 Satz 1 Nr. 1 - 4, 6b und 7 EStG eine besondere Aufzeichnungspflicht?

Die Aufwendungen i.S.d. § 4 Abs. 5 Satz 1 Nr. 1 - 5, 6b und 7 EStG müssen nach § 4 Abs. 7 Satz 1 EStG **einzeln und getrennt** von den sonstigen Betriebsausgaben **aufgezeichnet** werden.

164. Fällt die allgemeine private Nutzung eines Betriebs-Pkw durch einen Unternehmer entsprechend den Regelungen zu den Fahrten zwischen Wohnung und Betriebsstätte und zu den Familienheimfahrten (§ 4 Abs. 5 Satz 1 Nr. 6 EStG) in den Regelungsbereich der nicht abziehbaren Betriebsausgaben?

Die **private Nutzung eines Betriebs-Pkw** wird nach § 6 Abs. 1 Nr. 4 Satz 2 und 3 EStG als **Entnahme** behandelt.

165. Welche Regelung besteht hinsichtlich der privaten Nutzung eines Betriebs-Pkw im Einzelnen?

Es besteht ein **Wahlrecht** zwischen

- der sog. pauschalen **1 v.H.-Regelung** (§ 6 Abs. 1 Nr. 4 Satz 2 EStG) oder
- dem **Ansatz der tatsächlichen Kosten** (§ 6 Abs. 1 Nr. 4 Satz 3 EStG).

Die Vorschrift gilt für

- betriebliche Einkunftsarten (§§ 4 Abs. 5 Satz 1 Nr. 6, 6 Abs. 1 Nr. 4 Satz 2 EStG) und

- private Einkunftsarten (§ 8 Abs. 2 Satz 2 EStG).

166. Wie ist der Privatanteil für Unternehmer nach der 1 v.H.-Regelung zu ermitteln?

Die **Privatnutzung** zum **Betriebsvermögen gehörender Fahrzeuge** ist **monatlich** mit **1 v.H. des inländischen Listenpreises** im **Zeitpunkt der Erstzulassung** einschließlich der Kosten für **Sonderausstattungen** einschließlich der Umsatzsteuer (ohne Autotelefon) anzusetzen (§ 6 Abs. 1 Nr. 4 **Satz 2** EStG). Die Regelung gilt **unabhängig vom tatsächlichen Umfang** der **privaten Nutzung**.

Die **1 v.H.-Regelung** gilt **nicht** bei

- Kfz, die zum **Privatvermögen** gehören und bei
- Kfz, die **ausschließlich** beruflich bzw. betrieblich genutzt werden.

167. Unternehmer Sparsam erwirbt einen Pkw zum Listenpreis von 25.000 €. Wie hoch ist die monatliche Nutzungsentnahme?

Die Regelung des § 6 Abs. 1 Nr. 4 **Satz 2** EStG führt zu einer **monatlichen** Nutzungs**entnahme** in Höhe von 1 v.H. von 25.000 € = **250 €** bzw. einer **jährlichen** Nutzungs**entnahme** von 250 € x 12 = **3.000 €**.

168. Unter welchen Voraussetzungen ist hinsichtlich der privaten Nutzung eines Kraftfahrzeugs statt der pauschalen Regelung der Ansatz der tatsächlichen Kosten durch Einzelnachweis möglich?

Der Ansatz eines geringeren oder höheren privaten Nutzungswertes ist **nicht** generell **ausgeschlossen.** Die **Privatnutzung** kann **abweichend** von dieser Regelung mit den auf die **Privatfahrten entfallenden Aufwendungen** angesetzt werden, wenn die für das Kraftfahrzeug insgesamt entstehenden Aufwendungen durch **Belege** und das **Verhältnis** der **privaten**

zu den übrigen Fahrten durch ein **ordnungsgemäßes Fahrtenbuch** nachgewiesen werden (§ 6 Abs. 1 Nr. 4 **Satz 3** EStG).

169. Welche Regelung besteht für Arbeitnehmer, denen vom Arbeitgeber Dienstfahrzeuge zur Verfügung gestellt werden?

Nach **§ 8 Abs. 2 Satz 2 EStG** gilt § 6 Abs. 1 Nr. 4 Satz 2 EStG **entsprechend**, wenn Arbeitgeber ihren Arbeitnehmern **Dienstfahrzeuge** zur Verfügung stellen, die diese **privat mitbenutzen**.

170. Wie bestimmt das Einkommensteuergesetz die Einkünfte aus Land- und Forstwirtschaft?

Hinsichtlich der **Einkünfte aus Land- und Forstwirtschaft** enthält das Einkommensteuergesetz **keine Begriffsbestimmung.**[11] Das Gesetz **zählt** lediglich in § 13 Abs. 1 EStG die **Betriebsarten auf**, deren Einkünfte solche aus Land- und Forstwirtschaft sind.

171. Welche Betriebsarten führen nach § 13 Abs. 1 EStG zu Einkünften aus Land- und Forstwirtschaft?

Zu den in § 13 Abs. 1 EStG genannten **Betriebsarten** gehören insbesondere:

1. **Pflanzenbaubetriebe.** Das sind Betriebe, die Pflanzen und Pflanzenteile mit Hilfe der Naturkräfte gewinnen, z.B. Landwirtschaft, Forstwirtschaft, Weinbau, Gartenbau, Obstbau, Gemüsebau und Baumschulen. Auch Pilzzuchtbetriebe in Kellern, Saatzuchtbetriebe und reine Gewächshausbetriebe gehören zu den land- und forstwirtschaftlichen Betrieben, da sie die Pflanzen und **Pflanzenteile mit Hilfe der Naturkräfte gewinnen.**

[11] Eine Begriffsbestimmung enthält hingegen R 135 Abs. 1 EStR. Danach ist Land- und Forstwirtschaft die planmäßige Nutzung der natürlichen Kräfte des Bodens und die Verwertung der dadurch gewonnenen Erzeugnisse.

2. **Tierzucht- und Tierhaltungsbetriebe** im Rahmen bestimmter Grenzen.
3. **Betriebe der Binnenfischerei, Teichwirtschaft, Fischzucht für die Binnenfischerei und Teichwirtschaft, Imkerei, Wanderschäferei, Saatzucht.**

172. Was ist grundsätzlich Voraussetzung für das Vorliegen von Einkünften aus Land- und Forstwirtschaft?

Voraussetzung für das **Vorliegen von Einkünften aus Land- und Forstwirtschaft** ist, dass die land- und forstwirtschaftliche Nutzung **ernsthaft betrieben** wird. Bei der Bewirtschaftung privater Hausgärten liegt **keine** ernsthafte land- und forstwirtschaftliche Betätigung vor.

173. Wann liegt ein steuerschädlicher Zukauf vor und welche Vereinfachungsregel besteht in diesem Zusammenhang?

Zunächst wird einem Betrieb die Eigenschaft eines land- oder forstwirtschaftlichen Betriebs nicht schon dadurch genommen, dass auch fremde Erzeugnisse zum Zweck der Weiterveräußerung zugekauft werden **(unschädlicher Zukauf)**.
Zukauf im steuerschädlichen Sinne liegt nur dann vor, wenn **fremde Erzeugnisse** unmittelbar für die Weiterveräußerung bestimmt sind und nicht im Betrieb des Erwerbers im Wege des Erzeugungsprozesses bearbeitet werden.
Als fremde Erzeugnisse i.S.d. Zukaufs sind **nicht** solche gärtnerischen und forstwirtschaftlichen Waren anzusehen, die von dem erwerbenden land- und forstwirtschaftlichen Betrieb noch landwirtschaftlich bzw. forstwirtschaftlich bearbeitet (veredelt) werden, wie z.B. Saatgut, Zwiebeln und Knollen, Stecklinge, Jungpflanzen, Wildlinge oder sonstige Halbfertigwaren.
Aus **Vereinfachungsgründen** ist bei einem **Zukauf** - gemessen am **Einkaufswert** der zugekauften Waren **bis zu 30 v.H. des gesamten Umsatzes** - ein land- und forstwirtschaftlicher Betrieb anzuerkennen (R 135 Abs. 5 EStR).

174. Welche steuerlichen Rechtsfolgen ergeben sich, wenn selbstgewonnene land- und forstwirtschaftliche Erzeugnisse ohne Be- oder Verarbeitung in einem Nebenbetrieb über ein eigenständiges Handelsgeschäft (z.B. Ladengeschäft) abgesetzt werden?

Es ist zu prüfen, ob der land- und forstwirtschaftliche Erzeugerbetrieb und das Handelsgeschäft einen **einheitlichen Betrieb** oder **zwei selbstständige Betriebe** darstellen.
Nach R 135 Abs. 6 Satz 2 EStR bilden **Erzeugerbetrieb und Handelsgeschäft** einen **einheitlichen Betrieb**, wenn

1. die **eigenen Erzeugnisse** des Betriebs regelmäßig und nachhaltig zu **mehr als 40 v.H.** im eigenen Handelsgeschäft abgesetzt werden **oder**
2. die **eigenen Erzeugnisse** des Betriebs zwar **nicht zu mehr als 40 v.H.** über das Handelsgeschäft abgesetzt werden, der **Wert des Zukaufs** fremder Erzeugnisse aber **30 v.H.** des Umsatzes des Handelsgeschäfts **nicht übersteigt**.

175. Sind die Einkünfte, die die Betriebe aus der Tierzucht und der Tierhaltung erzielen, stets als Einkünfte aus Land- und Forstwirtschaft zu behandeln?

Einkünfte aus der **Tierzucht** und der **Tierhaltung** stellen nur dann Einkünfte aus Land- und Forstwirtschaft dar, wenn die erforderlichen **Futtermittel** für die Tierzucht und Tierhaltung überwiegend von den vom **Betriebsinhaber landwirtschaftlich genutzten Flächen gewonnen werden können**.
Außerdem dürfen die Tierbestände (**Anzahl von Vieheinheiten**), die von dem Betriebsinhaber gehalten werden, im **Wirtschaftsjahr je Hektar** regelmäßig den in **§ 13 Abs. 1 Nr. 1 Satz 2 EStG angegebenen Umfang nicht nachhaltig übersteigen**.
Die jeweiligen **Tierbestände** sind nach dem **Futterbedarf** in **Vieheinheiten** umzurechnen. Der **Umrechnungsschlüssel** ergibt sich aus Anlage 1 zu § 51 BewG. Beispielsweise stellen Pferde unter drei Jahren und Kleinpferde 0,70 Vieheinheiten, Zuchtschweine 0,33 Vieheinheiten dar.

176. Weshalb ist die Unterscheidung zwischen landwirtschaftlicher und gewerblicher Tierzucht und Tierhaltung von Bedeutung?

Die Unterscheidung zwischen landwirtschaftlicher und gewerblicher Tierzucht und Tierhaltung ist von Bedeutung, weil **Verluste** aus **landwirtschaftlicher Tierzucht** und **Tierhaltung** mit den **übrigen Einkünften ausgleichsfähig** sind und der **Verlustabzug nach § 10d EStG** in Betracht kommt.
Verluste aus **gewerblicher Tierzucht** oder **gewerblicher Tierhaltung** dagegen dürfen **weder** mit **anderen Einkunftsteilen aus Gewerbebetrieb** verrechnet **noch** mit **Einkünften aus anderen Einkunftsarten** ausgeglichen werden. Sie dürfen auch **nicht** nach **§ 10d EStG** abgezogen werden (§ 15 Abs. 4 Satz 1 EStG).
Derartige Verluste dürfen aber nach § 15 Abs. 4 Satz 2 EStG unter den Voraussetzungen des § 10d EStG mit Gewinnen **in vorangegangen und in späteren Wirtschaftsjahren** aus **gewerblicher Tierzucht oder gewerblicher Tierhaltung** verrechnet werden.
Das **Verlustausgleichsverbot** des § 15 Abs. 4 EStG findet jedoch **keine Anwendung** auf die **stets als gewerblich zu beurteilende Zucht** (z.B. Brüterei) und **Haltung landwirtschaftsfremder Tierarten** (z.B. Hunde, Katzen, Zootiere).

177. Wann liegt ein land- und forstwirtschaftlicher Nebenbetrieb vor?

Land- und Forstwirte unterhalten oft im Zusammenhang mit ihrem land- und forstwirtschaftlichen Betrieb noch **Betriebe mit gewerblichem Charakter**. Dient der Nebenbetrieb dazu, den land- und forstwirtschaftlichen Hauptbetrieb dadurch zu fördern, dass die landwirtschaftlichen Erzeugnisse besser verwertet werden, oder dass durch Verwendung der Rückstände im landwirtschaftlichen Betrieb dessen Erträge erhöht werden, so ist er ein **land- und forstwirtschaftlicher Nebenbetrieb**.
Bildet hingegen der Betrieb des landwirtschaftlichen Betriebs eine **eigene wirtschaftliche Einnahmequelle**, mit der weniger Vorteile des landwirtschaftlichen Betriebs als vielmehr eigene wirtschaftliche Zwecke verfolgt werden, dann ist ein **eigenständiger gewerblicher Betrieb** anzunehmen.

178. Welche Gewinnermittlungsmethoden kommen bei der Ermittlung des Gewinns aus Land- und Forstwirtschaft in Betracht?

Der Gewinn aus Land- und Forstwirtschaft wird ermittelt entweder durch

- Betriebsvermögensvergleich nach § 4 Abs. 1 EStG oder
- Einnahmenüberschussrechnung nach § 4 Abs. 3 EStG oder
- nach Durchschnittssätzen gem. § 13a EStG.

179. In welchen Fällen hat die Ermittlung des Gewinns aus Land- und Forstwirtschaft nach § 4 Abs. 1 EStG zu erfolgen?

Die Ermittlung des Gewinns aus Land- und Forstwirtschaft hat nach § 4 Abs. 1 EStG zu erfolgen, wenn der Land- und Forstwirt nach **§ 141 AO** verpflichtet ist, **Bücher** zu führen und **jährliche Abschlüsse** zu erstellen.

180. In welchen Fällen hat die Ermittlung des Gewinns aus Land- und Forstwirtschaft nach Durchschnittssätzen (§ 13a EStG) zu erfolgen?

Die Ermittlung des Gewinns aus Land- und Forstwirtschaft hat nach **Durchschnittssätzen gem. § 13a EStG** zu erfolgen, wenn die in dieser Vorschrift genannten Voraussetzungen **sämtlich** erfüllt sind (keine gesetzliche Buchführungspflicht, begrenzte selbst bewirtschaftete Fläche (20 Hektar), beschränkter Tierbestand (50 Vieheinheiten), begrenzte selbst bewirtschaftete Sondernutzung).

181. Welches Wahlrecht beinhaltet § 13a Abs. 2 EStG für Land- und Forstwirte?

Land- und Forstwirte können gem. § 13a Abs. 2 EStG **auf Antrag** statt des Durchschnittssatzgewinns den Gewinn durch **Betriebsvermögensvergleich** nach § 4 Abs. 1 EStG oder durch Vergleich der Betriebseinnahmen mit den Betriebsausgaben nach § 4 Abs. 3 EStG **(Einnahmenüberschussrechnung)** ermitteln.

182. Welche steuerlichen Begünstigungen bestehen hinsichtlich der Einkünfte aus Land- und Forstwirtschaft?

Hinsichtlich der **Einkünfte aus Land- und Forstwirtschaft** bestehen folgende steuerliche Begünstigungen:

1. Freibetrag nach § 13 Abs. 3 EStG

Nach § 13 Abs. 3 EStG werden die Einkünfte aus Land- und Forstwirtschaft zur Einkommensteuer nur herangezogen, soweit sie **670 €** (bei zusammenveranlagten Ehegatten **1.340 €**) übersteigen. Der Freibetrag darf aber höchstens bis zur Höhe der Einkünfte aus Land- und Forstwirtschaft abgezogen werden.
Der Freibetrag **entfällt**, wenn das Einkommen ohne Berücksichtigung des Freibetrags **30.700 €/61.400 € übersteigt** (§ 13 Abs. 3 Satz 2 EStG).
Der Freibetrag ist bei der Ermittlung des **Gesamtbetrags der Einkünfte** abzuziehen. Die Gewinnermittlungsart ist ohne Bedeutung.

2. Freibetrag nach § 14a Abs. 4 EStG

Nach § 14a Abs. 4 EStG wird auf Antrag ein **zeitlich begrenzter Freibetrag** in Höhe von **61.800 €** gewährt, wenn ein Teil des zu einem land- und forstwirtschaftlichen Betrieb gehörenden **Grund und Bodens** im Zusammenhang mit der **Hoferbfolge oder Hofübernahme** zwecks **Abfindung weichender Erben** veräußert oder entnommen wird **und** wenn das Einkommen im Veranlagungszeitraum der Veräußerung oder der Entnahme ohne Berücksichtigung des Gewinns aus der Veräußerung oder Entnahme **18.000 €** nicht überstiegen hat. Der Freibetrag entfällt nicht sofort bei Überschreiten der Einkommensgrenzen (Gleitregelung).

3. Ermäßigter Steuersatz nach § 34 EStG

Ein **Veräußerungsgewinn** i.S.d § 14 EStG wird, soweit er nicht steuerfrei ist, mit dem **ermäßigten Steuersatz** nach § 34 Abs. 1 EStG besteuert.

183. Welche Vorschriften äußern sich zu der Frage, welche Einkünfte im Einzelnen zu den Einkünften aus Gewerbebetrieb i.S.d. § 2 Abs. 2 Nr. 2 EStG gehören?

Zu der Frage, welche Einkünfte im Einzelnen zu den Einkünften aus Gewerbebetrieb i.S.d. § 2 Abs. 2 Nr. 2 EStG gehören, äußern sich **die §§ 15, 16 und 17 EStG**.

- **§ 15 EStG** erfasst die **laufenden** Einkünfte aus Gewerbebetrieb.
- **§ 16 EStG** erfasst die vornehmlich **einmalig** anfallenden Einkünfte aus Gewerbebetrieb im Zusammenhang mit der Veräußerung eines ganzen Gewerbebetriebs, eines Teilbetriebs, eines Mitunternehmeranteils oder im Zusammenhang mit der Aufgabe eines Gewerbebetriebs.
- **§ 17 EStG** erfasst die **einmalig oder wiederholt** anfallenden Einkünfte aus Gewerbebetrieb, die aus der Veräußerung bestimmter Anteile (Beteiligungen im Privatvermögen) an Kapitalgesellschaften entstehen.

184. Welche rechtliche Bedeutung hat die Zuordnung von Einkünften zu den Einkünften aus Gewerbebetrieb nach § 17 EStG?

Rechtliche Bedeutung hat die Zuordnung zu den Einkünften aus Gewerbebetrieb nach **§ 17 EStG** nur für die **Ermittlung des Gewinns** oder **Verlusts** aus der **Veräußerung von Anteilen an Kapitalgesellschaften**. **Unberührt** durch § 17 EStG bleibt, dass diese Anteile **Privatvermögen** sind und die **Erträge** aus den **Anteilen** (Dividenden) zu den **Einnahmen aus Kapitalvermögen** gehören.

185. Wie bestimmt das Einkommensteuergesetz die Einkünfte aus Gewerbebetrieb?

Nach § 15 Abs. 2 Satz 1 EStG ist jede selbständige, nachhaltige Betätigung, die mit der Absicht Gewinn zu erzielen unternommen wird und sich als Beteiligung am allgemeinen wirtschaftlichen Verkehr darstellt und über den Rahmen der Vermögensverwaltung hinausgeht ein **Gewerbebetrieb**, wenn die Tätigkeit weder als Ausübung von Land- und Forstwirtschaft noch als Ausübung eines freien Berufs noch als andere selbständige Arbeit anzusehen ist. Das Streben nach Gewinn braucht nicht Hauptzweck der Betätigung zu sein.

186. An welche Begriffsmerkmale ist der Begriff des Gewerbebetriebs gebunden?

Der Begriff des **Gewerbebetriebs** ist an die folgenden **Begriffsmerkmale** gebunden:

1. **Selbstständigkeit** (Handeln auf eigene Rechnung und eigene Gefahr);
2. **Nachhaltigkeit** (Tätigkeit mit Wiederholungsabsicht; Gegensatz: gelegentliches Handeln, z.B. gelegentliches Vermitteln);
3. **Gewinnerzielungsabsicht** (Streben nach einem Totalgewinn unter Berücksichtigung von Veräußerungsgewinnen nach § 16 EStG);
4. **Beteiligung am allgemeinen wirtschaftlichen Verkehr** (Leistungen werden der Allgemeinheit am Markt gegen Entgelt angeboten);
5. **Keine Land- und Forstwirtschaft, keine freie Berufsausübung und keine andere selbstständige Tätigkeit;**
6. **Überschreiten des Rahmens der Vermögensverwaltung.**

187. Welche gewerblichen Einzelunternehmen erzielen beispielsweise Einkünfte aus Gewerbebetrieb?

Gewerbliche Einzelunternehmen, die Einkünfte aus Gewerbebetrieb erzielen, sind z.B. Handwerksbetriebe, Einzelhandelsbetriebe, Großhandelsbetriebe und Industriebetriebe. Auch Handelsvertreter und Handelsmakler erzielen Einkünfte aus Gewerbebetrieb.

188. Werden die Einkünfte aus Gewerbebetrieb, die ein Einzelunternehmen erzielt, vom Einzelunternehmen oder vom Einzelunternehmer versteuert?

Die von gewerblichen Einzelunternehmen erzielten Einkünfte werden **nicht** der **Einzelunternehmung** als solcher **zugerechnet**, sondern dem **Einzelunternehmer** als **natürlicher Person**, für dessen Rechnung und Gefahr das gewerbliche Unternehmen betrieben wird.

189. Bezieht ein Gesellschafter einer OHG oder KG mit seinen Gewinnanteilen stets Einkünfte aus Gewerbebetrieb i.S.d. § 15 Abs. 1 Satz 1 Nr. 2 EStG?

Voraussetzung dafür, dass ein **Gesellschafter einer OHG oder KG** mit seinen Gewinnanteilen **stets** Einkünfte aus Gewerbebetrieb i.S.d. § 15 Abs. 1 Satz 1 Nr. 2 EStG bezieht, ist, dass

1. die OHG oder KG **selbst** einen Gewerbebetrieb i.S.d. § 15 Abs. 2 EStG unterhält **und**
2. der betreffende Gesellschafter die Eigenschaft eines **Mitunternehmers** hat.

190. Wer ist Mitunternehmer i.S.d. § 15 Abs. 1 Satz 1 Nr. 2 EStG?

Mitunternehmer i.S.d. § 15 Abs. 1 Satz 1 Nr. 2 EStG ist, wer **zivilrechtlich Gesellschafter** einer **Personengesellschaft** ist und eine **gewisse unternehmerische Initiative entfalten kann** sowie **unternehmerisches Risiko trägt**.

191. Kann jemand Mitunternehmer sein, der zivilrechtlich nicht als Gesellschafter, sondern z.B. als Arbeitnehmer oder Darlehensgeber bezeichnet wird?

Mitunternehmer kann **auch** sein, wer **nicht als Gesellschafter**, sondern z.B. als Arbeitnehmer oder Darlehensgeber **bezeichnet** wird, wenn die **Vertragsbeziehung** als **Gesellschaftsverhältnis** anzusehen ist.

192. Wird der von einer Personengesellschaft (OHG, KG) erzielte steuerliche Gewinn bei der Personengesellschaft als solcher oder bei den einzelnen Mitunternehmern (Gesellschaftern) der Besteuerung unterworfen?

Der von einer Personengesellschaft erzielte steuerliche Gewinn wird **nicht** bei der **Personengesellschaft als solcher**, sondern bei den einzelnen **Mitunternehmern** (Gesellschaftern) der Besteuerung unterworfen. Der Gewinn wird für diese Zwecke **einheitlich und gesondert festgestellt** (§§ 179, 180 AO).

193. A, B und C sind Gesellschafter der A, B und C-OHG. Die OHG betreibt einen Großhandel mit Elektrogeräten. A und B sind an der OHG mit je 60.000 €, C mit 80.000 € beteiligt. Die OHG hat im Wirtschaftsjahr 01 einen steuerlichen Gewinn von 248.000 € erzielt, der nach den Vorschriften des HGB verteilt wird (4 v.H. des jeweiligen Kapitalanteils, Rest nach Köpfen). Wie hoch sind die Einkünfte aus Gewerbebetrieb der Gesellschafter A, B und C für das Wirtschaftsjahr 01?

Die Einkünfte aus Gewerbebetrieb der Gesellschafter A, B und C werden für das Wirtschaftsjahr 01 wie folgt ermittelt:

Gesell-schafter	Kapitalanteil	4 v.H. Kapitalanteils	Restgewinn	**Einkünfte aus Gewerbebe-trieb**
A	60.000 €	2.400 €	80.000 €	82.400 €
B	60.000 €	2.400 €	80.000 €	82.400 €
C	80.000 €	3.200 €	80.000 €	83.200 €
	200.000 €	**8.000 €**	**240.000 €**	**248.000 €**

194. Zu welcher Einkunftsart gehören die Vergütungen, die der Gesellschafter als Mitunternehmer von der Gesellschaft für seine Tätigkeit im Dienst der Gesellschaft oder für die Hingabe von Darlehen oder die Überlassung von Wirtschaftsgütern erhält?

Zu den **Einkünften aus Gewerbebetrieb** des Gesellschafters einer Personengesellschaft gehören nach § 15 Abs. 1 Satz 1 Nr. 2 EStG auch die **Vergütungen**, die der **Gesellschafter** als Mitunternehmer von der Gesellschaft für

- seine **Tätigkeit** im Dienste der Gesellschaft oder
- die **Hingabe von Darlehen** oder
- die **Überlassung von Wirtschaftsgütern**

bezogen hat.

195. Die Gesellschafter A und B sind mit je 50 v.H. an der A und B-KG beteiligt. Der Handelsbilanzgewinn wird nach dem Gesellschaftsvertrag im Verhältnis 1 : 1 verteilt. Der nach den handelsrechtlichen Vorschriften ermittelte Bilanzgewinn der KG beträgt im Wirtschaftsjahr 01 insgesamt 400.000 €. A ist als Geschäftsführer der KG tätig, B übt keine Geschäftsführertätigkeit aus. A erhält für seine Tätigkeit ein Gehalt von 50.000 €. B hat der KG ein Darlehen in Höhe von 100.000 € gewährt, für das er im Wirtschaftsjahr 01 insgesamt 10.000 € an Zinsen erhalten hat. B hat der KG auch einen Lagerplatz gegen Zahlung einer Jahresmiete von 20.000 € überlassen. Gehalt, Zinsen und Miete von insgesamt 80.000 € haben den Handelsbilanzgewinn gemindert.
Wie hoch sind die Einkünfte aus Gewerbebetrieb der Gesellschafter A und B?

Die Einkünfte aus Gewerbebetrieb der Gesellschafter A und B werden für das Wirtschaftsjahr 01 wie folgt ermittelt:

Handelsbilanzgewinn	400.000 €
+ Vergütung für Tätigkeit (Gesellschafter A)	50.000 €
+ Vergütung für Darlehenshingabe (Gesellschafter B)	10.000 €
+ Vergütung für Lagerplatzüberlassung (Gesellschafter B)	20.000 €
= steuerlicher Gewinn der KG	**480.000 €**

Gesellschafter	Vorweggewinn	HB-Gewinn 1:1	Einkünfte aus Gewerbebetrieb
A	50.000 €	200.000 €	250.000 €
B	30.000 €	200.000 €	230.000 €
	80.000 €	400.000 €	480.000 €

196. Ist die Vorschrift des § 15 Abs. 1 Satz 1 Nr. 2 EStG entsprechend auch auf Vergütungen anzuwenden, die die Gesellschaft von ihren Gesellschaftern erhält?

§ 15 Abs. 1 Satz 1 Nr. 2 EStG ist **nicht** entsprechend auf Vergütungen anzuwenden, die die Gesellschaft von ihren Gesellschafter für ihre Tätigkeit für diese, für die Hingabe von Darlehen oder/und für die Überlassung von Wirtschaftsgütern bezogen hat.
Derartige Rechtsverhältnisse, die das **Gegenstück zu den in § 15 Abs. 1 Satz 1 Nr. 2 EStG angesprochenen Tatbeständen darstellen**, sind in der Steuerbilanz der Gesellschaft wie **Rechtsverhältnisse zu fremden Dritten** nach allgemeinen bilanzsteuerrechtlichen Grundsätzen zu erfassen, wenn für die Leistung der Gesellschaft ein **angemessenes Entgelt** entrichtet wird.

197. Hat der Satz „aus einkommensteuerlicher Sicht können zwischen Personengesellschaft und ihren Gesellschaftern wegen § 15 Abs. 1 Satz 1 Nr. 2 EStG weder Forderungen noch Verbindlichkeiten bestehen" uneingeschränkt Gültigkeit?

Der Satz, dass aus einkommensteuerlicher Sicht zwischen Personengesellschaft und Gesellschafter weder Forderungen noch Verbindlichkeiten bestehen können, ist in dieser uneingeschränkten Form **unzutreffend**. Er hat nur Gültigkeit für den Anwendungsbereich des § 15 Abs. 1 Satz 1 Nr. 2 EStG.

198. In welchem Veranlagungszeitraum haben die Mitunternehmer ihre Gewinnanteile zu versteuern?

Die Mitunternehmer haben ihre Gewinnanteile für den Veranlagungszeitraum zu versteuern, **in** dem der Gewinn erzielt wird.

199. Zu welcher Einkunftsart gehören die Einkünfte als stiller Gesellschafter?

Bei der **Bestimmung der Einkunftsart** eines **stillen Gesellschafters** ist zwischen dem **typischen** und dem **atypischen** stillen Gesellschafter zu unterscheiden:

- **Atypische stille Gesellschafter** sind **Mitunternehmer** i.S.d. § 15 Abs. 1 Satz 1 Nr. 2 EStG, weil sie nicht nur am Gesellschaftserfolg, sondern auch am **Betriebsvermögen** einschließlich der **stillen Reserven** und am **Geschäftswert** (Firmenwert) beteiligt sind. Sie beziehen daher **Einkünfte aus Gewerbebetrieb**.
- **Typische stille Gesellschafter** sind lediglich am **Erfolg** (am Gewinn ggf. auch am Verlust) der Gesellschaft beteiligt, **nicht** jedoch am **Betriebsvermögen** und am **Geschäftswert**. **Typische stille Gesellschafter** haben daher **keine Einkünfte aus Gewerbebetrieb**, sondern **Einkünfte aus Kapitalvermögen** (§ 20 Abs. 1 Satz 1 Nr. 4 EStG).

200. Was ist das Ziel der Vorschrift des § 16 EStG?

§ 16 EStG regelt die **Ermittlung** eines **bestimmten Teils** der Einkünfte aus Gewerbebetrieb i.S.d. § 2 Abs. 1 Nr. 2 EStG, und zwar die **Ermittlung des Gewinns oder Verlusts**, der sich aus dem **letzten Akt der gewerblichen Tätigkeit** (insbesondere Veräußerung, Aufgabe des Betriebs oder Teilbetriebs, Veräußerung von Mitunternehmeranteilen) ergibt.

Die Veräußerung oder Aufgabe eines Gewerbebetriebes gehört noch zur gewerblichen Betätigung. Es handelt sich um einen Vorgang, der bei der Ermittlung des gewerblichen Gewinns zu berücksichtigen ist.

Ziel des § 16 EStG ist es,

- die während des Bestehens des Betriebes **gebildeten Reserven** einkommensteuerlich spätestens bei der Veräußerung oder Aufgabe **zu erfassen** und
- den infolge der **Aufdeckung der stillen Reserven** i.d.R. entstehenden **Gewinn zu begünstigen.**

201. Welche Veräußerungen werden von § 16 EStG erfasst?

§ 16 EStG erfasst folgende Veräußerungen:

1. die Veräußerung eines ganzen Gewerbebetriebs oder eines Teilbetriebs (§ 16 Abs. 1 Nr. 2 EStG),
2. die Veräußerung eines Mitunternehmeranteils i.S.d. § 15 Abs. 1 Satz 1 Nr. 2 EStG (§ 16 Abs. 1 Nr. 2 EStG),
3. die Veräußerung des Anteils eines Komplementärs einer KGaA i.S.d. § 15 Abs. 1 Satz 1 Nr. 3 EStG (§ 16 Abs. 1 Nr. 3 EStG).

202. Was ist unter der „Veräußerung eines ganzen Betriebs" zu verstehen?

Unter „**Veräußerung des ganzen Betriebs**" ist stets nur die **entgeltliche Übertragung** des **wirtschaftlichen Eigentums** an einem Betrieb zu verstehen (Kauf, Tausch).

203. Liegt auch dann eine Veräußerung eines ganzen Betriebs vor, wenn einzelne Wirtschaftsgüter nicht mitveräußert, sondern in das Privatvermögen überführt werden?

Eine Veräußerung des ganzen Betriebs liegt auch dann vor, wenn einzelne Wirtschaftsgüter **nicht mitveräußert**, sondern in das Privatvermögen überführt werden. **Entscheidend** ist, dass die **wesentlichen Grundlagen des Betriebs**, die eine Fortführung durch den Erwerber ermöglichen, **in einem Zug an einen Erwerber** veräußert werden.

204. Was sind „wesentliche Grundlagen" eines Betriebs oder Teilbetriebs?

„Wesentliche Grundlagen" eines Betriebs oder Teilbetriebs sind grundsätzlich die **Wirtschaftsgüter**, die für die **Fortführung** des Betriebs (Teilbetriebs) **unentbehrlich** oder **nicht jederzeit ersetzbar** sind, z.B. Betriebsgrundstücke und Betriebsvorrichtungen.
Ein dem Betrieb (Teilbetrieb) dienendes Wirtschaftsgut ist in der Regel schon dann als **wesentliche Betriebsgrundlage** anzusehen, wenn in ihm **erhebliche stille Reserven ruhen**.

205. Was ist ein Teilbetrieb i.S.d. § 16 Abs. 1 Nr. 1 EStG?

Ein **Teilbetrieb** ist ein mit einer **gewissen Selbstständigkeit** ausgestatteter, **organisatorisch geschlossener Teil** eines Betriebs, der **für sich allein betrachtet alle Merkmale** eines Betriebs i.S.d. Einkommensteuergesetzes aufweist und **für sich lebensfähig** ist.

206. Unter welcher Voraussetzung ist ein Teilbetrieb „für sich lebensfähig"?

„Für sich lebensfähig" ist ein **Teilbetrieb**, wenn die Möglichkeit seiner **Fortführung** (durch einen Erwerber) besteht, wenn also in ihm eine **eigenständige betriebliche Tätigkeit** ausgeübt werden kann.

207. Welches sind Anhaltspunkte für die Selbstständigkeit (Eigenständigkeit) eines Teilbetriebs?

Anhaltspunkte für die **Selbstständigkeit** (Eigenständigkeit) eines Teilbetriebs sind insbesondere:

- ein eigener Kundenstamm,
- eine eigene ausreichende technische Ausstattung sowie
- eine eigene kaufmännische Organisation.

208. Was steht der Veräußerung eines Teilbetriebs i.S.d. § 16 Abs. 1 Nr. 1 EStG gleich?

Als Veräußerung eines Teilbetriebs **gilt** auch die **Veräußerung** einer **Beteiligung an einer Kapitalgesellschaft**, die das **gesamte Nennkapital** umfasst, wenn die **gesamte Beteiligung** an der Kapitalgesellschaft **zum Betriebsvermögen eines einzelnen Steuerpflichtigen** oder **einer Mitunternehmergemeinschaft gehört** und **die gesamte Beteiligung im Laufe eines Wirtschaftsjahres veräußert wird** (§ 16 Abs. 1 Nr. 1 2. HS EStG).

209. Wann liegt eine Aufgabe eines Betriebes i.S.d. § 16 Abs. 3 EStG vor?

Die **Aufgabe eines Betriebes i.S.d. § 16 Abs. 3 EStG** liegt vor, wenn der Betrieb **endgültig** aufhört, als **wirtschaftlicher Organismus** zu bestehen, ohne dass er als ganzer Betrieb veräußert wird.
Bei der Betriebsaufgabe müssen die **wesentlichen Betriebsgrundlagen in einem einheitlichen Vorgang innerhalb eines kurzen Zeitraums entweder in das Privatvermögen überführt** oder **an verschiedene Erwerber veräußert** oder **teilweise veräußert und teilweise in das Privatvermögen überführt** werden. Eine Betriebsaufgabe liegt daher **nicht** mehr vor, wenn die Wirtschaftsgüter nach und nach im Laufe mehrerer Wirtschaftsjahre an verschiedene Erwerber veräußert oder in das Privatvermögen überführt werden. In solchen Fällen setzt der Steuerpflichtige seine unternehmerische Tätigkeit fort. Diese Grundsätze gelten sinngemäß für die Aufgabe eines Teilbetriebs.

210. Mit welchem Wert sind die anlässlich einer Betriebsaufgabe nicht mit veräußerten Wirtschaftsgüter anzusetzen?

Die anlässlich einer Betriebsaufgabe **nicht mit veräußerten Wirtschaftsgüter** sind in das **Privatvermögen** zu überführen. Hierbei sind sie mit dem **gemeinen Wert** (§ 9 BewG) anzusetzen (§ 16 Abs. 3 Satz 5 EStG).

211. Warum sind die anlässlich einer Betriebsveräußerung nicht mit veräußerten Wirtschaftsgüter nicht mit dem Teilwert zu entnehmen?

Es liegt **keine** mit dem Teilwert zu bewertende Entnahme vor, da diese eine **Fortführung** des Betriebes durch den Steuerpflichtigen voraussetzt.
Wegen der **unterschiedlichen Bewertung** muss also zwischen der **Entnahme** eines Wirtschaftsgutes bei **Betriebsfortführung** und der **Überführung** eines oder mehrerer Wirtschaftsgüter **in das Privatvermögen bei Betriebsaufgabe** unterschieden werden.

212. Wie ist der Veräußerungsgewinn nach § 16 Abs. 2 Satz 1 EStG zu ermitteln?

Der **Veräußerungsgewinn** ist gem. § 16 Abs. 2 Satz 1 EStG wie folgt zu ermitteln:

Veräußerungspreis
./. Veräußerungskosten
./. Wert des Betriebsvermögens (Anteils am Betriebsvermögen)
= Veräußerungsgewinn

213. Wie ist der Gewinn bei Aufgabe des Betriebs oder Teilbetriebs zu ermitteln?

Zur **Ermittlung des Aufgabegewinns** werden die im Rahmen der Betriebsaufgabe **veräußerten Wirtschaftsgüter** mit den **Veräußerungspreisen** und die in **das Privatvermögen überführten Wirtschaftsgüter** mit ihren **gemeinen Werten** im Zeitpunkt der Aufgabe angesetzt (§ 16 Abs. 3 Sätze 4 und 5 EStG). Hiervon abzurechnen sind die im Zusammenhang mit der Betriebsaufgabe angefallenen Kosten. Von dem sich ergebenden Saldo ist der Wert des Betriebsvermögens abzuziehen.

214. Wie erfolgt die Berechnung des Veräußerungsgewinns bei der Gewinnermittlung nach § 4 Abs. 3 EStG?

Wird der **Gewinn** nach **§ 4 Abs. 3 EStG** ermittelt, so ist **zunächst** auf den **Tag der Veräußerung** das Betriebsvermögen nach **§ 4 Abs. 1 oder nach § 5 EStG** zu ermitteln (§ 16 Abs. 2 Satz 2 EStG).

215. Welche steuerlichen Vergünstigungen bestehen in Bezug auf Veräußerungsgewinne i.S.d. § 16 EStG?

Hat der Steuerpflichtige das **55. Lebensjahr vollendet** oder ist er **im sozialversicherungsrechtlichen Sinne dauernd berufsunfähig**, so wird der Veräußerungsgewinn **auf Antrag** zur Einkommensteuer nur herangezogen, soweit er **30.700 €** übersteigt (§ 16 Abs. 4 Satz 1 EStG). Der Freibetrag **ermäßigt** sich um den Betrag, um den der Veräußerungspreis **154.000 €** übersteigt (§ 16 Abs. 4 Satz 3 EStG).

216. Kann ein Steuerpflichtiger den Freibetrag nach § 16 Abs. 4 Satz 1 EStG mehrmals in Anspruch nehmen?

Nach § 16 Abs. 4 Satz 2 EStG ist der **Freibetrag** dem Steuerpflichtigen nur **einmal** zu gewähren.

217. Wird der Freibetrag des § 16 Abs. 4 EStG auch bei einer Teilbetriebsveräußerung in vollem Umfange gewährt?

Der **Freibetrag** wird auch dann in **vollem Umfange** gewährt, wenn Gegenstand der Veräußerung nicht ein ganzer Betrieb, sondern nur ein **Teilbetrieb** ist. Es erfolgt **keine Quotelung** auf den „entsprechenden Teil“.[12]

218. Welche Steuervergünstigungen bestehen neben der des § 16 Abs. 4 EStG für Veräußerungsgewinne i.S.d. § 16 EStG?

[12] Vgl. BT-Drucks. 13/1686, S. 36.

Neben § 16 Abs. 4 EStG bestehen folgende **Steuervergünstigungen**:

- die **Fünftelungsregelung** des § 34 Abs. 1 EStG,
- der **halbe durchschnittliche Steuersatz** nach § 34 Abs. 3 EStG.

219. Was wird durch § 34 Abs. 3 EStG begünstigt?

Nach § 34 Abs. 3 EStG[13] sind **nur** Gewinne aus der Aufgabe oder Veräußerung von Betrieben, Teilbetrieben und Mitunternehmeranteilen begünstigt.
Für diese Gewinne enthält § 34 Abs. 3 Satz 1 EStG ein **Wahlrecht**, nach dem für diese Gewinne i.S.v. § 34 Abs. 2 Nr. 1 EStG bis zu einem **Höchstbetrag von 5 Millionen Euro** anstelle der Fünftelungsreglung des § 34 Abs. 1 EStG die Anwendung des **halben durchschnittlichen Steuersatzes** beantragt werden kann. Andere außerordenlichte Einkünfte unterliegen der Fünftelungsregelung des § 34 Abs. 1 EStG.

220. Welches sind die Voraussetzungen für die Inanspruchnahme des halben durchschnittlichen Steuersatzes nach § 34 Abs. 3 EStG?

Voraussetzung für die Anwendung des halben Steuersatzes nach § 34 Abs. 3 EStG ist wie bei § 16 EStG, dass der Steuerpflichtige das 55. Lebensjahr vollendet hat oder im sozialversicherungsrechtlichen Sinne dauernd berufsunfähig ist (§ 34 Abs. 3 Satz 1 EStG).
Außerdem kann der Steuerpflichtige den halben Steuersatz **nur einmal im Leben** in Anspruch nehmen (§ 34 Abs. 3 Satz 4 EStG). Steuerpflichtige, bei denen **mehrfach** Betriebsveräußerungen oder –aufgaben vorkommen können, müssen sich daher entscheiden, für welche Veräußerung oder Aufgabe sie den halben Steuersatz in Anspruch nehmen wollen.
Diese Entscheidung muss auch in den Fällen getroffen werden, in denen im **selben Veranlagungszeitraum mehr als ein Veräußerungs- oder Aufgabegewinn** erzielt wird. Nach § 34 Abs. 3 Satz 4 EStG kann in einem

[13] Vgl. Gesetz zur Ergänzung des Steuersenkungsgesetzes (Steuersenkungsergänzungsgesetz) vom 19. Dezember 2000, BStBl I 2001, S. 25.

solchen Fall der halbe Steuersatz nur für **einen** Veräußerungs- oder Aufgabegewinn in Anspruch genommen werden.

221. Ein Steuerpflichtiger hat für Veranlagungszeiträume vor 2001 eine Steuerermäßigung nach § 34 EStG in Anspruch genommen. Kann er den halben Steuersatz noch einmal in Anspruch nehmen?

Bis zum Jahr 1998 bestand eine dem § 34 EStG n.F. ähnliche Tarifermäßigung. Nach § 34 EStG a.F. wurde gleichfalls der halbe durchschnittliche Steuersatz gewährt, allerdings unter z.T. anderen Voraussetzungen. Durch das **Steuerentlastungsgesetz 1999/2000/2002** wurde diese Regelung beseitigt.
Da bei einer Anwendung des halben Steuersatzes in den Jahren **vor** 1999 nicht mit einer Beseitigung dieser Steuervergünstigung gerechnet werden konnte, ist es nach § 52 Abs. 47 Satz 7 EStG **unschädlich**, wenn für Veranlagungszeiträume vor 2001 eine Steuerermäßigung nach § 34 EStG in Anspruch genommen wurde.

222. Kommt für die begünstigten Veräußerungs- oder Aufgabegewinne stets der halbe Steuersatz zur Anwendung?

Nein. Auf den begünstigten Veräußerungs- oder Aufgabegewinn ist nach § 34 Abs. 3 Satz 2 EStG **mindestens der Eingangsatz** anzuwenden. Diese Einschränkung bewirkt, dass **im Jahr 2001** für Veräußerungs- und Aufgabegewinne immer der **Eingangsatz** von **19,9 v.H.** angewandt wird, wenn diese in einem zu versteuernden Einkommen bis 221.957 DM bei Ledigen bzw. 443.794 DM bei Verheirateten enthalten sind.[14].
Nach § 52 Abs. 47 Satz 6 EStG wird auf den begünstigten Aufgabe- oder Veräußerungsgewinn in den Jahren 2003 und 2004 mindestens der dann gültige Eingangsatz von 17 v.H., ab dem Jahr 2005 mindestens ein Satz von 15 v.H. angewandt.

[14] Vgl. Märkle, R., Die Besteuerung von Einzel- und Mitunternehmern ab 2001, 2. Teil: Wiedereinführung des halben Steuersatzes, 6. Freiburger Steuergespräch, 13.11.2000, http://www.vwl.uni-freiburg.de/fakultaet/bwlV/bwlV.htm, S. 2.

223. Ein 55-jähriger verheirateter Unternehmer veräußert seinen Gewerbebetrieb im Jahre 2001 und erzielt dabei einen Veräußerungsgewinn von 300.000 DM. Daneben bezieht er andere Einkünfte in Höhe von 120.000 DM. Seine abziehbaren Ausgaben, insbesondere Sonderausgaben, betragen 20.000 DM. Wie errechnet sich die Einkommensteuer des Jahres 2001?

Die Einkommensteuer des Jahres 2001 errechnet sich wie folgt:[15]

Veräußerungsgewinn	300.000 DM
Freibetrag	./. 100.000 DM
	200.000 DM
andere Einkünfte	+ 120.000 DM
Gesamtbetrag der Einkünfte	320.000 DM
Sonderausgaben	./. 20.000 DM
zu versteuerndes Einkommen	**300.000 DM**

Das **zu versteuernde Einkommen** fällt bei der **Splitting-Tabelle** in die Stufe von 299.916 DM bis 300.024 DM. Für das gesamte zu versteuernde Einkommen würde sich eine Einkommensteuer von **106.886 DM** ergeben. Diese entspricht einem durchschnittlichen Steuersatz von **35,6386 %** (= 106.886 : 299.916). Der ermäßigte Steuersatz würde mithin 17,8193 % betragen. Anstelle dieses Satzes ist auf den begünstigen Veräußerungsgewinn der **Eingangsatz von 19,9 %** anzuwenden.

Damit ergibt sich folgende Einkommensteuer:

für den Veräußerungsgewinn (19,9 % von 200.000 DM)	39.800 DM
für das verbleibende zu versteuernde Einkommen von 100.000 DM	19.314 DM
Einkommensteuer bei Anwendung von § 34 Abs. 3 EStG	**59.114 DM**

224. In welchen Fällen kommt die Fünftelungsregelung zur Anwendung?

[15] Vgl. Märkle, R., a.a.O., S. 3.

Zum einen kommt die **Fünftelungsregelung** auf Veräußerungs- und Aufgabegewinne zur Anwendung, wenn die **Voraussetzungen** für die Anwendung des halben Steuersatzes **nicht erfüllt** sind, weil

- der Unternehmer weder das 55. Lebensjahr vollendet hat noch dauernd berufsunfähig ist oder
- der halbe Steuersatz bereits für einen anderen Veräußerungs- oder Aufgabegewinn im selben oder einem anderen Veranlagungszeitraum nach 2000 in Anspruch genommen wird.

Zum anderen wird die Fünftelungsregelung angewandt, wenn der Steuerpflichtige – trotz des Vorliegens der Voraussetzungen – auf die Anwendung des halben Steuersatzes **verzichtet**. Dieser Verzicht kann sich dann aufdrängen, wenn

- der Steuerpflichtige sich die Möglichkeit des halben Steuersatzes für einen späteren Veräußerungs- oder Aufgabegewinn erhalten möchte oder
- die Fünftelungsregelung zu einem günstigeren steuerlichen Ergebnis führt als die Anwendung des halben Steuersatzes.[16]

225. Der 60-jährige verheiratete Unternehmer U veräußert zu Beginn des Jahres 2001 seinen Gewerbebetrieb und erzielt dabei einen Veräußerungsgewinn von 280.000 DM. Daneben erzielt er im Jahr 2001 weitere Einkünfte in Höhe von 30.000 DM. Die Abzugsbeträge, insbesondere Sonderausgaben, belaufen sich auf 10.000 DM. Der Unternehmer U erzielt folgendes zu versteuerndes Einkommen:[17]

Veräußerungsgewinn	***280.000 DM***	
Freibetrag nach § 16 Abs. 4 EStG	***./. 100.000 DM***	
Einkünfte aus Gewerbebetrieb	***180.000 DM***	***180.000 DM***
andere Einkünfte		***+ 30.000 DM***
Gesamtbetrag der Einkünfte		***210.000 DM***
Sonderausgaben		***./. 10.000 DM***
zu versteuerndes Einkommen		***200.000 DM***

[16] Vgl. Märkle, R., a.a.O., S. 3 f.
[17] Vgl. Märkle, R., a.a.O., S. 4 f.

Für welche Regelung sollte sich Unternehmer U entscheiden: für die Anwendung des halben Steuersatzes nach § 34 Abs. 3 EStG oder für die Fünftelungsregelung nach § 34 Abs. 1 EStG?

Anwendung des halben Steuersatzes:

Das zu versteuernde Einkommen fällt bei der Splitting-Tabelle in die Stufe von 199.908 DM bis 200.016 DM. Für das gesamte zu versteuernde Einkommen würde sich eine Einkommensteuer von 58.544 DM ergeben. Diese entspricht einem durchschnittlichen Steuersatz von 29,28547 % (= 58.544 : 199.908). Der ermäßigte Steuersatz würde mithin 14,64274 % betragen. Anstelle dieses Satzes ist auf den begünstigten Veräußerungsgewinn der Eingangssatz von 19,9 % anzuwenden. Damit ergibt sich folgende Einkommensteuer:

für den Veräußerungsgewinn (19,9 % von 180.000 DM)	35.820 DM
für das verbleibende zu versteuernde Einkommen von 20.000 DM	0 DM
Einkommensteuer bei Anwendung von § 34 Abs. 3 EStG	**35.820 DM**

Anwendung der Fünftelungsregelung:

zu versteuerndes Einkommen	200.000 DM	
Veräußerungsgewinn	./. 180.000 DM	
verbleibendendes zu versteuerndes Einkommen	20.000 DM	
darauf entfallende Einkommensteuer		0 DM
andere Einkünfte		
1/5 des Veräußerungsgewinns	+ 36.000 DM	
	56.000 DM	
darauf entfallende Einkommensteuer	6.578 DM x 5	32.890 DM
Einkommensteuer bei Anwendung von § 34 Abs. 1 EStG		**32.890 DM**

Da die Anwendung der **Fünftelungsregelung günstiger** ist, sollte **kein Antrag** auf Anwendung des § 34 Abs. 3 EStG gestellt werden.

226. Ab wann gilt der halbe Steuersatz nach § 34 Abs. 3 EStG für Aufgaben und Veräußerungen in der Fassung des Steuersenkungsergänzungsgesetzes?

Die Neuregelung des § 34 Abs. 3 EStG in der Fassung des Steuersenkungsergänzungsgesetzes gilt für Veräußerungen und Aufgaben **ab 2001**.

227. Die Steuerermäßigung des § 34 EStG wurde im Zuge des Steuerentlastungsgesetzes 1999/2000/2002 abgeschafft. Sie galt letztmals für den Veranlagungszeitraum 1998. Die Neuregelung des § 34 gilt erstmals ab 2001. Ist eine Rückwirkung in die Jahre 1999 und 2000 vorgesehen?

Eine **Rückwirkung** in die Jahre 1999 und 2000 ist **nicht** vorgesehen, so dass für Aufgaben und Veräußerungen in diesen Jahren nur die **Fünftelungsregelung** in Betracht kommt.

228. Welcher einkommensteuerliche Grundsatz wird durch die Regelung des § 17 EStG durchbrochen?

Mit der Regelung des § 17 EStG wird der Grundsatz durchbrochen, wonach die im Bereich des **Privatvermögens** erzielte Veräußerungsgewinne **nicht** der Einkommensbesteuerung unterliegen.

229. Unter welchen Voraussetzungen liegt eine Veräußerung i.S.d. § 17 EStG vor?

Eine **Veräußerung i.S.d. § 17 EStG** liegt unter den folgenden **Voraussetzungen** vor:

1. Es muss sich um **Anteile** an einer **Kapitalgesellschaft** handeln (§ 17 Abs. 1 Sätze 1 und 2 EStG).
2. Die veräußerten Anteile müssen zum **Privatvermögen** gehören.
3. Es darf sich **nicht** um ein **Spekulationsgeschäft** i.S.d. § 22 Nr. 2 i.V.m. § 23 EStG handeln. § 23 EStG geht § 17 EStG vor.
4. Der **Veräußerer** muss **innerhalb** der **letzten fünf Jahre** am Kapital der Gesellschaft unmittelbar oder mittelbar zu **mindestens 1 v.H.** beteiligt gewesen sein (§ 17 Abs. 1 Satz 1 EStG).

230. Was ist eine „ähnliche Beteiligung" i.S.d. § 17 Abs. 1 Satz 3 EStG?

„Ähnliche Beteiligungen" i.S.d. § 17 Abs. 1 Satz 3 EStG sind in erster Linie Anteile an **ausländischen** Kapitalgesellschaften, die im Typus einer deutschen Kapitalgesellschaft entsprechen, z.B. eine Naamlose Vermaatschapij - N.V., in den Niederlanden.

231. Wie wird der Veräußerungsgewinn nach § 17 Abs. 2 Satz 1 EStG ermittelt?

Der **Veräußerungsgewinn** nach **§ 17 Abs. 2 Satz 1 EStG** wird wie folgt ermittelt:

Veräußerungspreis
./. Veräußerungskosten
./. Anschaffungskosten
= Veräußerungsgewinn

232. Zu welchem Zeitpunkt ist der Veräußerungsgewinn i.S.d. § 17 Abs. 2 EStG realisiert?

§ 17 Abs. 2 EStG stellt eine **Gewinnermittlungsnorm eigener Art** dar, für die das **Zu- und Abflussprinzip** des § 11 EStG **nicht** anzuwenden ist. Der Veräußerungsgewinn ist nach dieser Norm auf den **Zeitpunkt** des **Übergangs** des (wirtschaftlichen) **Eigentums** zu ermitteln.

233. Welche steuerlichen Vergünstigungen bestehen in Bezug auf die Veräußerungsgewinne i.S.d. § 17 EStG?

Der Veräußerungsgewinn wird gem. § 17 Abs. 3 EStG nur zur Einkommensteuer herangezogen, soweit er den Teil von **10.300 €** übersteigt, der dem veräußerten Anteil an der Kapitalgesellschaft entspricht.
Der Freibetrag **ermäßigt** sich um den Betrag, um den der Veräußerungsgewinn den Teil von **41.000 €** übersteigt, der dem veräußerten Anteil an der Kapitalgesellschaft entspricht (§ 17 Abs. 3 Satz 2 EStG).

234. Kommt für Veräußerungsgewinne i.S.d. § 17 EStG das Halbeinkünfteverfahren zur Anwendung?

Bei der Veräußerung von Anteilen i.S.d. § 17 EStG kommt das Halbeinkünfteverfahren zur Anwendung.[18]

235. Welches ist der Anwendungsbereich des § 17 Abs. 4 EStG?

Wird eine Kapitalgesellschaft aufgelöst oder wird ihr Kapital herabgesetzt und an die Anteilseigner zurückgezahlt, so treten die gleichen Rechtsfolgen nach § 17 Abs. 1 bis 3 EStG ein, wie bei einer Veräußerung (§ 17 Abs. 4 Satz 1 EStG).

236. Wie stellt sich die Ausübung der selbständigen Arbeit[19] i.S.d. § 18 EStG dar?

Die Ausübung von **selbständiger Arbeit i.S.d. § 18 EStG** stellt sich dar als eine

- selbständige,
- persönlich ausgeübte,

[18] Das Halbeinkünfteverfahren kommt bei Erträgen aus Veräußerungen ab dem 1.1.2002 zur Anwendung.
[19] Fachsprachlich wird weiterhin entsprechend dem Bundessteuerblatt die Schreibweise „selbständig" verwendet. Nach der Rechtschreibreform wäre die Schreibweise „selbstständig" anzuwenden.

- nachhaltige Betätigung,
- die mit Gewinnerzielungsabsicht unternommen wird,
- unter Beteiligung am allgemeinen wirtschaftlichen Verkehr,
- wobei die Betätigung weder als Ausübung einer gewerblichen Tätigkeit noch als Ausübung von Land- und Forstwirtschaft anzusehen ist.

237. Welche Bedeutung hat der Einsatz der eigenen Arbeitskraft des Berufsträgers bei der Einkunftsart des § 18 EStG?

Im Gegensatz zum Einsatz von Kapital und fremden Arbeitskräften beim Gewerbebetrieb bzw. zur planmäßigen Nutzung der natürlichen Kräfte des Bodens und der Verwertung der dadurch gewonnenen Erzeugnisse bei der Land- und Forstwirtschaft steht bei der **selbständigen Arbeit i.S.d. § 18 EStG** der **Einsatz der eigenen Arbeitskraft des Berufsträgers im Vordergrund.**

238. Stellt der Einsatz der persönlichen Arbeitskraft in allen Fällen ein zuverlässiges und alleiniges Unterscheidungsmerkmal gegenüber der gewerblichen Tätigkeit dar?

Der **Einsatz der persönlichen Arbeitskraft** stellt **nicht** in allen Fällen **ein zuverlässiges und alleiniges Unterscheidungsmerkmal** gegenüber der gewerblichen Tätigkeit dar. Es gibt einige gewerbliche Tätigkeiten, die ebenfalls lediglich auf dem Einsatz der persönlichen Arbeitskraft beruhen (Beispiele: Berufssportler, Artisten, Vertreter und ähnliche Berufe). In **Zweifelsfällen** ist die Zuordnung zur jeweiligen Einkunftsart nach der **Verkehrsanschauung** zu treffen.

239. Welcher Personenkreis erzielt Einkünfte aus selbständiger Arbeit i.S.d. § 18 EStG?

Einkünfte aus **selbständiger Arbeit i.S.d. § 18 EStG** erzielen:

1. die freiberuflich Tätigen (§ 18 Abs. 1 Nr. 1 EStG),

2. die Einnehmer einer staatlichen Lotterie, wenn sie nicht Einkünfte aus Gewerbebetrieb erzielen (§ 18 Abs. 1 Nr. 2 EStG),
3. diejenigen, die Einkünfte aus sonstiger selbständiger Arbeit erzielen, z.B. Testamentsvollstrecker, Aufsichtsratsmitglieder, Vermögensverwalter, Vormund, Pfleger, Nachlassverwalter, Konkursverwalter und Treuhänder (§ 18 Abs. 1 Nr. 3 EStG).

240. Welche Folgen hat die Zuordnung von Einkünften zu den Einkünften aus selbständiger Arbeit i.S.d. § 18 EStG?

Die **Zuordnung** von Einkünften zu den **Einkünften aus selbständiger Arbeit i.S.d. § 18 EStG** hat im Steuerrecht u.a. nachstehende **Folgen**:

1. Einkommensteuer:
- Erleichterungen bei der Aufzeichnung der Geschäftsvorfälle und der Gewinnermittlung;
- kein Steuerabzug vom Arbeitslohn wie bei den Einkünften aus nicht selbständiger Arbeit i.S.d. § 19 EStG;
- keine Steuerfreiheit nach § 3b EStG für Sonntags-, Feiertags- und Nachtarbeitszuschläge;

2. Gewerbesteuer:
- keine Gewerbesteuerpflicht;

3. Umsatzsteuer:
- Steuerfreiheit der Umsätze der Heilberufe (§ 4 Nr. 14 UStG);
- Antragsrecht nach § 20 UStG (Besteuerung nach vereinnahmten Entgelten).

241. Welche Hauptgruppen freiberuflicher Tätigkeit unterscheidet § 18 Abs. 1 Nr. 1 EStG?

§ 18 Abs. 1 Nr. 1 EStG unterscheidet **drei Hauptgruppen** freiberuflicher Tätigkeit:

1. die selbstständig ausgeübte wissenschaftliche, künstlerische, schriftstellerische, unterrichtende oder erzieherische Tätigkeit;
2. die freiberufliche Tätigkeit, die durch **Aufzählung einzelner Berufe** bestimmt ist, z.B. Ärzte, Zahnärzte, Tierärzte, Rechtsanwälte, Notare, Patentanwälte, Vermessungsingenieure, Architekten, Wirtschaftsprüfer, Steuerberater, beratende Volks- und Betriebswirte, vereidigte Buchprüfer, Heilpraktiker, Dentisten, Krankengymnasten, Journalisten, Lotsen (sog. **Katalogberufe**);
3. die selbstständige Tätigkeit von Berufsträgern, die einen den **Katalogberufen ähnlichen Beruf** ausüben.

242. Wann liegt ein den Katalogberufen „ähnlicher Beruf" vor?

Ein Beruf ist einem Katalogberuf **ähnlich**, wenn er in **seiner Gesamtheit** mit dem **Bild eines Katalogberufs** i.S.d. § 18 Abs. 1 Nr. 1 EStG **in allen typischen** oder **wichtigen Merkmalen vergleichbar ist**.

243. Liegen noch Einkünfte aus freiberuflicher Tätigkeit vor, wenn sich der Berufsträger i.S.d. § 18 Abs. 1 Nr. 1 EStG der Mithilfe fachlich vorgebildeter Arbeitskräfte bedient?

Es liegen auch dann noch Einkünfte aus freiberuflicher Tätigkeit vor, wenn sich der Berufsträger i.S.d. § 18 Abs. 1 Nr. 1 EStG der **Mithilfe fachlich vorgebildeter Arbeitskräfte** bedient. **Voraussetzung** ist jedoch, dass der Berufsträger aufgrund eigener Fachkenntnisse **leitend** tätig wird und hinsichtlich der für den Beruf typischen Tätigkeiten **eigenverantwortlich** mitwirkt (§ 18 Abs. 1 Nr. 1 Satz 3 EStG). Das Erfordernis der **persönlichen Leitung** und **Eigenverantwortlichkeit** schließt angesichts der Grenzen der menschlichen Leistungsfähigkeit eine Ausdehnung der freiberuflichen Tätigkeit über ein gewisses Maß hinaus grundsätzlich aus.

244. Liegen noch Einkünfte aus freiberuflicher Tätigkeit vor, wenn der Freiberufler die Leitung und Verantwortlichkeit auf einen Geschäftsführer oder Vertreter überträgt?

Einkünfte aus freiberuflicher Tätigkeit liegen **nicht** mehr vor, wenn der Freiberufler die Leitung oder die Verantwortlichkeit einem Geschäftsführer oder Vertreter überträgt.

245. Steht eine Vertretung wegen nur vorübergehender Verhinderung der Annahme einer leitenden und eigenverantwortlichen Tätigkeit entgegen?

Eine **Vertretung** wegen **nur vorübergehender Verhinderung** steht der Annahme einer leitenden und eigenverantwortlichen Tätigkeit **nicht** entgegen (§ 18 Abs. 1 Nr. 1 Satz 4 EStG).

246. Wie sind die Einkünfte eines Steuerpflichtigen zu behandeln, wenn dieser sowohl eine freiberufliche als auch gewerbliche Tätigkeit (sog. gemischte Tätigkeit) ausübt?

Wird von einem Steuerpflichtigen sowohl eine freiberufliche als auch eine gewerbliche Tätigkeit ausgeübt, so sind die beiden Tätigkeiten steuerrechtlich **getrennt** zu behandeln, wenn eine **Trennung** nach der **Verkehrsauffassung ohne besondere Schwierigkeiten** möglich ist.

247. Von einem Architekten werden in Verbindung mit gewerblichen Grundstücksverkäufen Architektenaufträge jeweils in getrennten Verträgen vereinbart und durchgeführt. Liegt eine getrennte Tätigkeit vor?

Es liegen **getrennte** Tätigkeiten vor.

248. Ein Gartenbauarchitekt übernimmt durch einen Auftrag die Gartenplanung und die Ausführung der Planung. Die Arbeiten werden getrennt in Rechnung gestellt. Sind die beiden Tätigkeiten als einheitliche Tätigkeit anzusehen?

Sind bei einer sog. **gemischten Tätigkeit** die beiden Tätigkeiten sehr eng miteinander verflochten und bedingen sie sich gegenseitig unlösbar, muss der **gesamte Betrieb als einheitlich** angesehen werden. In diesem Fall ist **unter Würdigung aller Umstände** zu entscheiden, ob **nach dem Gesamtbild** die gemischte Tätigkeit **insgesamt als freiberuflich** oder als **gewerblich** zu behandeln ist.
Der Gartenarchitekt übernimmt durch **einen Auftrag** die Gartenplanung und die Ausführung der Planung. Er schuldet seinem Auftraggeber **einen einheitlichen Erfolg**. Seine vertragliche Leistung ist **einheitlich** als **gewerblich** zu beurteilen, auch wenn er die Aufträge getrennt in Rechnung stellt und verbucht.

249. Wie sind die Einkünfte aus einer gemischten Tätigkeit einer Personengesellschaft zu beurteilen?

Übt eine **Personengesellschaft** eine **gemischte Tätigkeit** aus, so ist **ihr gesamter Betrieb** als **gewerblich** zu behandeln (Infektionstheorie).

250. Können die Gesellschafter einer Personengesellschaft Einkünfte aus selbständiger Arbeit i.S.d. § 18 EStG beziehen?

Auch die Gesellschafter einer Personengesellschaft (i.d.R. GbR) können Einkünfte aus selbständiger Arbeit i.S.d. § 18 EStG beziehen.

251. Die Witwe eines Steuerberaters, die selbst Steuerfachangestellte ist, führt die Praxis ihres verstorbenen Mannes mit einer zugelassenen Steuerberaterin in der Form einer GbR fort. Erzielen die Witwe und die Steuerberaterin Einkünfte aus selbständiger Arbeit i.S.d. § 18 EStG?

Eine Personengesellschaft entfaltet nur dann eine Tätigkeit, die eine Ausübung eines freien Berufs i.S.d. Einkommensteuergesetzes darstellt, wenn **alle Gesellschafter** die Merkmale eines freien Berufs ausüben.

Da die Witwe als berufsfremde Person als Mitunternehmerin tätig ist, liegen sowohl bei ihr als auch bei der Steuerberaterin Einkünfte aus Gewerbebetrieb vor.

252. Ein niedergelassener Internist übt in seiner Mittagspause regelmäßig eine Tätigkeit als Betriebsarzt eines Unternehmens aus. Erzielt der Internist aus dieser Tätigkeit Einkünfte aus freiberuflicher Tätigkeit?

Der Internist übt mit seiner Tätigkeit als Betriebsarzt eine **Nebentätigkeit** aus. Eine Nebentätigkeit ist eine Tätigkeit, die jemand neben seinem Hauptberuf in einem Arbeitsverhältnis oder im Rahmen eines Tätigkeitsverhältnisses, das einem Arbeitsverhältnis ähnlich ist, ausübt.
Einkünfte eines freiberuflich tätigen Arztes aus ärztlicher Nebentätigkeit, z.B. aus der Tätigkeit als Zahnarzt, Betriebsarzt, Vertrauensarzt, rechnen i.d.R. zu den Einkünften aus **selbständiger Arbeit** i.S.d. § 18 EStG.

253. Wann liegen Einkünfte aus sonstiger selbständiger Arbeit i.S.d. § 18 Abs. 1 Nr. 3 EStG vor?

Das Einkommensteuergesetz erläutert den Begriff der sonstigen selbständigen Arbeit lediglich durch **beispielhafte Aufzählung** in § 18 Abs. 1 Nr. 3 EStG. Danach sind Einkünfte aus sonstiger selbständiger Tätigkeit z.B. Vergütungen für die Vollstreckung von Testamenten, für die Vermögensverwaltung und für die Tätigkeit als Aufsichtsratsmitglied. Bei der **sonstigen selbständigen Arbeit** handelt es sich folglich **hauptsächlich** um solche Tätigkeiten, die **gelegentlich** ausgeübt werden.

254. Wann liegen Einkünfte aus einer vorübergehenden Tätigkeit i.S.d. § 18 Abs. 2 EStG vor?

Einkünfte aus einer **vorübergehenden Tätigkeit** liegen bereits dann vor, wenn sie **einmal** in der **Absicht** ausgeübt wird, sie bei sich bietender Gelegenheit **zu wiederholen**.

255. Wie werden Veräußerungsgewinne i.S.d. § 18 Abs. 3 EStG behandelt?

Zu den Einkünften aus selbständiger Arbeit i.S.d. § 18 EStG gehört auch der **Gewinn**, der bei der **Veräußerung** des Vermögens oder eines selbständigen Teils des Vermögens oder eines Anteils am Vermögen erzielt wird, das der selbständigen Arbeit dient (§ 18 Abs. 3 Satz 1 EStG).
Für diese Veräußerungsgewinne gilt die **Freibetragsregelung des § 16 EStG** entsprechend (§ 18 Abs. 3 Satz 2 EStG). Ferner kommt unter den Voraussetzungen des § 34 EStG der **durchschnittliche Steuersatz** zur Anwendung (34 Abs. 2 Nr. 1 EStG).

256. Nach welchen Gewinnermittlungsmethoden können die Einkünfte aus selbständiger Arbeit i.S.d. § 18 EStG ermittelt werden?

Die Einkünfte aus selbständiger Arbeit i.S.d. § 18 EStG können im Wege der **Einnahmenüberschussrechnung nach § 4 Abs. 3 EStG** oder durch **Betriebsvermögensvergleich nach § 4 Abs. 1 EStG** ermittelt werden.

257. Wer erzielt Einkünfte aus nichtselbständiger Arbeit i.S.d. § 19 EStG?

Einkünfte aus nichtselbständiger Arbeit i.S.d. § 19 EStG erzielen **nur Arbeitnehmer**.

258. Wer ist Arbeitnehmer?

Arbeitnehmer sind solche Personen, die sich in einem **Dienstverhältnis** befinden oder befanden und aus diesem **Dienstverhältnis** oder einem früheren **Dienstverhältnis** Einkünfte beziehen (§ 1 Abs. 1 Satz 1 LStDV).
Arbeitnehmer sind auch die **Rechtsnachfolger** dieser Personen, soweit sie Arbeitslohn aus dem früheren Dienstverhältnis ihres Rechtsvorgängers beziehen.

259. Wann ist ein Dienstverhältnis gegeben?

Ein **Dienstverhältnis** ist gegeben, wenn der Arbeitnehmer dem Arbeitgeber seine **Arbeitskraft schuldet,** d.h. wenn der Beschäftigte in den geschäftlichen Organismus des Arbeitgebers eingegliedert ist und dessen Weisungen folgen muss (§ 1 Abs. 2 Satz 2 LStDV). Der Arbeitnehmer schuldet seinem Dienstherrn seine **Arbeitskraft,** während der selbstständig Tätige einen **Arbeitserfolg** schuldet.

260. Welche Merkmale können für das Vorliegen der Arbeitnehmereigenschaft sprechen?

Für das Vorliegen der **Arbeitnehmereigenschaft** können nach H 67 (Allgemeines) LStH insbesondere folgende Merkmale sprechen:

- persönliche Abhängigkeit,
- Weisungsgebundenheit hinsichtlich Ort, Zeit und Inhalt der Tätigkeit,
- feste Arbeitszeiten,
- Ausübung der Tätigkeit gleichbleibend an einem bestimmten Ort,
- feste Bezüge,
- Urlaubsanspruch,
- Anspruch auf sonstige Sozialleistungen,
- Fortzahlung der Bezüge im Krankheitsfall,
- Überstundenvergütung,
- zeitlicher Umfang der Dienstleistungen,
- Unselbstständigkeit in Organisation und Durchführung der Tätigkeit,
- kein Unternehmerrisiko,
- kein Kapitaleinsatz,
- keine Pflicht zur Beschaffung von Arbeitsmitteln,
- Notwendigkeit der engen ständigen Zusammenarbeit mit anderen Mitarbeitern,
- Eingliederung in den Betrieb,
- Schulden der Arbeitskraft und nicht eines Arbeitserfolgs,
- Ausführung von einfachen Tätigkeiten, bei denen eine Weisungsgebundenheit die Regel ist.

Entscheidend für die Beurteilung ist das **Gesamtbild der Verhältnisse.** Die arbeitsrechtliche und sozialversicherungsrechtliche Behandlung ist unmaßgeblich.

261. Wie sind Nebentätigkeiten und Aushilfstätigkeiten einkommensteuerrechtlich zu beurteilen?

Für den Fall, dass es sich bei der Beschäftigung bereits **ihrer Natur nach** um eine nicht selbstständige Tätigkeit handelt, liegen Einkünfte aus nicht selbständiger Arbeit i.S.d. § 19 EStG vor (z.B. Aushilfsköche, Aushilfskellner, Reinemachefrauen). Dabei ist die **Dauer der Tätigkeit ohne Bedeutung,** weil in diesen Fällen stets eine **Eingliederung in den geschäftlichen Organismus des Arbeitgebers** oder **dessen Haushalt** gegeben ist. In allen anderen Fällen muss nach den **tatsächlichen Verhältnissen des Einzelfalls** geprüft werden, ob eine Eingliederung der Beschäftigten in Bezug auf Ort, Zeit und Art der Tätigkeit in den geschäftlichen Organismus des Arbeitgebers vorliegt. Ist dies nicht der Fall, liegt keine nichtselbständige Arbeit i.S.d. § 19 EStG vor.

262. Was gehört zum Arbeitslohn?

Arbeitslohn sind einmalige oder laufend erlangte **Einnahmen** als Vorteil in Geld oder Geldeswert (§ 19 Abs. 1 EStG i.V.m. § 2 Abs. 2 LStDV). Der **Arbeitslohn** ist die **ungekürzte Einnahme** (Bruttoarbeitslohn). Hierzu gehören auch Sachbezüge (§ 8 Abs. 2 EStG). Nicht zum steuerpflichtigen Arbeitslohn gehören die in den §§ 3, 3b EStG genannten Einnahmen bzw. Zuschläge zum Arbeitslohn.

263. Welche steuerlichen Vergünstigungen bestehen bei den Einkünften aus nicht selbständiger Arbeit i.S.d. § 19 EStG?

- Nach § 9a Satz 1 Nr. 1 EStG wird ein **Arbeitnehmerfreibetrag** von **1.044 €** gewährt.

- Bei **Versorgungsbezügen** bleibt ein **Versorgungsfreibetrag** in Höhe von **40 v.H.** dieser Bezüge, **höchstens** jedoch insgesamt ein Betrag von **3.072 €** im Veranlagungszeitraum steuerfrei (§ 19 Abs. 2 Satz 1 EStG).
- Die **unentgeltliche oder verbilligte Überlassung von Vermögensbeteiligungen an Arbeitnehmer** ist ein **Sachbezug** i.S.d. § 8 Abs. 1 EStG, der zu den Einnahmen nach § 19 Abs. 1 EStG gehört. Diesbezüglich besteht ein Freibetrag von **154 €** (§ 19a Abs. 1 Satz 1 EStG).

264. Wie erfolgt die Besteuerung der Einkünfte aus nicht selbständiger Arbeit i.S.d. § 19 EStG?

Die Besteuerung der Einkünfte aus nicht selbständiger Arbeit i.S.d. § 19 EStG erfolgt im **Steuerabzugsverfahren**, d.h. die Einkommensteuer wird als **Lohnsteuer** durch den Arbeitgeber vom Arbeitslohn des Arbeitnehmers abgezogen und an das Finanzamt abgeführt. Das **Lohnsteuer-Abzugsverfahren** ist in den §§ 38 – 42f EStG besonders geregelt.

265. Ist die Lohnsteuer eine selbstständige Steuer?

Die **Lohnsteuer** ist **keine selbstständige Steuer**, sondern eine **besondere Erhebungsform** der Einkommensteuer.

266. Welche gesetzliche Systematik liegt der Einkünftebesteuerung hinsichtlich der Erwerbseinkünfte einerseits und der Vermögenseinkünfte andererseits zugrunde?

Erwerbseinkünfte sind nach den **§§ 13 - 19 EStG** und **Vermögenseinkünfte** nach den **§§ 20, 21 EStG** zu versteuern.

267. Was sind Vermögenseinkünfte?

Vermögenseinkünfte sind **Erträge**, die durch **entgeltliche Überlassung** von Vermögen zu einer **zeitlich begrenzten Nutzung** entstehen.

268. Was ist unter Kapitalvermögen i.S.d. § 20 EStG zu verstehen?

Unter Kapitalvermögen i.S.d. § 20 EStG ist nur **Geldvermögen** - im Gegensatz zu Sachvermögen - zu verstehen.

269. Welche Einnahmen zählen zu den Einnahmen aus Kapitalvermögen i.S.d. § 20 EStG?

Zu den **Einnahmen aus Kapitalvermögen i.S.d. § 20 EStG** zählen alle **Geldeinnahmen** und **geldwerten Güter**, die als Früchte der Überlassung von **Geldkapital** zur Nutzung zugeflossen sind.

270. Wann sind Einkünfte aus Kapitalvermögens i.S.d. § 20 Abs. 1 und 2 EStG den Einkünften aus anderen Einkunftsarten zuzurechnen?

Einkünfte aus Kapitalvermögen i.S.d. § 20 Abs. 1 und 2 EStG sind den Einkünften aus **anderen Einkunftsarten zuzurechnen**, soweit sie zu diesen gehören (§ 20 Abs. 3 EStG). § 20 EStG hat nach § 20 Abs. 3 EStG **subsidiären Charakter**.

271. § 20 EStG hat nach § 20 Abs. 3 EStG subsidiären Charakter. Gibt es dennoch Vorschriften, hinsichtlich derer § 20 EStG Vorrang hat?

Im Verhältnis zu **§ 22 EStG** (siehe § 22 Nr. 1 - 3 EStG) hat § 20 EStG Vorrang.

272. Wem sind die Einkünfte aus Kapitalvermögen zuzurechnen?

Die Einkünfte aus Kapitalvermögen sind demjenigen zuzurechnen, der den **Tatbestand der Besteuerung erfüllt**, d.h. im eigenen Namen **und** für eigene Rechnung **Kapital** zur Nutzung überlässt. Das ist i.d.R. der **Eigentümer**, wirtschaftliche Eigentümer, Nießbraucher oder Gläubiger der Forderung.

273. Was ist unter Gewinnanteilen (Dividenden) i.S.d. § 20 Abs. 1 Nr. 1 EStG zu verstehen?

Gewinnanteile (Dividenden) i.S.d. § 20 Abs. 1 Nr. 1 EStG sind Beträge, die Kapitalgesellschaften oder Genossenschaften von ihrem Gewinn an die Anteilseigner (bzw. Gesellschafter, Genossen) ausschütten.

274. Was sind sonstige Bezüge i.S.d. § 20 Abs. 1 Nr. 1 EStG?

Zu den **sonstigen Bezügen** rechnen **alle Zuwendungen**, die den Gesellschaftern **außer Dividenden** zufließen. Zu den sonstigen Bezügen gehören insbesondere **verdeckte Gewinnausschüttungen**, Freianteile, statuarische Zinsen auf Geschäftsguthaben der Genossen und der Bonus (z.B. 4 v.H. vom Nennwert der Aktien anlässlich des 100-jährigen Bestehens des Unternehmens).

275. Zu welchem Zeitpunkt fließen Gewinnausschüttungen zu?

Grundsätzlich sind Einnahmen aus Kapitalvermögen zugeflossen, sobald der Steuerpflichtige über sie **verfügen** kann. **Dividenden** fließen deshalb nicht bereits mit Ablauf des Wirtschaftsjahres der Kapitalgesellschaft zu. Der Dividendenanspruch entsteht erst mit dem **Gewinnverteilungsbeschluss**.

276. Welche Einnahmen aus Kapitalvermögen werden nach § 20 Abs. 1 Nr. 4 EStG erfasst?

Unter die Vorschrift des § 20 Abs. 1 Nr. 4 EStG fallen **Einnahmen** aus der **Beteiligung an einem Handelsgewerbe als stiller Gesellschafter** und aus **partiarischen Darlehen**, es sei denn, dass der Gesellschafter oder Darlehensgeber als **Mitunternehmer** anzusehen ist.

277. Welches sind die wesentlichen Abgrenzungsmerkmale zwischen Gewinnanteilen aus einer stillen Beteiligung und einem partiarischen Darlehen?

	Stille Gesellschaft	Partiarisches Darlehen
Kontrollrechte	gesetzliches Kontrollrecht nach § 233 HGB; kein Einfluss auf die Geschäftsführung	kein gesetzliches Kontrollrecht
Gewinnbeteiligung	zwingend nach § 231 Abs. 2 HGB	ja, im Gegensatz zum regulären Darlehen
Einlage	Geld, Sachwerte	in Geld oder anderen vertretbaren Sachen
Verlustbeteiligung	möglich nach § 231 Abs. 1 1. HS HGB	nicht möglich
Ziel	gemeinsames Betreiben einer Innengesellschaft	kein gemeinsamer Zweck

278. Wie sind die typische sowie die atypische stille Gesellschaft steuerlich zu behandeln hinsichtlich
1. der Einkunftsart des Gesellschafters,
2. der Einbehaltung der Kapitalertragsteuer,
3. der Einkünfteermittlung beim Gesellschafter,
4. des Zeitpunktes der Erfassung der Einkünfte beim Gesellschafter,
5. der Aufwendungen des Gesellschafters,
6. der Vermögensverluste des Gesellschafters?

	Typische stille Gesellschaft	**Atypische stille Gesellschaft**
1. Einkunftsart des Gesellschafters	Kapitalvermögen (§ 20 Abs. 1 Nr. 4 EStG)	Einkünfte aus Gewerbebetrieb (§ 15 Abs. 1 Satz 1 Nr. 2 EStG)
2. Einbehaltung der Kapitalertragsteuer	Einbehaltung von Kapitalertragsteuer (§ 43 Abs. 1 Nr. 3 EStG)	keine Einbehaltung von Kapitalertragsteuer
3. Einkünfteermittlung beim Gesellschafter	Überschuss der Einnahmen über die Werbungskosten (§ 2 Abs. 2 Nr. 2 EStG)	Gewinn (§ 2 Abs. 2 Nr. 1 EStG)
4. Zeitpunkt der Erfassung der Einkünfte beim Gesellschafter	Zufluss (§ 11 Abs. 1 EStG)	Wirtschaftsjahr (§ 4a Abs. 2 Nr. 2 EStG)
5. Aufwendungen des Gesellschafters	Werbungskosten (§ 9 Abs. 1 Nr. 1 EStG)	Sonderbetriebsausgaben (§ 4 Abs. 4 EStG)
6. Vermögensverluste des Gesellschafters	keine Berücksichtigung	Berücksichtigung als sonstiger betrieblicher Aufwand

279. Unter welcher Voraussetzung liegen Werbungskosten bei den Einkünften aus Kapitalvermögen vor?

Werbungskosten bei den Einkünften aus Kapitalvermögen liegen vor, wenn ein **unmittelbarer Zusammenhang** der Werbungskosten mit den Kapitalerträgen besteht. Dies gilt auch für Depotgebühren.

280. Können Werbungskosten im Wege eines Pauschbetrags berücksichtigt werden?

Bei Einkünften aus Kapitalvermögen darf nach § 9a Satz 1 Nr. 2 EStG ein **Pauschbetrag** von **51 €/102 €** (ledig/verheiratet) abgezogen werden.

281. Besteht bei den Einkünften aus Kapitalvermögen noch eine weitere Steuervergünstigung?

Bei der Ermittlung der Einkünfte aus Kapitalvermögen ist **nach Abzug** der Werbungskosten ein **Sparerfreibetrag** in Höhe von **1.550 €** abzuziehen, der bei zusammenveranlagten Ehegatten (§ 26b EStG) auf **3.100 €** verdoppelt wird (§ 20 Abs. 4 Sätze 1 und 3 EStG).
Der Sparerfreibetrag darf nicht höher sein als die um die Werbungskosten geminderten Kapitalerträge (§ 20 Abs. 4 Satz 4 EStG).
Der gemeinsame Sparerfreibetrag von 3.100 € wird zusammenveranlagten Ehegatten auch dann gewährt, wenn nur ein Ehegatte positive Einkünfte in dieser Höhe erzielt hat, die Ehegatten insgesamt aber einen Verlust erlitten haben.

282. Bei welchen Kapitalerträgen wird die Einkommensteuer durch Abzug vom Kapitalertrag (Kapitalertragsteuer) erhoben?

Die Besteuerung von Kapitalerträgen im **Abzugsverfahren** regelt § 43 Abs. 1 EStG. Unter diese Vorschrift fallen insbesondere **Dividendenerträge** (§ 43 Abs. 1 Satz 1 Nr. 1 EStG)

283. Sind im Falle einer Veranlagung die Bruttobeträge oder die Nettobeträge (Bruttobeträge abzüglich Kapitalertragsteuer) anzusetzen?

Findet eine Veranlagung statt, sind wegen § 12 Nr. 3 EStG stets die **Bruttobeträge** anzusetzen. Die abgezogene Kapitalertragsteuer wird gem. § 36 Abs. 2 Satz 2 Nr. 2 EStG auf die Einkommensteuer **angerechnet**.

284. Welche Einkünfte fallen unter § 21 EStG?

Unter **§ 21 EStG** fallen Einkünfte aus **„Vermietung und Verpachtung"**.

285. Die Begriffe „Vermietung" und „Verpachtung" entstammen dem BGB. Was versteht man i.S.v. § 535 BGB unter „Vermietung" und i.S.v. § 581 BGB unter „Verpachtung"?

Die **„Vermietung"** i.S.d. § 535 BGB ist die **zeitlich begrenzte Überlassung** einer **beweglichen oder unbeweglichen Sache** zum Gebrauch gegen Entgelt. Die **„Verpachtung"** i.S.d. § 581 BGB gewährt die **zeitlich begrenzte Fruchtziehung** gegen Entgelt.

286. Kommt es für die steuerliche Zuordnung von Einnahmen zu der Einkunftsart Vermietung und Verpachtung auf die bürgerlich-rechtliche Form und Bezeichnung der von den Beteiligten geschlossenen Verträge an?

Ausgangspunkt für die Zuordnung von Einkünften zu der Einkunftsart Vermietung und Verpachtung sind zwar die §§ 535 ff. und 581 ff. BGB, jedoch sind die Begriffe Vermietung und Verpachtung im einkommensteuerlichen Sinne **umfassender** als die bürgerlich-rechtlichen Begriffe. Einkommensteuerlich kommt es für die steuerliche Zuordnung von Einnahmen zu der Einkunftsart Vermietung und Verpachtung nicht auf die bürgerlich-rechtliche Form und die Bezeichnung der von den Beteiligten geschlossenen Verträge an, sondern auf ihren **wirtschaftlichen Gehalt**.
Nach dem bürgerlichen Recht ist die Miete stets das Entgelt für eine zeitlich begrenzte Überlassung einer **Sache** zum Gebrauch. Unter den Begriff der „Vermietung und Verpachtung" im einkommensteuerlichen Sinne fallen auch Einkünfte aus der **Veräußerung** von **Miet- oder Pachtzinsforderungen** (§ 21 Satz 1 Abs. 1 Nr. 4 EStG).

287. Wem sind die Einkünfte aus Vermietung und Verpachtung zuzurechnen?

Einkünfte aus Vermietung und Verpachtung sind demjenigen zuzurechnen, der den **Tatbestand** der Vermietung und Verpachtung i.S.d. § 21 Abs. 1 EStG **erfüllt**, und zwar unabhängig davon, ob er bürgerlich-rechtlicher oder wirtschaftlicher Eigentümer ist.

288. Wann sind Einkünfte aus Vermietung und Verpachtung anderen Einkunftsarten zuzurechnen?

Einkünfte der in § 21 EStG bezeichneten Art sind den Einkünften aus **anderen Einkunftsarten zuzurechnen**, soweit sie zu diesen gehören (§ 21 Abs. 3 EStG). § 21 EStG hat nach § 21 Abs. 3 EStG **subsidiären Charakter**.

289. § 21 EStG hat nach § 21 Abs. 3 EStG subsidiären Charakter. Gibt es dennoch Vorschriften, gegenüber denen § 21 EStG Vorrang hat?

Im Verhältnis zu **§ 20 EStG** (siehe § 20 Abs. 3 EStG) und **§ 22 EStG** hat § 21 EStG Vorrang.

290. In welchen Fällen führt die Vermietung und Verpachtung von Grundbesitz zu Einkünften aus Vermietung und Verpachtung i.S.d. § 21 EStG und in welchen Fällen zu Einkünften aus Gewerbebetrieb i.S.d. § 15 EStG?

Die Vermietung und Verpachtung von Grundbesitz führt zu Einkünften aus Vermietung und Verpachtung, wenn der Grundbesitz zum **Privatvermögen** gehört. Die Vermietung und Verpachtung von Grundbesitz führt zu Einkünften aus Gewerbebetrieb, wenn der Grundbesitz zum **Betriebsvermögen** eines Gewerbebetriebs gehört (§ 21 Abs. 3 i.V.m. § 15 EStG).

291. Liegen auch dann noch Einkünfte aus Vermietung oder Verpachtung vor, wenn der vermietete oder verpachtete Grundbesitz sehr umfangreich ist, der Verkehr mit vielen Mietparteien eine erhebliche

Verwaltungsarbeit erfordert oder die vermieteten Räume gewerblichen Zwecken dienen?

Einkünfte aus Vermietung und Verpachtung liegen auch dann noch vor, wenn der vermietete Grundbesitz sehr umfangreich ist, der Verkehr mit vielen Mietparteien eine erhebliche Verwaltungsarbeit erfordert oder die vermieteten Räume gewerblichen Zwecken dienen.
Um der Grundstücksvermietung bzw. -verpachtung **gewerblichen Charakter** zu geben, müssen **besondere Umstände hinzutreten**. Diese können z.B. darin bestehen, dass die **Verwaltung** des Grundbesitzes infolge des ständigen und schnellen Wechsels der Mieter **organisatorische Tätigkeiten** erfordert, die **über das bei langfristigen Vermietungen übliche Maß hinausgehen**, oder dass der Grundstücksbesitzer den Mietern gegenüber **besondere Verpflichtungen übernimmt**, die über **die bloße Vermögensverwaltung hinausgehen**, wie z.B. die Herrichtung von Räumen für eine besondere Art der Vermietung oder Übernahme der Reinigung der vermieteten Räume. Das **entscheidende Merkmal** liegt darin, dass zu der bloßen Nutzungsüberlassung **eine fortgesetzte Tätigkeit tritt**, wie sie der **Begriff des Gewerbes erfordert.**

292. Welche Einkünfte gehören zu den Einkünften aus Vermietung und Verpachtung?

Zu den **Einkünften aus Vermietung und Verpachtung** gehören die in § 21 Abs. 1 EStG **erschöpfend** aufgezählten Einkünfte, und zwar Einkünfte aus

1. der Vermietung und Verpachtung von **unbeweglichem Vermögen** (§ 21 Abs. 1 Satz 1 Nr. 1 EStG),
2. der Vermietung und Verpachtung von **Sachinbegriffen** (§ 21 Abs. 1 Satz 1 Nr. 2 EStG),
3. der zeitlich begrenzten Überlassung von **Rechten** (§ 21 Abs. 1 Satz 1 Nr. 3 EStG),
4. der Veräußerung von **Miet- und Pachtzinsforderungen** (§ 21 Abs. 1 Satz 1 Nr. 4 EStG).

293. Was gehört nach § 21 Abs. 1 Satz 1 Nr. 1 EStG zum unbeweglichen Vermögen?

Zum **unbeweglichen Vermögen** nach § 21 Abs. 1 Satz 1 Nr. 1 EStG gehören insbesondere Grundstücke, Gebäude, Gebäudeteile, Wohnungen, Geschäftsräume, einzelne Zimmer sowie Schiffe, die in ein Schiffsregister eingetragen sind[20].

294. Die Vermietung und Verpachtung welcher Rechte fällt unter § 21 Abs. 1 Satz 1 Nr. 1 EStG?

Die Vermietung und Verpachtung **grundstücksgleicher Rechte** fällt unter § 21 Abs. 1 Satz 1 Nr. 1 EStG. Grundstücksgleiche Rechte sind z.B. Erbbaurechte, Mineralgewinnungsrechte, Bergbaurechte oder Fischereirechte.

295. Was sind Sachinbegriffe i.S.d. § 21 Abs. 1 Satz 1 Nr. 2 EStG?

Sachinbegriffe i.S.d. § 21 Abs. 1 Satz 1 Nr. 2 EStG sind **Vielheiten von beweglichen Gegenständen, die einem einheitlichen Zweck dienen**, z.B. das bewegliche Betriebsvermögen eines Betriebs, die Geschäftseinrichtung, das landwirtschaftliche Inventar, ein Maschinenpark oder die Wohnungseinrichtung eines möblierten Zimmers.

296. Welche Einkünfte aus der Überlassung welcher Rechte werden von § 21 Abs. 1 Satz 1 Nr. 3 EStG erfasst?

Von § 21 Abs. 1 Satz 1 Nr. 3 EStG werden **Rechte** erfasst, die **zeitlich begrenzt überlassen** werden, wie schriftstellerische, künstlerische, gewerbliche Urheberrechte, Patente oder gewerbliche Erfahrungen.

[20] Einkünfte aus der Vermietung von Schiffen, die nicht in ein Schiffsregister eingetragen sind, gehören, sofern sie nicht einer anderen Einkunftsart zuzurechnen sind, zu den Sonstigen Einkünften i.S.d. § 22 Nr. 3 EStG.

297. Gehören Einnahmen aus der gelegentlichen Vermietung von beweglichem Vermögen zu den Einkünften aus § 21 EStG?

Einnahmen aus der **gelegentlichen Vermietung von beweglichem Vermögen**, z.B. eines nicht zum Betriebsvermögen gehörenden Pkw, gehören **nicht** zu den Einnahmen aus Vermietung und Verpachtung. Nach § 21 Abs. 1 Satz 1 Nr. 1 EStG gehören **nur** die Einnahmen aus der Vermietung und Verpachtung von **unbeweglichem Vermögen** zu den Einnahmen aus Vermietung und Verpachtung. Die Einnahmen aus der gelegentlichen Vermietung von beweglichem Vermögen führen zu **Einkünften** i.S.d. **§ 22 Nr. 3 EStG**.

298. Zu welcher Einkunftsart gehören Einnahmen aus der zeitlich begrenzten Überlassung von Urheberrechten?

Erfindungen und Schöpfungen i.S.d. Urheberrechte, z.B. Musikwerke und Manuskripte, sind im Allgemeinen das Ergebnis selbstständig ausgeübter künstlerischer oder schriftstellerischer Tätigkeit. Werden diese Urheberrechte von **ihren Urhebern** an andere überlassen, so liegen **Einnahmen aus selbständiger Arbeit** i.S.d. **§ 18 Abs. 1 Nr. 1 EStG** vor.
Dahingegen sind diese Einnahmen nach **§ 21 Abs. 1 Satz 1 Nr. 3 EStG** zu erfassen, wenn sie aus der zeitlich begrenzten Überlassung von **erworbenen** Urheberrechten stammen, z.B. wenn der **Rechtsnachfolger** (z.B. der Erbe) diese Rechte an andere auf Zeit überlässt, vorausgesetzt, dass sie durch den Erblasser oder den Erben dem Betriebsvermögen **entnommen** wurden.

299. Welche Einkünfte rechnen insbesondere zu den Sonstigen Einkünfte i.S.d. § 22 EStG?

Zu den **Sonstigen Einkünfte** i.S.d. **§ 22 EStG** rechnen insbesondere:

1. Einkünfte aus **wiederkehrenden Bezügen**, insbesondere **Leibrenten** (§ 22 Nr. 1 Satz 3a und b EStG),

2. Einnahmen aus **Unterhaltsleistungen** vom geschiedenen oder dauernd getrennt lebenden, unbeschränkt steuerpflichtigen **Ehegatten**, soweit sie nach § 10 Abs. 1 Nr. 1 EStG vom **Geber abgezogen** werden können (§ 22 Nr. 1a EStG),
3. Einkünfte aus **Spekulationsgeschäften** i.S.d. § 23 EStG (§ 22 Nr. 2 EStG),
4. Einkünfte aus **sonstigen Leistungen**, z.B. gelegentlichen Vermittlungen (§ 22 Nr. 3 EStG),
5. **Entschädigungen an Abgeordnete** (§ 22 Nr. 4 EStG).

300. Welchen Stellenwert hat die Vorschrift des § 22 EStG innerhalb der sieben Einkunftsarten?

Die Vorschrift des § 22 EStG ist **streng subsidiär** (§ 22 Nr. 1 Satz 1, § 22 Nr. 3 Satz 1 und § 22 Nr. 2 i.V.m. § 23 Abs. 3 EStG). Lediglich im Verhältnis von § 22 Nr. 2 i.V.m. § 23 EStG zu § 17 EStG besteht eine **Ausnahme** von diesem **Grundsatz**.

301. Gehören alle Einkünfte, die nicht den Einkünften des § 2 Abs. 1 Nr. 1 - 6 EStG zugeordnet werden können, zu den Sonstigen Einkünften i.S.d. § 22 EStG?

Die Aufzählung in § 22 EStG ist **erschöpfend**. Zu den Sonstigen Einkünften i.S.d. § 22 EStG gehören deshalb **nicht** etwa alle Einkünfte, die nicht den Einkünften i.S.d. § 2 Abs. 1 Nr. 1 - 6 EStG zugeordnet werden können.

302. Was sind wiederkehrende Bezüge i.S.v. § 22 Nr. 1 EStG?

Wiederkehrende Bezüge i.S.v. § 22 Nr. 1 EStG sind Einnahmen in Geld oder Geldeswert, die in **gewissen Zeitabständen wiederkehren**. Sie dürfen **nicht** zu den Einkunftsarten i.S.d. § 2 Abs. 1 Nr. 1 - 6 EStG gehören und sich bei wirtschaftlicher Betrachtung **nicht** als Kapitalrückzahlungen (Kaufpreisraten) darstellen.

303. Welches ist der wohl wichtigste Anwendungsfall für Einkünfte aus wiederkehrenden Bezügen i.S.v. § 22 Nr. 1 EStG?

Der wohl **wichtigste Anwendungsfall** für Einkünfte aus wiederkehrenden Bezügen betrifft die **Renten** aus der **gesetzlichen Rentenversicherung.**

304. Wie erfolgt die Besteuerung von Renten aus der gesetzlichen Rentenversicherung?

Die Besteuerung von Renten aus der gesetzlichen Rentenversicherung erfolgt mit dem **Ertragsanteil.**

305. Was gilt als Ertrag des Rentenrechts?

Als **Ertrag des Rentenrechts** gilt laut § 22 Nr. 1 Satz 3 Buchst. a EStG für die gesamte Dauer des Rentenbezugs der Unterschied zwischen dem Jahresertrag der Rente und dem Betrag, der sich bei gleichmäßiger Verteilung des Kapitalwertes der Rente auf ihre voraussichtliche Laufzeit ergibt.
Zur **Vereinfachung** hat das Steuerrecht die **Ertrags- und Zinsanteile** in **Tabellen** festgelegt (§ 22 Nr. 1 Satz 3 Buchst a EStG sowie § 55 EStDV).

306. Können von dem Ertragsanteil Werbungskosten abgesetzt werden?

Von dem **Ertragsanteil** können - wie bei allen Überschusseinkünften - **Werbungskosten** abgesetzt werden. Gem. § 9a Satz 1 Nr. 3 EStG kommt zumindest ein **Pauschbetrag** von **102 €** in Betracht.

307. Herr Altman bezieht seit dem 63. Lebensjahr eine monatliche Altersrente aus der gesetzlichen Rentenversicherung von 1.250 €. Wie hoch ist der Ertragsanteil nach § 22 Nr. 1 Satz 3 Buchst. a EStG?

Jahresrente: 12 x 1.250 €	15.000 €
Ertragsanteil in v.H.: **29**	4.350 €
abzgl. Werbungskosten-Pauschbetrag	102 €
stpfl. Sonst. Einkünfte i.S.v. § 22 Nr. 1 Satz 3 Buchst. a EStG	4.248 €

308. Führt die Besteuerung der Renten aus der gesetzlichen Rentenversicherung in der Regel zu einer Steuerzahlung?

Unter Berücksichtigung des **Grundfreibetrags** nach § 32a Abs. 1 Satz 2 Nr. 1 EStG führt die Besteuerung der Renten aus der gesetzlichen Rentenversicherung in der Regel zu **keiner Steuerzahlung**.

309. Werden Beamtenpensionen und Betriebsrenten gleichfalls nur mit dem Ertragsanteil der Besteuerung unterworfen?

Beamtenpensionen und Betriebsrenten gehören zu den Einkünften aus **nicht selbständiger Arbeit i.S.d. § 19 EStG**. Sie werden nach Berücksichtigung der Versorgungsfreibeträge **voll besteuert**.

310. Wie werden Unterhaltsleistungen an den geschiedenen oder dauernd getrennt lebenden Ehegatten behandelt?

Der **Leistende** kann die **Unterhaltsleistungen** bis in Höhe von **13.805 €** als **Sonderausgaben abziehen** (§ 10 Abs. 1 Nr. 1 EStG). Der **Empfänger** muss diese Leistungen nach Abzug des Werbungskosten-Pauschbetrags von **102 €** (§ 9a Satz 1 Nr. 3 EStG) als **Sonstige Einkünfte** versteuern (§ 22 Nr. 1a EStG). Dieses Verfahren bezeichnet man als **Real-Splitting**.

311. Bleiben Veräußerungsgewinne in der Privatsphäre stets steuerfrei?

Grundsätzlich bleiben Veräußerungsgewinne in der Privatsphäre **steuerfrei**. Bei **bestimmten Zeiten zwischen Kauf und Verkauf** nimmt der

Gesetzgeber jedoch **Handel** an und erklärt diese Geschäfte zu **Spekulationsgeschäften** (§ 23 EStG).

312. Was sind Spekulationsgeschäfte i.S.d. § 23 EStG?

Spekulationsgeschäfte i.S.d. § 23 EStG sind **Veräußerungsgeschäfte**, bei denen der **Zeitraum zwischen Anschaffung und Veräußerung**

1. nicht mehr als **zehn Jahre** beträgt, wenn es sich insbesondere um **Grundstücke** handelt,
2. nicht mehr als **zwölf Monate** beträgt, wenn es sich um **andere Wirtschaftsgüter** handelt (insbesondere **Wertpapiere**, Kunstgegenstände).

Handelt es sich um die Veräußerung von solchen Wirtschaftsgütern, deren Veräußerungsgewinne bei den Einkünften i.S.d. § 2 Abs. 1 Nr. 1 bis 6 EStG zu erfassen sind, so liegen **keine** Spekulationsgeschäfte vor (§ 23 Abs. 2 Satz 1 EStG). Insoweit stellt § 23 EStG **subsidiäres Recht** dar.

313. Handelt es sich bei der Regelung des § 23 Abs. 3 Satz 6 EStG um einen Freibetrag oder um eine Freigrenze?

§ 23 Abs. 3 Satz 3 EStG sieht eine **Freigrenze** von **512 €** vor. Wenn der Spekulations**gesamtgewinn** im Kalenderjahr weniger als 512 € beträgt, besteht Steuerfreiheit.

314. Wie ist der Gewinn oder Verlust aus Spekulationsgeschäften zu ermitteln?

Nach § 23 Abs. 3 Satz 1 EStG ist der Gewinn oder Verlust aus Spekulationsgeschäften wie folgt zu ermitteln:

Veräußerungspreis
./. Anschaffungs- oder Herstellungskosten
./. Werbungskosten
= **Spekulationsgewinn oder Spekulationsverlust**

315. Welche Regelung beinhaltet § 23 Abs. 3 Satz 4 EStG?

Nach § 23 Abs. 3 **Satz 4** EStG sind bei der Ermittlung des Spekulationsgewinns die Anschaffungs- und Herstellungskosten **um** die **seit** Anschaffung bzw. Herstellung angefallenen **Absetzungen für Abnutzung** und **Sonderabschreibungen zu kürzen**, soweit sie bei der Ermittlung der Einkünfte i.S.d. § 2 Abs. 1 Satz 1 Nr. 4 - 6 EStG **abgezogen** worden sind. Diese Regelung führt zu einer **Erhöhung** des Spekulationsgewinns.

316. Dürfen Spekulationsverluste in den allgemeinen Verlustausgleich einbezogen werden?

Spekulationsverluste dürfen **nicht** in den allgemeinen Verlustausgleich einbezogen werden. § 23 Abs. 3 **Satz 8** EStG besagt ausdrücklich, dass Spekulationsverluste nur mit Spekulationsgewinnen im **selben Kalenderjahr** ausgeglichen werden dürfen. Sie dürfen auch nicht nach **§ 10d EStG** abgezogen werden.
Spekulationsverluste mindern jedoch nach Maßgabe des **§ 10d EStG** die Einkünfte, die der Steuerpflichtige in dem unmittelbar vorangegangenen Veranlagungszeitraum oder in den folgenden Veranlagungszeiträumen aus privaten Spekulationsgeschäften erzielt hat oder erzielt (§ 23 Abs. 3 **Satz 9** EStG).

317. Worin können Einkünfte aus sonstigen Leistungen i.S.d. § 22 Nr. 3 EStG bestehen?

Sonstige Leistungen i.S.d. § 22 Nr. 3 EStG können in einem Tun, Dulden oder Unterlassen bestehen. (Beispiele: **gelegentliche** Vermittlungen, Vermietung beweglicher Gegenstände.) Betragen derartige Einkünfte weniger als **256 €** im Kalenderjahr, so sind sie **nicht** steuerpflichtig (§ 22 Nr. 3 Satz 2 EStG).

318. Welche Veranlagungsformen kennt das Einkommensteuergesetz?

Das **Einkommensteuergesetz** kennt folgende **Veranlagungsformen:**

1. Einzelveranlagung (§ 25 EStG),
2. Ehegattenveranlagung (§ 26 EStG), und zwar die
   - Getrennte Veranlagung (§ 26a EStG),
   - Zusammenveranlagung (§ 26b EStG),
   - Besondere Veranlagung (§ 26c EStG).

319. Bei welchen Steuerpflichtigen ist die Einzelveranlagung anzuwenden?

Die **Einzelveranlagung** ist bei Steuerpflichtigen anzuwenden, die **ledig,** verwitwet oder geschieden sind, bei verheirateten Steuerpflichtigen nur, wenn die Voraussetzungen für eine Ehegattenveranlagung nicht vorliegen.

320. Unter welchen Voraussetzungen sind Ehegatten im Verfahren der sog. Ehegattenveranlagung zu besteuern?

Ehegatten sind nach § 26 Abs. 1 EStG im Verfahren der sog. Ehegattenveranlagung zu besteuern, wenn die folgenden **Voraussetzungen** erfüllt sind:

1. Vorliegen einer gültigen Ehe,
2. unbeschränkte Steuerpflicht beider Ehegatten nach § 1 Abs. 1 oder 2 EStG,
3. kein dauerndes Getrenntleben,
4. kein Ausschlusstatbestand nach § 26 Abs. 1 Satz 2 EStG.

321. Zwischen welchen Veranlagungsarten können Ehegatten, die die Voraussetzungen der Ehegattenveranlagung erfüllen, wählen?

Ehegatten, die die Voraussetzungen der Ehegattenveranlagung erfüllen, können wählen zwischen

- der getrennten Veranlagung nach § 26a EStG,
- der Zusammenveranlagung nach § 26b EStG und
- der besonderen Veranlagung nach § 26c EStG.

322. Unter welcher Voraussetzung sind Ehegatten getrennt zu veranlagen?

Die **Ehegatten** sind nach § 26a EStG **getrennt zu veranlagen**, wenn **einer der Ehegatten die getrennte Veranlagung wählt** (§ 26 Abs. 2 Satz 1 EStG).

323. Wie erfolgt die Ermittlung der Einkünfte bei der getrennten Veranlagung?

Bei der **getrennten Veranlagung** werden jedem Ehegatten die Einkünfte zugerechnet, die er bezogen hat. **Sonderausgaben** für ein nach § 10 Abs. 1 Nr. 8 EStG anzuerkennendes hauswirtschaftliches Beschäftigungsverhältnis sowie für **außergewöhnliche Belastungen** (§§ 33 bis 33c EStG) werden grundsätzlich **zur Hälfte** bei jedem Ehegatten berücksichtigt, es sei denn die Ehegatten beantragen gemeinsam einen anderen Aufteilungsmaßstab (§ 26a Abs. 2 Satz 1 EStG). Die **übrigen Sonderausgaben** können nur bei der Veranlagung desjenigen Ehegatten abgezogen werden, der sie geleistet hat.

324. Kann die getrennte Veranlagung für Ehegatten steuerlich vorteilhaft sein?

Die getrennte Veranlagung kann für Ehegatten in bestimmten Fällen steuerlich **vorteilhaft** sein. Diese Vorteilhaftigkeit der getrennten Veranlagung resultiert insbesondere aus folgenden Vorschriften:

- § 62d Abs. 1 EStDV, wonach der Verluste erzielende Ehegatte den Verlustabzug nach § 10d EStG auch für Veranlagungszeiträume geltend machen kann, in denen die Ehegatten nach § 26b EStG zusammenveranlagt wurden;
- § 10 Abs. 3 EStG, wonach bei Ehegatten, bei denen der eine Teil Einkünfte aus nicht selbständiger Arbeit, der andere Teil aus selbständiger Arbeit bezieht, der Sonderausgaben-Vorwegabzug für den Ehegatten, der Einkünfte aus selbständiger Arbeit bezieht, nicht gekürzt wird.

Eine weitere Fallkonstellation für die Vorteilhaftigkeit einer getrennten Veranlagung könnte darin bestehen, dass ein Ehegatte einen Einkommensteuer-Erstattungsanspruch besitzt, der andere Ehegatte hingegen einer Einkommensteuer-Nachforderung gegenübersteht und gleichzeitig zahlungsunfähig ist.

325. Wie erfolgt die Ermittlung der Einkünfte bei der Zusammenveranlagung nach § 26b EStG?

Bei der **Zusammenveranlagung nach § 26b EStG** werden die Einkünfte **jedes** Ehegatten zunächst wie bei der Einzelveranlagung oder getrennten Veranlagung **gesondert ermittelt** und sodann **zusammengerechnet**. Für die Ermittlung des Einkommens und des zu versteuernden Einkommen werden die Ehegatten wie **ein Steuerpflichtiger** behandelt. Für Sonderausgaben und außergewöhnliche Belastungen ist eine **gemeinsame Ermittlung** vorzunehmen.

326. Für welchen Veranlagungszeitraum können die Ehegatten die besondere Veranlagung nach § 26c EStG wählen?

Für den **Veranlagungszeitraum der Eheschließung** können Ehegatten statt der Zusammenveranlagung oder der getrennten Veranlagung die **besondere Veranlagung** wählen.

327. Wie wird die Besteuerung im Falle der besonderen Veranlagung durchgeführt?

Bei der **besonderen Veranlagung** wird diese für **beide Ehegatten** so durchgeführt, als ob sie die **Ehe nicht geschlossen** hätten.

328. Worin liegt der Vorteil der besonderen Veranlagung?

Bei der **besonderen Veranlagung** erhält jeder Ehegatte die Steuervorteile, die für **Alleinstehende** vorgesehen sind, insbesondere den **Haushaltsfreibetrag** nach § 32 Abs. 7 EStG und das sog. **Witwen-Splitting** nach § 32a Abs. 6 EStG.

329. Aus welchen Vorschriften resultiert die Verpflichtung zur Abgabe einer Einkommensteuer-Erklärung?

Die Verpflichtung zur Abgabe einer Einkommensteuer-Erklärung ist in den §§ 149 bis 153 AO und insbesondere in § 25 Abs. 3 Satz 1 EStG und den §§ 56, 60 EStDV geregelt.

330. In welchen Fällen sind Steuererklärungen von unbeschränkt Steuerpflichtigen (§ 1 Abs. 1, Abs. 3, § 1a EStG) abzugeben?

Steuererklärungen sind von **unbeschränkt** Steuerpflichtigen (§ 1 Abs. 1, Abs. 3, § 1a EStG) insbesondere dann abzugeben, wenn die **Voraussetzungen des § 56 EStDV** erfüllt sind, d.h. der **Gesamtbetrag der Einkünfte** (§ 2 Abs. 3 EStG) die in **§ 56 Satz 1 EStDV** genannten **Grenzen** überschreitet.

331. In welchen Fällen sind Steuererklärungen von beschränkt Steuerpflichtigen abzugeben?

Beschränkt Steuerpflichtige sind zu Steuererklärungen verpflichtet, wenn die Steuer **nicht** durch den **Steuerabzug abgegolten** ist (§ 50 Abs. 5 EStG).

332. In welchen Fällen sind Steuererklärungen von erweitert beschränkt Steuerpflichtigen (§ 2 Abs. 1 AStG) abzugeben?

Erweitert beschränkt Steuerpflichtige (§ 2 Abs. 1 AStG) haben ihre **sämtlichen** im abgelaufenen Veranlagungszeitraum erzielten Einkünfte zu erklären.

333. Welches sind die Fälligkeitstermine für die Einkommensteuer-Vorauszahlungen?

Die **Vorauszahlungstermine** für die **Einkommensteuer** sind nach § 37 Abs. 1 Satz 1 EStG: **10. März, 10. Juni, 10. September und 10. Dezember.**

334. In welcher Höhe sind die Einkommensteuer-Vorauszahlungen zu leisten?

Es ist **ein Viertel** der **voraussichtlichen Steuerschuld** zu entrichten, die für den laufenden Veranlagungszeitraum geschuldet wird.

2. Körperschaftsteuer

Literaturhinweise: Cattelaens, H., Gottstein, S., Stegmüller, H., Zenthöfer, W., Körperschaftsteuer, 11. Aufl., Stuttgart 1995; Grotherr, S., Das neue Körperschaftsteuersystem mit Anteilseignerentlastung bei der Besteuerung von Einkünften aus Beteiligungen, BB 2000, S. 849 – 861; Haas, H., Körperschaftsteuer, 3. Aufl., München 1994; Kulemann, G., Harle, G., Das Halbeinkünfteverfahren aus der Sicht des Anteilseigners, SteuerStud 2000, S. 531 f.; Lange, J., Reiß, W., Lehrbuch der Körperschaftsteuer, 8. Aufl., Herne/Berlin 1996; Wöhe, G., Betriebswirtschaftliche Steuerlehre I/1. Die Steuern des Unternehmens – Das Besteuerungsverfahren, 6. Aufl., München 1988, S. 189 - 299.

1. Wie kann die Körperschaftsteuer charakterisiert werden?

Die Körperschaftsteuer ist eine **ertragsabhängige Personensteuer** und eine **Ertragsteuer**. Sie kann aus **rechtlicher Sicht** als **Einkommensteuer für Körperschaften** bezeichnet werden. Bemessungsgrundlage der Körperschaftsteuer ist das zu versteuernde Einkommen. Der Körperschaftsteuertarif ist **proportional**, d.h. der Steuersatz hängt nicht von der Höhe der Einkünfte ab.

Bei der Körperschaftsteuer ist die Besteuerung der Körperschaft (insbesondere Kapitalgesellschaften) und ihrer Anteilseigener strikt zu trennen **(Trennungsprinzip)**. Die Körperschaften sind als juristische Personen körperschaftsteuerpflichtig, ihre Anteilseigner als natürliche Personen einkommensteuerpflichtig bzw. als juristische Personen körperschaftsteuerpflichtig. Schüttet eine Kapitalgesellschaft Gewinne aus, kommt es zu einer **zweifachen Besteuerung**. Auf der Ebene der Kapitalgesellschaft unterliegen die Gewinne der Körperschaftsteuer. Die Anteilseigner versteuern die Ausschüttungen nach Abzug der Körperschaftsteuer.

Die Körperschaftsteuer ist eine **Gemeinschaftssteuer**. Ihr Aufkommen steht Bund und Ländern jeweils zur Hälfte zu (Art. 106 Abs. 3 GG). Das Aufkommen betrug im Jahre 2000 insgesamt 46,5 Mrd. DM. Dies sind rund 5 % des Gesamtsteueraufkommens.

2. Welche Arten der Steuerpflicht werden bei der Körperschaftsteuer unterschieden?

Bei der **Körperschaftsteuer** wird zwischen der **unbeschränkten** und der **beschränkten** Steuerpflicht unterschieden.

3. Wer ist unbeschränkt körperschaftsteuerpflichtig?

Unbeschränkt körperschaftsteuerpflichtig sind **nur** die in § 1 Abs. 1 KStG aufgeführten **sechs** Gruppen von Körperschaften, Personenvereinigungen und Vermögensmassen, die **ihre Geschäftsleitung** oder **ihren Sitz** im Inland haben. Diese Aufzählung ist **abschließend**.

4. Welche Bedeutung hat der Sitz oder die Geschäftsleitung für Kapitalgesellschaften in Bezug auf die Steuerpflicht?

Für das Vorliegen der **unbeschränkten Steuerpflicht** genügt es, wenn eine Kapitalgesellschaft ihre Geschäftsleitung **oder** ihren Sitz im Inland hat. Es ist **nicht** erforderlich, dass beide Voraussetzungen (Geschäftsleitung und Sitz) vorliegen.

5. Wo hat eine Kapitalgesellschaft ihre Geschäftsleitung?

Eine Kapitalgesellschaft hat ihre **Geschäftsleitung** dort, wo sich der **Mittelpunkt der geschäftlichen Oberleitung** befindet (§ 10 AO). Das ist im Allgemeinen der Ort, an dem die leitenden Personen die wesentlichen Entscheidungen, die der gewöhnliche Betrieb der Gesellschaft mit sich bringt, treffen. In der Regel sind dies die **Geschäftsräume des Unternehmens** („Vorstandsetage“) bzw. die **Büroräume des leitenden Geschäftsführers**. Unbeachtlich ist der Ort, an dem die geschäftlichen Entscheidungen ausgeführt werden. Es kommt auf die tatsächlichen Verhältnisse an.

6. Wo hat eine Kapitalgesellschaft ihren Sitz?

Hinsichtlich des **Sitzes** handelt es sich um ein **rechtliches Merkmal**. Der **Sitz** einer Kapitalgesellschaft wird durch den **Gesellschaftsvertrag** oder die **Satzung** bestimmt (§ 11 AO).

7. Welche Bedeutung hat die Rechtsform für die Frage der Körperschaftsteuerpflicht?

Für die Steuerpflicht ist **allein** die **Rechtsform** im bürgerlich-rechtlichen Sinne maßgebend.

8. Auf welche Einkünfte erstreckt sich die unbeschränkte Körperschaftsteuerpflicht?

Die **unbeschränkte Körperschaftsteuerpflicht** erstreckt sich auf **sämtliche** Einkünfte (§ 1 Abs. 2 KStG). Besteuert werden also nicht nur die inländischen, sondern auch die **ausländischen Einkünfte**. Erfasst wird das **Welteinkommen**.

9. Werden ausländische Einkünfte stets der inländischen Körperschaftsteuer unterworfen?

Bei **ausländischen Einkünften** ist es aufgrund von **Doppelbesteuerungsabkommen** (DBA) oder anderen **zwischenstaatlichen Vereinbarungen** möglich, dass es trotz unbeschränkter Steuerpflicht nicht zu einer Besteuerung aller Einkünfte im Inland kommt.

10. Was sind Doppelbesteuerungsabkommen?

Doppelbesteuerungsabkommen sind **völkerrechtliche Vereinbarungen**, die als **überstaatliches Recht** dem Körperschaftsteuergesetz **vorgehen** (§ 2 AO).
Liegen ausländische Einkünfte vor, so ist zunächst zu prüfen, ob ein Doppelbesteuerungsabkommen mit dem ausländischen Staat besteht, aus

dem die Einkünfte stammen. Ist dies der Fall, so ist zu untersuchen, ob der Bundesrepublik Deutschland an den in Betracht kommenden ausländischen Einkünften ein Besteuerungsrecht zusteht.

11. Wer ist beschränkt körperschaftsteuerpflichtig?

Beschränkt körperschaftsteuerpflichtig sind:

1. Körperschaften, Personenvereinigungen und Vermögensmassen, die **weder ihren Sitz noch ihre Geschäftsleitung** im Inland haben, mit ihren **inländischen Einkünften i.S.d. § 49 EStG** (§ 2 Nr. 1 KStG);
2. sonstige Körperschaften, Personenvereinigungen und Vermögensmassen, die **weder nach § 1 KStG unbeschränkt steuerpflichtig noch nach § 2 Nr. 1 KStG beschränkt steuerpflichtig sind,** mit ihren **inländischen Einkünften**, von denen ein **Steuerabzug** vorzunehmen ist (§ 2 Nr. 2 KStG). Hierunter fallen insbesondere **inländische juristische Personen des öffentlichen Rechts.**

12. Wann beginnt die Körperschaftsteuerpflicht?

Das **Körperschaftsteuergesetz** regelt den **Zeitpunkt des Beginns** der Körperschaftsteuerpflicht **nicht**. Folglich sind die **zivilrechtlichen Regelungen** sowie **wirtschaftliche Gesichtspunkte** im Zusammenhang mit den **Gründungsstadien** heranzuziehen.

13. Welche Gründungsstadien werden bei Kapitalgesellschaften hinsichtlich der Entstehung der Körperschaftsteuer unterschieden?

Bei **Kapitalgesellschaften** werden **drei Gründungsstadien** unterschieden:

1. Vorgründungsgesellschaft

Die **Vorgründungsgesellschaft** bezieht sich auf die Zeit **vor** dem Abschluss des **notariellen Gesellschaftsvertrages** bzw. der **Feststellung**

der Satzung. Sie entsteht durch Vereinbarung der künftigen Gesellschafter über die Gründung einer bestimmten Kapitalgesellschaft (Vorvertrag). Ihr Zweck ist die Gründung einer Gesellschaft.
Die **Vorgründungsgesellschaft** ist entweder eine **Gesellschaft des bürgerlichen Rechts** oder bei Aufnahme eines Grundhandelsgewerbes ggf. eine OHG.
Die Vorgründungsgesellschaft ist rechtlich **nicht** identisch mit der später entstehenden Kapitalgesellschaft.
Die **steuerliche Behandlung** erfolgt entsprechend ihrer zivilrechtlichen Natur. Sie ist eine **Personengesellschaft**, die **nicht** der **Körperschaftsteuer** unterliegt. Die Körperschaftsteuerpflicht der später entstehenden Kapitalgesellschaft wirkt **nicht** auf die Vorgründungsgesellschaft zurück. Die Gründer erzielen unmittelbar selbst die Einkünfte.

2. Vorgesellschaft

Durch **Abschluss** des **förmlichen Gesellschaftsvertrags** bzw. der Feststellung der Satzung **entsteht** die sog. **Vorgesellschaft** als **unmittelbare Vorstufe der Kapitalgesellschaft**. Sie ist die errichtete, aber noch nicht eingetragene Kapitalgesellschaft, d.h. die **Kapitalgesellschaft im Gründungsstadium** (z.B. GmbH i.G.). Zivil- und steuerrechtlich gelten **Vorgesellschaft** und die nach der Eintragung rechtlich entstandene **Kapitalgesellschaft** als **dieselbe** Person.

3. Eintragung ins Register

Spätestens mit Eintragung ins Register entsteht die Körperschaftsteuerpflicht.

14. Wann endet die Körperschaftsteuerpflicht?

Juristische Personen behalten ihre rechtliche Existenz bis zum Zeitpunkt, in dem sie im jeweiligen Register gelöscht werden. Die Körperschaftsteuerpflicht endet jedoch erst, wenn die Geschäftstätigkeit eingestellt, das

Vermögens verteilt und der Ablauf eines ggf. vorgeschriebenen Sperrjahres (§ 272 AktG bzw. § 73 GmbHG) abgewartet worden ist. Unbeachtlich ist daher der Zeitpunkt der Löschung im jeweiligen Register.

15. Besteht für die Abwicklung einer unbeschränkt steuerpflichtigen Kapitalgesellschaft eine besondere Gewinnermittlungsvorschrift?

Für den Fall der **Auflösung und Abwicklung** (Liquidation) einer unbeschränkt steuerpflichtigen Kapitalgesellschaft sieht **§ 11 KStG** eine **besondere Art der Gewinnermittlung** vor, die die Erfassung des sog. **Liquidationsgewinns** zum Ziel hat. Die Vorschrift des § 11 KStG soll sicherstellen, dass die während des Bestehens der Kapitalgesellschaft noch nicht verwirklichten bzw. noch nicht versteuerten Gewinne der Körperschaftsteuer unterworfen werden.

16. Für welche Körperschaften gelten die Steuerbefreiungen des § 5 KStG?

Die Befreiungen des § 5 Abs. 1 KStG gelten **nur** für die nach § 1 Abs. 1 KStG **unbeschränkt** steuerpflichtigen Körperschaften (Umkehrschluss aus § 5 Abs. 2 Nr. 2 KStG).

17. Wodurch unterscheiden sich die Steuerbefreiungen des Körperschaftsteuergesetzes von Steuerbefreiungen des Einkommensteuergesetzes?

Bei den Steuerbefreiungen des **Körperschafsteuergesetzes** handelt es um **persönliche** Steuerbefreiungen (z.B. § 5 Abs. 1 Nr. 1, 2, 2a, 15 KStG). Steuerbefreit werden die im Gesetz genannten **Steuersubjekte** (juristische Personen) samt den Einrichtungen, die von ihnen betrieben werden. Bei der **Einkommensteuer** hingegen handelt es um **sachliche Steuerbefreiungen**, die nur **bestimmte Einkünfte** der betreffenden Steuersubjekte unbesteuert lassen.

18. Welche Vorschrift enthält die Grundlagen für die sachliche Steuerpflicht?

Die **Grundlagen** für die **sachliche** Steuerpflicht sind in der Vorschrift des **§ 7 KStG** enthalten.

19. Was regelt § 7 KStG?

§ 7 KStG enthält die **allgemeinen Grundsätze** zur Besteuerung der unter das Körperschaftsteuergesetz fallenden Körperschaften. Diese Vorschrift regelt die **Bemessungsgrundlage** (§ 7 Abs. 2 KStG), den **Veranlagungs- und Ermittlungszeitraum** (§ 7 Abs. 3 und 4 KStG) und legt die **Grundlagen** für die materiellen Bestimmungen der §§ 8 – 10 KStG.

20. Für welche Körperschaften gelten die Regelungen des § 7 KStG?

Die Regelungen des § 7 KStG gelten grundsätzlich für alle unbeschränkt und beschränkt steuerpflichtigen Körperschaften.

21. Wonach bemisst sich die Körperschaftsteuer?

Die Körperschaftsteuer bemisst sich nach dem **zu versteuernden Einkommen** (§ 7 Abs. 1 KStG). **Bemessungsgrundlage** für die Körperschaftsteuer ist somit das **zu versteuernde Einkommen**.

22. Was ist das zu versteuernde Einkommen einer Kapitalgesellschaft?

Das zu **versteuernde Einkommen** einer **Kapitalgesellschaft** ist nach § 7 Abs. 2 KStG das **Einkommen i.S.d. § 8 Abs. 1 KStG**.

23. Was ist bei der Körperschaftsteuer der Veranlagungszeitraum?

Die **Körperschaftsteuer** ist eine **Jahressteuer** (§ 7 Abs. 3 Satz 1 KStG). Der **Veranlagungszeitraum** ist damit das **Kalenderjahr** (§ 7 Abs. 3 Satz 2 KStG).

24. Was ist bei Kapitalgesellschaften der Gewinnermittlungszeitraum?

Bei den nach **HGB** zur **Buchführung** verpflichteten **Kapitalgesellschaften** ist der **Gewinnermittlungszeitraum** das **Wirtschaftsjahr**, für das sie regelmäßig Abschlüsse erstellen (§ 7 Abs. 4 Satz 1 KStG).

25. Ist bei Kapitalgesellschaften ein vom Kalenderjahr abweichendes Wirtschaftsjahr möglich?

Nach § 7 Abs. 4 Satz 1 KStG ist ein vom Kalenderjahr **abweichendes** Wirtschaftsjahr möglich.

26. Eine GmbH hat ein Wirtschaftsjahr vom 1. Juni 01 bis zum 31. Mai 02. Der gesamte Gewinn dieses Wirtschaftsjahres beträgt 120.000 €. In welchem Kalenderjahr gilt der Gewinn als bezogen?

Der **gesamte Gewinn** gilt in dem **Kalenderjahr** als bezogen, in dem das Wirtschaftsjahr **endet** (§ 7 Abs. 4 Satz 2 KStG). Dies ist das **Kalenderjahr 02.**

27. Nach welchen Vorschriften bestimmt sich das Einkommen von Kapitalgesellschaften?

Das **Einkommen** bestimmt sich bei Kapitalgesellschaften nach den Vorschriften des **Einkommensteuergesetzes** und den Vorschriften des **Körperschaftsteuergesetzes** (§ 8 Abs. 1 KStG).

28. Welche Bedeutung haben die Vorschriften des Einkommensteuergesetzes für die körperschaftsteuerliche Einkommensermittlung?

Die **Vorschriften des Einkommensteuergesetzes** bilden die **Grundlage** für die körperschaftsteuerliche Einkommensermittlung. Es besteht eine **Verknüpfung** des Körperschafsteuergesetzes mit dem Einkommensteuergesetz. Dies führt zu einer **Vereinheitlichung der Ertragsbesteuerung** der verschiedenen Unternehmensformen und trägt zur **Wettbewerbsneutralität** bei.[1]

29. Sind die Vorschriften des Einkommensteuergesetzes uneingeschränkt anwendbar?

Die Vorschriften des Einkommensteuergesetzes sind **nicht uneingeschränkt** anwendbar, sondern nur insoweit, als sie nicht ausschließlich auf natürliche Personen zugeschnitten sind oder durch Sondervorschriften des Körperschaftsteuergesetzes ersetzt werden.

30. Welche einkommensteuerlichen Vorschriften sind im Einzelnen auf Kapitalgesellschaften anwendbar?

Die einkommensteuerlichen Vorschriften, die im Einzelnen auf Kapitalgesellschaften anwendbar sind, sind in **Abschn. 27 KStR** aufgeführt.

31. Welche einkommensteuerlichen Vorschriften sind nicht auf Kapitalgesellschaften anwendbar?

Nicht anwendbar auf Kapitalgesellschaften sind insbesondere die Vorschriften für

- den Sonderausgabenabzug (§§ 10 (außer Abs. 1 Nr. 6) bis 10c EStG),
- die Einkünfte aus nicht selbständiger Arbeit (§ 19 EStG),

[1] Vgl. Harle, G., Kulemann, G., Unternehmenssteuerreform, Herne/Berlin 2001, S. 73.

- den Altersentlastungsbetrag (§ 24a EStG),
- die tariflichen Freibeträge (§ 32 EStG), z.B. Kinderfreibetrag, Haushaltsfreibetrag, Tariffreibetrag,
- die außergewöhnliche Belastungen (§§ 33 bis 33c EStG).

Die Vorschrift des **§ 10b EStG** (Spendenabzug) ist bei der Körperschaftsteuer ersetzt durch **§ 9 Abs. 1 Nr. 2 KStG.**

32. Welche wichtigen einkommensteuerlichen Vorschriften sind nicht speziell auf natürliche Personen zugeschnitten?

Die einkommensteuerlichen Vorschriften über die **steuerliche Gewinnermittlung (§§ 4 - 7k EStG)** sind nicht speziell auf natürliche Personen zugeschnitten und daher auch auf Körperschaften anwendbar.

33. Sind die Vorschriften über die einzelnen Einkunftsarten auf Körperschaften übertragbar?

Grundsätzlich auf Körperschaften übertragbar sind auch die Vorschriften über die einzelnen Einkunftsarten der §§ 13 - 24 EStG. Eine Körperschaft kann Einkünfte aus **sämtlichen Einkunftsarten** des Einkommensteuergesetzes beziehen, **ausgenommen** Einkünfte aus **nichtselbständiger Arbeit** (§ 19 EStG) und **Abgeordnetenbezüge** (§ 22 Nr. 4 EStG). Diese Vorschriften sind auf natürliche Personen zugeschnitten.

34. Welche Einkünfte erzielen die nach den Vorschriften des Handelsgesetzbuches zur Buchführung verpflichteten Körperschaften?

Nach **§ 8 Abs. 2 KStG** sind **alle** Einkünfte, die die nach den Vorschriften des Handelsgesetzbuchs zur Buchführung verpflichteten Körperschaften beziehen, ohne Rücksicht auf die Art der Betätigung, als **Einkünfte aus Gewerbebetrieb** zu behandeln. Betroffen hiervon sind **Kapitalgesellschaften** sowie **Erwerbs- und Wirtschaftsgenossenschaften**.

35. Enthält das Körperschaftsteuergesetz eine bestimmte Systematik der körperschaftsteuerlichen Einkommensermittlung?

Das Körperschaftsteuergesetz enthält **keine** bestimmte Systematik zur körperschaftlichen Einkommensermittlung. Es ist jedoch erkennbar, dass nach Möglichkeit auf einkommensteuerliche Vorschriften und Grundsätze zurückgegriffen werden soll und die sich aus der besonderen Natur der Körperschaften ergebenden Besonderheiten besonders geregelt worden sind. Dies wird z.B. an § 9 Abs. 1 Nr. 1 und § 10 Nr. 1 und 2 KStG deutlich.

36. Ist es für die Ermittlung des Einkommens von Bedeutung, ob es verteilt wird?

Es ist für die Ermittlung des Einkommens **ohne Bedeutung**, ob das Einkommen verteilt wird. Sowohl offene als auch verdeckte Gewinnausschüttungen dürfen das Einkommen **nicht** mindern (§ 8 Abs. 3 KStG).

37. Welche Unterscheidung ist bei der Einkommensverteilung zu treffen?

Bei der **Einkommensverteilung** ist vor allem zu unterscheiden zwischen:

- **Gewinnausschüttungen**, die auf einem **gesellschaftsrechtlichen Gewinnverteilungsbeschluss** für ein abgelaufenes Wirtschaftsjahr beruhen (**offene** Gewinnausschüttungen) und den
- **anderen Ausschüttungen** (**verdeckte** Gewinnausschüttungen).

38. Was sind verdeckte Gewinnausschüttungen?

Obwohl das Körperschaftsteuergesetz den Begriff der **verdeckten Gewinnausschüttung** in § 8 Abs. 3 Satz 2 KStG verwendet, **fehlt** eine **gesetzliche Definition**. Nach Rechtsprechung und Verwaltung (Abschn. 31 Abs. 3 Satz 1 KStR) sind **verdeckte Gewinnausschüttungen**

- Vermögensminderungen oder
- verhinderte Vermögensmehrungen,
- die durch das Gesellschaftsverhältnis veranlasst sind,
- sich auf die Höhe des Einkommens auswirken und
- nicht auf einem den gesellschaftsrechtlichen Vorschriften entsprechenden Gewinnverteilungsbeschluss beruhen.

39. Nach welcher Vorschrift dürfen verdeckte Gewinnausschüttungen das Einkommen nicht mindern?

Nach § 8 Abs. 3 **Satz 2** KStG dürfen **verdeckte Gewinnausschüttungen** das Einkommen nicht mindern. Für diese Vorschrift gibt es im Einkommensteuergesetz **keine** Parallele.

40. Welche Einschränkung besteht hinsichtlich des Verlustabzugs bei Körperschaften nach § 8 Abs. 4 KStG?

Ein **Verlustabzug** bei einer Körperschaft ist nur dann möglich, wenn die Körperschaft, die den Verlust geltend machen will, mit derjenigen **identisch** ist, bei der der Verlust entstanden ist, und zwar nicht nur rechtlich, sondern **auch wirtschaftlich**. Mit dieser Vorschrift soll **der Handel mit Verlusten**, der sog. **Mantelkauf**, eingeschränkt werden.

41. Unter welcher Voraussetzung liegt eine wirtschaftliche Identität nach § 8 Abs. 4 Satz 2 KStG nicht mehr vor?

Nach § 8 Abs. 4 **Satz 2** KStG liegt eine **wirtschaftliche Identität** insbesondere dann nicht mehr vor, wenn **mehr als die Hälfte der Anteile** an einer **Kapitalgesellschaft** übertragen werden und die Gesellschaft danach ihren Geschäftsbetrieb mit **überwiegend neuem Betriebsvermögen** wieder aufnimmt.

42. Welche Aufwendungen werden nach § 9 KStG ausdrücklich für abziehbar erklärt?

Nach § 9 Abs. 1 **Nr. 1** KStG ist bei Kommanditgesellschaften auf Aktien (KGaA) der Teil des Gewinns **abziehbar**, der an persönlich haftende Gesellschafter (Komplementäre) auf ihre **nicht** auf das Grundkapital gemachten Einlagen oder als Vergütung (Tantieme) für die Geschäftsführung verteilt wird. Nach § 9 Abs. 1 **Nr. 2** KStG sind **Ausgaben zur Förderung** mildtätiger, kirchlicher, religiöser und wissenschaftlicher Zwecke und der als **besonders förderungswürdig** anerkannten gemeinnützigen Zwecke bis zur Höhe von insgesamt **5 v.H. des Einkommens** oder alternativ **2 v.T. der Summe der gesamten Umsätze und der im Kalenderjahr aufgewendeten Löhne und Gehälter** abziehbar. Für wissenschaftliche, mildtätige und als besonders förderungswürdig anerkannte kulturelle Zwecke **erhöht** sich der Vomhundertsatz von 5 **um weitere 5 v.H.** Eine Erhöhung des 2 v.T.-Satzes erfolgt nicht.

43. Welche Regelung besteht bezüglich sog. Großspenden?

Nach § 9 Abs. 1 **Nr. 2 Satz 3** KStG ist für bestimmte sog. **„Großspenden"** ein **„Spendenvortrag"** möglich. Überschreitet eine Einzelzuwendung **mindestens 25.565 €** zur Förderung wissenschaftlicher oder mildtätiger oder besonders förderungswürdig anerkannter kultureller Zwecke, so ist die Spende im Rahmen der Höchstsätze **im Jahr der Zuwendung** und **in den folgenden sechs Veranlagungszeiträumen** abzuziehen.

44. Sind Spenden an politische Parteien abziehbar?

Spenden an politische Parteien sind **nicht abziehbar**.

45. Gehören Kosten der Ausgabe von Gesellschaftsanteilen (Emissionskosten) zu den abziehbaren Aufwendungen?

Emissionskosten sind **in voller Höhe** als Betriebsausgaben **abziebar**.

46. Für welche Aufwendungen besteht nach § 10 KStG ein Abzugsverbot?

Nach **§ 10 KStG** besteht ein **Abzugsverbot** für

- Aufwendungen für die Erfüllung von Zwecken des Steuerpflichtigen, die durch **Stiftungsgeschäft, Satzung** oder sonstige Verfassung vorgeschrieben sind (§ 10 Nr. 1 KStG),
- **Steuern** vom **Einkommen** und **sonstige Personensteuern** sowie die **Umsatzsteuer** auf Umsätze, die Entnahmen oder verdeckte Gewinnausschüttungen sind, und die **Vorsteuer** auf bestimmte nicht abziehbare Betriebsausgaben (§ 10 Nr. 2 KStG),
- **Geldstrafen** und ähnliche Aufwendungen (§ 10 Nr. 3 KStG),
- die Hälfte der Vergütungen an die Mitglieder des **Aufsichtsrats** oder ähnliche mit der Überwachung der Geschäftsführung beauftragte Personen (§ 10 Nr. 4 KStG).

47. Enthält § 10 KStG eine erschöpfende Aufzählung der nicht abziehbaren Aufwendungen?

§ 10 KStG enthält **keine** erschöpfende Aufzählung **nicht abziehbarer Aufwendungen**. Dies wird durch das Wort **„auch“** im Einleitungssatz der Vorschrift deutlich. Somit sind die **Abzugsverbote** nach dem **Einkommensteuergesetz** (z.B. § 4 Abs. 5 EStG) und den **anderen Gesetzen** zu beachten.

48. Warum sind nach § 10 Nr. 1 KStG Aufwendungen zur Erfüllung von Zwecken des Steuerpflichtigen, die durch Stiftungsgeschäft, Satzung oder sonstige Verfassung vorgeschrieben sind, nicht abziehbar?

Bei Stiftungen, Vereinen usw. stellen die Ausgaben, die durch Stiftung oder Satzung vorgeschrieben sind, **Einkommensverwendung** dar. Die Vorschrift soll verhindern, dass Ausgaben, die ihrer Art nach Einkommensverwendung darstellen, bei der Ermittlung des zu versteuernden Einkommens abgezogen werden können. Diese Vorschrift ist insbesondere auf **Stiftungen** und andere Zweckvermögen zugeschnitten, die **satzungs-**

mäßige Aufwendungen (z.B. wiederkehrende Leistungen in Form von Renten) an die durch das Stiftungsgeschäft **Bedachten** (Destinatäre) zu erbringen haben.

49. Welcher Unterschied besteht zwischen Kapitalgesellschaften und Personenunternehmen hinsichtlich der Behandlung der Personensteuern?

Kapitalgesellschaften müssen die von ihnen gezahlten und geschuldeten Personensteuern in der **Handelsbilanz gewinnmindernd** ausweisen. In der **Steuerbilanz** stellen sie **Betriebsausgaben** dar, da sie - anders als bei natürlichen Personen - durch den Betrieb veranlasst sind (§ 4 Abs. 4 EStG). Gleichwohl sind sie nach § 10 Nr. 2 KStG bei der **Einkommensermittlung hinzuzurechnen.** § 10 Nr. 2 KStG ist die Parallelvorschrift zu § 12 Nr. 3 EStG. Bei **Personenunternehmen** (Einzelunternehmen und Personengesellschaften) liegen **Privatentnahmen** vor (§ 12 Nr. 3 EStG).

50. Wie sind die Personensteuern bei der Ermittlung des zu versteuernden Einkommens der Kapitalgesellschaften zu behandeln?

Die **Personensteuern** sind bei der Ermittlung des zu versteuernden Einkommens der Kapitalgesellschaften, obwohl sie an sich zu den **Betriebsausgaben** gehören, steuerlich **nicht abziehbar** (§ 10 Nr. 2 KStG). Bei der Ermittlung des zu versteuernden Einkommens muss der **Jahresüberschuss** entsprechend **berichtigt** werden. Dies geschieht durch **statistische** Zurechnung der zu Lasten des Jahresüberschusses gezahlten bzw. im Laufe des Wirtschaftsjahres zurückgestellten Personensteuern.

51. Sind steuerliche Nebenleistungen abziehbar?

Die mit den Steuern zusammenhängenden **steuerlichen Nebenleistungen** teilen grundsätzlich das Schicksal der jeweiligen Steuer. Daher sind sie nach § 10 Nr. 2 2. HS KStG **nicht abziehbar**, wenn sie nicht abziehbare Steuern betreffen.

52. Sind die in der Handelsbilanz gebildete Rückstellungen für nicht abziehbare Steuern in die Steuerbilanz zu übernehmen?

Die in der Handelsbilanz gebildeten Rückstellungen für nicht abziehbare Steuern sind in die **Steuerbilanz** zu übernehmen, und zwar trotz des Abzugsverbots des § 10 Nr. 2 KStG. Im Rahmen der Gewinnermittlung handelt es sich um Betriebsausgaben. Aufgrund des **Maßgeblichkeitsgrundsatzes** nach § 5 Abs. 1 Satz 1 EStG besteht sogar eine **Rückstellungspflicht**.

53. Welche Bedeutung hat § 10 Nr. 3 KStG?

Die Vorschrift des **§ 10 Nr. 3 KStG** hat in **Deutschland** eine **geringe Bedeutung**, da nach inländischem Strafrecht Geldstrafen, Auflagen und Weisungen gegen juristische Personen nicht zulässig sind.

54. Warum sind Vergütungen jeder Art an Aufsichtsräte usw. i.S.d. § 10 Nr. 4 KStG nur zur Hälfte abziehbar?

Die überwachende Tätigkeit von Aufsichtsräten usw. erfolgt im Interesse und zum Schutz der Aktionäre bzw. der Gesellschafter. Diese Tätigkeit ist somit nicht nur durch den Betrieb der Gesellschaft veranlasst. Ferner soll durch das Abzugsverbot dem Interesse an überhöhten Aufsichtsratsvergütungen Einhalt geboten werden.

55. Welche Vergütungen fallen unter das Abzugsverbot des § 10 Nr. 4 KStG?

Unter das Abzugsverbot des **§ 10 Nr. 4 KStG** fallen Tagegelder, Sitzungsgelder, Reisegelder und sonstige Aufwandsentschädigungen. **Nicht** unter das Abzugsverbot fallen jedoch die dem einzelnen Aufsichtsratsmitglied aus der Wahrnehmung der Tätigkeit erwachsenen **tatsächlichen** Aufwendungen, soweit ihm dieser Aufwand gesondert erstattet worden ist.

56. Auf welche Positionen reduziert sich das Schema der Einkommensermittlung i.S.d. Abschn. 24 Abs. 1 Satz 2 KStR bei Kapitalgesellschaften, die gem. § 8 Abs. 2 KStG nur Einkünfte aus Gewerbebetrieb beziehen, für den Fall, dass keine Auslandsbeziehungen und keine Organschaftsverhältnisse vorliegen?

Das Schema des Abschn. 24 Abs. 1 Satz 2 KStR reduziert sich für Kapitalgesellschaften, die nach § 8 Abs. 2 KStR nur Einkünfte aus Gewerbebetrieb beziehen, wie folgt:

1. Gewinn/Einkünfte aus Gewerbebetrieb (§ 8 Abs. 2 KStG)
2. = Summe der Einkünfte
3. ./. abziehbare Spenden (§ 9 Abs. 1 Nr. 2 KStG)
4. = Gesamtbetrag der Einkünfte
5. ./. Verlustabzug (§ 10 d EStG)
6. = Einkommen
7. = zu versteuerndes Einkommen

57. Stellt die Zeile 1 des in Abschn. 24 Abs. 1 Satz 2 KStR dargestellten Schemas den Handelsbilanz-/Steuerbilanz-Gewinn (Jahresüberschuss) dar?

Zeile 1 in Abschn. 24 Abs. 1 Satz 1 KStR stellt **nicht** den Handelsbilanz-/Steuerbilanz-Gewinn (Jahresüberschuss) dar, sondern das **körperschaftsteuerliche** Ergebnis,

- **nach Abzug** sämtlicher **steuerfreier** Vermögensmehrungen und
- **nach Hinzurechnung** sämtlicher **nicht abziehbarer** Aufwendungen.

58. Dürfen bei Kapitalgesellschaften Gewinne und Verluste mit dem gezeichneten Kapital verrechnet werden?

Eine Verrechnung von Gewinnen und Verlusten mit dem **gezeichneten Kapital** ist **unzulässig**. Die Bilanz der Kapitalgesellschaft ist eine **Bruttobilanz**.

59. Was muss im Gewinnverwendungsbeschluss einer Kapitalgesellschaft bestimmt werden?

Im **Gewinnverwendungsbeschluss** einer Kapitalgesellschaft muss bestimmt werden, inwieweit der **Jahresüberschuss verteilt** wird und inwieweit der Gewinn von der **Verteilung ausgeschlossen** wird. Soweit der Gewinn von der **Verteilung ausgeschlossen** wird, kann er in die **„Gewinnrücklagen“** (§ 266 Abs. 3 A. III. HGB) eingestellt oder dem **„Gewinnvortrag“** (§ 266 Abs. 3 A. IV. HGB) zugeführt werden (Vortrag auf neue Rechnung).

60. Eine Kapitalgesellschaft weist für das Wirtschaftsjahr 01 einen Jahresfehlbetrag aus. Kann sich für das Wirtschaftsjahr 01 trotzdem ein positives zu versteuernden Einkommen ergeben?

Auch im Falle des Ausweises eines Jahresfehlbetrages in einem Wirtschaftsjahr kann sich im Rahmen der Einkommensermittlung durch die vorzunehmende **Hinzurechnung nicht abziehbarer Aufwendungen** ein positives zu versteuernden Einkommen ergeben.

61. Wodurch unterscheiden sich Jahresüberschuss/Jahresfehlbetrag vom Bilanzgewinn/Bilanzverlust?

Bei der Aufstellung der Bilanz **vor Ergebnisverwendung** kommt der **Jahresüberschuss/Jahresfehlbetrag** zum Ausweis. Die **Bilanz** darf aber auch unter Berücksichtigung der **vollständigen oder teilweisen Verwendung des Jahresergebnisses** aufgestellt werden (§ 268 Abs. 1 Satz 1 HGB).

Bei Aufstellung der Bilanz

- vor Verwendung des Jahresergebnisses sowie nach
- vollständiger oder teilweiser Verwendung des Jahresergebnisses

ergibt sich nach § 266 Abs. 3 A. Eigenkapital i.V.m. § 268 Abs. 1 Satz 2 HGB folgender **Ausweis des Eigenkapitals in der Bilanz**:

vor Verwendung des Jahresergebnisses	**nach vollständiger** Verwendung des Jahresergebnisses	**nach teilweiser** Verwendung des Jahresergebnisses
A. Eigenkapital I. Gezeichnetes Kapital II. Kapitalrücklage III. Gewinnrücklagen IV. Gewinn/Verlust-vortrag V. **Jahresüberschuss/ Jahresfehlbetrag**	A. Eigenkapital I. Gezeichnetes Kapital II. Kapitalrücklage III. Gewinnrücklagen IV. Gewinn-/Verlust-vortrag	A. Eigenkapital I. Gezeichnetes Kapital II. Kapitalrücklage III. Gewinnrücklagen IV. **Bilanzgewinn/ Bilanzverlust** einschl. Gewinn- bzw. Verlustvortrag

Der Bilanzgewinn/Bilanzverlust ist wie folgt zu ermitteln:

Jahresüberschuss/Jahresfehlbetrag
+/./. Gewinnvortrag/Verlustvortrag aus dem Vorjahr
+ Entnahmen aus der Kapitalrücklage
+ Entnahmen aus Gewinnrücklagen
./. Einstellungen in die Gewinnrücklagen
= **Bilanzgewinn/Bilanzverlust**

62. Ist der handelsrechtliche Jahresüberschuss/Jahresfehlbetrag für die steuerliche Gewinnermittlung maßgeblich?

Das **handelsrechtliche Ergebnis** ist nach dem **Maßgeblichkeitsprinzip** für die steuerliche Gewinnermittlung insoweit **maßgeblich**, als es nicht gegen steuerrechtliche Gewinnermittlungsvorschriften verstößt.
Nach § 60 Abs. 2 Satz 1 EStDV sind Ansätze oder Beträge, die den steuerlichen Vorschriften nicht entsprechen, durch Zusätze oder Anmerkungen den steuerlichen Vorschriften entsprechend anzupassen. Die Verpflichtung zur Aufstellung einer **eigenständigen Steuerbilanz** besteht **nicht**.

Es ergeben sich folgende Korrekturen:

Jahresüberschuss/Jahresfehlbetrag
+/./. Korrekturposten i.S.d. § 60 Abs. 2 EStDV
= Steuerbilanzergebnis

63. Welches sind Beispiele für Korrekturen nach § 60 Abs. 2 EStDV?

Beispiele für Korrekturen nach **§ 60 Abs. 2 EStDV** sind u.a.:

- Ansatz und Abschreibung des derivativen Geschäfts- oder Firmenwerts (§ 255 Abs. 4 HGB),
- Rückstellung für unterlassene Instandhaltungen, wenn die Instandhaltung nach Ablauf von drei Monaten innerhalb des Geschäftsjahres nachgeholt wird (§ 249 Abs. 1 Satz 3 HGB),
- Aufwandsrückstellungen (§ 249 Abs. 2 HGB),
- Abschreibungen zur Verlustantizipation (§ 253 Abs. 3 Satz 3 HGB),
- Wertuntergrenze für Herstellungskosten (§ 255 Abs. 2 und 3 HGB).

64. Stellt das Steuerbilanzergebnis als Unterschiedsbetrag zwischen dem Betriebsvermögen am Schluss des Wirtschaftsjahres und dem Betriebsvermögen am Schluss des vorangegangenen Wirtschaftsjahres den körperschaftsteuerlichen Gewinn i.S.d. § 8 Abs. 1 und 2 KStG dar?

Das Steuerbilanzergebnis stellt noch **nicht** den körperschaftsteuerlichen Gewinn i.S.d. § 8 Abs. 1 und 2 KStG dar. Vielmehr müssen - ausgehend vom Handels- oder Steuerbilanz-Gewinn - Hinzurechnungen und Abrechnungen **außerhalb der Handelsbilanz/Steuerbilanz** vorgenommen werden.

Gewinn nach Betriebsvermögensvergleich (§§ 4 Abs. 1, 5 EStG)
+ nichtabziehbare Aufwendungen (z.B. § 4 Abs. 5 EStG, § 10 KStG)
./. steuerfreie Betriebseinnahmen (z.B. steuerfreie Auslandseinkünfte)
= körperschaftsteuerlicher Gewinn aus Gewerbebetrieb i.S.d. § 8 Abs. 1 und Abs. 2 KStG (Zeile 1 des Schemas in Abschn. 24 Abs. 1 KStR).

65. Welche Korrekturen sind insgesamt erforderlich, um vom Handelsbilanzgewinn zum zu versteuernden Einkommen der Kapitalgesellschaft zu kommen?

Handelsbilanzgewinn
+/./. Einstellung/Auflösung von Rücklagen
./. Gewinnvortrag
+/./. Bilanzsteuerrechtliche Korrekturen i.S.d. § 60 Abs. 2 EStDV
+/./. Korrekturen nach den §§ 8 - 10 KStG
./. Verlustabzug (§ 10d EStG)
= zu versteuerndes Einkommen

66. Dürfen offene Gewinnausschüttungen den Gewinn mindern?

Offene Gewinnausschüttungen dürfen den Gewinn **nicht** mindern (8 Abs. 3 Satz 1 KStG).

67. Sind zivilrechtliche Verträge zwischen der Kapitalgesellschaft und ihren Anteilseignern steuerlich anzuerkennen?

Zivilrechtliche Verträge zwischen der Kapitalgesellschaft und ihren Anteilseignern werden grundsätzlich zivilrechtlich und steuerrechtlich wie **Verträge mit Außenstehenden** behandelt (Trennungsprinzip). Dieser Grundsatz gilt aber nur insoweit, als die Leistungsbeziehungen wie **zwischen fremden Dritten** durchgeführt werden (Grundsatz des Drittvergleichs).

68. Welches ist der Beurteilungsmaßstab, ob die Verträge zwischen der Kapitalgesellschaft und ihren Anteilseignern wie unter fremden Dritten durchgeführt werden?

Beurteilungsmaßstab für die Beurteilung, ob die Verträge zwischen der Kapitalgesellschaft und ihren Anteilseignern wie unter fremden Dritten

durchgeführt werden, bildet das **Verhalten eines ordentlichen und gewissenhaften Geschäftsleiters** (Abschn. 31 Abs. 3 Satz 3 KStR).
Es ist zu prüfen, ob ein **ordentlicher und gewissenhafter Geschäftsleiter** die Vermögensminderung oder verhinderte Vermögensmehrung gegenüber einer Person, die nicht Gesellschafter ist, unter sonst gleichen Umständen hingenommen hätte (Abschn. 31 Abs. 3 Satz 3 KStR).

69. Wirkt sich der unangemessene Teil einer Vertragsbeziehung (z.B. ein unangemessen hohes Gesellschafter-Geschäftsführergehalt) erfolgswirksam aus?

Der unangemessene Teil einer Vertragsbeziehung wirkt sich **nicht** erfolgswirksam aus. Es liegen entweder **verdeckte Gewinnausschüttungen** oder **verdeckte Einlagen** vor. Im Falle eines unangemessen hohen Gesellschafter-Geschäftsführergehalts liegt in Höhe des unangemessenen Teils eine **verdeckte Gewinnausschüttung** vor.

70. Welche Vorschrift regelt die Behandlung der verdeckten Gewinnausschüttungen?

§ 8 Abs. 3 Satz 2 KStG regelt die Behandlung der **verdeckten Gewinnausschüttungen**. Nach dieser Vorschrift mindern **„auch"** verdeckte Gewinnausschüttungen das Einkommen nicht.

71. Welches sind die Hauptformen verdeckter Gewinnausschüttungen?

Die **Hauptformen** der **verdeckten Gewinnausschüttung** betreffen folgende Fälle:

1. Gesellschafter überträgt **Wirtschaftsgüter** an die Gesellschaft zu **überhöhten Preisen**.

   Beispiel: Ein Gesellschafter verkauft an seine Gesellschaft einen gebrauchten Pkw für 20.000 €. Der gemeine Wert beträgt 12.000 €.

2. Die Gesellschaft überträgt **Wirtschaftsgüter** an den Gesellschafter zu unangemessen **niedrigen Preisen**.

   Beispiel: Die Gesellschaft verkauft einen betrieblichen Pkw zum Buchwert von 5.000 €, obwohl 8.000 € angemessen wären.

3. Der Gesellschafter erhält **überhöhte Vergütungen** für Dienstleistungen oder für die Gebrauchsüberlassung von Wirtschaftsgütern.

   Beispiel 1: Ein Gesellschafter einer GmbH ist Geschäftsführer seiner Gesellschaft und bezieht ein Gehalt von 250.000 €. Der Tätigkeit angemessen ist lediglich ein Gehalt von 180.000 €.
   Beispiel 2: Ein Gesellschafter hat seiner Gesellschaft ein Grundstück vermietet und bezieht monatlich eine Miete von 3.000 €. Angemessen ist eine Miete von 1.800 €.

4. Die Gesellschaft erhält für die Gebrauchsüberlassung von Wirtschaftsgütern und die Inanspruchnahme von Dienstleistungen ein **zu geringes** oder **kein Entgelt**.

   Beispiel: Ein Gesellschafter mietet von seiner GmbH eine Wohnung zu einer Miete von monatlich 1.000 €. An fremde Dritte werden derartige Wohnungen für monatlich 1.800 € vermietet.

5. Der Gesellschafter erhält von der Gesellschaft **Vermögenszuwendungen** in Form von **nicht** rückzuzahlenden Geldmitteln.

   Beispiel: Die Gesellschaft gewährt dem Gesellschafter ein Darlehen ohne Rückforderungsabsicht in Höhe von 100.000 €.

72. Ist das Vorliegen einer schuldrechtlichen Vertragsbeziehung Voraussetzung für eine verdeckte Gewinnausschüttung?

Das Vorliegen einer schuldrechtlichen Vertragsbeziehung stellt **keine Voraussetzung** für eine verdeckte Gewinnausschüttung dar. Auch

tatsächliche Handlungen können verdeckte Gewinnausschüttungen darstellen.

Beispiel: Der Gesellschafter-Geschäftsführer einer Speditions-GmbH tankt regelmäßig Benzin an der betriebseigenen Tankstelle für seinen Privat-Pkw, ohne dass hierfür ein vertragliche Vereinbarung getroffen ist.

73. Sind die steuerlichen Konsequenzen einer verdeckten Gewinnausschüttung stets dieselben?

Die steuerlichen Konsequenzen einer verdeckten Gewinnausschüttung sind **nicht** stets dieselben. Die **steuerlichen Konsequenzen** verdeckter Gewinnausschüttungen hängen vielmehr davon ab, ob sie das Steuerbilanzergebnis **gewinnmindernd** beeinflusst haben oder ob sie **erfolgsneutral** durchgeführt worden sind. § 8 Abs. 3 KStG besagt nämlich nur: **„auch“** verdeckte Gewinnausschüttungen mindern das Einkommen nicht. D.h. nicht jedwede verdeckte Gewinnausschüttung löst steuerliche Konsequenzen aus.

74. Eine verdeckte Gewinnausschüttung hat das Einkommen einer Kapitalgesellschaft gemindert. Wovon hängt die Höhe des dem Einkommen der Kapitalgesellschaft hinzuzurechnenden Betrags ausschließlich ab?

Die **Höhe des hinzurechnenden Betrags** hängt **ausschließlich** davon ab, **in welcher Höhe** das **Einkommen** durch die **verdeckte Gewinnausschüttung gemindert wurde.** Auf die Höhe des Zuflussbetrages beim Gesellschafter kommt es in diesem Zusammenhang nicht an.

75. Der Gesellschafter A der X-GmbH veräußert ein unbebautes Grundstück zu einem um 100.000 € überhöhten Kaufpreis von 600.000 € an die X-GmbH. Die GmbH bucht: Grundstück 600.000 € an Bank 600.000 €. Ist die verdeckte Gewinnausschüttung in Höhe von 100.000 € dem Einkommen der X-GmbH hinzuzurechnen?

Da sich das Einkommen der X-GmbH durch diese Buchung **nicht** gemindert hat, ist im Ergebnis die verdeckte Gewinnausschüttung auch **nicht** dem Einkommen der X-GmbH hinzuzurechnen.

76. Kann eine verdeckte Gewinnausschüttung durch Steuer- oder Satzungsklauseln rückgängig gemacht werden?

Nach Auffassung der Finanzverwaltung kann eine Klausel mit dem Inhalt, dass die Organe der Kapitalgesellschaft nicht berechtigt sind, einem Gesellschafter einen Vorteil zuzuwenden, sondern vielmehr den Leistungsverkehr nach steuerlichen Grundsätzen abrechnen müssen und im Fall der Zuwiderhandlung den Vorteil zurückzugewähren haben, **nicht ausschließen** (Abschn. 31 Abs. 9 Satz 1 KStR). Der Anspruch auf Rückgewähr hat vielmehr den Charakter einer Einlagenforderung und ist bei tatsächlicher Rückzahlung als (erfolgsneutrale) Einlage zu werten (Abschn. 31. Abs. 9 Satz 2 KStR).

77. Was sind verdeckte Einlagen?

Während bei der verdeckten Gewinnausschüttung die Gesellschaft dem Gesellschafter einen Vorteil zuwendet, wendet bei der **verdeckten Einlage** der Gesellschafter der Gesellschaft einen Vorteil zu.
Eine verdeckte Einlage liegt vor, wenn ein Gesellschafter oder eine ihm nahestehende Person der Kapitalgesellschaft einen **einlagefähigen Vermögensvorteil** zuwendet und diese Zuwendung durch das Gesellschaftsverhältnis veranlasst ist (Abschn. 36a Abs. 1 Satz 1 KStR).

78. Welche drei Merkmale müssen erfüllt sein, damit eine verdeckte Einlage vorliegt?

Es müssen folgende **drei Merkmale** erfüllt sein:

1. unmittelbare oder mittelbare Zuwendung,
2. einlagefähiger Vermögensgegenstand,

3. Ursächlichkeit des Gesellschaftsverhältnisses.

79. Welche Vermögensvorteile sind einlagefähig?

Einlagefähig sind **Vermögensvorteile**, die bei der empfangenden Kapitalgesellschaft **bilanzierungsfähig** sind. Das **Vermögen** der Kapitalgesellschaft muss sich entweder durch **Ansatz eines Aktivpostens erhöhen** oder durch **Wegfall eines Passivpostens vermindern** (Abschn. 36a Abs. 1 Satz 1 KStR).

80. Kann die Überlassung eines Wirtschaftsguts zum Gebrauch durch einen Gesellschafter an eine Kapitalgesellschaft Gegenstand einer verdeckten Einlage sein?

Die Überlassung eines Wirtschaftsguts zum Gebrauch durch einen Gesellschafter an die Kapitalgesellschaft kann **nicht** Gegenstand einer verdeckten Einlage sein (Abschn. 36a Abs. 2 Satz 1 KStR).

81. Kann die zinslose Darlehensgewährung an die Kapitalgesellschaft durch einen Gesellschafter eine verdeckte Einlage sein?

Der Vorteil der zinslosen Darlehensgewährung an eine Kapitalgesellschaft durch ihren Gesellschafter stellt keine verdeckte Einlage dar (Abschn. 36a Abs. 2 Satz 2 KStR).

82. Mit welchem Wert sind verdeckte Einlagen anzusetzen?

Verdeckte Einlagen sind mit dem **Teilwert** anzusetzen.

83. Wie sind verdeckte Einlagen auf der Ebene der Kapitalgesellschaft zu behandeln?

Auf der **Ebene der Kapitalgesellschaft** sind verdeckte Einlagen wie offene Einlagen **erfolgsneutral** zu erfassen. Sie sind als nicht in das Nennkapital geleistete Einlagen auf einem **gesonderten Konto** auszuweisen **(steuerliches Einlagekonto)** § 27 KStG.

84. Welche Rechtsfolgen ergeben sich bei dem Gesellschafter, der die verdeckte Einlage tätigt?

Der Gesellschafter, der die verdeckte Einlage tätigt, kann die verdeckte Einlage **nicht** als Werbungskosten oder Betriebsausgaben geltend machen. Vielmehr stellt die verdeckte Einlage für den Gesellschafter eine **Erhöhung des Wertes der Beteiligung** dar. Sie ist daher als **nachträgliche Erhöhung der Anschaffungskosten der Beteiligung** zu aktivieren (§ 6 Abs. 1 Nr. 2 EStG).

85. Um welche außerbilanziellen Korrekturen ist der nach steuerbilanziellen Vorschriften ermittelte Gewinn/Verlust zwecks Ermittlung des zu versteuernden Einkommens zu korrigieren?

Der nach steuerbilanziellen Vorschriften ermittelte Gewinn/Verlust ist zwecks Ermittlung des zu versteuernden Einkommen um folgende Positionen zu korrigieren:[2]

I.	**Steuerbilanzgewinn/Steuerbilanzverlust**		€
II.	**Hinzurechnungsbeträge**		
	1. verdeckte Gewinnausschüttungen (§ 8 Abs. 3 KStG)	€	
	2. nicht abziehbare Steuern (§ 10 Nr. 2 KStG)	€	
	3. nicht abziehbare Strafen (§ 10 Nr. 3 KStG)	€	
	4. Hälfte der Aufsichtsratsvergütung (§ 10 Nr. 4 KStG)	€	
	5. sonst. nichtabziehb. Betriebsausgaben (z.B. § 4 Abs. 5 EStG)	€	
	6. sämtliche Spenden (für Höchstbetragsberechnung)	€	
	Zwischenergebnis	€	€

[2] Vgl. Orth, B., Die Körperschaftsteuer - Ein Überblick. Dritter Teil: Besondere Einkommensermittlung bei Kapitalgesellschaften (I), SteuerStud 1/1996, S. 17 f.

III.	**Kürzungsbeträge**		
	1. verdeckte Einlagen		€
	Summe der Einkünfte		€
	2. abziehbare Spendenhöchstbeträge (§ 9 Abs. 1 Nr. 2 KStG)		€
	Gesamtbetrag der Einkünfte		€
	3. Verlustabzug (§ 10d EStG)		€
	Einkommen/zu versteuerndes Einkommen		€

86. Wie ist bei der Körperschaftsteuer der Tarif gestaltet?

Im Gegensatz zur Einkommensteuer ist der Körperschaftsteuertarif nicht progressiv, sondern **proportional** ausgestaltet. Der Regelsteuersatz beträgt **25 v.H.** des zu versteuernden Einkommens (§ 23 Abs. 1 KStG).

87. Wodurch ist der Systemwechsel im Körperschaftsteuerrecht aufgrund des Steuersenkungsgesetzes[3] gekennzeichnet?

Der **Systemwechsel im Körperschaftsteuerrecht** ist in erster Linie gekennzeichnet durch den **Wechsel** vom **körperschaftsteuerlichen Anrechnungsverfahren** zum **Halbeinkünfteverfahren**.

88. Welches sind die wesentlichen Merkmale des Halbeinkünfteverfahrens?

Die **wesentlichen Merkmale** des **Halbeinkünfteverfahrens** sind

- die Einführung eines einheitlichen Körperschaftsteuersatzes von 25 v.H. für thesaurierte und ausgeschüttete Gewinne,
- die Besteuerung der Ausschüttungen bei natürlichen Personen als Anteilseigner nur zur Hälfte ohne Anrechnung der von der Kapitalgesellschaft gezahlten Körperschaftsteuer,

[3] Gesetz zur Senkung der Steuersätze und zur Reform der Unternehmensbesteuerung (Steuersenkungsgesetz –StSenkG) vom 23.10.2000 (BStBl 2000 I, S. 1428 ff.)

- die Steuerfreiheit der Ausschüttungen bei Kapitalgesellschaften als Anteilseigner zur Vermeidung von Mehrfachbelastungen innerhalb einer Beteiligungskette,
- Europatauglichkeit des Verfahrens.

89. Welches sind die wesentlichen Merkmale des Anrechnungsverfahrens?

Die **wesentlichen Merkmale** des **Anrechnungsverfahrens** sind

- Herstellung der Thesaurierungsbelastung von 40 v.H. und Herabschleusung der Thesaurierungsbelastung auf die Ausschüttungsbelastung von 30 v.H. im Falle der Ausschüttung,
- Anrechnung der Ausschüttungsbelastung auf die persönliche Steuerschuld des Anteilseigners,
- besondere Regelungen bei Ausschüttungen bei Kapitalgesellschaften als Anteilseigner zur Vermeidung von Mehrfachbelastungen innerhalb einer Beteiligungskette,
- fehlende Europatauglichkeit.

90. Wie funktionierte das vom 1.1.1977 bis 31.12.2000 geltende Anrechnungsverfahren im Wesentlichen?

Im Wege des **körperschaftsteuerlichen Anrechungsverfahrens**, das im **4. Teil des Körperschaftsteeurgesetzes** in den **§§ 27 bis 47 KStG** geregelt war, wurde die auf der Ebene der Körperschaft anfallende Körperschaftsteuer, die auf ausgeschüttete Gewinne entfiel, auf die persönliche Einkommensteuer des Anteilseigners angerechnet.
Die **Entlastung** der ausgeschütteten Gewinne erfolgte auf **zwei Ebenen**. Auf der **Gesellschaftsebene** erfolgte im Falle der Ausschüttung eine **Minderung der Tarifbelastung** von 40 v.H. um 10 v.H. in die Ausschüttungsbelastung von 30 v.H. Auf der **Gesellschafterebene** erfolgt die **Entlastung** durch **Anrechnung** der verbleibenden **Ausschüttungsbelastung** von 30 v.H. als **Steuerguthaben** auf die **individuelle Einkommensteuer des Anteilseigners**.

Die **Sicherstellung** der **einheitlichen Ausschüttungsbelastung** von **30 v.H.** setzte bei der Gesellschaft die **Kenntnis voraus, wie hoch** die auf den **zur Ausschüttung verwendeten Gewinnen ruhende Vorbelastung ist**. Für **zunächst thesaurierte** und erst in **späteren Jahren** verteilte Gewinne musste dieses Wissen **gespeichert** werden. Das **technische Instrument** für die **Speicherung dieses Wissens** bildete das **„verwendbare Eigenkapital"** bzw. die **Gliederung des verwendbaren Eigenkapitals.**

Galt für eine Ausschüttung ungemildert mit Körperschaftsteuer belastetes verwendbares Eigenkapital (sog. EK 40) als verwendet, war die Ausschüttungsbelastung bei der ausschüttenden Kapitalgesellschaft nach folgendem Rechenschema herzustellen:

Gewinn vor Abzug der Körperschaftsteuer	100.000 €
./. 40 v.H. Körperschaftsteuer	./. 40.000 €
verwendbares Eigenkapital (EK 40)	60.000 €
+ Minderung der Körperschaftsteuer bei Vollausschüttung	+ 10.000 €
= ausschüttbarer Gewinn	70.000 €

Die Ausschüttung von 70.000 € setzte sich zusammen aus dem tarifbelasteten Eigenkapital (EK 40 = 60.000 €) und aus der durch die Ausschüttung entstandenen Körperschaftsteuer-Minderung (10.000 €).

Die **inländische Körperschaftsteuer** einer unbeschränkt steuerpflichtigen Körperschaft wurde dem Anteilseigner in Höhe von **3/7 der Einnahmen i.S.d. § 20 Abs. 1 Nr. 1 oder 2 EStG** als Einnahme aus Kapitalvermögen zugerechnet. Der anzurechnende Betrag belief sich somit stets auf 30 v.H. der Bruttodividende (100). Die Bruttodividende (100) setzte sich zusammen aus der Bardividende (70) zuzüglich Steueranrechnungsbetrag (30). Bezogen auf die Bardividende (70) machte der anzurechnende Betrag **stets 3/7 der Einnahme** (3/7 x 70 = 30) aus (§ 36 Abs. 2 Nr. 3 EStG).[4]

[4] Die Paragraphenangaben zum „Anrechnungsverfahren" beziehen sich auf die vor dem 1.1.2001 gültige Rechtslage.

Bardividende	70 v.H.
+ Anrechnungsbetrag (3/7 der Bardividende = 3/7 der Einnahme)	30 v.H.
= Bruttodividende	100 v.H.

Der **eigentliche Anrechnungsvorgang** vollzog sich in der **Besteuerungssphäre des Anteilseigners**, in dem die auf den Gewinnausschüttungen ruhende Körperschaftsteuer-Belastung durch die individuelle Einkommensteuerbelastung des Anteilseigners **ersetzt** wurde. Der Anteilseigner erhielt zu der Barausschüttung (70) von der ausschüttenden Gesellschaft oder von dem mit der Auszahlung beauftragten Kreditinstitut eine **Steuerbescheinigung** über die **Steuergutschrift** in Höhe von 3/7 von 70 = 30 oder 42,85714 % des Gewinnanteils.

Auf die **Gewinnausschüttungen** wurde **Kapitalertragsteuer** erhoben (§ 43 Abs. 1 Nr. 1 EStG). Die **Kapitalertragsteuer** betrug **25 v.H. der Bardividende** (§ 43a Abs. 1 Nr. 1 EStG). Die **Kapitalertragsteuer** musste von der ausschüttenden Gesellschaft **einbehalten** und an das Finanzamt **abgeführt** werden. Da die **Bardividende** unter Berücksichtigung der Ausschüttungsbelastung **stets 70 v.H. der Bruttodividende** (100 v.H.) betrug, belief sich die **Kapitalertragsteuer** auf **25 v.H. von 70 = 17,5 v.H. der Bruttodividende.**

Bruttodividende	100,0 v.H.
./. Ausschüttungsbelastung	30,0 v.H.
= Bardividende	70,0 v.H.
./. Kapitalertragsteuer (25 v.H. von 70 = 17.5 v.H. von 100)	17,5 v.H.
= Nettodividende	52,5 v.H.

Der **Gesellschafter** erhielt einen **Netto-Verfügungsbetrag**, der sowohl um das **Körperschaftsteuer-Guthaben** (30 v.H.) als auch um die **Kapitalertragsteuer** (17,5 v.H.) **vermindert** war. Die **Kapitalertragsteuer** gehörte einerseits zu den **steuerpflichtigen Einnahmen** aus Kapitalvermögen (§ 20 Abs. 1 Nr. 1 EStG) und wurde andererseits als **Steuerabzugsbetrag** von der festzusetzenden Einkommensteuer abgezogen.

91. Der Aktionär Rudi Sparsam erhält von der Reich-AG eine Bardividende von 10.000 € (= 70 v.H.). Nach Abzug der Kapitalertragsteuer von 25 v.H. verbleiben dem Aktionär eine Nettodividende von 7.500 € (= 52,5 v.H.). Sein persönlicher Steuersatz soll 50 % betragen. Wie erfolgt die Berechnung der Einkommensteuerbelastung?

Die **Berechnung der Einkommensteuer** erfolgt nach dem nachstehenden Schema:

	€	v.H.
Nettodividende	7.500,00	52,5
+ Kapitalertragsteuer (§ 36 Abs. 2 Nr. 2 EStG)	2.500,00	17,5
= Dividende (§ 20 Abs. 1 Nr. 1 EStG)	10.000,00	70,0
+ Steuergutschrift (§ 20 Abs. 1 Nr. 3 EStG)	4.285,71	30,0
= Einkünfte insgesamt	14.285,71	100,0
darauf 50 % Einkommensteuer	7.142,86	
./. Kapitalertragsteuer (§ 36 Abs. 2 Nr. 2 EStG)	2.500,00	
./. Körperschaftsteuerguth. (§ 36 Abs. 2 Nr. 3 EStG)	4.285,71	
= Steuerschuld	357,15	

Der **ausgeschüttete Gewinn** (70 v.H.) war also **nicht identisch** mit der **Nettoauszahlung**, die der Gesellschafter als **Gutschrift** auf seinem **Bankkonto erhielt**. Von den **ausgeschütteten Gewinnen** hatte die Kapitalgesellschaft **25 v.H. Kapitalertragsteuer** einzubehalten (§ 43a Abs. 1 Nr. 1 EStG).

1. Beim **Gesellschafter** unterlag die **Summe** aus **Nettoauszahlung** (Nettodividende = 52,5 v.H.) und **Kapitalertragsteuer** (17,5 v.H.), die zusammen den ausgeschütteten Gewinn (**Bardividende** = 70 v.H.) ergab, der **Einkommensteuer** (§ 20 Abs. 1 Nr. 1 EStG).
2. Neben den ausgeschütteten Gewinnanteilen nach § 20 Abs. 1 Nr. 1 EStG gehörte auch der auf den ausgeschütteten Gewinnen lastende **Körperschaftsteuer-Anrechnungsbetrag von 3/7 des ausgeschütteten Gewinns** (§ 36 Abs. 2 Nr. 3 EStG) zu den Einkünften aus Kapitalvermögen gem. § 20 Abs. 1 Nr. 3 EStG.

92. Welches ist die Gesetzesgrundlage für das Halbeinkünfteverfahren?

Gesetzesgrundlage für das **Halbeinkünfteverfahren** ist **§ 3 Nr. 40 Satz 1 Buchst. a EStG.**

93. Wie sind die den hälftig zu versteuernden Einnahmen zuzurechnenden Aufwendungen zu behandeln?

Die den hälftig zu versteuernden Einnahmen zuzurechnenden Aufwendungen können nach § 3c Abs. 2 EStG nur **hälftig** abgezogen werden.

94. Unterliegen Gewinnausschüttungen im Halbeinkünfteverfahren der Kapitalertragsteuer?

Die ausgeschütteten Gewinnanteile einer inländischen Kapitalgesellschaft unterliegen einem **Kapitalertragsteuerabzug von 20 v.H.** (§ 43a Abs. 1 Nr. 1 EStG).

95. Welche Steuerbelastung ergibt sich nach dem Halbeinkünfteverfahren für den ausgeschütteten Gewinn einer inländischen Kapitalgesellschaft, wenn man von einem Gewinn der Kapitalgesellschaft vor Körperschaftsteuer von 100 v.H. ausgeht?

Gewinn der Kapitalgesellschaft vor Körperschaftsteuer	100,0 v.H.
./. Körperschaftsteuer (25 v.H.)	25,0 v.H.
= Ausschüttung	75,0 v.H.
./. Kapitalertragsteuer (20 v.H.)	15,0 v.H.
= Auszahlung	60,0 v.H.
+ Kapitalertragsteuer (§ 12 Nr. 3 EStG)	15,0 v.H.
= Gewinnanteil (Dividende)	75,0 v.H.
./. steuerfrei gem. § 3 Nr. 40 EStG	37,5 v.H.
= steuerpflichtige Einkünfte aus Kapitalvermögen	37,5 v.H.

96. Eine inländische GmbH erzielt im Jahre 2002 einen Gewinn (= zu versteuerndes Einkommen) von 100.000 €. Die GmbH schüttet diesen Gewinn im Jahr 2003 in voller Höhe an ihren einzigen Gesellschafter A aus. Welcher Betrag steht zur Ausschüttung zur Verfügung?

Das zu versteuernde Einkommen der GmbH in Höhe von 100.000 € wird unabhängig davon, ob es thesauriert oder ausgeschüttet wird, mit einem einheitlichen Körperschaftsteuersatz von 25 v.H. belegt. Zur Ausschüttung stehen somit **75.000 €** bereit.

97. In obigem Fall wurde ein Ausschüttungsbetrag von 75.000 € ermittelt. Welcher Betrag steht dem Anteilseigner nach dem Halbeinkünfteverfahren zur Verfügung?

Dem Gesellschafter steht nach **Abzug von 15.000 € Kapitalertragsteuer** lediglich ein Betrag von **60.000 €** zur Verfügung.

98. Welchen Betrag muss der Gesellschafter als Einnahmen ansetzen?

Der Gesellschafter muss den Betrag von **60.000 €** sowie die Kapitalertragsteuer in Höhe von **15.000 €** als Einnahmen ansetzen. Beim Gesellschafter wird jedoch nur die **Hälfte der Einnahme von 75.000 €**, nämlich **37.500 €**, der Besteuerung unterworfen.

99. Gesellschafter A hält sämtliche Anteile an der X-GmbH. Er veräußert am 22.10.2002 sämtliche Anteile zu einem Preis von 1.200.000 €. Die Anschaffungskosten der Anteile beliefen sich auf 3.000.000 €. Wie erfolgt die Besteuerung des Veräußerungserlöses nach dem Halbeinkünfteverfahren?

Der **Veräußerungserlös** in Höhe von 1.200.000 € ist nur noch zur **Hälfte** zu berücksichtigen. Dies gilt auch für die **Anschaffungskosten**. Folglich ergibt sich ein **Veräußerungsverlust** von 600.000 € ./. 1.500.000 € = ./. **900.000 €**.

100. Gilt das Halbeinkünfteverfahren auch für die Veräußerung von Aktien, die innerhalb der einjährigen Spekulationsfrist veräußert werden?

Das Halbeinkünfteverfahren gilt auch für Veräußerungen von Aktien innerhalb der einjährigen Spekulationsfrist (§ 23 Abs. 1 Nr. 2 EStG). Dies führt dazu, dass **Spekulationsgewinne** nur noch **zur Hälfte** zu berücksichtigen sind. Allerdings dürfen auch entsprechende **Verluste nur zur Hälfte** in Ansatz gebracht werden.

101. Welche Übergangsregelung besteht?

Für die **ausschüttende Körperschaft** wird das Anrechnungsverfahren eingeschränkt **bis zum Veranlagungszeitraum 2015 weiter angewendet** (§§ 37, 38 KStG). Allerdings ist die Körperschaftsteueränderung (Minderung bei Verwendung von EK 40 – Erhöhung bei Verwendung von EK 02) nicht mehr Bestandteil der Dividende.
Für den **Anteilseigner** gilt grundsätzlich ab dem Veranlagungszeitraum 2002 das Halbeinkünfteverfahren, sofern das Wirtschaftsjahr der ausschüttenden Kapitalgesellschaft dem Kalenderjahr entspricht.

3. Gewerbesteuer

Literaturhinweise: Spangenmacher, G., Gewerbesteuer, 13. Aufl., Achim 2000; Wüstenhöfer, U., Gewerbesteuer, München 1994.

1. Welche finanzpolitische Aufgabe hat die Gewerbesteuer?

Die **Gewerbesteuer** ist eine **Gemeindesteuer**. Nur die Gemeinden sind berechtigt, die Gewerbesteuer zu erheben (§ 1 GewStG). Diese Regelung wird von Art. 106 Abs. 6 GG getragen.

2. Wie kann die Gewerbesteuer im Einzelnen charakterisiert werden?

Die **Gewerbesteuer** ist eine **Realsteuer** (Sachsteuer, Objektsteuer). Sie belastet ein bestimmtes **Objekt,** nämlich den **Gewerbebetrieb**, und zwar ohne Rücksicht darauf, wem die Erträge zufließen und wie die persönlichen Verhältnisse des Betriebsinhabers sind. Hierin liegt ein wesentlicher Unterschied zu den Personensteuern, da die Gewerbesteuer nicht die Leistungsfähigkeit einer Person berücksichtigt, sondern eine Sache besteuert, den Gewerbebetrieb.
Die Gewerbesteuer ist eine **Aufwandsteuer**. Sie kann bei der steuerlichen Gewinnermittlung als **Betriebsausgabe** abgezogen werden.
Betriebswirtschaftlich ist die Gewerbesteuer ein **Kostenfaktor,** den der Gewerbetreibende bei der **Kalkulation** berücksichtigt. Die Gewerbesteuer **kann** den steuerlichen **Herstellungskosten** zugerechnet werden (R 33 Abs. 5 Satz 2 EStR).
Die Gewerbesteuer ist eine **Veranlagungssteuer**. Die Steuerfestsetzung erfolgt nach Abgabe der Steuererklärung für ein Kalenderjahr. Die **Gemeinden** verlangen in Höhe der **voraussichtlichen** Steuerschuld **Vorauszahlungen**. Diese sind am **15.2., 15.5., 15.8. und 15.11.** fällig.
Die **Verwaltung** steht zum Teil den **Finanzämtern** (Ermittlung und Festsetzung des Gewerbesteuermessbetrags), zum **Teil den Gemeinden** (Festsetzung der Gewerbesteuer durch Anwendung des Hebesatzes auf den

feststehenden einheitlichen Gewerbesteuermessbetrag und Erhebung der Gewerbesteuer) zu.

3. Welche Bedeutung hat die Gewerbesteuer für die Gemeinden?

Die Gewerbesteuer ist die **wichtigste originäre Einnahmequelle** der Gemeinden zur Bestreitung ihrer öffentlichen Aufgaben.

4. Wie wird dem Umstand Rechnung getragen, dass das Gewerbesteueraufkommen aufgrund des unterschiedlichen Umfangs der Ansiedlung von Gewerbebetrieben zwischen den Gemeinden zum Teil recht unterschiedlich ist?

Um die **Gemeinden** aufgrund des unterschiedlichen Umfangs der Ansiedlung von Gewerbebetrieben einigermaßen gleichzustellen, wird ein **Ausgleich** zwischen den Gemeinden durchgeführt. Die Gemeinden haben eine **Umlage** nach Maßgabe des Gewerbesteueraufkommens an Bund und Länder abzuführen und erhalten dafür gewisse Anteile an der **veranlagten Einkommensteuer** und der **Lohnsteuer** nach einem bestimmten Verteilungsschlüssel.

5. Welchen Stellenwert hat die Gewerbesteuer im internationalen Vergleich?

Die **Gewerbesteuer** stellt eine **deutsche Besonderheit** dar. Sie wird im Wesentlichen nur von den in der Bundesrepublik Deutschland ansässigen Gewerbebetrieben erhoben. Die Gewerbesteuer nimmt damit Einfluss auf die **internationale Standortwahl**.

6. Was ist der Steuergegenstand der Gewerbesteuer?

Steuergegenstand der Gewerbesteuer ist jeder stehende **Gewerbebetrieb**, soweit er im Inland betrieben wird (§ 2 Abs. 1 Satz 1 GewStG).

7. Welche drei Kategorien von Gewerbebetrieben unterscheidet § 2 Abs. 1 - 3 GewStG?

§ 2 GewStG unterscheidet **drei Kategorien** von Gewerbebetrieben, und zwar

1. den Gewerbebetrieb i.S.d. Einkommensteuergesetzes (§ 2 Abs. 1 Satz 2 GewStG),
2. den Gewerbebetrieb kraft Rechtsform (§ 2 Abs. 2 Satz 1 GewStG) und
3. den Gewerbebetrieb kraft wirtschaftlichen Geschäftsbetriebs (§ 2 Abs. 3 GewStG).

8. Ist die Legaldefinition des Gewerbebetriebs des Einkommensteuergesetzes für die Gewerbesteuer maßgebend?

Die in § 15 Abs. 2 EStG enthaltene Legaldefiniton des Gewerbebetriebs ist nach § 2 Abs. 1 Satz 2 GewStG auch für das Gewerbesteuerrecht maßgebend.

9. Unter welchen Voraussetzungen liegt ein Gewerbebetrieb vor?

Ein Gewerbebetrieb liegt vor, wenn folgende **vier Voraussetzungen sämtlich** erfüllt sind:

1. Selbständigkeit (R 134 EStR und H 134 EStH),
2. Nachhaltigkeit der Betätigung (H 134a EStH),
3. Gewinnerzielungsabsicht (H 134b EStH),
4. Beteiligung am allgemeinen wirtschaftlichen Verkehr (H 134c EStH).

Außerdem darf es sich nicht um Land- und Forstwirtschaft (R 135 EStR, H 124a, H 135 EStH), um selbständige Arbeit (H 136 EStH) oder um Vermögensverwaltung (R 137 EStR, H 137 EStH) handeln, und die vier Voraussetzungen müssen **sämtlich** erfüllt sein (Abschn. 11 Abs. 1 GewStR).

10. Stellen Personengesellschaften Gewerbebetriebe i.S.v. § 2 Abs. 1 Satz 2 GewStG dar?

OHG, KG oder andere Personengesellschaften, die eine Tätigkeit i.S.d. § 15 Abs. 1 Satz 1 Nr. 1 EStG ausüben und deren Gesellschafter als Mitunternehmer anzusehen sind, sind **Gewerbebetriebe** nach § 2 Abs. 1 GewStG (Abschn. 11 Abs. 4 Satz 1 GewStR).

11. Welche Betriebe sind Gewerbebetriebe kraft Rechtsform nach § 2 Abs. 2 GewStG?

Nach **§ 2 Abs. 2 GewStG** gilt die Tätigkeit der **Kapitalgesellschaften in vollem Umfang** als Gewerbebetrieb (Abschn. 13 Abs. 1 Satz 1 GewStR). Bei Kapitalgesellschaften löst **jegliche Tätigkeit** überhaupt die Gewerbesteuerpflicht aus (Abschn. 13 Abs. 1 Satz 2 GewStR).

12. Gilt die Vorschrift des § 2 Abs. 2 GewStG auch für ausländische Unternehmen, die im Inland eine Betriebsstätte unterhalten?

Die Vorschrift des § 2 Abs. 2 GewStG gilt auch für **ausländische Unternehmen**, die im **Inland** eine **Betriebsstätte** unterhalten, in ihrer **Rechtsform** einem inländischen Unternehmen der in § 2 Abs. 2 GewStG bezeichneten Art entsprechen und daher im **Inland rechtsfähig** sind (Abschn. 13 Abs. 2 Satz 1 GewStR). Ist das Unternehmen im Inland nicht rechtsfähig, ist ein Gewerbebetrieb unter den Voraussetzungen des § 2 Abs. 1 Satz 2 GewStG oder § 2 Abs. 3 GewStG gegeben (Abschn. 13 Abs. 2 Satz 6 GewStR).

13. Welche Betriebe gelten als Gewerbebetriebe kraft wirtschaftlichen Geschäftsbetriebs?

Nach § 2 Abs. 3 GewStG **gilt** auch die Tätigkeit der **sonstigen juristischen Personen des privaten Rechts** (rechtsfähige Vereine, privatrechtliche Stiftungen, Anstalten mit eigener Rechtspersönlichkeit) als Gewerbebetrieb. Die **nicht rechtsfähigen Vereine** gelten als Gewerbebetrieb, soweit sie einen **wirtschaftlichen Geschäftsbetrieb** unterhalten.

14. Ein Gewerbetreibender hat eine Maschinenfabrik und eine Spinnerei. Liegt gewerbesteuerlich ein einheitlicher Betrieb vor?

Hat ein Gewerbetreibender **mehrere Betriebe verschiedener Art**, ist **jeder Betrieb für sich zu besteuern** (Abschn. 16 Abs. 1 Satz 1 GewStR).

15. Ein Gewerbetreibender betreibt in derselben Gemeinde eine Metzgerei und eine Gastwirtschaft? Liegt gewerbesteuerlich ein einheitlicher Betrieb vor?

Verschiedene gewerbliche Tätigkeiten eines Gewerbetreibenden in derselben Gemeinde stellen einen **einheitlichen Betrieb** dar, wenn die verschiedenen Betriebszweige nach der Verkehrsauffassung und nach den Betriebsverhältnissen **als Teil eines Gewerbebetriebs** anzusehen sind. Unter diesen Voraussetzungen liegt im vorliegenden Fall ein **einheitlicher Betrieb** vor (Abschn. 16 Abs. 1 Sätze 4 und 5 GewStR).

16. Ein Gewerbetreibender hat mehrere Betriebe der gleichen Art, die sich in verschiedenen Gemeinden befinden. Kann in diesem Fall ein einheitlicher Gewerbebetrieb vorliegen?

Auch in dem Fall, dass sich die Betriebe eines Gewerbetreibenden in **verschiedenen Gemeinden** befinden, kann ein **einheitlicher Gewerbebetrieb** vorliegen (Abschn. 16 Abs. 2 Satz 3 GewStR).

17. Welche gewerbesteuerliche Bedeutung hat die Frage der Mehrheit von Gewerbebetrieben?

Jeder selbstständige Gewerbebetrieb unterliegt **selbstständig** der Besteuerung. Dies bedeutet, dass für jeden selbstständigen Gewerbetrieb die

Besteuerungsgrundlage „Gewerbeertrag" selbstständig zu ermitteln ist. Jeder Gewerbebetrieb kann somit die **gewerbesteuerlichen Freibetragsregelungen** für sich in Anspruch nehmen. Die Selbstständigkeit bedeutet z.B. aber auch, dass **Gewerbeverluste** eines Betriebs nicht mit Gewerbeerträgen eines anderen Betriebs verrechnet werden können.
Befinden sich die **Betriebsstätten** eines einheitlichen Gewerbebetriebs in **verschiedenen Gemeinden**, so wird der **Gewerbesteuermessbescheid** grundsätzlich **zerlegt**. Stellt das Unternehmen im Gebiet der anderen Gemeinde einen selbstständigen Gewerbebetrieb dar, so ist ein selbstständiges Steuerobjekt gegeben, das einen eigenen Gewerbesteuermessbescheid erhält.

18. Hat eine Kapitalgesellschaft mit mehreren unterschiedlichen Tätigkeiten einen einheitlichen Gewerbebetrieb?

Die Tätigkeit einer Kapitalgesellschaft gilt **stets und in vollem Umfang** als einheitlicher Gewerbebetrieb (Abschn. 16 Abs. 4 Satz 1 GewStR).

19. Kann eine Kapitalgesellschaft als Betriebsstätte eines anderen Unternehmens gelten?

Im Falle der **Organschaft** gilt die **Organgesellschaft** nach der **Betriebsstättenfiktion** des § 2 Abs. 2 Satz 2 GewStG als **Betriebsstätte** des **Organträgers** (Abschn. 14 Abs. 1 Satz 7 GewStR).

20. Bedeutet die Betriebsstättenfiktion, dass Organträger und Organgesellschaft ein einheitliches Unternehmen darstellen?

Die **Betriebsstättenfiktion** bedeutet **nicht**, dass Organträger und Organgesellschaft ein einheitliches Unternehmen darstellen. Der **Gewerbeertrag der Organgesellschaft** wird **getrennt ermittelt** und erst dann dem Organträger zur Berechnung seines Steuermessbetrages zugerechnet (Abschn. 14 Abs. 1 Sätze 8 und 9 GewStR).

21. Zu welchem Zeitpunkt beginnt die Gewerbesteuerpflicht?

Hinsichtlich des Beginns der Gewerbesteuerpflicht ist zwischen **Personenunternehmen** und **Kapitalgesellschaften** zu unterscheiden.

Bei **Einzelgewerbetreibenden** und bei **Personengesellschaften** beginnt die Gewerbesteuerpflicht in dem Zeitpunkt, in dem erstmals **alle Voraussetzungen,** die zur Annahme eines Gewerbebetriebs erforderlich sind (Selbstständigkeit, Nachhaltigkeit ...), erfüllt sind (Abschn. 18 Abs. 1 Satz 1 GewStR). Bloße **Vorbereitungshandlungen,** wie z.B. die Anmietung eines Geschäftslokals, das erst hergerichtet werden muss, oder die Errichtung eines Fabrikgebäudes, in dem die Warenherstellung aufgenommen werden soll, **begründen die Gewerbesteuerpflicht** noch **nicht** (Abschn. 18 Abs. 1 Satz 3 GewStR). Die Eintragung ins Handelsregister ist ohne Bedeutung.

Die **Steuerpflicht kraft Rechtsform** beginnt bei **Kapitalgesellschaften** mit der **Eintragung ins Handelsregister** (Abschn. 18 Abs. 2 Satz 1 GewStR). Die Steuerpflicht beginnt vor diesem Zeitpunkt durch Aufnahme einer nach außen gerichteten Geschäftstätigkeit (Abschn. 18 Abs. 2 Satz 6 GewStR). Die nach außen tätig gewordene Vorgesellschaft bildet zusammen mit der später eingetragenen Kapitalgesellschaft einen einheitlichen Steuergegenstand (Abschn. 18 Abs. 2 Satz 9 GewStR).

22. Zu welchem Zeitpunkt erlischt die Gewerbesteuerpflicht?

Die Gewerbesteuerpflicht **erlischt** bei **Einzelgewerbetreibenden** und bei **Personengesellschaften** mit der **tatsächlichen Einstellung des Betriebs** (Abschn. 19 Abs. 1 Satz 1 GewStR). Die **tatsächliche Einstellung des Betriebs** ist anzunehmen mit der **völligen Aufgabe jeder werbenden Tätigkeit** (Abschn. 19 Abs. 1 Satz 6 GewStR). Die Aufgabe eines **Handelsbetriebs** liegt erst in der **tatsächlichen Einstellung jeden Verkaufs** vor, wenn das **vorhandene Warenlager** „im Ladengeschäft" veräußert worden ist (Abschn. 18 Abs. 1 Sätze 9 und 10 GewStR).

Bei **Kapitalgesellschaften** erlischt die Gewerbesteuerpflicht - anders als bei Einzelkaufleuten und Personengesellschaften - nicht schon mit der Einstellung der gewerblichen Betätigung, sondern mit der **Einstellung jeglicher Tätigkeit überhaupt** (Abschn. 18 Abs. 3 Satz 1 GewStR).

23. Erstreckt sich die Gewerbesteuerpflicht eines Betriebs auch auf die im Ausland befindlichen Betriebsstätten?

Die Gewerbesteuerpflicht eines Betriebs erstreckt sich **nur** auf die im **Inland befindlichen Betriebsstätten** (Abschn. 21 Abs. 1 Sätze 1 und 2 GewStR).

24. Welches sind bei der Gewerbesteuer die Besteuerungsgrundlagen?

Besteuerungsgrundlagen bei der **Gewerbesteuer** sind der **Gewerbeertrag** und **bis 1997** das **Gewerbekapital.**

25. Wie wird der Begriff „Gewerbeertrag" definiert?

Der Begriff **„Gewerbeertrag"** wird im Gewerbesteuergesetz **nicht** definiert. Das GewStG bestimmt lediglich, wie der Gewerbeertrag zu ermitteln ist. Nach **§ 7 Satz 1 GewStG** ist unter **Gewerbeertrag** der nach den Vorschriften des **Einkommensteuergesetzes** oder des **Körperschaftsteuergesetzes** zu ermittelnde **Gewinn aus dem Gewerbebetrieb** zu verstehen, **vermehrt** um **Hinzurechnungen** (§ 8 GewStG) und **vermindert** um **Kürzungen** (§ 9 GewStG).

26. Stimmt der für die Zwecke der Einkommensteuer oder Körperschaftsteuer maßgebende Gewinn mit dem Gewinn überein, der für die Ermittlung des Gewerbeertrags festzustellen ist?

In der Regel wird der für die Zwecke der Einkommensteuer oder Körperschaftsteuer maßgebende Gewinn mit dem Gewinn übereinstimmen, der für die Ermittlung des Gewerbeertrags festzustellenden ist (Abschn. 38 Abs. 1 Satz 8 GewStR).

27. Gehört der Gewinn aus der Veräußerung oder Aufgabe des Gewerbebetriebs bei Einzelunternehmen und Personengesellschaften zum Gewerbeertrag?

Der Gewinn aus der Veräußerung oder Aufgabe des Gewerbebetriebs bei Einzelunternehmen und Personengesellschaften gehört **nicht** zum Gewerbeertrag (Abschn. 38 Abs. 3 Satz 1 GewStR). Auch der Gewinn aus der Veräußerung einer Beteiligung an einer Personengesellschaft gehört nicht zum Gewerbeertrag (Abschn. 38 Abs. 3 Satz 3 GewStR).

28. Welche Funktion haben die Hinzurechnungen zum Gewerbeertrag?

Die Gewerbeertragsteuer als **Objektsteuer** soll die **gesamte Ertragskraft des Gewerbebetriebs** erfassen. Der nach den Vorschriften des Einkommensteuergesetzes oder Körperschaftsteuergesetzes ermittelte Gewinn erfasst diese Ertragskraft aber nur teilweise, da bestimmte Beträge, wie z.B. Schuldzinsen, die der Gewerbebetrieb erwirtschaftet hat, als Betriebsausgaben abgesetzt worden sind. Zur Ermittlung des Gewerbeertrags müssen deshalb derartige gewinnmindernd behandelte Beträge wieder hinzugerechnet werden.

29. Welche Hinzurechnungsvorschrift des § 8 GewStG hat in der Praxis die größte Bedeutung?

Die in der **Praxis bedeutendste Hinzurechnungsvorschrift** ist die Bestimmung des **§ 8 Nr. 1 GewStG**, wonach **Entgelte für langfristiges Fremdkapital** (Dauerschuldentgelte, z.B. **Dauerschuldzinsen**), die bei der Ermittlung des einkommen- oder körperschaftsteuerlichen Gewinns als Betriebsausgabe abzugsfähig sind, dem Gewinn **zur Hälfte** wieder hinzuzurechnen sind.

30. Stimmen die Begriffe „Dauerschuldentgelte" und „Dauerschuldzinsen" überein?

Der Begriff „**Dauerschuldentgelte**" geht über den Begriff „**Dauerschuldzinsen**" hinaus, da neben Zinsen u.a. auch Vergütungen für partiarische Darlehen hinzuzurechnen sind.

31. Stellen sämtliche betrieblichen Schulden Dauerschulden und die Entgelte für solche Schulden, Dauerschuldentgelte dar?

Nein. **§ 8 Nr. 1 GewStG** trifft eine **Unterscheidung** zwischen **laufzeitunabhängigen** und **laufzeitabhängigen** Schulden. Die **laufzeitunabhängigen** Schulden entsprechen ihrem **Charakter** nach bereits **Dauerschulden** und sind deshalb von vornherein hinzuzurechnen. Die **laufzeitabhängigen** Schulden sind nur hinzuzurechnen, wenn sie **nicht nur der vorübergehenden Verstärkung des Betriebskapitals dienen.**

32. Wann liegt nicht nur eine vorübergehende Verstärkung des Betriebskapitals in der Regel vor?

Eine **nicht nur vorübergehende Verstärkung des Betriebskapitals** liegt in der Regel vor, wenn die Laufzeit **mehr als ein Jahr** beträgt (Abschn 45 Abs. 3 Satz 9 GewStR).

33. Welche Schulden sind laufzeitunabhängige Schulden?

Gem. **§ 8 Nr. 1 GewStG** sind **laufzeitunabhängige** Schulden solche Schulden, die in einem **wirtschaftlichen Zusammenhang** stehen mit

a) der Gründung des Betriebs/Teilbetriebs,
b) dem Erwerb des Betriebs/Teilbetriebs oder eines Anteils an einem Betrieb,
c) der Erweiterung/Verbesserung des Betriebs.

34. Welche Schulden sind Schulden, die zum laufende Geschäftsverkehr gehören (sog. laufende Schulden)?

Schulden, die **nur der vorübergehenden Verstärkung des Betriebskapitals** dienen, sind **laufende Schulden**. Dies sind z.B. Warenschulden, Wechselschulden und Bankschulden, die zur Bezahlung von Warenschulden aufgenommen werden (Abschn. 45 Abs. 4 Satz 2 GewStR).

35. Können laufende Schulden Dauerschulden sein?

Laufende Schulden können **unter Berücksichtigung des zeitlichen Moments** Dauerschulden sein. So sind z.B. **Kontokorrentschulden** dann Dauerschulden, wenn einem Gewerbebetrieb in Form des Kontokorrentkredits ein **bestimmter Mindestbetrag dauernd** (mindestens ein Jahr) zur Verfügung steht. In diesem Fall ist der **niedrigste Schuldenstand im Wirtschaftsjahr** eine Dauerschuld (Abschn. 45 Abs. 7 GewStR).

36. Welche Sonderregelung besteht für Kontokorrentschulden?

Kontokorrentkredite sind Kredite, deren **Bestand häufig wechselt** (Girokonto). Wird während des gesamten Wirtschaftsjahres ein **bestimmter Mindestkredit** in Anspruch genommen, liegt **in Höhe des Mindestkredits** eine **Dauerschuld** vor (Abschn. 45 Abs. 7 GewStR). Bei Kontokorrentkrediten bleiben die **sieben günstigsten** Tagesstände außer Betracht. Ist der **achtniedrigste** Tagesstand **negativ**, besteht in dieser Höhe eine Dauerschuld (Abschn. 45 Abs. 7 Sätze 5 - 9 GewStR).

Beispiel:

1. 02. bis 03. Jan.	Guthaben: 3.000 €	2 Tage
2. 04. bis 05. Jan.	Schuld: 2.000 €	2 Tage
3. 07. Juni	Schuld: 6.000 €	1 Tag
4. 15. bis 16. Juli	Schuld: 8.000 €	2 Tage
5. 04. bis 06. August	Schuld: 10.000 €	2 Tage
6. 25. August	Schuld: 11.000 €	1 Tag

Der **achtniedrigste Bestand** beträgt **10.000 €**. Dieser Schuldenstand ist maßgeblich.

37. Welche Hinzurechnungen kommen neben den Dauerschuldentgelten noch in Betracht?

Neben den Dauerschuldentgelte kommen nach § 8 Nr. 2 – 12 GewStG folgende weitere **Hinzurechnungen** in Betracht:

- Renten und dauernde Lasten (§ 8 Nr. 2 GewStG),
- Gewinnanteile des stillen Gesellschafters (§ 8 Nr. 3 GewStG),
- bestimmte Gewinnanteile an persönlich haftende Gesellschafter einer KGaA (§ 8 Nr. 4 GewStG),
- die **Hälfte** der Miet- und Pachtzinsen für Wirtschaftsgüter des Anlagevermögens (§ 8 Nr. 7 GewStG),
- Anteile am Verlust einer Personengesellschaft (§ 8 Nr. 8 GewStG),
- Spenden i.S.d. § 9 Abs. 1 Nr. 2 KStG (§ 8 Nr. 9 GewStG),
- Gewinnminderungen durch bestimmte Teilwertabschreibungen und bestimmte Veräußerungsverluste (§ 8 Nr. 10 GewStG),
- bestimmte ausländische Steuern (§ 8 Nr. 12 GewStG).

38. Welche Aufgaben haben die Kürzungsvorschriften beim Gewerbeertrag?

Die **Kürzungsvorschriften des § 9 GewStG** haben die **Aufgabe** zu verhindern, dass Erträge, die bereits an anderer Stelle der Besteuerung unterlegen haben, noch einmal von der Gewerbesteuer erfasst werden.

39. Warum erfolgt eine Kürzung für den zum Betriebsvermögen gehörenden Grundbesitz (§ 9 Nr. 1 GewStG)?

Nach § 9 Nr. 1 GewStG werden von der Summe des Gewinns und der Hinzurechnungen 1,2 v.H. des Einheitswerts des zum Betriebsvermögen gehörenden Grundbesitzes abgesetzt, weil das Grundvermögen bereits von der **Grundsteuer** erfasst worden ist. Mit dieser Regelung soll auch erreicht werden, dass der Betrieb mit **eigenem Grundbesitz** einem Betrieb mit fremdem Grundbesitz, dessen Miet- und Pachtzahlungen Betriebsausgaben darstellen und den Gewerbeertrag mindern, gewerbesteuerlich gleichgestellt wird.

40. Welche Besonderheit besteht beim Gewerbeverlust bei der Gewerbesteuer?

Bei der Ermittlung des Gewerbeertrages können Gewerbeverluste **zeitlich unbegrenzt vorgetragen** und von den Gewerbeerträgen abgezogen werden (**Gewerbeverlustabzug**). Einen **Verlustrücktrag** kennt das Gewerbesteuerrecht **nicht**.

41. Stimmen der Verlustabzug nach § 10d EStG und der Gewerbesteuerverlustabzug nach § 10a GewStG überein?

Der **Verlustabzug nach § 10d EStG** und der **Gewerbesteuerverlustabzug nach § 10a GewStG stimmen** i.d.R. **nicht überein**, da letzterer durch die Hinzurechnungen und Kürzungen nach den §§ 8 und 9 GewStG beeinflusst wird (Abschn. 66 Abs. 3 GewStR).

Beispiel:

Gewinn aus Gewerbebetrieb	5.000 €
Hinzurechnungen nach § 8 GewStG	+ 1.000 €
Summe des Gewinns und der Hinzurechnungen	6.000 €
Kürzungen nach § 9 GewStG	- 8.000 €
Gewerbeverlust	2.000 €

42. Wie erfolgt die Berechnung der Gewerbeertragsteuer?

Bei der **Berechnung der Gewerbeertragsteuer** ist von einem **Steuermessbetrag** auszugehen. Der **Steuermessbetrag** wird durch Anwendung der **Steuermesszahl** auf den **Gewerbeertrag** ermittelt wird (§ 11 Abs. 1 Sätze 1 und 2 GewStG). Der **Steuermessbetrag** ist dann mit dem **Hebesatz** der jeweiligen **Gemeinde** zu multiplizieren. Der Gewerbeertrag ist auf volle **50 €** abzurunden (§ 11 Abs. 1 Satz 3 GewStG).

43. Wie erfolgt die Berechnung des Steuermessbetrags bei natürlichen Personen und bei Personengesellschaften?

Bei **natürlichen Personen** und **Personengesellschaften** ist der maßgebende Gewerbeertrag nach Abzug des Gewerbeverlustes nach § 10a GewStG und nach Abrundung nach § 11 Abs. 1 Satz 3 GewStG **betriebsbezogen** um einen **Freibetrag** in Höhe von **24.500 €**, höchstens jedoch in Höhe des abgerundeten Gewerbeertrags **zu kürzen** (§ 11 Abs. 1 Satz 3 Nr. 1 GewStG). Sodann kommt der **Stufentarif** nach § 11 Abs. 2 Nr. 1 GewStG zur Anwendung.

44. Kommt der Freibetrag und der Stufentarif auch für Kapitalgesellschaften in Betracht?

Kapitalgesellschaften erhalten weder den Freibetrag noch den Stufentarif. Bei Kapitalgesellschaften beträgt die Steuermesszahl von Anfang an 5 v.H. des Gewerbeertrags (§ 11 Abs. 2 Nr. 2 GewStG).

45. Warum wird den Personenunternehmen ein Freibetrag sowie ein Stufentarif gewährt?

Freibetrag und Stufentarif sollen die Nichtabzugsfähigkeit der Gesellschafter-Geschäftsführerbezüge bei Personenunternehmen ausgleichen.

46. Nach welchem Schema wird die Gewerbesteuerschuld sowie die Gewerbesteuer-Abschlusszahlung oder die Gewerbesteuer-Erstattung ermittelt?

Die Gewerbesteuerschuld und die Gewerbesteuer-Abschlusszahlung oder die Gewerbesteuer-Erstattung wird nach folgendem Schema ermittelt:

1. Gewerbeertrag

Gewinn aus Gewerbebetrieb gemäß Einkommensteuer-Erklärung nach § 7 GewStG (ohne Veräußerungsgewinne nach §§ 16, 17 EStG)
\+ Hinzurechnungen nach § 8 GewStG (ohne Hinzurechnungen nach § 8 Nr. 9 GewStG)
./. Kürzungen nach § 9 GewStG (ohne Kürzungen nach § 9 Nr. 1 Satz 1 und Nr. 5 GewStG)
Zwischensumme
\+ Hinzurechnungen nach § 8 Nr. 9 GewStG
./. Kürzungen um Gewerbeverluste nach § 10a GewStG
= Gewerbeertrag (abgerundet auf volle 50 €)
\+ Hinzurechnung von Gewerbeerträgen von Organgesellschaften
./. bei natürlichen Personen und Personengesellschaften Freibetrag nach § 11 Abs. 1 Satz 3 GewStG in Höhe von 24.5000 €
= verbleibender Gewerbeertrag
darauf Anwendung der Steuermesszahl in Höhe von 5 v.H.; bei natürlichen Personen und Personengesellschaften 1 – 5 v.H. in Schritten von 12.000 € (§ 11 Abs. 2 Nr. 1 GewStG)
= Steuermessbetrag

2. Gewerbesteuermessbetrag

Messbetrag
darauf Anwendung des gemeindlichen Hebesatzes von ... v.H. (§ 16 GewStG)
= Gewerbesteuerschuld
./. bereits geleistete Gewerbesteuer-Vorauszahlungen (§§ 19, 20 Abs. 1 GewStG)
= Gewerbesteuer-Abschlusszahlung (§ 20 Abs. 2 GewStG) oder Erstattung (§ 20 Abs. 3 GewStG)

47. Wie wird die Gewerbesteuer-Rückstellung berechnet?

Die **Berechnung der Gewerbesteuer-Rückstellung** vollzieht sich in **zwei Schritten**:
Zunächst wird die Gewerbesteuerschuld errechnet, die sich ergeben würde, wenn die Gewerbesteuer **nicht als Betriebsausgabe** abzugsfähig wäre. Zu diesem Zweck müssen die im betreffenden Jahr geleisteten und als Betriebsausgaben gebuchten Gewerbesteuer-Vorauszahlungen rechnerisch dem Gewinn (bzw. dem Einkommen bei Kapitalgesellschaften) zugerechnet werden.

Die auf dieser Grundlage ermittelte Gewerbesteuerschuld ist überhöht, da die Gewerbesteuer als Betriebsausgabe den Gewinn mindert. Dieser Umstand wird durch Anwendung eines **Divisors** berücksichtigt.

Der **Divisor** wird nach folgender Formel berechnet, wenn die **Steuermesszahl 5 v.H. beträgt** (§ 11 Abs. 2 Nr. 2 GewStG) oder wenn bei Anwendung der gestaffelten Steuermesszahlen nach § 11 Abs. 2 Nr. 1 GewStG als **höchste Steuermesszahl 5 v.H.** angewendet wird:

$$\frac{\textbf{5 x Hebesatz + 100}}{\textbf{100}}$$

Ist die **höchste Steuermesszahl kleiner als 5. v.H.** muss an die Stelle der Steuermesszahl 5 v.H. die **kleinere Steuermesszahl** (1, 2, 3, 4 v.H.) eingesetzt werden.

$$\frac{\textbf{höchste Steuermesszahl x Hebesatz + 100}}{\textbf{100}}$$

Bei **Einzelunternehmen und Personengesellschaften** kann die **Gewerbesteuer-Rückstellung** statt der formelmäßigen Berechnung auch mit **5/6** des Betrages angesetzt werden, der sich ohne Berücksichtigung der Gewerbesteuer als Betriebsausgabe ergeben würde (R 20 Abs. 2 Satz 2 EStR).

48. Steuerberater S hat die Abschlussarbeiten für die Bilanz 04 der Firma F ausgeführt und einen Gewinn (bzw. ein Einkommen) von 100.000 € ermittelt. Eine Gewerbesteuer-Rückstellung hat er noch nicht eingebucht. Die Vorauszahlungen betragen 6.000 €. Nach den Berechnungen des Steuerberaters S ergeben sich beim Gewerbeertrag Hinzurechnungen i.H.v. 7.000 € und Kürzungen i.H.v. 6.000 €. Der Hebesatz der Gemeinde beträgt 350 v.H. In welcher Höhe hat die Firma F eine Gewerbesteuer-Rückstellung zu bilden für den Fall, dass es sich bei der Firma F

a) um eine GmbH handelt?

b) um ein Einzelunternehmen handelt?

a) GmbH:

GmbH	
Berechnung des vorläufigen Gewerbeertrags:	
vorläufiges Einkommen	100.000 €
+ Gewerbesteuer-Vorauszahlungen	6.000 €
Zwischensumme	106.000 €
+ Hinzurechnungen	7.000 €
./. Kürzungen	6.000 €
= Gewerbeertrag	107.000 €
Abrundung auf volle 50 €	107.000 €
./. Freibetrag	0 €
vorläufiger Gewerbeertrag	107.000 €
x Steuermesszahl	5 v.H.
= Steuermessbetrag	5.350 €
x Hebesatz	350 v.H.
= vorläufige Gewerbesteuerschuld	18.725 €
: Divisor	1,175
= Gewerbesteuerschuld	15.936 €
./. Gewerbesteuer-Vorauszahlungen	6.000 €
= Gewerbesteuer-Rückstellung	9.936 €

b) Einzelunternehmen

Einzelunternehmen		
Berechnung des vorläufigen Gewerbeertrags:		
vorläufiger Gewinn		100.000 €
+ Gewerbesteuer-Vorauszahlungen		6.000 €
Zwischensumme		106.000 €
+ Hinzurechnungen		7.000 €
./. Kürzungen		6.000 €
= Gewerbeertrag		107.000 €
Abrundung auf volle 50 €		107.000 €
./. Freibetrag		12.000 €
= Zwischensumme		95.000 €
Steuermessbetrag		
12.000 € x 1 v.H. 12.000 € x 2 v.H. 12.000 € x 3 v.H. 12.000 € x 4 v.H. 47.000 € x 5 v.H.	120 € 240 € 360 € 480 € 2.350 €	3.550 €
Steuermessbetrag		3.550 €
x Hebesatz		350 v.H.
= vorläufige Gewerbesteuerschuld		1.242,50€
: Divisor		1,175
= Gewerbesteuerschuld		10.574 €
./. Gewerbesteuer-Vorauszahlung		6.000 €
= Gewerbesteuer-Rückstellung		4.574 €

49. In welchen Fällen ist der Steuermessbetrag zu zerlegen?

Der **Steuermessbetrag** ist zu **zerlegen**, wenn im Erhebungszeitraum zur Ausübung des Gewerbes **Betriebsstätten** im **mehreren Gemeinden** unterhalten werden (§ 28 Abs. 1 Satz 1 GewStG).

50. Was ist der Zerlegungsmaßstab?

Zerlegungsmaßstab ist das **Verhältnis**, in dem die **Summe** der **Arbeitslöhne**, die an die bei allen Betriebsstätten beschäftigten Arbeitnehmer gezahlt worden sind, zu den Arbeitslöhnen steht, die an die bei den Betriebsstätten der einzelnen Gemeinden beschäftigten Arbeitnehmer gezahlt worden sind (§ 29 Abs. 1 GewStG).

51. Was sieht § 35 EStG grundsätzlich vor?[1]

§ 35 EStG sieht eine Entlastung der **gewerblichen Einzelunternehmen und Personengesellschaften** durch **Teilanrechnung der Gewerbesteuer auf die Einkommensteuer** vor. Nach § 35 EStG soll hierzu die **Einkommensteuer** dadurch **ermäßigt** werden, dass auf sie das **1,8-fache** des für den Erhebungszeitraum festgesetzten **Gewerbesteuermessbetrages** angerechnet wird.

52. Welche wirtschaftliche Entlastung von der Gewerbesteuer ergibt sich durch die Anrechnung?

Die Festlegung der Steuerermäßigung auf das 1,8-fache des Gewerbesteuermessbetrags bewirkt, dass bei einem örtlichen **Hebesatz** um **360 v.H.** ungefähr die **Hälfte** der zu entrichtenden **Gewerbesteuer** mittels Anrechnung auf die Einkommensteuer wieder **erstattet** wird.[2]

53. Bleibt der Abzug der an die Gemeinde tatsächlich gezahlten Gewerbesteuer als Betriebsausgabe erhalten?

---

[1] Die Anrechnung der Gewerbesteuer bei der Einkommensteuer wird aus systematischen Gründen unter der Gewerbesteuer behandelt, da es bei der Anrechnung in erster Linie um eine Entlastung bei der Gewerbesteuer geht. Der Gesetzgeber will Einzelunternehmen und Personengesellschaften von der Gewerbesteuer entlasten, und zwar als Ausgleich für die Entlastung der Kapitalgesellschaften bei der Körperschaftsteuer. Der Körperschaftsteuersatz wurde auf 25 v.H. gesenkt.

[2] Vgl. Märkle, R., Die Besteuerung von Einzel- und Mitunternehmern ab 2001, 6. Freiburger Steuergespräch, 13.11.2000, http://www. vwl.uni-freiburg.de/fakultaet/bwlV/bwlV.htm, S. 2.

Der Abzug der an die Gemeinde tatsächlich gezahlten Gewerbesteuer als Betriebsausgabe bleibt **in vollem Umfang** erhalten.

54. Welche Entlastung ergibt sich unter Berücksichtigung der Gewerbesteueranrechung und des Betriebsausgabenabzug bei Zugrundelegung durchschnittlicher Hebesätze?

Da der Abzug der an die Gemeinde tatsächlich gezahlten Gewerbesteuer als Betriebsausgabe in vollem Umfang erhalten bleibt, ergibt sich bei **durchschnittlichen Hebesätzen** (ca. 389 v.H.) im Jahre 2001 eine **annähernd vollständige Entlastung** von der Gewerbesteuer.[3]

55. Welche Unternehmer sind durch § 35 Abs. 1 EStG begünstigt?

Nach § 35 Abs. 1 EStG sind folgende einkommensteuerpflichtigen Unternehmer mit **gewerblichen** Einkünften begünstigt:

- Einzelunternehmer,
- unmittelbar beteiligte Mitunternehmer,
- persönlich haftende Gesellschafter einer KGaA.[4]

56. Wann spricht man von Anrechnungsüberhängen?

Von **Anrechnungsüberhängen** spricht man, wenn der 1,8-fache Gewerbesteuermessbetrag größer als die anteilige tarifliche Einkommensteuer ist.

57. Wodurch können Anrechnungsüberhänge entstehen?

Anrechnungsüberhänge können in folgenden Fällen eintreten:

- keine Einkommensteuer-Festsetzung,

[3] Vgl. Märkle, R., a.a.O., S. 3.
[4] Vgl. BT-Drucks. 14/2683, S. 116.

- Einkommensteuer-Festsetzung, aber Verluste aus Gewerbebetrieb,
- horizontaler Verlustausgleich zwischen mehreren Gewerbebetrieben,
- vertikaler Verlustausgleich mit anderen Einkünften.

58. Können nicht ausgenutzte Ermäßigungsbeträge nach § 35 EStG vorgetragen oder zurückgetragen werden?

Nicht ausgenutzte Ermäßigungsbeträge nach § 35 EStG können **nicht** vorgetragen oder zurückgetragen werden. Sie gehen **verloren**.

59. Der Steuerpflichtige S erzielt einen geringen Gewinn aus Gewerbebetrieb. Da er keine weiteren Einkünfte hat, ergibt sich eine Einkommensteuer von 0 €. Aufgrund von Dauerschuldzinsen wird jedoch Gewerbesteuer festgesetzt. Tritt eine Steuerermäßigung nach § 35 EStG ein?

Da keine tarifliche Einkommensteuer anfällt, **verpufft** die Steuerermäßigung nach § 35 EStG. Die Steuerermäßigung nach § 35 EStG kann folglich auch **nicht** zu Einkommensteuer-Erstattungen führen. Ein derartiger Fall ist beispielsweise bei einem **Existenzgründer** denkbar.

60. Ein Steuerpflichtiger hat mehrere Gewerbebetriebe, aus denen er Gewinne und Verluste erzielt. Nach Durchführung des horizontalen Verlustausgleichs sind im zu versteuernden Einkommen keine gewerblichen Einkünfte mehr enthalten. Aufgrund anderer positiver Einkünfte wird dennoch Einkommensteuer festgesetzt. Kommt die Steuerermäßigung nach § 35 EStG in Betracht?

Wenn lediglich aufgrund **anderer positiver Einkünfte** Einkommensteuer festsetzt wird, ist die **Steuerermäßigung** des § 35 EStG **ausgeschlossen**.

61. Ein Einzelunternehmer erzielt ein Gewinn von 200.000 €. Beim Gewerbebetrieb fällt Gewerbesteuer an. Der Werbungskostenüberschuss

aus Vermietung und Verpachtung beträgt 200.000 €. Kommt die Steuerermäßigung nach § 35 EStG in Betracht?

Da nach Durchführung des vertikalen Verlustausgleichs keine Einkommensteuer anfällt, ist eine Steuerermäßigung nach § 35 EStG **ausgeschlossen**, obwohl beim Gewerbebetrieb Gewerbesteuer anfällt.

62. Ein Unternehmer erzielt neben Einkünften aus Gewerbebetrieb noch andere Einkünfte. Wird die Gewerbesteuer auf die volle Einkommensteuer angerechnet?

Erzielt der Unternehmer neben den Einkünften aus Gewerbebetrieb noch andere Einkünfte, so wird die Gewerbesteuer nur auf **den Teil** der Einkommensteuer angerechnet, die **anteilig auf die im zu versteuernden Einkommen enthaltenen gewerblichen Einkünfte** entfällt.

63. Können im Fall der Zusammenveranlagung von Ehegatten negative Einkünfte eines der Ehegatten das Anrechnungspotential mindern?

Im Fall der Zusammenveranlagung von Ehegatten können negative Einkünfte eines der Ehegatten das Anrechnungspotential mindern. Dies gilt insbesondere in den Fällen, in denen beide Ehegatten Einkünfte aus Gewerbebetrieb erzielen und diese bei einem der Ehegatten negativ sind.

64. Durch welche Maßnahmen können Anrechnungsüberhänge bei Einzelunternehmern vermieden werden?

Anrechnungsüberhänge können bei Einzelunternehmern durch folgende Maßnahmen vermieden werden:[5]

- ausschließlich gewerbliche Einkünfte:
  - Ergebnissteuerung durch Steuerbilanzpolitik,

[5] Vgl. Märkle, R., a.a.O., S. 14.

  - Veranlagungsart bei Ehegatten (ggf. getrennte Veranlagung, falls jeweils ein Einzelunternehmen mit positivem und negativem Gewerbeertrag),
  - ausländische Steuern: ggf. Abzug als Betriebsausgaben/Werbungskosten anstelle von Anrechnung (§ 34c Abs. 2 EStG);
- zusätzlich nicht gewerbliche Einkünfte:
  - Maximierung des Anteils an gewerblichen Einkünften (z.B. Umqualifizierung von nicht gewerblichen in gewerbliche Einkünfte).

65. Welchen Betrag können Mitunternehmer auf ihre Einkommensteuer anrechnen?

Mitunternehmer können nach § 35 Abs. 1 Nr. 2 EStG das **1,8-fache des anteiligen Gewerbesteuermessbetrags** auf ihre Einkommensteuer anrechnen.

66. Wonach richtet sich der Anteil des jeweiligen Mitunternehmers am Gewerbesteuermessbetrag?

Der **Anteil des jeweiligen Mitunternehmers** am Gewerbesteuermessbetrag richtet sich allein nach seinem **Anteil** am **Gewinn der Mitunternehmerschaft** nach Maßgabe des **allgemeinen Gewinnverteilungsschlüssels** (§ 35 Abs. 3 Satz 2 EStG).

67. Wie sind Vorabgewinne bei der Ermittlung des Anteils des einzelnen Mitunternehmers am Messbetrag zu behandeln?

Bei der Ermittlung des Anteils des einzelnen Mitunternehmers am Messbetrag sind Vorabgewinne **nicht** zu berücksichtigen (§ 35 Abs. 3 Satz 2 2. HS EStG).

68. Wie sind Sondervergütungen i.S.v. § 15 Abs. 1 Satz 1 Nr. 2 EStG bei der Ermittlung des Anteils des einzelnen Mitunternehmers am Messbetrag zu behandeln?

Bei der Ermittlung des Anteils des einzelnen Mitunternehmers am Messbetrag sind **Sondervergütungen** i.S.v. § 15 Abs. 1 Satz 1 Nr. 2 EStG **nicht** zu berücksichtigen.

69. Wie sind Gewinne und Verluste aus dem Bereich des Sonderbetriebsvermögens bei der Ermittlung des Anteils des einzelnen Mitunternehmers am Messbetrag zu behandeln?

Bei der Ermittlung des Anteils des einzelnen Mitunternehmers am Messbetrag sind **Gewinne und Verluste** aus dem Bereich des Sonderbetriebsvermögens **nicht** zu berücksichtigen.

70. Erscheint die Aufteilung des Gewerbesteuermessbetrags allein aufgrund des allgemeinen Gewinnverteilungsschlüssels gerechtfertig?

Obwohl die Sondervergütungen i.S.d. § 15 Abs. 1 Satz 1 Nr. 1 EStG und Gewinne und Verluste aus dem Bereich des Sonderbetriebsvermögens dem jeweiligen Mitunternehmer unabhängig von seiner Beteiligungsquote und damit **außerhalb** des allgemeinen Gewinnverteilungsschlüssels zugerechnet werden, erscheint die Aufteilung des Gewerbesteuermessbetrags allein aufgrund des allgemeinen Gewinnverteilungsschlüssels **gerechtfertigt**, da – anders als bei der Einkommensteuer – die Mitunternehmerschaft nach § 5 Abs. 1 Satz 3 GewStG Schuldner der Gewerbesteuer ist.[6]

71. Wie wird der auf den einzelnen Mitunternehmer entfallende Anteil festgestellt?

[6] Vgl. Märkle, R., a.a.O., S. 15.

Bei **Mitunternehmerschaften** i.S.d. § 15 Abs. 1 Satz 1 Nr. 2 und 3 EStG ist der Betrag des Gewerbesteuermessbetrags und der auf die einzelnen Mitunternehmer entfallende Anteil **gesondert und einheitlich festzustellen** (§ 35 Abs. 3 Satz 1 EStG). Der Bescheid über die einheitliche und gesonderte Feststellung ist insoweit **Grundlagenbescheid** für die Einkommensbesteuerung des Mitunternehmers (§ 35 Abs. 4 Satz 3 EStG).

4. Zuschlagsteuern

1. Wodurch sind Zuschlagsteuern (Annexsteuern) gekennzeichnet?

Zuschlagsteuern (Annexsteuern) sind dadurch gekennzeichnet, dass sie an die Steuerschuld einer anderen Steuerart anknüpfen. Den Zuschlagsteuern fehlt damit eine eigenständige ermittelte Bemessungsgrundlage.[1]

2. Welche von der Einkommensteuer abhängige Zuschlagsteuern werden derzeit erhoben?

Als von der Einkommensteuer abhängige Zuschlagsteuern werden derzeit der bundesgesetzlich geregelte **Solidaritätszuschlag** sowie die auf Ländergesetzen beruhende **Kirchensteuer** erhoben.

3. Handelt es sich bei Kirchensteuer um eine Steuer?

Bei der Kirchensteuer handelt es um eine **selbstständige Steuer** i.S.d. § 3 Abs. 1 AO mit der **Besonderheit, dass Steuergläubigerin** eine **Religionsgemeinschaft** ist. Art. 140 GG i.V.m. Art. 147 Weimarer Reichsverfassung sowie Landesgesetze ermöglichen die Erhebung der Kirchensteuer für bestimmte Religionsgemeinschaften, insbesondere für die katholische und die evangelische Kirche. Kirchensteuer darf nur von Kirchenmitgliedern erhoben werden, die einer steuerberechtigten Religionsgemeinschaft angehören.

4. Was ist die Bemessungsgrundlage für die Kirchensteuer?

Bemessungsgrundlage für die Kirchensteuer ist die **festzusetzende Einkommensteuer** unter Berücksichtigung von kindbedingten Freibeträgen ohne Betreuungsbeträge (§ 51a Abs. 2 Satz 1 EStG). Bei der Ermitt-

[1] Vgl. Grefe, C., Ermittlung der Zuschlagsteuern zur Einkommensteuer, SteuerStud 2001, S. 243 – 246, S. 243.

lung der (fiktiv) festzusetzenden Einkommensteuer bleibt der Ermäßigungsbetrag nach § 35 EStG außer Ansatz (§ 51a Abs. 2 Satz 3 EStG). Ferner ist für die Zwecke der Kirchensteuer das zu versteuernde Einkommen um die nach dem Halbeinkünfteverfahren gem. § 3 Nr. 40 EStG steuerfreien Beträge zu erhöhen. Die mit den steuerfreien Beträge in einem unmittelbaren wirtschaftlichen Zusammenhang stehenden Aufwendungen, die nach § 3c Abs. 2 EStG nicht abziehbar sind, sind zu kürzen. Für die Ermittlung des fiktiven festzusetzenden Einkommens und der damit verbundenen fiktiven festzusetzenden Steuer ist ein sog. **Schattenveranlagung** durchzuführen.[2]

5. Welche Steuersätze bestehen bei der Kirchensteuer?

Die Kirchensteuer beträgt in einigen Bundesländern **8 v.H.** (z. B. in Baden-Württemberg), in den übrigen Bundesländern **9 v.H.** der Einkommensteuer.

6. Beträgt die tatsächliche Kirchensteuerbelastung exakt 8 bzw. 9 v.H. der fiktiv festzusetzenden Einkommensteuer?

Die tatsächliche Kirchensteuerbelastung ist **geringer** als 8 bzw. 9 v.H. der fiktiv festzusetzenden Einkommensteuer, weil die gezahlte Kirchensteuer unbeschränkt als Sonderausgabe abzugsfähig ist (§ 10 Abs. 1 Nr. 4 EStG).

7. Unterliegen Kapitalgesellschaften der Kirchensteuer?

Kapitalgesellschaften unterliegen **nicht** der Kirchensteuer, denn Bemessungsgrundlage der Kirchensteuer ist das zu versteuernde Einkommen natürlicher Personen. Kapitalgesellschaften unterliegen der Körperschaftsteuer und damit nicht der Kirchensteuer.

8. Wer verwaltet die Kirchensteuer?

[2] Vgl. Grefe, C., a.a.O., S. 243.

Die Kirchensteuer wird von den **Finanzämtern** verwaltet. Ausnahme: Bayern. Dort wird die Kirchensteuer von den Arbeitgebern zwar einbehalten und an die Finanzämter abgeführt. Verwaltet wird sie von den Kirchen sodann selbst.

9. Was ist Bemessungsgrundlage für den Solidaritätszuschlag?

Die Bemessungsgrundlage für den Solidaritätszuschlag ist in § 3 Abs. 2 SolZG geregelt. Im Vergleich zur Kirchensteuer erfolgt keine Korrektur um die steuerfreien Beträge nach § 3 Nr. 40 EStG und um die Tarifermäßigung nach § 35 EStG.

2. Abschnitt

Steuern auf die Vermögenssubstanz

1. Bewertungsgesetz

Literaturhinweise: Haar, H./Wittmayer, H., Lehrbuch des Bewertungsrechts. Einheitsbewertung und Bedarfsbewertung, 6. Aufl., Herne/Berlin 1998; Halaczinsky, R./Obermeier, A./Teß, W., Neuregelung der Grundstücksbewertung, Erbschaft- und Schenkungsteuer, Herne/Berlin 1998; Seigel, G., Steuerlehre, Stuttgart 2001, S. 113 - 133.

1. Welchem Zweck dient das Bewertungsgesetz?

Das Bewertungsgesetz bildet als **allgemeines Steuergesetz** die **Grundlage für die steuerliche Vermögensermittlung**. In der Vergangenheit regelte das Bewertungsgesetz insbesondere die Bewertung des Vermögens für die Zwecke der Gewerbekapitalsteuer, der Grundsteuer und der Erbschaftsteuer. Heute hat das Bewertungsgesetz durch die Nichterhebung der Vermögensteuer und durch die Abschaffung der Gewerbekapitalsteuer an Bedeutung verloren. Das Bewertungsgesetz ist im Wesentlichen noch von Bedeutung für die **Einheitswertermittlung** für die **Grundsteuer** und für die **Bedarfsbewertung** bei der **Erbschaftsteuer** und der **Grunderwerbsteuer**.

2. Wie ist das Bewertungsgesetz hinsichtlich der Vorschriften aufgebaut?

Das Bewertungsgesetz enthält **allgemeine** und **besondere Bewertungsvorschriften**. Der **erste Teil** des Bewertungsgesetzes enthält die **allgemeinen Bewertungsvorschriften** (§§ 1- 16 BewG), der **zweite Teil** die **besonderen Bewertungsvorschriften** (§§ 17 - 150 BewG). Ein **dritter Teil** enthält dann noch die **Übergangs- und Schlussvorschriften** (§§ 151 -152 BewG). Die **allgemeinen Bewertungsvorschriften** der §§ 2 bis 16 BewG gelten nicht, soweit im Zweiten Teil des Gesetzes oder in anderen Steuergesetzen besondere Bewertungsvorschriften enthalten sind (§ 2 Abs. 2 BewG).

Die Anwendung der **besonderen Bewertungsvorschriften** des Bewertungsgesetzes richtet sich nach den **Vorschriften der Einzelsteuergesetze** (§ 17 Abs. 1 BewG).
Für die **Grundsteuer** gelten die Vorschriften der §§ 18 – 94, 122 und 125 – 132, für die **Bedarfsbewertung** bei der Erbschaftsteuer und die Grunderwerbsteuer die der §§ 138 – 150 BewG.

3. Was ist Gegenstand der Bewertung nach dem Bewertungsgesetz?

Gegenstand der Bewertung ist **nicht** jedes einzelne Wirtschaftsgut, sondern die **wirtschaftliche Einheit**. Jede wirtschaftliche Einheit ist **für sich** zu bewerten (§ 2 Abs. 1 Satz 1 BewG). Ihr Wert ist **im Ganzen** festzustellen (§ 2 Abs. 1 Satz 2 BewG).

4. Wonach bestimmt sich die wirtschaftliche Einheit?

Was als **wirtschaftliche Einheit** zu gelten hat, ist nach der **Anschauung des Verkehrs** zu beurteilen (§ 2 Abs. 1 Satz 3 BewG). Die örtliche Gewohnheit, die tatsächliche Übung, die Zweckbestimmung und die wirtschaftliche Zusammengehörigkeit der einzelnen Wirtschaftsgüter sind zu berücksichtigen (§ 2 Abs. 1 Satz 4 BewG).

5. Welche Vermögensarten unterscheidet das Bewertungsgesetz?

Das **Bewertungsgesetz** unterscheidet nach § 18 BewG **drei Vermögensarten**:

1. Land- und forstwirtschaftliches Vermögen,
2. Grundvermögen,
3. Betriebsvermögen.

6. Was ist die wirtschaftliche Einheit des land- und forstwirtschaftlichen Vermögens?

Die **wirtschaftliche Einheit** des **land- und forstwirtschaftlichen Vermögens** ist der **Betrieb der Land- und Forstwirtschaft** (§ 33 Abs. 1 Satz 2 BewG).
Zum land- und forstwirtschaftlichen Vermögen gehören alle Wirtschaftsgüter, die dem Betrieb der Land- und Forstwirtschaft dauernd zu dienen bestimmt sind (§ 33 Abs. 1 Satz 1 BewG). Dazu gehören nach § 33 Abs. 2 BewG insbesondere der **Grund und Boden** (z.B. Äcker und Wiesen), die **Wohn- und Wirtschaftsgebäude**, die **stehenden Betriebsmittel** (z.B. Maschinen, Geräte, Zug- und Zuchttiere, Milchkühe) und ein **normaler Bestand an umlaufenden Betriebsmitteln** (zum Verbrauch oder zur Veräußerung bestimmte Betriebsmittel, z.B. Dünger, Mastvieh).

7. Was ist die wirtschaftliche Einheit des Grundvermögens?

Die **wirtschaftliche Einheit** des **Grundvermögens** ist **jedes einzelne Grundstück i.S.d. Bewertungsgesetzes** (§ 70 Abs. 1 BewG).

8. Was ist die wirtschaftliche Einheit des Betriebsvermögens?

Die **wirtschaftliche Einheit** des **Betriebsvermögens** sind **alle Teile eines Gewerbebetriebs i.S.d. § 15 Abs. 1 und 2 des Einkommensteuergesetzes** (§ 95 Abs. 1 Satz 1 BewG).

9. Welches sind die Bewertungsmaßstäbe des Bewertungsgesetzes?

Bewertungsmaßstäbe des Bewertungsgesetzes sind der **gemeine Wert** und **daraus abgeleitete Werte, der Teilwert, der Steuerbilanzwert und der Ertragswert.**

10. Wie wird der gemeine Wert eines Wirtschaftsguts bestimmt?

Der **gemeine Wert** eines **Wirtschaftsguts** wird durch den **Preis** bestimmt, der **im gewöhnlichen Geschäftsverkehr** nach der **Beschaffenheit** bei einer **Veräußerung** zu erzielen wäre (§ 9 Abs. 2 Satz 1 BewG). Dabei sind alle Umstände, die den Preis beeinflussen, zu berücksichtigen (§ 9 Abs. 2 Satz 2 BewG). Ungewöhnliche oder persönliche Verhältnisse sind nicht zu berücksichtigen (§ 9 Abs. 2 Satz 3 BewG).

11. Welche Werte werden aus dem gemeinen Wert abgeleitet?

Aus dem gemeinen Wert **abgeleitet** werden insbesondere

- der **Kurswert** für die Bewertung von **Wertpapieren und Anteilen** (§ 11 Abs. 1 BewG),
- der **Nennwert** für die Bewertung von **Kapitalforderungen und Schulden** (§ 12 Abs. 1 BewG) und
- der **Kapitalwert** für die Bewertung von **Nutzungen und Leistungen,** die auf eine bestimmte Zeit beschränkt sind (§ 13 Abs. 1 BewG).

12. Besteht nach dem Bewertungsgesetz eine besondere Definition für den Teilwert?

Der bewertungsrechtliche Teilwertbegriff nach § 10 Satz 2 BewG stimmt mit dem einkommensteuerlichen Teilwertbegriff des § 6 Abs. 1 Nr. 1 Satz 3 EStG überein.

13. Welche Bedeutung hat der Teilwert im Falle der Gewinnermittlung durch Betriebsvermögensvergleich nach § 4 Abs. 1 oder § 5 EStG?

Der **Teilwert** ist für die zu einem **Gewerbebetrieb** gehörenden Wirtschaftsgüter im Falle der **Gewinnermittlung nach § 4 Abs. 1 oder § 5 EStG** durch den **Steuerbilanzwert** ersetzt worden (§ 109 Abs. 1 BewG).

14. In welchen Fällen kommt der Ertragswert zur Anwendung?

Der **Ertragswert** kommt bei der Bewertung der **Betriebe der Land- und**

Forstwirtschaft für die **Bewertung des Wirtschaftswerts** zum Ansatz. Der Ertragswert ist das **Achtzehnfache des Reinertrags** (§ 36 Abs. 1 und 2 BewG).

15. Was versteht man unter dem Einheitswert?

Der **Einheitswert** ist ein Wert, der für **mehrere Steuern** (Vermögensteuer, Gewerbekapitalsteuer, Grundsteuer, Erbschaftsteuer) die **Bemessungsgrundlage** bildete.

16. Welche Bedeutung haben die Einheitswerte heute?

Durch die Nichterhebung der Vermögensteuer und den Wegfall der Gewerbekapitalsteuer und durch die neu eingeführte Bedarfsbewertung für die Erbschaftsteuer (und die Grunderwerbsteuer) sind die Einheitswerte seit **1998** im Wesentlichen nur noch für die **Grundsteuer** von Bedeutung.

17. Nach welchen Vorschriften werden die Einheitswerte ermittelt?

Einheitswerte werden nach dem **Ersten Abschnitt des Zweiten Teils des Bewertungsgesetzes** nach den Vorschriften der **§§ 19 – 109 BewG** ermittelt (§ 20 Satz 1 BewG).

18. Für welche wirtschaftlichen Einheiten werden heute noch Einheitswerte festgestellt?

Einheitswerte werden **ab 1998** nur noch für den **inländischen Grundbesitz** festgestellt (§ 19 Abs. 1 BewG).

19. Was zählt zum inländischen Grundbesitz?

Zum inländischen Grundbesitz zählen

- die **Betriebe der Land- und Forstwirtschaft** (§§ 33, 48a und 51a BewG),
- die **Grundstücke im Grundvermögen** (§§ 68, 70 BewG), z.B. Ein- und Zweifamilienhäuser und
- die **Betriebsgrundstücke** (§ 99 BewG), z.B. eine eigengenutzte Fabrikhalle.

20. Welche Teile umfasst der Betrieb der Land- und Forstwirtschaft?

Der **Betrieb der Land- und Forstwirtschaft** umfasst den **Wirtschaftsteil** und den **Wohnungsteil** (§ 34 Abs. 1 BewG).

21. Aus welchen Werten setzt sich der Einheitswert eines Betriebes der Land- und Forstwirtschaft zusammen?

Der **Einheitswert** eines **Betriebes der Land- und Forstwirtschaft** setzt sich in der Regel aus dem **Wirtschaftswert** und den **Wohnungswert** zusammen (§ 34 Abs. 1 BewG).

22. Was ist der Bewertungsmaßstab für den Wirtschaftsteil sowie für den Wohnteil?

Bewertungsmaßstab für den **Wirtschaftsteil** ist der **Ertragswert** (§ 36 Abs. 1 BewG). **Bewertungsmaßstab** für den **Wohnteil** ist der **gemeine Wert** (§ 47 BewG).

23. Nach welchen Vorschriften wird der Ertragswert für den Wirtschaftsteil ermittelt?

Der **Ertragswerts für den Wirtschaftsteil** wird nach den Vorschriften der **§§ 37 - 46 BewG** ermittelt.

24. Wie ist der Wert des Wohnteils zu ermitteln?

Der **Wert des Wohnteils** (Wohnungswert) ist gem. **§ 47 BewG** nach den Vorschriften zu ermitteln, die beim **Grundvermögen** für die Bewertung der **Mietwohngrundstücke im Ertragswertverfahren** gelten (§ 47 Satz 1 BewG).

25. Bestehen für die Ermittlung der Einheitswerte des Grundvermögens einheitliche Regeln?

Nein. Für die **Ermittlung der Einheitswerte** für das **Grundvermögen** bestehen **unterschiedliche Regelungen**. Zunächst bestimmt **§ 68 BewG** den **Umfang** des **Grundvermögens**. Danach gehören zum **Grundvermögen** insbesondere der **Grund und Boden**, die **Gebäude**, die **sonstigen Bestandteile** und das **Zubehör** sowie das **Erbbaurecht**, soweit es sich nicht um land- und forstwirtschaftliches Vermögen oder um Betriebsgrundstücke handelt.
Innerhalb des **Grundvermögens** unterscheidet das Bewertungsgesetz zwischen **unbebauten** (§§ 72 f. BewG) und **bebauten Grundstücken** (§§ 74 - 90 BewG).
Die **Unterscheidung** ist von **Bedeutung**, da sie sich sowohl auf die **Ermittlung** und die **Höhe des Einheitswerts** als auch auf den **Ansatz der Grundsteuermesszahlen** auswirkt.

26. Wie werden die bebauten Grundstücke für die Bewertung eingeteilt?

Die **bebauten Grundstücke** werden gem. **§ 75 Abs. 1 BewG** eingeteilt in Mietwohngrundstücke, Geschäftsgrundstücke, gemischtgenutzte Grundstücke, Einfamilienhäuser, Zweifamilienhäuser und sonstige bebaute Grundstücke.

27. Wie werden unbebaute Grundstücke bewertet?

Hinsichtlich der **Bewertung** der **unbebauten Grundstücke** enthält das

Bewertungsgesetz **keinen** besonderen Bewertungsmaßstab. Unbebaute Grundstücke werden daher mit dem **gemeinen Wert** i.S.d. § 9 BewG bewertet.

28. Wie wird der gemeine Wert der unbebauten Grundstücke ermittelt?

Der gemeine Wert unbebauter Grundstücke wird aus **Grundstücksverkäufen** der entsprechenden Gegend **abgeleitet.** Gutachterausschüsse erstellen zu diesem Zweck **Kaufpreissammlungen** und **Bodenpreiskarten.**

29. Wie werden bebaute Grundstücke bewertet?

Bebaute Grundstücke werden gleichfalls mit dem **gemeinen Wert** bewertet. Zur Ermittlung des gemeinen Wertes sieht das Bewertungsgesetz zwei Verfahren vor: das **Ertragswertverfahren** (§§ 78 - 82 BewG) und das **Sachwertverfahren** (§§ 83 – 90 BewG). Welches Verfahren zur Anwendung kommt, bestimmt die **Art** des Grundstücks.

30. In welchen Fällen kommt das Ertragswertverfahren zur Anwendung?

Das **Ertragswertverfahren** kommt regelmäßig für Mietwohngrundstücke, Geschäftsgrundstücke, gemischtgenutzte Grundstücke, Einfamilienhäuser und Zweifamilienhäuser zur Anwendung (§ 76 Abs. 1 BewG).

31. Was ist Grundlage des Ertragswertverfahrens?

Grundlage des Ertragswertverfahrens ist der **Reinertrag.**

32. Wie wird verfahren, wenn sich ein Reinertrag aufgrund der besonderen baulichen Gestaltung nicht ermitteln lässt?

Lässt sich ein Reinertrag aufgrund der **besonderen baulichen Gestaltung**

(Größe der Grundstückfläche, Größe der Wohnfläche) nicht ermitteln, kommt das sich an den **Herstellungskosten** orientierende **Sachwertverfahren** zur Anwendung.

33. In welchen Fällen kommt das Sachwertverfahren zur Anwendung?

Das **Sachwertverfahren** kommt insbesondere für **Geschäftsgrundstücke** wie Fabrikgrundstücke, Hotels, Warenhäuser, Lichtspielhäuser, Kliniken, Bank- und Versicherungsgebäude, Tankstellen usw. zur Anwendung (§ 76 Abs. 2 BewG).

34. Wie wird beim Ertragswertverfahren der Gesamtwert des Grundstücks ermittelt?

Beim **Ertragswertverfahren** wird gem. § 78 Satz 2 BewG der Gesamtwert des Grundstücks **ohne** die Aufteilung in Bodenwert, Gebäudewert und Außenanlagen durch Anwendung eines **Vervielfältigers** auf die **Jahresrohmiete** ermittelt.

Wert des Grundstücks
= **Jahresrohmiete** x **Vervielfältiger**
./. evtl. Korrekturen

35. Was ist die Jahresrohmiete?

Die **Jahresrohmiete** ist gem. § 79 Abs. 1 Satz 1 BewG das Gesamtentgelt, das die Mieter (Pächter) für die Benutzung des Grundstücks nach dem Stand im Feststellungszeitpunkt (1.1.1964) für ein Jahr zu entrichten haben. Der **Vervielfältiger** (§ 80 BewG) ist abhängig von der Gemeindegröße, dem Baujahr und der Grundstücksart. Die **Vervielfältiger** bewegen sich zwischen **5,0 und 13,0.**

36. Wie erfolgt die Wertermittlung beim Sachwertverfahren?

Beim **Sachwertverfahren** werden gem. § 83 BewG der Bodenwert, der Gebäudewert und der Wert der Außenanlagen zunächst getrennt ermittelt.
Der **Bodenwert** ist gem. § 84 BewG wie bei einem unbebauten Grundstück mit dem **gemeinen Wert** gem. § 9 BewG anzusetzen.
Beim **Gebäudewert** wird gem. § 85 BewG von den **durchschnittlichen Herstellungskosten des Jahres 1958** ausgegangen.
Dann erfolgt gem. § 85 Satz 2 BewG eine **Umrechnung** auf die **Wertverhältnisse des Jahres 1964**. Danach sind noch verschiedene Wertänderungsfaktoren gem. §§ 86 und 87 BewG (z.B. wegen Alters) zu berücksichtigen.
Der **Wert der Außenanlagen** ist gem. § 89 BewG entsprechend zu ermitteln.

37. Wie wird beim Sachwertverfahren der Einheitswert ermittelt?

Der **Einheitswert** ergibt sich beim **Sachwertverfahren** durch **Zusammenrechnung** von Bodenwert, Gebäudewert und Wert der Außenanlagen und durch Angleichung an den gemeinen Wert gem. § 90 BewG.
Die Wertzahlen zur Angleichung an den gemeinen Wert werden im Rahmen von 85 bis 50 v.H. des Ausgangswerts festgesetzt (§ 90 Abs. 2 Satz 1 BewG).

38. Wie werden Betriebsgrundstücke bewertet?

Betriebsgrundstücke sind gem. § 99 Abs. 3 BewG **wie Grundvermögen** zu behandeln.

39. In welchen Zeitabständen werden Einheitswerte festgestellt?

Die **Einheitswerte** werden seit 1998 nach 21 Abs. 1 BewG in Zeitabständen von **sechs Jahren** festgestellt (Hauptfeststellung). Der **Hauptfeststellung** werden die Verhältnisse zu Beginn des Kalenderjahres zugrunde gelegt (§ 21 Abs. 2 BewG).
Der letzte Hauptfeststellungszeitpunkt für den Grundbesitz war in den alten

Bundesländern der 1.1.1964 und in den neuen Bundesländern der 1.1.1935. Treten während des Hauptfeststellungszeitraums wesentliche Änderungen im Wert, der Art oder der Zurechnung des Gegenstandes der Einheitsbewertung ein, erfolgt eine **Fortschreibung** (§ 22 BewG). Entsteht nach dem Hauptfeststellungszeitpunkt eine wirtschaftliche Einheit neu, erfolgt eine **Nachfeststellung** (§ 23 BewG).

40. Was versteht man unter der Bedarfsbewertung?

Die **Einheitswerte**, die für den **Grundbesitz** nach den Wertverhältnissen vom 1.1.1935 bzw. 1.1.1964 (neue/alte Bundesländer) festgestellt worden sind, werden bei der **Erbschaftsteuer** ab dem 1.1.1996 und bei der **Grunderwerbsteuer** ab dem 1.1.1997 nicht mehr angewendet (§ 138 Abs. 1 Satz 2 BewG). An die Stelle dieser alten Einheitswerte treten besondere Werte für den Grundbesitz, die sog. **Bedarfswerte** (§ 138 Abs. 1 Satz 2 BewG).

Maßgebend für die Feststellung der Bedarfswerte sind die **tatsächlichen Verhältnisse** zum Besteuerungszeitpunkt und die **Wertverhältnisse zum 1.1.1996** (§ 138 Abs. 1 Satz 1 BewG). Die **Wertverhältnisse** zum 1.1.1996 gelten für die **Feststellungen von Grundbesitz** bis zum **31.12.2001** (§ 138 Abs. 4 BewG).

Der Wert **unbebauter Grundstücke** bestimmt sich gem. § 145 Abs. 3 Satz 1 BewG nach ihrer **Fläche** und den um **20 % ermäßigten Bodenrichtwerten**. Der Steuerpflichtige hat die Möglichkeit, einen niedrigeren gemeinen Wert (Verkehrswert) nachzuweisen (§ 145 Abs. 3 Satz 3 BewG).

Bebaute Grundstücke sind grundsätzlich nach dem **Ertragswertverfahren** zu bewerten. Der Wert eines bebauten Grundstücks ist das **12,5-fache** des für dieses im **Durchschnitt der letzten drei Jahre** vor dem Besteuerungszeitpunkt erzielten **Jahresmiete, vermindert** um die **Wertminderung wegen Alters** des Gebäudes (§ 146 Abs. 2 Satz 1 BewG). Die Wertminderung wegen Alters beträgt für jedes Jahr, das seit der Fertigstellung des Gebäudes bis zum Besteuerungszeitpunkt vollendet worden ist, 0,5 v.H., höchstens jedoch 25 v.H. (§ 146 Abs. 4 Satz 1 BewG).

2. Grundsteuer

Literaturhinweis: Seigel, G., Steuerlehre, S. 121 – 124.

1. Wie lässt sich die Grundsteuer charakterisieren?

Die **Grundsteuer** ist ebenso wie die Gewerbesteuer eine **Real- oder Objektsteuer** (§ 3 Abs. 2 AO). Sie erfasst ein bestimmtes **Objekt**, und zwar den **Grundbesitz im Sinne des Bewertungsgesetzes** ohne Rücksicht auf die persönlichen und wirtschaftlichen Verhältnisse des Steuerpflichtigen. Abgestellt wird auf den steuerlich relevanten Wert des Grundstücks, den **Einheitswert** (§ 13 GrStG). Sie ist somit eine vom Ertrag des Vermögens unabhängige **Substanzsteuer**. Der Grundsteuer unterliegt nur der im **Inland** belegene Grundbesitz (Inlandsprinzip).
Der **Stichtag** zur Ermittlung der Bemessungsgrundlage ist jeweils der **Beginn des Kalenderjahres** (§ 9 Abs. 1 GrStG).
Wie die Gewerbesteuer ergibt sich die Grundsteuer aus einer Kombination von gesetzlich vorgegebenen **Steuermesszahlen** und dem von der Gemeinde festgesetzten **Hebesatz** (§§ 14, 15, 25 GrStG).
Bei der **steuerlichen Gewinnermittlung** ist die Grundsteuer wie die Gewerbesteuer eine **abzugsfähige Betriebsausgabe.**
Die Grundsteuer ist wie die Gewerbesteuer eine **Gemeindesteuer** (Art. 106 Abs. 6 Satz 1 GG). Sie fließt allerdings im Gegensatz zu der Gewerbesteuer den **Gemeinden alleine** zu.
Ihre **Rechtfertigung** liegt lediglich darin, einen **Beitrag zur Finanzierung der Gemeindehaushalte** zu leisten.

2. Was ist der Steuergegenstand der Grundsteuer?

Der **Steuergegenstand** des Grundsteuergesetzes ist der **Grundbesitz im Sinne des Bewertungsgesetzes** (§ 2 GrStG). Hierzu gehören:

- **Betriebe der Land- und Forstwirtschaft** (§ 33 BewG),
- **Grundstücke des Grundvermögens** (§ 68, § 70 BewG),

- **Betriebsgrundstücke** (§ 99 BewG).

3. In welchen Fällen wird der Grundbesitz den Betriebsgrundstücken zugeordnet?

Der Grundbesitz wird den Betriebsgrundstücken zugeordnet, wenn der **betriebliche Nutzungsanteil über 50 %** liegt. Ansonsten wird der Grundbesitz dem Grundvermögen oder dem land- und forstwirtschaftlichen Vermögen zugeordnet (§ 2 GrStG, § 99 Abs. 1 und 2 BewG).

4. Welche Sachverhalte betreffen die Grundsteuerbefreiungen?

Die in den **§§ 3 bis 8 GrStG** geregelten **Steuerbefreiungen** betreffen Grundstücke, die von ihren Eigentümern **nicht zu eigenen wirtschaftlichen Zwecken** genutzt werden können, sondern die öffentlichen, hoheitlichen oder gemeinnützigen bzw. mildtätigen Zwecken gewidmet sind. Voraussetzung für die Steuerbefreiung ist, dass das Grundstück **unmittelbar** zu dem steuerbefreiten Zweck genutzt wird.

5. Wie wird die Grundsteuer berechnet?

Für die **Berechnung der Grundsteuer** ist ebenso wie bei der Gewerbesteuer von einem **Steuermessbetrag** auszugehen (§ 13 Abs. 1 Satz 1 GrStG). Für die Berechnung des **Steuermessbetrages** ist vom **Einheitswert** auszugehen, der im Veranlagungszeitpunkt für den jeweiligen Steuergegenstand maßgebend ist. Auf diesen **Einheitswert** wendet das Finanzamt einen je nach Steuergegenstand unterschiedlichen **Tausendsatz** (Steuermesszahl) an (§§ 14 und 15 GrStG). Daraus ergibt sich der **Grundsteuermessbetrag**. Die **Steuermesszahlen** betragen gem. §§ 14 und 15 GrStG:

- 6 ‰ für die Betriebe der Land- und Forstwirtschaft,

- 2,6 ‰ für die ersten 38.346,89 € des Einheitswerts beim Einfamilienhaus,
- 3,5 ‰ für den über 38.346,89 € hinausgehenden Betrag,
- 3,1 ‰ für Zweifamilienhäuser,
- 3,5 ‰ für alle anderen Grundstücke wie Eigentumswohnungen, unbebaute Grundstücke, **Betriebsgrundstücke**.

Auf den **Grundsteuermessbetrag** wenden die **Gemeinden** die durch **Ortssatzung** bestimmten **Hebesätze** an und berechnen so die **Grundsteuerjahresschuld**, die dann durch den **Grundsteuerbescheid** festgesetzt wird.

Für die Ermittlung der Grundsteuer in den **neuen Bundesländern** bestehen **Besonderheiten** (§§ 40 - 46 GrStG).

6. Wie erfolgt die Grundsteuerveranlagung?

Die **Grundsteuerveranlagung** erfolgt in einem **zweistufigen** Verfahren. Im **ersten Schritt** findet die **Feststellung der Einheitswerte** statt. Im **zweiten Schritt** erfolgt aufgrund dieser Werte eine **Veranlagung zur Grundsteuer**.

7. Welche Veranlagungsarten bestehen bei der Grundsteuer?

Bei der Grundsteuer bestehen **mehrere** Veranlagungsarten, und zwar

- die Hauptveranlagung (§ 16 GrStG),
- die Neuveranlagung (§ 17 GrStG),
- die Nachveranlagung (§ 18 GrStG) und
- die Aufhebung des Steuermessbetrags (§ 20 GrStG).

8. Wann erfolgt eine Grundsteuerhauptveranlagung?

Eine **Grundsteuerhauptveranlagung** erfolgt nach jedem **Hauptfeststellungszeitpunkt**.

9. Welches war der letzte Hauptfeststellungszeitpunkt für die Einheitswerte des Grundbesitzes?

Für die **Einheitswerte des Grundbesitzes** war der **1.1.1964** der **letzte Hauptfeststellungszeitpunkt**. Diese Einheitswerte wurden aber erst **ab dem 1.1.1974** der Besteuerung zugrunde gelegt. Der **Hauptveranlagungszeitraum 1974** dauert bis heute an.

10. Wann findet eine Neuveranlagung statt?

Eine **Neuveranlagung** findet gem. **§ 17 GrStG** statt, wenn für den **Einheitswert** eine **Wert-, Art- oder Zurechnungsfortschreibung** durchgeführt wird. Neuveranlagungszeitpunkt und Fortschreibungszeitpunkt sind identisch. Darüber hinaus ist eine Neuveranlagung der Grundsteuer zur **Beseitigung eines Fehlers zulässig** (§ 17 Abs. 2 GrStG).

11. Wann finden eine Nachveranlagung statt?

Eine **Nachveranlagung** finden gem. **§ 18 GrStG** statt, wenn eine **Nachfeststellung** eines **Einheitswerts** gem. § 23 BewG durchgeführt wird. Nachveranlagungszeitpunkt und Nachfeststellungszeitpunkt sind identisch. **Hauptanwendungsfall** für eine Nachveranlagung ist das **Entstehen einer neuen wirtschaftlichen Einheit**.

12. Wann werden Grundsteuermessbescheide aufgehoben?

Grundsteuermessbescheide werden gem. § 20 GrStG **aufgehoben**, wenn der **Einheitswert aufgehoben** wird oder dem Finanzamt bekannt wird, dass für den ganzen Steuergegenstand ein **Befreiungsgrund** eingetreten ist oder der **Steuermessbetrag fehlerhaft festgestellt** worden ist.

Aufhebungszeitpunkt ist der **Beginn des Kalenderjahres**, das auf den Eintritt der Steuerbefreiung folgt bzw. in dem der Fehler dem Finanzamt bekannt wird.

13. Ist der Grundsteuermessbescheid ein Steuerbescheid?

Der **Grundsteuer-Messbescheid** ist **kein Steuerbescheid,** weil durch ihn keine Steuerschuld, sondern nur eine für deren Ermittlung bedeutsame Berechnungsgröße festgestellt wird. Er ist jedoch gem. § 184 Abs. 1 AO ein dem Steuerbescheid **gleichgestellter Verwaltungsakt,** was insbesondere für die zu beachtende Form und für die anzuwenden Korrekturvorschriften (§§ 129, 172 ff. AO) von Bedeutung ist.

14. Ist die Abgabe einer Grundsteuererklärung gesetzlich vorgeschrieben?

Die **Abgabe einer Grundsteuererklärung** ist gesetzlich **nicht vorgeschrieben.** Die **Grundsteuerveranlagung** wird **von Amts wegen** von der **Finanzverwaltung** im Anschluss an die Feststellung des Einheitswerts vorgenommen.

15. Wann ist die Grundsteuer fällig?

Die **Grundsteuer** wird zu je einem **Viertel** ihres Jahresbetrags am **15.2, 15.5., 15.8. und 15.11. fällig** (§ 28 Abs. 1 GrStG). **Kleinbeträge** bis zu **15 €** werden am 15.8, **Kleinbeträge bis zu 30 €** jeweils zur Hälfte am 15.2. und 15.8. fällig (§ 28 Abs. 2 GrStG). **Auf Antrag** des Steuerschuldners kann die **gesamte Jahressteuerschuld** am **1.7.** des Kalenderjahres **in einer Summe** entrichtet werden (§ 28 Abs. 3 Satz 1 GrStG).
Ergeht der Grundsteuerbescheid nicht vor dem ersten Fälligkeitstermin am 15.2., so muss der Steuerschuldner in Höhe der für das Vorjahr bestimmten Teilbeträge **Vorauszahlungen** leisten (§ 29 GrStG).
Ergeht der Grundsteuerbescheid im Laufe des Kalenderjahres, sind die bis dahin zu entrichtenden Vorauszahlungen abzurechnen (§ 30 GrStG).

3. Erbschaft- und Schenkungsteuer

Literaturhinweise: Schulze zur Wiesche, D., Lehrbuch der Erbschaftsteuer, 4. Aufl., Herne/Berlin 1997; Seigel, G., Steuerlehre, Stuttgart 2001, S. 125 – 133.

1. Wie kann die Erbschaftsteuer charakterisiert werden?

Die **Erbschaftsteuer** ist eine **Personensteuer** und **Erbanfallsteuer**. Als **Erbanfallsteuer** besteuert sie das **Vermögen**, das ein Steuerpflichtiger im Wege des **Erbfalls** oder der **Schenkung** unter Lebenden erworben hat. Die **Bereicherung des Erben oder Beschenkten** ist **Voraussetzung** und auch **Bemessungsgrundlage** für die **Erbschaftsteuer**. Der **Steuertarif** ist **abhängig** von der **Bemessungsgrundlage** und vom **Verwandtschaftsgrad**.

2. Wirkt sich die Erbschaftsteuer auf die Betriebe aus?

Die **Erbschaftsteuer** wirkt sich insoweit auf die **Betriebe** aus, als sie von den Erben einer **Einzelunternehmung** oder den Erben eines **Anteils an einer Personengesellschaft** oder **personenbezogenen Kapitalgesellschaft** nicht aus dem Privatvermögen, sondern nur aus der **betrieblichen Substanz** entrichtet werden kann, so dass im Erbfall der Betrieb einen **Liquiditätsentzug** erleidet. Wird zur Begleichung der Steuerschuld eine zusätzliche **Kreditaufnahme** erforderlich, wird das **Verhältnis von Eigen- und Fremdkapital beeinflusst**. Müssen **Mehrheitsgesellschafter durch Erbschaft erworbene Anteile verkaufen**, um die Erbschaftsteuer bezahlen zu können, können sich die **Mehrheitsverhältnisse in der Gesellschaft verändern**, wodurch sich Auswirkungen auf die Unternehmensführung (z.B. Änderung oder Begründung von Abhängigkeitsverhältnissen oder über die Wahl von Aufsichtsratsmitgliedern) ergeben können. Diese Gefahren werden insoweit gemildert, als bei der **Übertragung von Unternehmensvermögen** ein **sachlicher Freibetrag** sowie ein **prozentualer Abschlag** vom verbleibenden Wert gewährt wird (§ 13a BewG).

3. Welche gesetzlichen Tatbestände lösen die Erbschaftsteuer aus?

Die **gesetzlichen Tatbestände**, die die **Erbschaftsteuer auslösen**, sind **Vorgänge des bürgerlichen Rechts**. Das Erbschaftsteuerrecht baut auf dem Erbrecht des BGB auf. Die erbschaftsteuerlichen Vorgänge sind daher grundsätzlich nach dem **bürgerlichen Recht** zu beurteilen. Für die Anwendung der im Steuerrecht ansonsten gebotenen **wirtschaftlichen Betrachtungsweise** ist daher **kein** Raum.

4. Wie lässt sich die Erbschaftsteuer rechtfertigen?

Sachlich **rechtfertigen** lässt sich die Erbschaftsteuer dadurch, dass die **wirtschaftliche Leistungsfähigkeit** des Steuerpflichtigen, der durch Erbfall oder Schenkung Vermögen erwirbt, vergrößert wird, **ohne** dass der Vermögensanfall der **Einkommensteuer** unterliegt. Steuerpflichtige hingegen, die keinen Vermögenszuwachs durch Erbschaft oder Schenkung haben, können eine entsprechende Erhöhung ihrer wirtschaftlichen Leistungsfähigkeit nur durch **Konsumverzicht** erzielen. Ferner soll die Erbschaftsteuer zur **Verminderung von Startungleichheiten in der Wettbewerbswirtschaft** beitragen.

5. Wer ist bei der Erbschaft- und Schenkungsteuer Steuerschuldner?

Steuerschuldner der **Erbschaftsteuer** ist der **Erwerber**, bei einer **Schenkung** auch der **Schenker** (§ 20 Abs. 1 Satz 1 ErbStG). Der Nachlass **haftet** bis zu einer evtl. Auseinandersetzung über die Erbschaft für die Erbschaftsteuer (§ 20 Abs. 3 ErbStG).

6. Welche Grundtatbestände unterliegen der Erbschaftsteuer?

Gem. § 1 Abs. 1 ErbStG unterliegen folgende **Grundtatbestände** der Erbschaftsteuer (Schenkungsteuer):

1. der Erwerb von Todes wegen (§ 1 Abs. 1 Nr. 1 ErbStG),

2. die Schenkungen unter Lebenden (§ 1 Abs. 1 Nr. 2 ErbStG),
3. die Zweckzuwendungen (§ 1 Abs. 1 Nr. 3 ErbStG),
4. das Vermögen einer Stiftung im Zeitabstand von je 30 Jahren (§ 1 Abs. 1 Nr. 4 ErbStG).

Die Erbschaftsteuer wird von dem Vermögen erhoben, das bei Tod einer natürlichen Person oder bei Aufhebung eines Zweckvermögens (Stiftung) auf einen Dritten übergeht (Grundtatbestand). Alle anderen Tatbestände sind Ersatztatbestände.

7. Wird bei der Erbschaftsteuer zwischen unbeschränkter und beschränkter Steuerpflicht unterschieden?

Als **Personensteuer** wird bei der Erbschaft- und Schenkungsteuer - wie bei der Einkommen- und Körperschaftsteuer – zwischen **unbeschränkter** und **beschränkter Steuerpflicht** unterschieden.

8. Wer ist unbeschränkt erbschaft- oder schenkungsteuerpflichtig?

Ist der **Erblasser** zur Zeit seines Todes, der **Schenker** zur Zeit der Ausführung der Schenkung oder der **Erwerber** (Erbe, Beschenkte) **zur Zeit der Entstehung der Steuer** ein **Inländer**, so tritt nach § 2 Abs. 1 Nr. 1 ErbStG die Steuerpflicht für den **gesamten Erbfall bzw. Erwerb** ein (**unbeschränkte Steuerpflicht**).

9. Welche Personen gelten i.S.d. Erbschaftsteuergesetzes als Inländer?

Als **Inländer** gelten insbesondere **natürliche Personen**, die im Inland einen Wohnsitz oder ihren gewöhnlichen Aufenthalt haben (§ 2 Abs. 1 Nr. 1 Satz 2 Buchst. a ErbStG) und **juristische Personen**, die ihre Geschäftsleitung oder ihren Sitz im Inland haben (§ 2 Abs. 1 Nr. 1 Satz 2 Buchst. d ErbStG).

10. Ist es für die unbeschränkte Erbschaft- und Schenkungsteuerpflicht von Bedeutung, ob das erworbene Vermögen sich im Inland oder Ausland befindet?

Es ist für die Erbschaft- und Schenkungsteuer **unbeachtlich**, ob sich das **erworbene Vermögen im Inland oder Ausland** befindet. Die unbeschränkte Steuerpflicht erstreckt sich auf den gesamten in- und ausländischen Vermögensanfall.

11. Unter welcher Voraussetzung tritt die beschränkte Erbschaft- und Schenkungsteuerpflicht ein?

Die **beschränkte Steuerpflicht** tritt ein, wenn der **Vermögensanfall** in **Inlandsvermögen** besteht **und** wenn **kein Inländer** beteiligt ist. Die beschränkte Steuerpflicht von Steuerausländern ist auf das Inlandsvermögen begrenzt (§ 2 Abs. 1 Nr. 3 ErbStG).

12. Welche sachlichen Steuerbefreiungen kennt das Erbschaft- und Schenkungsteuergesetz?

Nach **§ 13 ErbStG** bestehen insbesondere die folgenden **sachlichen Steuerbefreiungen**:

- Hausrat einschließlich Wäsche und Kleidungsstücke beim Erwerb durch Personen der Steuerklasse I: 41.000 € (§ 13 Abs. 1 Nr. 1a ErbStG);
- andere bewegliche körperliche Gegenstände beim Erwerb durch Personen der Steuerklasse I: 10.300 € (§ 13 Abs. Nr. 1b ErbStG);
- Hausrat einschließlich Wäsche und Kleidungsstücke und andere bewegliche körperliche Gegenstände beim Erwerb durch Personen der Steuerklassen II und III: insgesamt 10.300 € (§ 13 Abs. 1 Nr. 1c EStG);

Die Steuerbefreiung gilt nach § 13 Abs. 1 Satz 2 ErbStG **nicht** für Gegenstände, die zum land- und forstwirtschaftlichen Vermögen, zum

Grund- oder **Betriebsvermögen** gehören sowie für Zahlungsmittel, Wertpapiere, Münzen, Edelmetalle, Edelsteine und Perlen.

- übliche Gelegenheitsgeschenke (z.B. Hochzeits-, Geburtstags- oder Weihnachtsgeschenke) u.a. bleiben in **voller Höhe** steuerfrei (§ 13 Abs. 1 Nr. 14 ErbStG).

13. Was ist Bemessungsgrundlage der Erbschaft- und Schenkungsteuer?

Gem. **§ 10 Abs. 1 ErbStG** ist **Bemessungsgrundlage** der Erbschaft- und Schenkungsteuer der **Wert der Bereicherung** des **Erwerbers**, soweit die Bereicherung nicht steuerfrei ist.

14. Wie werden Nachlassverbindlichkeiten bei der Ermittlung der Bemessungsgrundlage der Erbschaft- und Schenkungsteuer behandelt?

Beim **Erbanfall** wird die **Bereicherung** in Höhe des **Vermögensanfalls abzüglich** der **Nachlassverbindlichkeiten** angenommen.

15. Was gehört zu den Nachlassverbindlichkeiten?

Zu den **Nachlassverbindlichkeiten** gehören gem. § 10 Abs. 5 Nr. 1 ErbStG insbesondere die **Schulden des Erblassers** und nach § 10 Abs. 5 Nr. 3 ErbStG die **Kosten der Bestattung des Erblassers und die Kosten für ein angemessenes Grabdenkmal samt Grabpflege**, die **ohne Nachweis mit 10.300 €** berücksichtigt werden.

16. Ist die zu entrichtende Erbschaftsteuer als Nachlassverbindlichkeit abzugsfähig?

Die zu **entrichtende Erbschaftsteuer** ist **nicht** als **Nachlassverbindlichkeit abzugsfähig**.

17. Welches ist der Bewertungsstichtag?

Bewertungsstichtag ist der **Zeitpunkt der Entstehung der Steuer**, d.h. der **Zeitpunkt des Todes des Erblassers** bzw. der **Zeitpunkt der Ausführung der Schenkung** (§ 11 ErbStG).

18. Wonach richtet sich die Bewertung?

Die Bewertung richtet sich den Vorschriften des Ersten Teils des Bewertungsgesetzes (Allgemeine Vorschriften), soweit in § 12 Abs. 2 – 6 ErbStG nicht etwas anderes bestimmt ist (§ 12 Abs. 1 ErbStG).

19. Wie ist der Grundbesitz zu bewerten?

Grundbesitz (§ 19 BewG) ist mit dem **Grundbesitzwert** anzusetzen, der sich nach **den besonderen Vorschriften des Bewertungsgesetzes** ergibt (§ 12 Abs. 3 ErbStG i.V.m. §§ 138 ff. BewG). Hierbei handelt es sich um eine **Bedarfsbewertung,** da eine **neue Wertfeststellung** für den **Grundbesitz** nur für den Fall angeordnet wird, das der **Grundstückswert** für den **einzelnen Steuerwert** benötigt wird.
Die **neuen Grundbesitzwerte** (Bedarfswerte) sind von den **örtlichen Finanzämtern** (Lagefinanzämter) festzustellen. **Verbindliche Basis** für die **Feststellungen** sind die **Wertverhältnisse zum 1.1.1996**. Die neuen Werte behalten bis zum 31.12.2001 Gültigkeit.
Grundsätzlich ist hinsichtlich der Bewertung zwischen **unbebauten Grundstücken** (§ 145 BewG) und **bebauten Grundstücken** (§§ 146 ff. BewG) zu unterscheiden, denn für **bebaute Grundstücke** gelten **nicht** die Wertverhältnisse vom 1.1.1996, sondern die Werte, die nach dem **Ertragswertverfahren** zu ermitteln sind.

20. Welche Grundstücke gehören zu den unbebauten Grundstücken?

Unbebaute Grundstücke sind nach § 145 Abs. 1 uns 2 BewG

- Grundstücke, auf denen sich keine benutzbaren Gebäude (überhaupt keine Gebäude oder zerstörte oder verfallen Gebäude) befinden oder
- Grundstücke, auf denen sich Gebäude mit unbedeutender Nutzung befinden (erzielte Jahresmiete oder übliche Miete < 1 v.H. des Grundstückswerts) oder
- Grundstücke, auf denen sich ein Gebäude im Zustand der Bebauung befindet (Sonderregelung des § 149 BewG).

21. Wie werden unbebaute Grundstücke bewertet?

Der **Wert unbebauter Grundstücke** bestimmt sich nach ihrer **Fläche** und den **um 20 v.H. ermäßigten Bodenrichtwerten** (§ 145 Abs. 3 BewG).

22. Der Steuerpflichtige weist einen niedrigeren Verkehrwert nach. Welcher Wert ist anzusetzen?

Weist der Steuerpflichtige einen niedrigeren Verkehrswert nach, so ist dieser anzusetzen (§ 145 Abs. 3 Satz 3 BewG).

23. Mit welchem Wert sind ausländische Grundstücke anzusetzen?

Ausländische Grundstücke sind mit dem **Verkehrswert** anzusetzen.

24. Wie werden bebaute Grundstücke bewertet?

Bebaute inländische Grundstücke werden im Regelfall mit der **12,5-fachen Jahresnettokaltmiete** (Durchschnitt aus den letzten drei Jahren) bewertet (§ 146 Abs. 2 BewG). Der **ermittelte Ertragswert** ist um die **Altersentwertung** (pauschal 0,5 v.H. pro vollendetem Jahr Gebäudealter bis zum Besteuerungszeitpunkt, höchstens um 25 v.H.) **zu kürzen** (§ 146 Abs. 4 Satz 1 BewG).
Bei **Ein- und Zweifamilienhäuser**, die ausschließlich Wohnzwecken dienen, ist ein **Zuschlag von 20 v.H. vorzunehmen** (§ 146 Abs. 5 BewG).

Dieses Verfahren gilt grundsätzlich auch für Grundstücke, die zum **Betriebsvermögen** gehören.

25. Wie bestimmt sich der Grundstückswert bei Industriegrundstücken, die nicht vermietet werden oder sich eine übliche Miete nicht ermitteln lässt?

Bei **Industriegrundstücken**, die nicht vermietet werden oder sich eine übliche Miete nicht ermitteln lässt, bestimmt sich der **Grundstückswert** aus der **Summe des um 30 v.H. ermäßigten Bodenwerts und des Gebäudewerts** (§ 147 Abs. 1 und 2 BewG).

26. Wie ist das Betriebsvermögen zu bewerten?

Für das **Betriebsvermögen** sind mit **Ausnahme der Betriebsgrundstücke** die **Steuerbilanzwerte** zu übernehmen (§ 12 Abs. 5 ErbStG). Die Bewertung der Betriebsgrundstücke erfolgt in der Regel nach § 147 BewG. **Betriebsschulden** werden im Wert des Betriebsvermögens berücksichtigt.

27. Mit welchem Wert sind Anteile an Kapitalgesellschaften anzusetzen?

Anteile an Kapitalgesellschaften sind mit dem **gemeinen Wert** anzusetzen. Dieser entspricht bei börsennotierten Anteilen dem **Börsenkurs** (§ 12 Abs. 5 ErbStG). Der gemeine Wert von **nichtnotierten Anteilen** an Kapitalgesellschaften ist in erster Linie **aus Verkäufen abzuleiten** (R 95 Abs. 3 Satz 1 ErbStR). Kann der gemeine Wert nicht aus Verkäufen abgeleitet werden, ist er unter Berücksichtigung des Vermögens und der Ertragsaussichten der Gesellschaft zu schätzen (§ 11 Abs. 2 Satz 2 BewG i.V.m. R 96 Abs. 1 Satz 1 ErbStR).

28. Welche Regelung besteht hinsichtlich des Erbschaft- und Schenkungsteuertarifs?

Der **Erbschaft- und Schenkungsteuertarif** ist in **§ 19 Abs. 1 ErbStG** geregelt. Die **Steuersätze** reichen von **7 v.H. bis 50 v.H.** und hängen sowohl vom **Verwandtschaftsverhältnis** als auch von **der Höhe des steuerpflichtigen Erwerbs** ab. Der **Tarif der Erbschaftsteuer** ist somit **doppelt progressiv**. Die **Steuer steigt** mit der **Höhe des Erwerbs** und mit der **Steuerklasse**.
Die **Steuersätze** sind **Effektivsätze** und **keine Grenzsteuersätze**, d.h. mit dem **zutreffenden Steuersatz** wird die **gesamte Bemessungsgrundlage** besteuert. Beim **Überschreiten der Intervallgrenzen** entstehen **Härten**, die durch die **Limitierungsvorschriften** des § 19 Abs. 3 ErbStG **verhindert** werden.

29. Welche Steuerklassen enthält das Erbschaft- und Schenkungsteuergesetz?

Das Erbschaft- und Schenkungsteuergesetz enthält **drei** Steuerklassen.

30. Wovon hängt die Steuerklasse ab?

Die **Steuerklasse** hängt von den persönlichen Verhältnissen zum Erblasser oder Schenker (**Verwandtschaftsgrad**) ab (§ 15 Abs. 1 ErbStG).
Die Steuerklassen I und II Nr. 1 – 3 gelten auch dann, wenn die Verwandtschaft durch Annahme als Kind bürgerlich-rechtlich erloschen ist.

31. Welche Bedeutung hat die Einordnung in eine der drei Steuerklassen?

Die **Einordnung** in eine der **drei Steuerklassen** hat **unterschiedliche**

- Steuerbefreiungen,
- Freibeträge und
- Steuersätze

zur Folge.

Steuerklassen bei der Erbschaftsteuer nach Verwandtschaftsgrad	
Steuerklasse I	1. der Ehegatte; 2. die Kinder und Stiefkinder; 3. die Abkömmlinge der unter Nummer 2 genannten Kinder und Stiefkinder; 4. die Eltern und Voreltern bei Erwerben von Todes wegen;
Steuerklasse II	1. die Eltern und Voreltern, soweit sie nicht zur Steuerklasse I gehören; 2. die Geschwister; 3. die Abkömmlinge ersten Grades von Geschwistern; 4. die Stiefeltern; 5. die Schwiegerkinder; 6. die Schwiegereltern; 7. der geschiedene Ehegatte.
Steuerklasse III	alle übrigen Erwerber und die Zweckzuwendungen

32. Wie werden frühere Erwerbe behandelt?

Nach **§ 14 ErbStG** sind alle **Vermögensvorteile zusammenzurechnen,** die dem Steuerpflichtigen innerhalb eines Zeitraums **von zehn Jahren** von **derselben Person** eingeräumt werden. Mit dieser Regelung soll eine **mehrfache Ausnutzung von Freibeträgen** und eine **Abschwächung der Steuerprogression** verhindert werden.

33. Welche Steuersätze bestehen für die einzelnen Steuerklassen?

Die Erbschaftsteuer wird nach den in **§ 19 Abs. 1 ErbStG** niedergelegten Steuersätzen erhoben.

Steuerklassen und Steuersätze bei der Erbschaftsteuer			
Wert des steuerpflichtigen Erwerbs (§ 10) bis einschließlich ... €	I	II	III
52.000	7	12	17
256.000	11	17	23
512.000	15	22	29
5.113.000	19	27	35
12.783.000	23	32	41
25.565.000	27	37	47
über 25.565.000	30	40	50

34. Welche Freibeträge bestehen nach § 16 ErbStG für Erwerbe i.S.d. § 2 Abs. 1 Nr. 1 ErbStG?

Für Erwerbe i.S.d. § 2 Abs. 1 Nr. 1 ErbStG bestehen nach § 16 ErbStG nachstehende Freibeträge.

Freibeträge bei der Erbschaftsteuer nach § 16 ErbStG	
Ehegatte	307.000 €
Kinder, Stiefkinder, Kinder verstorbener Kinder oder Stiefkinder	205.000 €
Enkel, Eltern oder Voreltern bei Erwerben von Todes wegen	51.200 €
entfernte Verwandte (Steuerklasse II)	10.300 €
übrige Erwerber und Zweckzuwendungen	5.200 €

35. Welche Regelung besteht hinsichtlich des Versorgungsfreibetrags nach § 17 ErbStG?

Der **überlebende Ehegatte** und die **Kinder** können zusätzlich einen **besonderen Versorgungsfreibetrag** erhalten (§ 17 ErbStG). Beim **überlebenden Ehegatten** beträgt der **Versorgungsfreibetrag 256.000 €**, bei **Kindern** ist er nach dem Alter gestaffelt **(Höchstbetrag 52.500 €, niedrigster Betrag 10.300 €)**.

36. Besteht für den Übergang von Betriebsvermögen, land- und forstwirtschaftlichem Vermögen und Beteiligungen an Kapitalgesellschaften eine besondere Begünstigung?

Nach **§ 13a Abs. 1 - 4 ErbStG** sind derartige Übertragungsvorgänge unter bestimmten Voraussetzungen begünstigt.
Die **Begünstigung** besteht in der Gewährung eines **Freibetrags** von **256.000 €** (§ 13a Abs. 1 ErbStG) sowie in einem **Bewertungsabschlag** von **40 v.H.** vom verbleibenden Vermögen (§ 13a Abs. 2 BewG).
Begünstigt werden **Erwerbe von Todes wegen** (§ 13a Abs. 1 Nr. 1 ErbStG) und **Erwerbe im Wege der vorweggenommenen Erbfolge** (§ 13a Abs. 1 Nr. 2 ErbStG).

37. Unter welcher Voraussetzung entfallen die Begünstigungen des § 13a ErbStG für die Vergangenheit?

Bei einem Verstoß gegen die **fünfjährig Behaltensfrist** des § 13a Abs. 5 ErbStG **entfallen die Begünstigungen rückwirkend**. Nach § 13a Abs. 5 Nr. 1 ErbStG führt z.B. die **Veräußerung** eines Gewerbebetriebs innerhalb der fünfjährigen Behaltensfrist zum **nachträglichen Wegfall** der Begünstigungen.

38. Welche Begünstigung besteht beim Übergang von Betriebsvermögen an Erwerber der Steuerklasse II oder III?

Geht Betriebsvermögen an Erwerber der Steuerklasse II oder III über, wird Vermögen, welches nach § 13a ErbStG begünstigt ist, im Wege der **Tarifbegrenzung** des **§ 19a ErbStG** mit einem Steuersatz belastet, der für den Erwerber der **Steuerklasse I** gelten würde (Tarifbegrenzung).

39. Wie läuft das Besteuerungsverfahren ab?

Die Erbschaftsteuer ist eine **Veranlagungsteuer**, d.h. das Finanzamt ermittelt die Steuerschuld aufgrund einer Steuererklärung und setzt die Steuer in einem Erbschaftsteuerbescheid fest.

40. Bestehen bei der Erbschaftsteuer besondere Anzeigepflichten?

Zur Erfassung der erbschaftsteuerpflichtigen Erwerbe bestehen eine Reihe von **Anzeigepflichten**.

- Der **Erwerber** hat binnen einer **Frist von drei Monaten** nach erlangter Kenntnis dem **Finanzamt** den **Erwerb anzuzeigen** (§ 30 Abs. 1 ErbStG).
- Vermögensverwahrer, Vermögensverwalter und **Versicherungsunternehmen** sind gem. § 33 ErbStG zur Anzeige verpflichtet.
- **Kreditinstitute** sind verpflichtet, dem Finanzamt nach dem Tod eines Kunden dessen Guthaben, Wertpapiere und die bis zum Todestag aufgelaufenen Zinsen mitzuteilen.
- **Gerichte, Behörden, Beamte und Notare** haben gem. § 34 ErbStG eine Anzeigepflicht. Zuständig ist grundsätzlich das Finanzamt am Wohnsitz des Erblassers oder Schenkers (§ 35 ErbStG).

41. Wann fordert das Finanzamt zur Abgabe einer Steuererklärung auf?

Das Finanzamt fordert zur Steuererklärung auf, wenn es nach Prüfung der eingegangenen Anzeigen einen steuerpflichtigen Erwerb vermutet. Nach Prüfung der Steuererklärung durch das zuständige Finanzamt ergeht der Steuerbescheid, aus dem sich die zu zahlende Erbschaftsteuer ergibt.

42. Ist es grundsätzlich schenkungsteuerlich günstiger, Privatvermögen statt Betriebsvermögen zu schenken?

Aufgrund des Freibetrags nach § 13a Abs. 1 ErbStG (256.000 €), des Bewertungsabschlags nach § 13a Abs. 2 ErbStG (40 v.H. vom Rest-Betriebsvermögen) und der Tarifbegrenzung nach § 19a ErbStG (stets

Steuerklasse I) ist es günstiger Betriebsvermögen statt Privatvermögen zu verschenken.

43. Ist grundsätzlich eine Grundstücksschenkung schenkungsteuerlich günstiger als eine Geldschenkung?

Eine Grundstücksschenkung ist schenkungsteuerlich günstiger als eine Geldschenkung, da Grundstücke nur mit ca. **50 % - 60 % des Verkehrswerts** zur Schenkungsteuer herangezogen werden.

3. Abschnitt

Steuern auf die Einkommens- und Vermögensverwendung

1. Umsatzsteuer

Literaturhinweise: Hahn, V./Kortschak, H.-P., Lehrbuch der Umsatzsteuer, 8. Aufl., Herne/Berlin 2000; Lierow, W., Meyer, H., Umsatzsteuer, 10. Aufl., Stuttgart/München 2000; Sauerland, H., Schmidt, A., Lippross, O.-G., Umsatzsteuer, 18. Aufl., Achim 1994; Seigel, G., Betriebliche Steuerlehre, Stuttgart 2001, S. 136 – 170; Völkel, D./Karg, H., Umsatzsteuer, 8. Aufl., Stuttgart 1997.

1. Welche finanzpolitische Bedeutung hat die Umsatzsteuer?

Die **Umsatzsteuer** ist nach der Einkommensteuer (mit ihren verschiedenen Erhebungsformen) die **zweitwichtigste Einnahmequelle** des Staates. Das **Umsatzsteueraufkommen** betrug im Jahre 2000 mit **277 Mrd. DM** rund **30 v.H.** des gesamten Steueraufkommens.

2. Welche Gebietskörperschaften haben bei der Umsatzsteuer die Ertragshoheit?

Das **Aufkommen** der Umsatzsteuer steht **Bund und Ländern gemeinsam** zu (Art. 106 Abs. 3 GG). Die **Gemeinden** erhalten einen Anteil an der Umsatzsteuer als **Ausgleich für den Wegfall der Gewerbekapitalsteuer**.

3. Welchen Stellenwert hat die Umsatzsteuer im Rahmen der europäischen Steuerharmonisierung?

Die **Umsatzsteuer** ist die erste und bisher **einzige Steuer** mit **einer einheitlichen Bemessungsgrundlage** innerhalb der **Europäischen Union** (**EU**). Unterschiedlich sind im Wesentlichen nur noch die **Steuersätze**.

4. Welches Ziel wird mit der Harmonisierung der Umsatzsteuer verfolgt?

Ziel der Harmonisierung der Umsatzsteuer ist es, **innergemeinschaftliche Umsätze** in gleicher Weise wie **Inlandsumsätze** zu besteuern.

5. Seit wann sind die steuerlichen Grenzen im Bereich der Umsatzsteuer entfallen?

Seit dem **1. Januar 1993** sind die steuerlichen Grenzen im Bereich der Umsatzsteuer entfallen.

6. Erfolgt nach dem Fall der Steuergrenzen die Besteuerung im Ursprungsland oder im Bestimmungsland?

In konsequenter **Umsetzung des Binnenmarktgedankens** war **zunächst** für Lieferungen zwischen den verschiedenen Mitgliedstaaten der EU das **Ursprungslandprinzip** vorgesehen. Das **Umsatzsteueraufkommen** sollte jedoch nach dem **Bestimmungslandprinzip** auf die Mitgliedstaaten verteilt werden. Der Ausgleich zwischen den Staaten, die beim Ursprungslandprinzip als Exportländer Umsatzsteuermehreinnahmen erzielen, und den Mitgliedstaaten, die als Importländer die Vorsteuer erstatten müssen, sollte über ein **zwischenstaatliches Clearing-Verfahren** erreicht werden. Da die Mitgliedstaaten ihre Finanzhoheit behalten wollten und sich über die Ausgestaltung des grenzüberschreitenden Vorsteuerabzugs sowie des Clearing-Verfahrens nicht einigen konnten, wurde zum 1.1.1993 ein **modifiziertes Übergangssystem** eingeführt. Nach dieser **Übergangsregelung** gilt für Lieferungen zwischen **Unternehmen das Bestimmungslandprinzip** und für **Lieferungen an Endverbraucher** das **Ursprungslandprinzip**. Diese grundlegende Regelung wird zwecks **Vermeidung**

von Wettbewerbsverzerrungen durch **zahlreiche Ausnahmen** modifiziert.[1]

7. Welches sind die Rechtsgrundlagen für die Umsatzbesteuerung?

Rechtsgrundlagen für die **Umsatzbesteuerung** sind das **Umsatzsteuergesetz** (UStG) und die **Umsatzsteuer-Durchführungsverordnung** (UStDV). Daneben gibt es seit dem 1.1.1985 **Umsatzsteuer-Richtlinien** (UStR). Die **Umsatzsteuer-Richtlinien** sind eine **allgemeine Verwaltungsanweisung** zur Ausführung des Umsatzsteuergesetzes. Die Verwaltung ist daran gebunden.

8. Wie kann die Umsatzsteuer im Einzelnen charakterisiert werden?

Die Umsatzsteuer ist eine **Objektsteuer**. Die Höhe der Steuer bemisst sich nach bestimmten Merkmalen des Steuerobjekts (Steuergegenstandes), ohne grundsätzlich auf die persönlichen Verhältnisse Rücksicht zu nehmen. Sie ist eine **Verkehrsteuer**, weil sei einen wirtschaftlichen Verkehrsvorgang (Lieferung oder sonstige Leistung) besteuert.

Die Umsatzsteuer hat das Wesen einer **Allphasen-Nettoumsatzsteuer mit Vorsteuerabzug** (Mehrwertsteuer), weil sie auf **jeder Wirtschaftsstufe** zur Erhebung kommt und durch den **Vorsteuerabzug** im Ergebnis nur den **Nettoumsatz** erfasst.

Der einzelne Unternehmer **überwälzt** die Umsatzsteuer auf den Leistungsempfänger (Überwälzungsprinzip). Dadurch wird die Umsatzsteuer zu einer **indirekten Steuer**. Der gesetzliche Steuerschuldner und der wirtschaftliche Träger der Umsatzsteuer sind verschiedene Personen. Nur der **Unternehmer** ist **Steuerschuldner**.

Durch die Möglichkeit des **Vorsteuerabzugs** durch den Unternehmer und dessen Überwälzung der Ausgangs-Umsatzsteuer auf den Abnehmer wird kostenmäßig die Umsatzsteuer vom **Endverbraucher** getragen. **Steuerträger** ist also der **Endverbraucher** (vom Gedanken her). **Wirtschaftlich** ist die Umsatzsteuer somit eine **Verbrauchsteuer**. Das Umsatzsteuer-

[1] Vgl. Scheffler, W., Besteuerung von Unternehmen I: Ertrags-, Substanz- und Verkehrsteuern. 4 Aufl., Heidelberg 2001, S. 300.

Aufkommen realisiert sich somit erst auf der Endverbraucherstufe. Gelangt die Ware nicht zum Endverbraucher oder wird sie ins Ausland exportiert, ergibt sich für den Steuergläubiger kein Umsatzsteuer-Aufkommen.
Die Umsatzsteuer ist eine **Selbstveranlagungssteuer**; der **Unternehmer** gibt eine **Steueranmeldung** ab.
Die Umsatzsteuer hat grundsätzlich eine **wettbewerbsneutrale Wirkung**, und zwar wegen der **Allphasen-Nettobesteuerung mit Vorsteuerabzug**. Auf jeder Umsatzstufe wird nur die **eigene Wertschöpfung** besteuert und die letztendliche Steuerbelastung an den Endverbraucher (Letztverbraucher) weitergegeben.

9. Welches sind die systemtragenden Prinzipien der Umsatzbesteuerung?

Die **systemtragenden Prinzipien** der Umsatzbesteuerung sind:

- Allphasenbesteuerung,
- Besteuerung des Nettoumsatzes und
- Abzug der Vorsteuern.

10. Im Volksmund wird die Umsatzsteuer vielfach als „Mehrwertsteuer" bezeichnet. Kommt es für die Besteuerung entscheidend auf den Mehrwert einer Leistung an?

Den Begriff **„Mehrwertsteuer"** kennt das Umsatzsteuergesetz nicht. Der Begriff ist auch insoweit missverständlich, da es nicht auf den Mehrwert einer Leistung ankommt, sondern allein auf das **Mehr an Entgelt**.[2]

11. Dem „privaten" Letztverbraucher steht kein Vorsteuerabzug zu. Wer ist nach dem Umsatzsteuergesetz als „privater" Letztverbraucher anzusehen?

[2] Vgl. Lierow, W., Meyer, H., Umsatzsteuer, 10. Aufl., Stuttgart/München 2000, S. 12.

Als „privater" Letztverbraucher bzw. als „private" Letztverbraucher sind anzusehen:

- die privaten Abnehmer,
- die öffentliche Hand, soweit sie nicht Unternehmer ist (§ 2 Abs. 3 UStG),
- alle Unternehmer, die **nicht** zum Vorsteuerabzug berechtigt sind. Das sind Unternehmer,
  - die steuerfreie Umsätze nach § 4 Nr. 8 bis 28 UStG bewirken,
  - Kleinunternehmer, soweit sie von der Nichterhebungsregel in § 19 UStG Gebrauch machen.[3]

12. Berücksichtigt der Unternehmer die Umsatzsteuer in seiner Kalkulation?

Dem Unternehmer steht der Vorsteuerabzug zu. Der Unternehmer wird mit der Umsatzsteuer nicht belastet. Die Umsatzsteuer bleibt deshalb bei der Kalkulation außer Ansatz.

13. Produzent P veräußert Waren an den Großhändler G zum Preis von 10.000 € + 1.600 € USt. Großhändler G verkauft diese Ware zum Preis von 15.000 € + 2.400 € USt an den Einzelhändler E. Einzelhändler E findet einen privaten Abnehmer A, dem er die Ware für 18.000 € + 2.880 € USt verkauft. Wer ist mit der Umsatzsteuer belastet?

	1. Umsatz (P)	2. Umsatz (G)	3. Umsatz (E)
Umsatz	10.000 €	15.000 €	18.000 €
USt-Schuld	1.600 €	2.400 €	2.880 €
Vorsteuer	-	1.600 €	2.400 €
Zahllast	1.600 €	800 €	480 €

[3] Vgl. Lierow, W., Meyer, H., Umsatzsteuer, 10. Aufl., Stuttgart/München 2000, S. 15.

P muss 1.600 € an das Finanzamt abführen. Diese bekommt er über den Kaufpreis von G, so dass er nicht mit Umsatzsteuer belastet ist.

G hat eine **Zahllast** von 800 €. Diese Zahllast entspricht genau dem auf seine Wertschöpfung von 5.000 € entfallenden Betrag (5.000 € x 0,16) = 800 €. Diese **Zahllast** ergibt sich aus der **Ausgangs-Umsatszteuer** (= 2.400 €) abzüglich der **Vorsteuer** (= 1.600 €).

Die **Vorsteuer** ist die dem Unternehmer berechnete Umsatzsteuer beim Einkauf einer Ware oder Dienstleistung. Da diese Umsatzteuer auf einem Vorumsatz beruht, nennt man sie Vorsteuer. Die **Verrechnung** der Ausgangs-Umsatzsteuer mit der Vorsteuer nennt man **Vorsteuerabzug.**

E hat eine Zahllast von 480 €. Diese Zahllast entspricht genau dem auf seine Wertschöpfung von 3000 € entfallenden Betrag (3.000 € x 0,16) = 480 €. Sie berechnet sich aus der Ausgangs-Umsatzsteuer (= 2.880 €) abzüglich der Vorsteuer (= 2.400 €).

Erst **A**, der als privater Abnehmer keinen Vorsteuerabzug in Anspruch nehmen kann, muss die Umsatzsteuer tatsächlich tragen (= Steuerträger).

14. Welche Bedeutung hat der Aufbau des Umsatzsteuergesetzes bei der Prüfung umsatzsteuerrechtlicher Sachverhalte?

Die **Prüfung umsatzsteuerlicher Sachverhalte** hat sich am **Aufbau des Umsatzsteuergesetzes** zu orientieren.

15. Welchen Geltungsbereich hat das Umsatzsteuergesetz?

Umsätze sind nur **steuerbar**, wenn sie im **Inland** ausgeführt werden.

16. Was ist im umsatzsteuerlichen Sinne unter dem Gebietsbegriff „Inland“ zu verstehen?

Inland ist nach § 1 Abs. 2 UStG das Hoheitsgebiet der Bundesrepublik Deutschland **mit Ausnahme** der **Zollausschlüsse** und der **Zollfreigebiete** (§ 1 Abs. 2 Satz 1 UStG).

17. Was sind Zollausschlüsse?

Zollausschlüsse sind **Teile des deutschen Hoheitsgebiets**, die **vom deutschen Zollgebiet ausgeschlossen** sind (z.B. das Gebiet der Gemeinde Büsingen am Hochrhein).

18. Was sind Zollfreigebiete?

Zollfreigebiete sind **deutsche Hoheitsgebiete**, die **vom deutschen Zollgebiet ausgeschlossen** sind, einem **fremden Zollgebiet jedoch nicht angeschlossen** sind.

19. Welche konkreten Gebiete gehören zu den Zollfreigebieten?

Zu den **Zollfreigebieten** gehören:

- die Insel Helgoland,
- die Freihäfen,
- die Gewässer und Watte zwischen der Hoheitsgrenze und der jeweiligen Strandlinie,
- deutsche Schiffe und deutsche Luftfahrzeuge in Gebieten, die zu keinem Zollgebiet gehören.

20. Welche Gebiete gehören zu den Freihäfen?

Freihäfen sind **Teile der Häfen** Bremen, Bremerhaven, Cuxhaven, Deggendorf, Duisburg, Emden, Hamburg und Kiel, die vom **übrigen deutschen Teil des Zollgebiet der Gemeinschaft getrennt** sind (Abschn. 13 Abs. 1 Satz 2 UStR).

21. Wie wird der Letztverbrauch in den Zollfreigebieten behandelt?

Obwohl die **Zollfreigebiete** umsatzsteuerlich nicht zum Inland gehören, gelten die **Umsätze an Letztverbraucher**, die in den Freihäfen und in den Gewässern zwischen der Hoheitsgrenze und der jeweiligen Strandlinie ausgeführt werden, als im **Inland** ausgeführt (§ 1 Abs. 3 UStG). Hierunter fällt z.B. der Bordverzehr.

22. Was ist im umsatzsteuerlichen Sinne Ausland?

Ausland im umsatzsteuerlichen Sinne ist das Gebiet, das **nicht** zum **Inland** gehört (§ 1 Abs. 2 Satz 2 UStG). Zum **Ausland** gehören auch die nach § 1 Abs. 2 Satz 1 UStG vom Inland ausgenommenen **Zollausschlussgebiete und Zollfreigebiete.** Das **Ausland** umfasst also das **Drittlandsgebiet** (einschließlich der Gebiete, die nach § 1 Abs. 2 Satz 1 UStG vom Inland ausgenommen sind), und das **übrige Gemeinschaftsgebiet**.

23. Was ist im umsatzsteuerlichen Sinne Drittlandsgebiet?

Drittlandsgebiet i.S.d. Umsatzsteuergesetzes ist das Gebiet, das **nicht Gemeinschaftsgebiet** ist (§ 1 Abs. 2a Satz 3 UStG).

24. Kommt es für die Umsatzbesteuerung darauf an, ob der Unternehmer deutscher Staatsangehöriger ist, seinen Wohnsitz im Inland hat, im Inland eine Betriebsstätte unterhält, die Rechnung erteilt oder die Zahlung empfängt?

Wird ein Umsatz im Inland ausgeführt, so kommt es für die Besteuerung **nicht** darauf an, ob der Unternehmer deutscher Staatsangehöriger ist, seinen Wohnsitz oder Sitz im Inland hat, im Inland eine Betriebsstätte unterhält, die Rechnung erteilt oder die Zahlung empfängt (§ 1 Abs. 2 Satz 3 UStG).

25. Welche Gebiete umfasst das Gemeinschaftsgebiet?

Das **Gemeinschaftsgebiet** umfasst die **gemeinschaftsrechtlichen Inlandsgebiete** aller **Mitgliedstaaten der Europäischen Gemeinschaft** (§ 1 Abs. 2a Satz 1 UStG).

Mitgliedstaaten sind zur Zeit:

- Belgien,
- Dänemark (ohne Grönland und Färöer),
- Deutschland,
- Finnland (ohne die Åland-Inseln),
- Frankreich (ohne die überseeischen Departements) zuzüglich des Fürstentums Monaco,
- Griechenland (ohne Berg Athos),
- Irland,
- Italien (ohne Livigno, Campione d'Italia, San Marino und den zum italienischen Hoheitsgebiet gehörenden Teil des Luganer Sees),
- Luxemburg,
- Niederlande (ohne die überseeischen Gebiete Aruba und Niederländische Antillen),
- Österreich,
- Portugal (einschließlich Madeira und der Azoren),
- Schweden,
- Spanien (einschließlich Balearen, ohne Kanarische Inseln, Ceuta und Melilla),
- Vereinigtes Königreich und Nordirland (ohne die überseeischen Länder und Gebiete, die Selbstverwaltungsgebiete der Kanalinseln Jersey und Guernsey sowie die britischen Hoheitszonen auf Zypern) zuzüglich der Insel Man (Abschn. 13a Abs. 1 Satz 2 UStR).

26. Was ist Gegenstand der Besteuerung bei der Umsatzsteuer?

Gegenstand der Besteuerung bei der **Umsatzsteuer** ist nach **§ 1 Abs. 1** UStG der **„Umsatz"**.

27. Definiert das Umsatzsteuergesetz den Begriff „Umsatz"?

Das Umsatzsteuergesetz enthält **keine Begriffsbestimmung** darüber, was unter einem Umsatz im Sinne des Umsatzsteuergesetzes zu verstehen ist. Das Umsatzsteuergesetz führt lediglich in **§ 1 Abs. 1 UStG** bestimmte Tatbestände auf, die als **„steuerbare Umsätze"** gelten.

28. Welche Umsatzarten unterscheidet § 1 Abs. 1 UStG?

§ 1 UStG unterscheidet die folgenden Umsatzarten:

1. die **Lieferungen und sonstigen Leistungen**, die ein Unternehmer im Inland gegen Entgelt im Rahmen seines Unternehmens ausführt (§ 1 Abs. 1 Nr. 1 UStG);
2. die **Einfuhr** von Gegenständen aus dem Drittlandsgebiet in das Inland oder die österreichischen Gebiete Jungholz und Mittelberg (§ 1 Abs. 1 Nr. 4 UStG),
3. der **innergemeinschaftliche Erwerb** im Inland gegen Entgelt (§ 1 Abs. 1 Nr. 5 UStG).

29. Unter welchen Voraussetzungen liegt ein steuerbarer Umsatz nach § 1 Abs. 1 UStG vor?

Ein **steuerbarer Umsatz** nach **§ 1 Abs. 1 UStG** liegt vor, wenn ein Umsatz, **alle Tatbestandsmerkmale** einer der in **§ 1 Abs. 1 UStG** genannten **Umsatzarten** (Lieferungen und sonstige Leistungen, Einfuhr oder innergemeinschaftlicher Erwerb) erfüllt.

30. Unter welchen Voraussetzungen liegt eine steuerbare Lieferung nach § 1 Abs. 1 Nr. 1 UStG vor?

Eine **steuerbare Lieferung** nach **§ 1 Abs. 1 Nr. 1 UStG** liegt vor, wenn bei einem Sachverhalt **sämtliche fünf Tatbestandsmerkmale** dieser Vorschrift erfüllt sind:

1. Lieferung,
2. gegen Entgelt,
3. durch einen Unternehmer,
4. im Rahmen seines Unternehmens,
5. im Inland.

Fehlt auch nur eines dieser fünf Tatbestandsmerkmale, so liegt **keine** steuerbare Lieferung nach § 1 Abs. 1 Nr. 1 UStG vor. Die Lieferung fällt dann nicht unter das Umsatzsteuergesetz.

31. Ist ein steuerbarer Umsatz steuerpflichtig?

Ein **steuerbarer Umsatz** ist **steuerpflichtig**, wenn auf den Umsatz **keine Befreiungsvorschrift** Anwendung findet. In diesem Fall ist der Umsatz **steuerbar** und **mangels Befreiung steuerpflichtig**.

32. § 1 Abs. 1 Nr. 1 UStG verwendet die Begriffe „Lieferungen" und „sonstige Leistungen". Welches ist der Oberbegriff für diese beiden Begriffe?

Der Begriff **„Leistungen"** ist der **Oberbegriff** für die beiden Begriffe „Lieferungen" und „sonstige Leistungen".

33. Ist bereits die Begründung einer schuldrechtlichen Verpflichtung eine Leistung i.S.d. UStG?

Die Begründung einer schuldrechtlichen Verpflichtung ist allein noch **keine** Leistung i.S.d. UStG. Umsatzsteuerlich muss unterschieden werden zwischen dem

- **zivilrechtlichen Grundgeschäft** (Kausalgeschäft), das überwiegend umsatzsteuerlich ohne Bedeutung ist, und

- dem **Erfüllungsgeschäft**, das die Leistung im wirtschaftlichen Sinne erbringt und auch die Gegenleistung enthält, wie z.B. die Zahlung des Kaufpreises.

Das zivilrechtliche Verpflichtungsgeschäft bereitet das umsatzsteuerlich bedeutende Erfüllungsgeschäft vor. Der **Umsatzsteuer unterliegt** erst das **Erfüllungsgeschäft**.

34. Sind rechtliche Mängel oder die Unwirksamkeit des zivilrechtlichen Verpflichtungsgeschäfts für die umsatzsteuerliche Erfassung des Erfüllungsgeschäfts von Bedeutung?

Für die umsatzsteuerliche Erfassung des Erfüllungsgeschäftes ist es **ohne Bedeutung**, ob das zugrunde liegende zivilrechtliche Verpflichtungsgeschäft rechtliche Mängel aufweist oder gar unwirksam ist, sofern das Erfüllungsgeschäft durchgeführt und nicht rückgängig gemacht wird (wirtschaftliche Betrachtungsweise nach § 39 AO).

35. Was versteht man unter dem umsatzsteuerlichen Prinzip der Einheitlichkeit der Leistung?

Nach dem umsatzsteuerlichen **Prinzip der Einheitlichkeit der Leistung** ist eine **wirtschaftlich unteilbare Leistung** als **Einheit** zu behandeln.

36. In welchen Fällen ist es umsatzsteuerlich von Bedeutung, ob von einer einheitlichen Leistung oder von mehreren getrennt zu beurteilenden selbstständigen Einzelleistungen auszugehen ist?

Umsatzsteuerlich ist diese Frage insbesondere von Bedeutung für die **Bestimmung** des **Ortes** und des **Zeitpunkts der Leistung** sowie für die Anwendung von **Befreiungsvorschriften** und des **Steuersatzes** (Abschn. 29 Abs. 1 Satz 1 UStR).

37. Unter welchen Voraussetzungen ist umsatzsteuerlich eine Leistung als Nebenleistung zur Hauptleistung anzusehen?

Eine **Nebenleistung** zu einer **Hauptleistung** liegt vor, wenn sie im Verhältnis zur Hauptleistung **nebensächlich** ist, mit ihr **eng** – im Sinne einer wirtschaftlich gerechtfertigten Abrundung und Ergänzung - **zusammenhängt** und üblicherweise **in ihrem Gefolge vorkommt** (Abschn. 29 Abs. 3 Satz 3 UStR).
Unselbstständige Nebenleistungen **teilen das Schicksal der Hauptleistung** bezüglich **Leistungsort, Steuerbefreiung** oder **Steuersatz**, selbst wenn für die Nebenleistung ein besonderes Entgelt berechnet wird (Abschn. 29 Abs. 3 Satz 1 UStR).

38. Ein Vermieter vermietet eine Wohnung mit Licht und Heizung. Die Hauptleistung „Vermietung der Wohnung" ist nach § 4 Nr. 12a UStG steuerbefreit. Besteht auch für die Überlassung von Licht und Heizung Steuerfreiheit?

Bei der Überlassung von Strom und Heizung handelt es sich im umsatzsteuerlichen Sinne um eine **unselbstständige Nebenleistung**, die das **Schicksal der Hauptleistung teilt**. Folglich besteht auch für die Nebenleistung Steuerfreiheit nach § 4 Nr. 12a UStG.

39. Ist umsatzsteuerlich zwischen Ehegatten eine Leistung möglich?

Eine **Haushaltsbesteuerung** ist dem Umsatzsteuerrecht fremd. Solange sich die getroffenen Vereinbarungen zwischen Ehegatten nicht als missbräuchlich i.S.d. § 42 AO erweisen, sind sie umsatzsteuerlich anzuerkennen.

40. Unter welcher Voraussetzung sind Lieferungen und sonstige Leistungen nach Abschn. 1 Abs. 1 Satz 1 UStR steuerbar?

Lieferungen oder sonstigen Leistungen sind nach Abschn. 1 Abs. 1 Satz 1 UStR steuerbar, wenn ein **Leistungsaustausch** vorliegt.

41. Welches sind im Einzelnen die Voraussetzungen für das Vorliegen eines Leistungsaustausches?

Ein **Leistungsaustausch** ist nach **Abschn. 1 Sätze 1 – 3 UStR** gegeben bei Vorliegen **dreier Voraussetzungen**. Es müssen

1. mindestens **zwei verschiedene Beteiligte** vorhanden sein in Gestalt eines Leistenden und eines Leistungsempfängers;
2. es muss **eine Leistung** erbracht werden, der eine **Gegenleistung** (Entgelt) **gegenübersteht**;
3. **Leistung und Gegenleistung** müssen in einem **wechselseitigen ursächlichen Zusammenhang** stehen.

42. Kann ein Umsatz stets nur dann steuerbar sein, wenn mindestens zwei Beteiligte vorliegen?

Ein Umsatz kann **grundsätzlich** nur dann steuerbar sein, wenn mindestens **zwei Beteiligte** vorliegen. Von diesem Grundsatz gibt es **Ausnahmen**. Entnimmt beispielsweise der Unternehmer aus seinem Unternehmensvermögen Gegenstände für außerunternehmerische Zwecke, so liegen keine zwei Beteiligte vor. Ein nicht unter das Umsatzsteuergesetz fallender Letztverbrauch liegt dennoch nicht vor. Dieser Tatbestand wird nämlich nach § 3 Abs. 1b Satz 1 Nr. 1 UStG der **Lieferung gleichgestellt**.

43. Ein Unternehmer lässt Kataloge drucken und versendet diese an private Haushalte. Liegt ein Leistungsaustausch vor?

Da die privaten Haushalte keine Gegenleistung erbringen, liegt kein Leistungsaustausch vor (Abschn. 1 Abs. 1 Satz 2 UStR).

44. In welchen Fällen liegt eine „wirtschaftliche Verknüpfung" von Leistung und Gegenleistung vor?

Eine **wirtschaftliche Verknüpfung** von **Leistung und Gegenleistung** liegt vor, wenn

- der Leistungsgeber die Leistung **wegen** des Entgelts und
- der Leistungsempfänger das Entgelt **wegen** der Leistung erbringt.

45. Welches sind Beispiele für einen fehlenden Leistungsaustausch?

An dem Merkmal **„zwei verschiedene Beteiligte"** fehlt es insbesondere bei Innenumsätzen und den den Lieferungen und sonstigen Leistungen gleichgestellten Leistungen (§ 3 Abs. 1 Satz 1 Nr. 1b Nr. 1 und § 3 Abs. 9a Satz 1 Nr. 1 UStG).
An dem Merkmal **„zwei Leistungen"** fehlt es insbesondere bei der Erbschaft, dem echten Zuschuss, der echten Schenkung und der unentgeltlichen Leistung aus unternehmerischen Motiven.
An dem Merkmal **„wirtschaftliche Verknüpfung von Leistung und Gegenleistung"** fehlt es insbesondere bei echtem Schadensersatz, echten Gesellschafterbeiträgen, echten Mitgliedsbeiträgen und Vertragsstrafen.

46. Ein Pkw aus dem Unternehmensvermögen wird von einem Privatmann schuldhaft beschädigt. Der Unternehmer lässt den Pkw reparieren. Die Reparaturrechnung der Autowerkstatt beträgt 10.000 € zzgl. 1.600 € USt. Der Unternehmer schickt eine Fotokopie der Reparaturrechnung an die Versicherungsgesellschaft des Schädigers. Diese ersetzt dem Unternehmer einen Betrag von 10.000 € netto. Liegt ein echter oder unechter Schadensersatz vor?

Es liegt eine Entschädigung aufgrund einer **Schadensersatzpflicht** wegen Sachbeschädigung (unerlaubte Handlung) durch den Schädiger vor.
Die Zahlung von 10.000 € stellt beim Unternehmer einen **echten Schadensersatz** dar, da der Unternehmer hierfür keine Leistung erbringt. Er erhält das Entgelt, weil bei ihm ein Schaden verursacht worden ist.

Durch Zuordnung des Pkw zum Unternehmensvermögen kann der Unternehmer den **Vorsteuerabzug** aus der Reparaturrechnung geltend machen. Aus diesem Grund braucht die Versicherung dem Geschädigten nur den **Nettobetrag** zu ersetzen (Abschn. 3 Abs. 1 UStR).

47. Wie wäre es im vorigen Fall, wenn der Pkw dem außerunternehmerischen Bereich des Unternehmers zuzuordnen ist?

Bei der Zuordnung des Pkw zum **außerunternehmerischen Bereich** des Unternehmers ist der Unternehmer **nicht** zum **Vorsteuerabzug** der in der Rechnung ausgewiesenen Umsatzsteuer **berechtigt**. Die Versicherung ist hier verpflichtet, den **Bruttobetrag** zu ersetzen.

48. Ein Lebensmittelhändler erhält für die vorzeitige Räumung seiner Geschäftsräume wegen Eigenbedarfs des Vermieters eine Abstandszahlung von 100.000 €. Erbringt der Lebensmittelhändler eine steuerbare und steuerpflichtige sonstige Leistung?

Die **Entschädigung** ist **Entgelt** für eine **Verzichtsleistung** des Lebensmittelhändlers an den Vermieter. Der Lebensmittelhändler erbringt eine sonstige Leistung gem. § 3 Abs. 9 UStG (Abschn. 3 Abs. 5 Satz 1 UStR). Die Leistung ist somit **steuerbar**. Sie fällt unter die **Steuerfreiheit für Grundstücksvermietungen** (Abschn. 76 Abs. 1 Satz 5 UStR). Die Leistung ist somit **steuerbar und steuerfrei.**

49. Ein Kunde muss im Falle des Rücktritts vom Kaufvertrag eine Entschädigung in Höhe von 10 v.H. des Kaufvertrages bezahlen. Erbringt der Kunde bei Rücktritt eine Leistung i.S.d. UStG?

Bei der Entschädigung, die der Verkäufer nach den Geschäftsbedingungen vom Käufer verlangen kann, wenn dieser seinen Verpflichtungen aus dem Kaufvertrag nicht nachkommt, handelt es sich **nicht** um ein Entgelt, sondern um **Schadensersatz wegen Nichterfüllung** (Abschn. 3 Abs. 2 Satz 4 UStR).

50. Ein Kunde zahlt das Entgelt nicht rechtzeitig und muss deshalb Verzugszinsen und außergerichtliche Mahngebühren leisten. Sind derartige Leistungen steuerbar?

Zahlt der Leistungsempfänger das Entgelt nicht rechtzeitig und muss er deshalb **Schadensersatz** zahlen (Verzugszinsen, außergerichtliche Mahngebühren, Gerichtskosten, Rechtsanwaltskosten des Leistungsgebers), so sind diese Zahlungen als **echter Schadensersatz** zu behandeln (Abschn. 3 Abs. 3 Satz 3 UStR).

51. Stellt die Ausgleichszahlung für Handelsvertreter nach § 89b HGB Schadensersatz dar?

Die **Ausgleichszahlung für Handelsvertreter** nach **§ 89b HGB** stellt ein **zusätzliches, nachträgliches Entgelt des Geschäftsherrn** für die während der **Vertragsdauer** in Anspruch genommenen Dienste dar (Abschn. 3 Abs. 4 UStR).

52. Wer ist im umsatzsteuerlichen Sinne Unternehmer?

Unternehmer im umsatzsteuerlichen Sinne ist, **„wer eine gewerbliche oder berufliche Tätigkeit selbstständig ausübt"**. Für die Frage der **umsatzsteuerlichen Unternehmereigenschaft** sind demnach folgende **Tatbestandsmerkmale** entscheidend:

- Unternehmerfähigkeit („wer"),
- Selbstständigkeit,
- gewerbliche oder berufliche Tätigkeit.

Das **Umsatzsteuergesetz** besitzt damit einen **eigenen** in **§ 2 UStG** definierten **Unternehmerbegriff**.

53. Welchen Einfluss haben Rechts- oder Geschäftsfähigkeit, Staatsangehörigkeit, Wohnort oder Sitz auf die Unternehmereigenschaft?

Rechts- oder Geschäftsfähigkeit, Staatsangehörigkeit, Wohnort oder Sitz sind **ohne Einfluss** auf die Unternehmereigenschaft.

54. Welche Bedeutung hat die Unternehmereigenschaft?

Nur **Unternehmer** können **steuerbare Umsätze** ausführen und nur Unternehmer sind berechtigt und verpflichtet, **Rechnungen** i.S.d. §§ 14, 14a UStG auszustellen. Zum **Vorsteuerabzug** sind gleichfalls nur Unternehmer berechtigt (§ 15 UStG). Unternehmer sind verpflichtet, **Umsatzsteuererklärungen** abzugeben (§ 18 UStG). Zur Feststellung der Umsatzsteuer und der Grundlagen ihrer Berechnung haben Unternehmer **Aufzeichnungen** zu machen (§ 22 UStG).

55. Wer besitzt umsatzsteuerlich die Unternehmerfähigkeit (Steuerfähigkeit)?

Die Unternehmerfähigkeit besitzt „jedes selbständig tätige Wirtschaftsgebilde, das nachhaltig Leistungen gegen Entgelt ausführt" (Abschn. 16 Abs. 1 Satz 2 UStR). Damit besitzen insbesondere die Unternehmerfähigkeit:

- **natürliche Personen,** z.B. Gewerbetreibende, Freiberufler, Vermieter (auch Geschäfts- und Handlungsunfähige);
- **juristische Personen,** z.B. GmbH, AG, eingetragener Verein, Stiftung;
- **nicht rechtsfähige Personenvereinigungen des bürgerlichen Rechts,** z.B. OHG, KG, GbR oder andere Wirtschaftsgebilde, z.B. Arbeitsgemeinschaften, wenn sie im Wirtschaftsverkehr selbstständig handelnd in Erscheinung treten (Abschn. 16 UStR).

56. Ist es für die Unternehmereigenschaft einer Personengesellschaft erheblich, ob ihre Gesellschafter Mitunternehmer im Sinne des § 15 Abs. 1 Satz 1 Nr. 2 EStG sind?

Für die Unternehmereigenschaft einer Personengesellschaft ist es **unerheblich**, ob ihre Gesellschafter Mitunternehmer im Sinne des § 15 Abs. 1 Satz 1 Nr. 2 EStG sind (Abschn. 16 Abs. 1 Satz 4 UStR).

57. Kommt für Ehegatten umsatzsteuerlich eine Zusammenveranlagung in Betracht?

Eine Zusammenveranlagung von Ehegatten kommt umsatzsteuerlich **nicht** in Betracht.

58. Was sagt das Gesetz über das Tatbestandsmerkmal „Selbstständigkeit"?

Das Umsatzsteuergesetz regelt in § 2 Abs. 2 UStG lediglich die unterschiedlichen Tatbestandsmerkmale der Nichtselbstständigkeit natürlicher und juristischer Personen. Eine Definition der selbstständigen Tätigkeit enthält hingegen Abschn. 17 Abs. 1 Satz 1 UStR. Danach liegt eine selbstständige Tätigkeit vor, „wenn sie auf **eigene Rechnung** und auf **eigene Verantwortung** ausgeübt wird".

59. Unter welcher Voraussetzung ist eine natürliche Person nicht selbstständig tätig?

Nach § 2 Abs. 2 **Nr. 1** UStG ist eine **natürliche Person** nicht selbstständig, soweit sie in ein Unternehmen derart eingegliedert ist, dass sie den **Weisungen** des Unternehmers zu folgen verpflichtet ist. Diese Begriffsbestimmung entspricht § 1 Abs. 2 LStDV. Ist eine natürliche Person also nicht selbstständig, so liegt ein Arbeits- oder Dienstverhältnis vor.

60. Unter welcher Voraussetzung ist eine juristische Person nicht selbstständig tätig?

Nach § 2 Abs. 2 **Nr. 2** UStG ist eine **juristische Person** nicht selbstständig, wenn sie nach dem Gesamtbild der tatsächlichen Verhältnisse **finanziell, wirtschaftlich und organisatorisch** in das Unternehmen des Organträgers eingegliedert ist. In diesem Fall liegt eine **umsatzsteuerliche Organschaft** vor.

61. Kann eine natürliche Person zum Teil selbstständig und zum Teil unselbstständig sein?

Eine natürliche Person kann zum Teil selbstständig und zum Teil unselbstständig sein (Abschn. 17 Abs. 3 Satz 1 UStR).

62. Steuerberater S ist bei einer Steuerberatungsgesellschaft in Bochum angestellt. In seiner Freizeit verfasst er ein Übungsbuch zur Betrieblichen Steuerlehre. Ist S sowohl selbstständig als auch unselbstständig tätig?

S ist im Rahmen des bestehenden Beschäftigungsverhältnisses bei der Steuerberatungsgesellschaft nicht selbstständig tätig. Die schriftstellerische Tätigkeit wird von S hingegen selbstständig ausgeübt. Bezüglich dieser Tätigkeit ist S umsatzsteuerlich Unternehmer.

63. Alfred Stein und Berthold Zement betreiben in Duisburg einen Baustoffhandel in der Rechtsform der OHG (Stein & Zement-OHG). Sind Stein und Zement als Mitunternehmer im umsatzsteuerlichen Sinne selbstständig oder ist vielmehr die OHG im umsatzsteuerlichen Sinne selbstständig?

Die Stein & Zement-OHG ist als Personengesellschaft des Handelsrechts stets selbstständig (Abschn. 17 Abs. 4 Satz 2 UStR).

64. Wer ist im Falle der umsatzsteuerlichen Organschaft Unternehmer?

Im Falle der **umsatzsteuerlichen Organschaft** ist der **Organträger Unternehmer**. Die Organgesellschaften sind ähnlich wie Angestellte des übergeordneten Unternehmens als unselbstständig anzusehen (Abschn. 21 Abs. 1 Satz 3 UStR).

65. Der Organträger muss nach § 2 Abs. 2 Nr. 2 UStG Unternehmer nach § 2 Abs. 1 UStG sein. Muss der Organträger zwecks Erlangung der Unternehmereigenschaft Umsätze im eigenen Namen bewirken?

Für die umsatzsteuerliche Unternehmereigenschaft reicht es aus, wenn der Organträger sich zwecks der Bewirkung von Umsätzen seiner Organe bedient.

66. Wer kann Organträger sein?

Als Organträger kommt **jedes Unternehmen** unabhängig von seiner Rechtsform in Betracht.

67. Wer kann Organgesellschaft sein?

Als **Organgesellschaften** kommen nur **juristische Person** des Zivil- und Handelsrechts in Betracht (Abschn. 21 Abs. 2 Satz 1 UStR).

68. Sind die Voraussetzungen für die umsatzsteuerliche Organschaft in vollem Umfange identisch mit den Voraussetzungen der körperschaftsteuerlichen und gewerbesteuerlichen Organschaft?

Die Voraussetzungen für die umsatzsteuerliche Organschaft sind **nicht** in vollem Umfange identisch mit den Voraussetzungen der körperschaftsteuerlichen und gewerbesteuerlichen Organschaft (Abschn. 21 Abs. 3 UStR).

69. Was ist unter der finanziellen Eingliederung zu verstehen?

Unter der **finanziellen Eingliederung** ist der **Besitz** der **entscheidenden Anteilsmehrheit** an der Organgesellschaft zu verstehen, die es ermöglicht, **Beschlüsse in der Organgesellschaft** durchzusetzen. Entsprechen die **Beteiligungsverhältnisse den Stimmrechtsverhältnissen**, so ist eine finanzielle Eingliederung gegeben, wenn die **Beteiligung mehr als 50 v.H.** beträgt (Abschn. 21 Abs. 4 Sätze 1 und 2 UStR).

70. Was ist unter wirtschaftlicher Eingliederung zu verstehen?

Wirtschaftliche Eingliederung bedeutet, dass die **Organgesellschaft** gemäß dem Willen des Organträgers das **Gesamtunternehmen** im wirtschaftlichen Sinne **fördert und ergänzt**. Das ist insbesondere dann der Fall, wenn die Organgesellschaft die **Aufgabe einer Betriebsabteilung** oder **Filiale** im Geschäftsbetrieb des Organträgers erfüllt. Die Organgesellschaft kann z.B. als Einkaufsgesellschaft, als Vertriebsgesellschaft oder als Produktionsgesellschaft für das Gesamtunternehmen tätig sein (Abschn. 21 Abs. 5 UStR).

71. Was ist unter organisatorischer Eingliederung zu verstehen?

Die **organisatorische Eingliederung** liegt vor, wenn der Organträger durch **organisatorische Maßnahmen** sicherstellt, dass in der **Organgesellschaft** sein **Wille tatsächlich ausgeführt** wird (Abschn. 21 Abs. 6 Satz 1 UStR). Hergestellt wird die organisatorische Eingliederung beispielsweise durch **Personalunion der Geschäftsführer** in beiden Gesellschaften (Abschn. 21 Abs. 6 Satz 2 UStR).

72. Welche Rechtsfolgen hat das Vorliegen einer umsatzsteuerlichen Organschaft?

Die durch die umsatzsteuerliche Organschaft verbundenen Unternehmungen werden umsatzsteuerlich als **ein Unternehmen** angesehen. Unternehmer ist der Organträger. Folglich ist der Organträger Schuldner der Umsatzsteuer sowie Gläubiger von Erstattungsansprüchen. Der Organträger hat auch die verfahrensrechtlichen Pflichten wie Aufzeichnungs-, Anmeldungs-, Voraus- und Abschlusszahlungspflichten zu erfüllen. Leistungen innerhalb des Organkreises sind nicht steuerbare Innenumsätze. Rechnungen mit gesondertem Steuerausweis innerhalb des Organkreises stellen unternehmensinterne Buchungsbelege dar. Die in diesen Rechnungen ausgewiesene Umsatzsteuer wird nicht nach § 14 Abs. 3 UStG geschuldet (Abschn. 183 Abs. 3 UStR). Die Organgesellschaft haftet allerdings nach § 73 AO für Umsatzsteuerschulden des Organträgers, die während des Bestehens der Organschaft entstanden sind.

73. Worin liegt der Vorteil der umsatzsteuerlichen Organschaft?

Der Vorteil der umsatzsteuerlichen Organschaft liegt vor allem in der **Vereinfachung der Abrechnung**.

74. Kann eine umsatzsteuerliche Organschaft auch im Verhältnis zu den im Ausland gelegenen Unternehmensteilen bestehen?

Die Wirkungen der umsatzsteuerlichen Organschaft sind nach § 2 Abs. 2 Nr. 2 Satz 2 UStG auf **Innenleistungen** zwischen den im Inland gelegenen Unternehmensteilen **beschränkt** (Abschn. 21a Abs. 1 Satz 1 UStR). Die im **Inland gelegenen Unternehmensteile** sind nach § 2 Abs. 2 Nr. 2 Satz 3 UStG als **ein Unternehmen** zu behandeln (Abschn. 21a Abs. 1 Satz 3 UStR).

75. Was bedeutet das Begriffspaar „gewerblich oder beruflich" i.S.d. § 2 Abs. 1 Satz 1 UStG?

„Gewerblich oder beruflich" i.S.d. UStG ist ein **Begriffspaar**, dessen Bedeutung **umfassender** ist als „gewerblich" i.S.d. § 15 Abs. 2 EStG bzw. „beruflich" i.S.d. § 18 EStG (Abschn. 18 Abs. 1 Satz 1 UStR).
Beispielsweise liegt bei den einkommensteuerlichen Einkünften aus Land- und Forstwirtschaft oder aus Vermietung und Verpachtung weder eine gewerbliche noch eine berufliche Tätigkeit i.S.d. Einkommensteuergesetzes

vor, jedoch eine gewerbliche oder berufliche Tätigkeit i.S.d. Umsatzsteuergesetzes.

76. Was setzt eine gewerbliche oder berufliche „Tätigkeit" voraus?

Eine gewerbliche oder berufliche **„Tätigkeit"** setzt voraus, dass „Leistungen **im wirtschaftlichen Sinne** ausgeführt werden". (Abschn. 18 Abs. 1 Satz 2 UStR).

77. Wann beginnt die umsatzsteuerliche Unternehmereigenschaft?

Die umsatzsteuerliche Unternehmereigenschaft **beginnt** mit dem **ersten nach außen erkennbaren, auf eine Unternehmertätigkeit gerichteten Tätigwerden**, wenn die spätere Ausführung **entgeltlicher Leistungen ernsthaft beabsichtigt** ist und die **Ernsthaftigkeit** dieser Absicht durch objektive Merkmale **nachgewiesen** oder **glaubhaft** gemacht wird (Abschn. 19 Abs. 1 Satz 1 UStR).

78. Wann endet die umsatzsteuerliche Unternehmereigenschaft?

Die Unternehmereigenschaft **endet** mit dem **letzten Tätigwerden** (Abschnitt 19 Abs. 7 Satz 1 UStR). Der **Zeitpunkt der Einstellung** oder **Abmeldung eines Gewerbebetriebs** ist **unbeachtlich** (Abschn. 19 Abs. 7 Satz 2 UStR).

79. Ist die Unternehmereigenschaft einer GmbH von ihrer Eintragung ins Handelsregister abhängig?

Die Unternehmereigenschaft einer GmbH ist **nicht** von ihrer Eintragung ins Handelsregister abhängig. So kann eine aufgelöste GmbH auch noch nach ihrer Löschung im Handelsregister Umsätze im Rahmen ihres Unternehmens ausführen.

80. Wann wird eine gewerbliche oder berufliche Tätigkeit nachhaltig ausgeübt?

Eine gewerbliche oder berufliche Tätigkeit wird **nachhaltig** ausgeübt, wenn sie auf **Dauer zur Erzielung von Entgelten** angelegt ist (Abschn. 18 Abs. 2 Satz 1 UStR).

81. An welchen Kriterien kann eine Nachhaltigkeit erkannt werden?

Als **Kriterien**, die für eine **Nachhaltigkeit** sprechen können, kommen insbesondere in Betracht (Abschn. 18 Abs. 2 Satz 4 UStR):

- mehrjährige Tätigkeit,
- planmäßiges Handeln,
- auf Wiederholung angelegte Tätigkeit,
- die Ausführung mehr als nur eines Umsatzes,
- Vornahme mehrerer gleichartiger Handlungen unter Ausnutzung derselben Gelegenheit oder desselben dauernden Verhältnisses,
- langfristige Duldung eines Eingriffs in den eigenen Rechtskreis,
- Intensität des Tätigwerdens,
- Beteiligung am Markt,
- Auftreten wie ein Händler,
- Unterhalten eines Geschäftslokals,
- Auftreten nach außen, z.B. gegenüber Behörden.

82. Ist Gewinnerzielungsabsicht Voraussetzung für die Unternehmereigenschaft?

Gewinnerzielungsabsicht ist **keine Voraussetzung** für die Unternehmereigenschaft. Es genügt, wenn die gewerbliche oder berufliche Tätigkeit auf Dauer zur **Erzielung von Einnahmen** angelegt ist (§ 2 Abs. 1 Satz 3 UStG).

83. Wann wird eine Tätigkeit zur Erzielung von Einnahmen ausgeübt?

Eine Tätigkeit wird zur Erzielung von Einnahmen ausgeübt, wenn die Tätigkeit **im Rahmen eines Leistungsaustausches** ausgeübt wird (Abschn. 18 Abs. 3 Satz 3 UStR).

84. Wie bestimmt das Gesetz den Rahmen des Unternehmens?

Nach § 2 Abs. 1 Satz 2 UStG umfasst das Unternehmen die **gesamte** gewerbliche oder berufliche Tätigkeit des Unternehmers. Zum Unternehmen gehören somit **sämtliche Betriebe und berufliche Tätigkeiten desselben Unternehmers** (Abschn. 20 Abs. 1 Satz 1 UStR).

85. Welche Geschäfte fallen in den Rahmen des Unternehmens?

Nach Abschn. 20 Abs. 2 Satz 1 UStR fallen in den Rahmen des Unternehmens nicht nur **Grundgeschäfte**, sondern auch **Hilfsgeschäfte**.

86. Was sind Grundgeschäfte eines Unternehmers?

Grundgeschäfte eines Unternehmers sind die Geschäfte, die den **eigentlichen Gegenstand der geschäftlichen Betätigung** bilden (Abschn. 20 Abs. 2 Satz 1 UStR).

87. Kann ein Unternehmer stets nur ein Grundgeschäft betreiben?

Ein Unternehmer kann **mehrere verschiedenartige Grundgeschäfte** betreiben. Ein Unternehmer kann z.B. eine Druckerei und eine Tennishalle betreiben.

88. Was sind Hilfsgeschäfte?

Zu den Hilfsgeschäften gehört jede Tätigkeit, die die **Haupttätigkeit des Unternehmers mit sich bringt** (Abschn. 20 Abs. 2 Satz 2 UStR). Hilfsgeschäfte sind z.B. Veräußerungen nicht mehr benötigter Gegenstände des Anlagevermögens - beispielsweise eines Fotokopiergerätes - durch einen Unternehmer.

89. Was sind Nebengeschäfte?

Nebengeschäfte sind Geschäfte, die weder Grund- noch Hilfsgeschäfte darstellen, jedoch **Ausfluss der Haupttätigkeit des Unternehmers** sind und mit der **Haupttätigkeit in einem wirtschaftlichen Zusammenhang** stehen (z.B. Werbeleistungen eines selbstständigen Berufssportlers).

90. Was besagt die aus § 2 Abs. 1 Satz 2 UStG abgeleitete Einheitstheorie?

Die aus § 2 Abs. 1 Satz 2 UStG abgeleitete **Einheitstheorie** besagt, dass **ein Unternehmer** immer **nur ein Unternehmen** haben kann. Diesem einen Unternehmen sind sämtliche Tätigkeiten des Unternehmers zuzuordnen, und zwar auch dann, wenn die einzelnen Tätigkeiten völlig unterschiedlicher Natur sind.

91. Unternehmer U ist Inhaber einer Metzgerei in Offenbach sowie einer Gaststätte in Hanau. Die in der Metzgerei hergestellten Wurst- und Fleischwaren werden auch in der Gaststätte für die Zubereitung der Speisen verwendet. Die Metzgerei rechnet mit der Gaststätte über erbrachte Leistungen mit Rechnungen ab, in der die Umsatzsteuer gesondert ausgewiesen ist. Liegen zwischen den einzelnen Betrieben des Unternehmers U steuerbare Umsätze vor?

Zum Unternehmen des U gehören **sämtliche Betriebe** (die Metzgerei und die Gaststätte) (Abschn. 20 Abs. 1 Satz 1 UStR). Auch wenn sog. Innenentgelte erhoben werden, liegen mangels Leistungsaustausch zwischen Metzgerei und Gaststätte keine steuerbaren Lieferungen vor. Die ausgestellten Belege sind keine Rechnungen i.S.d. § 14 UStG. Die in den Rechnungen von der Metzgerei an die Gaststätte ausgewiesene Umsatzsteuer kann von der Gaststätte nicht als Vorsteuer abgezogen werden. Die von der Metzgerei ausgewiesene Umsatzsteuer wird nicht gem. § 14 Abs. 3 UStG geschuldet.

92. Welcher Bereich gehört nicht zum Unternehmen?

Nicht zum Unternehmen gehört der **unternehmensfremde Bereich**, das „Privatleben" des Unternehmers (= nichtunternehmerischer Bereich).

93. Welche Gegenstände gehören zum Unternehmensvermögen?

Zum Unternehmensvermögen gehören **sämtliche Gegenstände**, die dem **Unternehmer gehören**, die dem **Unternehmen dienen** und die sich **im Unternehmen befinden**.

94. Welche wesentlichen umsatzsteuerlichen Auswirkungen hat die Zugehörigkeit eines Gegenstandes zum Unternehmensvermögen?

Gehört ein Gegenstand zum Unternehmensvermögen, so hat dies vor allem folgende Auswirkungen:

- die Veräußerung des Gegenstandes führt zu einer Lieferung im Rahmen des Unternehmens;
- die Überführung des Gegenstandes in den Privatbereich des Unternehmers führt zu einer fiktiven Lieferung (§ 3 Abs. 1a Satz 1 Nr. 1 UStG);
- die vorübergehende Privatnutzung des Gegenstandes führt zu einer fiktiven sonstigen Leistung (§ 3a Abs. 9a UStG);
- die Zugehörigkeit eines Gegenstandes zum Unternehmensvermögen ist eine der Voraussetzungen für den Vorsteuerabzug.

95. Wie kann der Unternehmer einen einheitlichen gemischt-genutzten Gegenstand behandeln?

Der Unternehmer hat ein **Zuordnungswahlrecht**, ob er einen einheitlichen gemischt-genutzten Gegenstand dem **unternehmerischen oder nichtunternehmerischen Bereich zuordnet** oder ob er eine **Aufteilung** vornimmt (Abschn. 192 Abs. 18 UStR).

96. Wie bringt der Unternehmer seine Zuordnungsentscheidung zum Ausdruck?

Die Zuordnungsentscheidung trifft der Unternehmer im Zeitpunkt des Erwerbs durch **Geltendmachung des Vorsteuerabzugs.**

97. Besteht umsatzsteuerlich entsprechend der ertragsteuerlichen Regelung eine 10 v.H.-Grenze für die Zuordnung eines Gegenstandes zum Unternehmensvermögen?

Steuertechnisch besteht im Umsatzsteuerrecht **keine Zuordnungsregel**, sondern ein **Vorsteuerausschluss**, wenn keine unternehmerische Mindestnutzung von 10 v.H. vorliegt. Nach § 15 Abs. 1 Satz 2 UStG gilt die Lieferung, die Einfuhr oder der innergemeinschaftliche Erwerb eines Gegenstandes, den der Unternehmer zu **weniger als 10 v.H.** für sein Unternehmen nutzt, nicht für das Unternehmen ausgeführt.

98. Was sind Lieferungen im umsatzsteuerlichen Sinne?

Lieferungen sind Leistungen eines Unternehmers, durch die er oder in seinem Auftrag ein Dritter den Abnehmer oder in dessen Auftrag einen Dritten befähigt, im eigenen Namen über einen Gegenstand zu verfügen (§ 3 Abs. 1 UStG). Der Gesetzgeber spricht in diesem Zusammenhang von **„Verschaffung der Verfügungsmacht“.**

99. Muss der Unternehmer die Verfügungsmacht selbst verschaffen?

Der Unternehmer muss die Verfügungsmacht **nicht** selbst verschaffen. Die Verfügungsmacht kann auch von einem Dritten bzw. an einen Dritten verschafft werden, so dass **vier Alternativen** der Verschaffung der Verfügungsmacht möglich sind.

100. Was ist nach § 3 Abs. 1 UStG unter dem Begriff „Gegenstände" zu verstehen?

Gegenstände i.S.d. § 3 Abs. 1 UStG sind **körperliche Gegenstände** (Sachen gem. § 90 BGB, Tiere gem. § 90a BGB), **Sachgesamtheiten** und solche Wirtschaftsgüter, die im Wirtschaftsverkehr wie **körperliche Sachen** behandelt werden, z.B. elektrischer Strom, Wärme, Wasserkraft, Geschäfts- oder Firmenwert und Kundenstamm (Abschn. 24 Abs. 1 Satz 2 UStR).

101. Kennt das Umsatzsteuergesetz die Lieferung von Rechten?

Das Umsatzsteuergesetz kennt **keine** Lieferung von Rechten. Die Übertragung von Rechten (z.B. von Urheberrechten) stellt umsatzsteuerlich eine **sonstige Leistung** dar (Abschn. 24 Abs. 1 Satz 5 UStR).

102. Woraus besteht eine Sachgesamtheit?

Eine **Sachgesamtheit** besteht aus mehreren rechtlich selbstständigen Gegenständen, die zusammengefasst sind und wirtschaftlich als ein anderes Verkehrsgut angesehen werden als die Summe der einzelnen Gegenstände (Abschn. 24 Abs. 1 Satz 3 UStR). Sachgesamtheiten sind z.B. ein Blumenstrauß, eine Packung Pralinen, eine Briefmarkensammlung oder eine Maschinenanlage.

103. Welche Wirtschaftsgüter werden im Wirtschaftsverkehr wie körperliche Sachen geliefert?

Wirtschaftsgüter, die im Wirtschaftsverkehr wie Sachen geliefert werden, sind z.B. Strom, Dampf, Wasserkraft, Wärme, aber auch immaterielle Wirtschaftsgüter wie z.B. der Geschäfts- oder Firmenwert oder der Kundenstamm (Abschn. 24 Abs. 1 Satz 2 UStR).

104. Ist die Eigentumsübertragung Voraussetzung für eine Lieferung?

In den meisten Fällen wird mit der Verschaffung der Verfügungsmacht auch die Eigentumsübertragung (§§ 929, 930 und 931 BGB) verbunden sein, insbesondere bei der Erfüllung eines Kaufvertrages. Die Übertragung des Eigentums an einem Gegenstand ist aber **nicht Voraussetzung** für eine Lieferung. Die Verfügungsmacht kann verschafft werden **ohne Übertragung des Eigentums**, z.B. durch **Lieferung unter Eigentumsvorbehalt** oder durch **Lieferung einer gestohlenen Sache durch den Dieb**. Eine **Lieferung** kann auch **als bewirkt gelten** (z.B. Kommissionslieferung durch den Verkaufskommissionär).

105. Wonach bestimmt sich der Zeitpunkt der Lieferung?

Der **Zeitpunkt der Lieferung** wird im Umsatzsteuergesetz **nicht geregelt**. Er richtet sich im Allgemeinen nach dem **Zeitpunkt der Übertragung des zivilrechtlichen Eigentums**.
Erfolgt nicht gleichzeitig mit der Übertragung des zivilrechtlichen Eigentums auch die Übertragung des wirtschaftlichen Eigentums, so richtet sich der Zeitpunkt der Lieferung nach dem Zeitpunkt des **wirtschaftlichen Eigentumsübergangs** (§ 39 Abs. 2 Nr. 1 AO).

106. Für welche Fälle ist der Zeitpunkt der Verschaffung der Verfügungsmacht von besonderer Bedeutung?

Der Zeitpunkt der Verschaffung der Verfügungsmacht ist von besonderer Bedeutung für

- die Entstehung der Steuer,

- den Zeitpunkt des Vorsteuerabzugs,
- den Abzug der Einfuhrumsatzsteuer.

107. Wodurch unterscheiden sich § 3 Abs. 6 und § 3 Abs. 7 UStG in Bezug auf die Warenbewegung?

§ 3 Abs. 6 UStG regelt den Fall der **„Lieferung mit Warenbewegung"** (sog. Beförderungs- und Versendungslieferung), **§ 3 Abs. 7 UStG** regelt den Fall der **„Lieferung ohne Warenbewegung"** (sog. ruhende Lieferungen).

108. In welchen Fällen bestimmt sich der Ort der Lieferung nach § 3 Abs. 6 UStG?

Nach **§ 3 Abs. 6 Satz 1 UStG** bestimmt sich **der Ort der Lieferung** in den Fällen, in denen der Gegenstand der Lieferung

- durch den Lieferer,
- den Abnehmer oder
- einem vom Lieferer oder vom Abnehmer beauftragten Dritten

befördert oder versendet wird.

109. Wo befindet sich der Ort der Lieferung in den Fällen der Beförderungs- und Versendungslieferung nach § 3 Abs. 6 UStG?

Die Beförderungs- oder Versendungslieferung **gilt** (Fiktion!) nach § 3 Abs. 6 Satz 1 UStG **dort** als ausgeführt, **wo** die **Beförderung oder Versendung** an den Abnehmer oder in dessen Auftrag an einen Dritten **beginnt**.
Der **Ort der Lieferung** befindet sich somit gem. § 3 Abs. 6 Satz 1 UStG grundsätzlich an dem **Ort des Beginns der Beförderung** oder am **Ort der Übergabe an den Beauftragten.**

110. Was versteht § 3 Abs. 6 Satz 2 UStG unter „befördern" und § 3 Abs. 6 Satz 3 UStG unter „versenden"?

„Befördern" ist jede **Fortbewegung eines Gegenstandes** (§ 3 Abs. 6 Satz 2 UStG). **Versenden** liegt vor, wenn **jemand die Beförderung** durch einen **selbstständigen Beauftragten ausführen oder besorgen lässt** (§ 3 Abs. 6 Satz 3 UStG).

111. Zu welchem Zeitpunkt beginnt die Versendung nach § 3 Abs. 6 Satz 4 UStG?

Die **Versendung** beginnt mit der **Übergabe** des Gegenstandes an den Beauftragten (§ 3 Abs. 6 Satz 4 UStG).

112. Wo befindet sich der Ort der Lieferung im Falle einer Abholliefe-rung?

Abholfälle fallen (ab 1997) unter den Begriff der Beförderungslieferung. Der Ort der Beförderungslieferung bestimmt sich nach dem **Beginn der Beförderung** (§ 3 Abs. 6 Satz 1 UStG).

113. Die sechsjährige Erna kauft beim Bäcker 10 Brötchen und nimmt die Brötchen mit nach Hause. Wo befindet sich der Ort der Lieferung?

Nach § 3 Abs. 6 Satz 2 UStG liegt eine **Beförderungslieferung** vor, da die Abnehmerin die Brötchen nach Hause transportiert. Der **Ort der Lieferung** liegt dort, **wo** die Beförderung **beginnt** (§ 3 Abs. 6 Satz 1 UStG), hier im Ladenlokal der Bäckerei.

114. Was versteht man unter einem Reihengeschäft?

Bei einem **Reihengeschäft** schließen **mehrere Unternehmer** über **denselben Liefergegenstand** Umsatzgeschäfte ab, und der Liefergegenstand wird im Rahmen einer Beförderung oder Versendung **unmittelbar** vom Ort des **ersten** leistenden Unternehmers an den **letzten** Abnehmer befördert oder versendet (§ 3 Abs. 6 Satz 5 UStG).[4]

115. Besteht beim Reihengeschäft eine Fiktion eines einheitlichen Lieferorts und Lieferzeitpunkts?

Ab dem 1. Januar 1997 gibt es beim Reihengeschäft **keine Fiktion** eines einheitlichen Lieferorts und Lieferzeitpunkts mehr. Der **Lieferzeitpunkt** ist für **jede einzelne Lieferung** zu bestimmen. Für den Lieferort gelten die Bestimmungen des § 3 Abs. 6 und Abs. 7 UStG.

116. Liegen bei einem Reihengeschäft mit nur einer Warenbewegung (Beförderung oder Versendung) mehrere Lieferungen vor?

Bei einem Reihengeschäft mit **nur einer Warenbewegung** können **mehrere Lieferungen vorliegen**, die in Bezug auf den **Lieferort** und den **Lieferzeitpunkt** jeweils **gesondert** betrachtet werden müssen. Die Beförderung oder Versendung ist nur einer der Lieferungen zuzuordnen (§ 3 Abs. 6 Satz 5 UStG). Diese eine Lieferung ist die Beförderungs- oder Versendungslieferung; nur bei ihr kommt die Steuerbefreiung für Ausfuhrlieferungen (§ 6 UStG) oder für innergemeinschaftliche Lieferungen (§ 6a UStG) in Betracht.

Bei allen anderen Lieferungen in der Reihe findet keine Beförderung oder Versendung statt (ruhende Lieferungen). Diese Lieferungen werden entweder vor oder nach der Beförderungs- oder Versendungslieferung ausgeführt (§ 3 Abs. 7 Satz 2 UStG).

117. Liegt auch dann ein Reihengeschäft nach § 3 Abs. 6 Satz 5 UStG vor, wenn mehrere beteiligte Unternehmer den Gegenstand befördern oder versenden?

[4] Vgl. Erlass des Bundesministeriums der Finanzen zur Behandlung von Reihengeschäften und innergemeinschaftlichen Dreiecksgeschäften ab 1. Januar 1997, BStBl 1997 I S. 529 ff.

Das unmittelbare Gelangen vom Unternehmer zum Letztabnehmer setzt grundsätzlich eine Beförderung oder Versendung durch **einen** am Reihengeschäft beteiligten Unternehmer voraus. Diese Voraussetzung ist bei der Beförderung oder Versendung durch mehrere beteiligte Unternehmer nicht erfüllt (sog. gebrochene Beförderung oder Versendung).

118. In welchen Fällen bestimmt sich der Ort der Lieferung nach § 3 Abs. 7 UStG?

Der **Ort der Lieferung** bestimmt sich nach **§ 3 Abs. 7 UStG**, wenn der Gegenstand der Lieferung **weder befördert noch versendet** wird (Abschn. 30 Abs. 5 Satz 1 UStR). Eine derartige Lieferungen wird als **Lieferung ohne Warenbewegung** oder auch als **ruhende Lieferung** bezeichnet.

119. Wo befindet sich der Ort der Lieferung im Falle des § 3 Abs. 7 Satz 1 UStG?

Der **Ort der Lieferung** befindet sich im Falle des **§ 3 Abs. 7 Satz 1 UStG (Lieferung ohne Warenbewegung)** dort, wo sich der Gegenstand **zur Zeit** der Verschaffung der Verfügungsmacht befindet (§ 3 Abs. 7 Satz 1 UStG).

120. In welchen Fällen gilt § 3 Abs. 7 Satz 1 UStG?

§ 3 Abs. 7 Satz 1 UStG gilt insbesondere für Fälle, in denen die Verfügungsmacht z.B. durch Vereinbarung eines Besitzkonstituts (§ 930 BGB), durch Abtretung des Herausgabeanspruchs (§ 931 BGB) oder durch Übergabe von Traditionspapieren (Lagerschein, Ladeschein, Konnossemente, §§ 444, 475c, 647 HGB) verschafft wird (Abschn. 30 Abs. 5 Satz 2 UStR).

121. Bei einer mehrgliedrigen Lieferung liegt eine Warenbewegung vor. Wie ist der Ort der Lieferung zu bestimmen?

Liegt bei einer mehrgliedrigen Lieferung **eine** Warenbewegung vor (warenbewegte Lieferung), bestimmt sich der Ort dieser warenbewegten Lieferung nach § 3 Abs. 6 Sätze 1, 5 und 6 UStG. Die Lieferorte der weiteren nicht warenbewegten Lieferungen bestimmen sich nach § 3 Abs. 7 Satz 2 UStG.
Lieferungen, die der warenbewegten Beförderungs- oder Versendungslieferung **vorangehen**, gelten dort als ausgeführt, wo die Beförderung oder Versendung des Gegenstandes **beginnt** (§ 3 Abs. 7 Satz 2 Nr. 1 UStG). Lieferungen, die der Beförderungs- oder Versendungslieferung **folgen**, gelten dort als ausgeführt, wo die Beförderung oder Versendung des Gegenstandes **endet** (§ 3 Abs. 7 Satz 2 Nr. 2 UStG).

122. Unternehmer Z aus Zürich bestellt bei Unternehmer B in Berlin eine Maschine, die dieser wiederum bei Unternehmer C in Chemnitz bestellt. C aus Chemnitz versendet die Maschine auf Wunsch von B unmittelbar nach Bern. Wie ist die Rechtslage in Bezug auf den Ort der Lieferung?

C in Chemnitz führt eine Lieferung mit Warenbewegung (Versendungslieferung) aus, da er für den Transport der Maschine verantwortlich ist. Diese Lieferung ist nach § 3 Abs. 6 Satz 1 UStG dort ausgeführt, wo die Maschine dem beauftragten Transportunternehmen übergeben wird, mithin in Chemnitz. Die Lieferung ist als Ausfuhrlieferung steuerfrei, denn Unternehmer C versendet die Maschine ins Drittlandsgebiet (§ 4 Nr. 1a i.V.m. § 6 Abs. 1 Nr. 1 UStG).
B aus Berlin führt eine Lieferung ohne Warenbewegung aus. Die Bestimmung des Ortes dieser Lieferung richtet sich nach § 3 Abs. 7 Satz 2 Nr. 2 UStG. Danach liegt der Ort der Lieferung bei Lieferungen, die der Beförderungs- oder Versendungslieferung folgen, dort, wo die Beförderung oder Versendung endet. Die Versendung endet in Zürich. Der Ort der Lieferung liegt daher in Zürich. Die Lieferung des B aus Berlin ist im Inland nicht steuerbar (§ 1 Abs. 1 Nr. 1 UStG). Die Frage der Steuerbefreiung stellt sich daher für B nicht.

123. Welches Ziel wird mit § 3 Abs. 8 UStG verfolgt?

Mit § 3 Abs. 8 UStG soll ein unbelasteter Verbrauch im Inland verhindert werden.

124. Bei welchen Umsätzen wirkt sich § 3 Abs. 8 UStG aus?

§ 3 Abs. 8 UStG wirkt sich bei solchen Umsätzen aus, bei denen der Abnehmer nicht zum Vorsteuerabzug berechtigt ist. Durch die Verlegung des Ortes der Lieferung ins Inland wird ferner erreicht, dass der Umsatz mit der Umsatzsteuer belastet wird, die für entsprechende Umsätze im Inland in Betracht kommt.

125. Welche drei Voraussetzungen müssen bei Anwendung des § 3 Abs. 8 UStG erfüllt sein?

Für eine Anwendung des § 3 Abs. 8 UStG müssen **drei** Voraussetzungen nebeneinander erfüllt sein:

- Beförderung oder Versendung;
- Grenzüberschreitung aus dem Drittlandsgebiet in das Inland;
- Schulden der Einfuhrumsatzsteuer durch den Lieferer (oder seinen Beauftragten).

Letzteres ergibt sich aus den Vertragsbedingungen, z.B. „verzollt und versteuert".

126. Was ist die Rechtsfolge des § 3 Abs. 8 UStG?

Rechtsfolge des § 3 Abs. 8 UStG ist, dass der Lieferort **vom Beginn** der Beförderung oder Versendung an in das **Inland verlagert** wird. Damit ist nicht nur die Einfuhr der Ware steuerbar (§ 1 Abs. 1 Nr. 4 UStG), sondern der leistende Unternehmer hat auch eine Lieferung im Inland erbracht (§ 1 Abs. 1 Nr. 1 UStG). Die an der Grenze entrichtete Einfuhrumsatzsteuer kann vom Schuldner der Einfuhrumsatzsteuer als Vorsteuer abgezogen werden (§ 15 Abs. 1 Nr. 2 UStG).

127. Wer ist Schuldner der Einfuhrumsatzsteuer?

Schuldner der Einfuhrumsatzsteuer ist nach § 13 Abs. 3 i.V.m. § 21 Abs. 2 UStG und nach § 10 Abs. 3 Satz 1 ZG derjenige, der die **Einfuhrabfertigung beantragt** (Einfuhrbeteiligter). Nicht entscheidend ist, wer die Einfuhrumsatzsteuer entrichtet hat oder wer sie wirtschaftlich trägt.

128. Was versteht man unter einer Einfuhr?

Eine **Einfuhr** ist das **Verbringen von Waren** i.S.d. Zollgesetzes **in das Zollgebiet**.

129. Welche Bedeutung haben für § 3 Abs. 8 UStG die Lieferkonditionen?

Für § 3 Abs. 8 UStG sind die angewendeten Lieferkonditionen insoweit von Bedeutung, als sie den **Ort der Lieferung** bestimmen können.

130. Kann eine Lieferung ohne Eigentumsübertragung erfolgen?

Eine Lieferung kann ohne Eigentumsübertragung erfolgen. Im Fall der **Lieferung unter Eigentumsvorbehalt** erfolgt die Lieferung ohne Eigentumsübertragung.

131. Die Eheleute E kaufen beim Möbelhändler M am 15.4.04 Schlafzimmermöbel auf Abzahlung. Die Möbel werden am 10.5.04 ausgeliefert. Die letzte Rate wird am 10.12.04 überwiesen. Welches ist der Zeitpunkt der Lieferung der Möbel?

Die **Lieferung der Möbel** findet bereits am **10.5.04** statt. Die Eigentumsübertragung an den Möbeln erfolgt erst mit der vollständigen Bezahlung der Möbel, d.h. am 10.12.04.

132. An welchem Ort werden unentgeltliche Lieferungen i.S.d. § 3 Abs. 1b UStG ausgeführt?

Unentgeltliche Lieferungen i.S.d. § 3 Abs. 1b UStG werden nach **§ 3f UStG** an dem Ort ausgeführt, von dem aus der Unternehmer sein Unternehmen betreibt.

133. Wer ist Kommissionär und welche Leistung erbringt ein Kommissionär zivilrechtlich (handelsrechtlich)?

Kommissionär ist, wer es gewerbsmäßig übernimmt, Waren oder Wertpapiere für Rechnung eines anderen (des Kommittenten) im eigenen Namen zu kaufen oder zu verkaufen (§ 383 HGB). Zivilrechtlich führt ein Kommissionär eine Geschäftsbesorgung (= Vermittlungsleistung) für den Kommittenten aus.

134. Welche Personen sind am Kommissionsgeschäft beteiligt?

Am Kommissionsgeschäft sind **drei verschiedene Personen** beteiligt: der Kommittent, der Kommissionär und der Abnehmer.

135. Wer gilt im Falle der Einkaufskommission, wer im Falle der Verkaufskommission als Abnehmer?

Im Falle der **Einkaufskommission** gilt der **Kommittent**, bei der **Verkaufskommission** der **Kommissionär** als Abnehmer (§ 3 Abs. 3 Satz 2 UStG).

136. Legt der Kommissionär dem Abnehmer gegenüber offen, dass die Waren oder die Wertpapiere nicht sein Eigentum sind?

Der Kommissionär legt dem Abnehmer gegenüber **nicht** offen, dass die Waren oder Wertpapiere nicht sein Eigentum sind. Er hat im Innenverhältnis zum Kommittenten nur den Auftrag, die Ware zu veräußern.

137. Zwischen welchen Personen findet beim Kommissionsgeschäft eine zivilrechtliche Eigentumsübertragung und zwischen welchen Personen finden Lieferungen statt ?

Zivilrechtlich findet eine Eigentumsübertragung vom Kommittenten an den Abnehmer statt. Lieferungen finden zwischen dem Kommittenten und dem Kommissionär und vom Kommissionär an den Abnehmer statt. Nur eine der beiden Lieferungen ist nach § 3 Abs. 3 UStG zu beurteilen.

138. Zu welchem Zeitpunkt liegt beim Kommissionsgeschäft eine Lieferung des Kommittenten an den Kommissionär vor?

Nach Abschnitt 24 Abs. 2 Satz 9 UStR liegt beim Kommissionsgeschäft eine Lieferung des Kommittenten an den Kommissionär erst **im Zeitpunkt der Lieferung des Kommissionsgutes an den Abnehmer** vor. Erst zu diesem Zeitpunkt steht fest, dass der Auftrag Erfolg haben wird.

139. Nach welcher Vorschrift bestimmt sich der Ort der Lieferung beim Kommissionsgeschäft?

Der Ort der Lieferung bestimmt sich - mangels einer Spezialvorschrift - nach den **allgemeinen Regeln**.

140. Führt die Vereinbarung einer Provision als Gegenleistung für die Geschäftsbesorgung des Kommissionärs zu der Annahme einer sonstigen Leistung?

Nach § 3 Abs. 3 UStG wird - trotz Vereinbarung einer Provision - eine sonstige Leistung gem. § 3 Abs. 9 UStG ausgeschlossen, so dass weder bei der Einkaufskommission noch bei der Verkaufskommission eine sonstige Leistung des Kommissionärs an den Kommittenten gegeben ist.

141. Kann eine Eigentumsübertragung ohne Lieferung erfolgen?

Im Falle der **Sicherungsübereignung** wird durch die **Übertragung des Eigentums** noch **keine Verfügungsmacht** verschafft (Abschn. 24 Abs. 2 Satz 5 UStR). Sobald jedoch der Sicherungsnehmer das Sicherungsgut verwertet, geht die wirtschaftliche Verfügungsmacht auf ihn über, und es findet eine **Lieferung** des Sicherungsgebers an den Sicherungsnehmer statt. Im Falle der Weiterveräußerung des Sicherungsgutes durch den Sicherungsnehmer liegen sogar zwei Lieferungen vor, nämlich eine Lieferung des Sicherungsgebers an den Sicherungsnehmer und eine Lieferung des Sicherungsnehmers an den Dritten.

142. Ein Taxi-Unternehmer erhält von einer Bank einen Kredit. Zu dessen Absicherung wird ein Fahrzeug sicherungsübereignet. Als der Taxi-Unternehmer nach Ablauf der Darlehensfrist das Geld nicht zurückzahlen kann, verkauft die Bank das Fahrzeug an einen Kfz-Händler. Welche Lieferungen finden statt?

Während die Sicherungsübereignung umsatzsteuerlich irrelevant ist, findet im Augenblick der Verwertungshandlung eine Lieferung des Taxi-Unternehmers an die Bank und eine weitere Lieferung der Bank an den Kfz-Händler statt, und zwar nach § 3 Abs. 1 UStG.

143. Welche Formen des Leasings sind umsatzsteuerlich zu unterscheiden?

Umsatzsteuerlich genügt es, bei den verschiedenen Formen des Leasings zwischen dem sog. **Kaufleasing** und dem sog. **Mietleasing** zu unterscheiden.
Kaufleasing liegt vor, wenn das Wirtschaftsgut nach **ertragsteuerlichen Kriterien** beim **Leasingnehmer zu aktivieren** ist. **Mietleasing** hingegen liegt vor, wenn das Wirtschaftsgut beim **Leasinggeber zu aktivieren** ist.

Beim **Kaufleasing** liegt eine **Lieferung** vom Leasinggeber an den Leasingnehmer vor, die bei der **Übergabe** des Wirtschaftsguts an den Leasingnehmer erfolgt (Abschn. 25 Abs. 4 Satz 2 UStR). Beim **Mietleasing** liegt umsatzsteuerlich eine **Vermietungsleistung** vor.

144. Wo befindet sich der Ort der Lieferung beim Kaufleasing?

Der Ort der Lieferung beim Kaufleasing richtet sich nach den allgemeinen Vorschriften des Lieferorts.

145. Werden beim Franchising die Umsätze an die Abnehmer dem Franchise-Geber oder dem Franchise-Nehmer zugerechnet?

Der Franchise-Nehmer tritt gegenüber seinem Abnehmer (Kunden) nicht unter seinem eigenen Namen, sondern unter dem Markennamen des Franchise-Gebers (z.B. McDonald's) auf. Der Franchise-Nehmer wird jedoch auf eigene Rechnung tätig. Er trägt das Geschäftsrisiko. Aus diesem Grund werden dem Franchise-Nehmer die Umsätze an seine Abnehmer zugerechnet und nicht dem Franchise-Geber, unter dessen Namen der Umsatz getätigt wird.
Die Umsätze des Franchise-Gebers bestehen in Leistungen an die Franchise-Nehmer. Der Franchise-Geber überlässt z.B. entgeltlich Know-how, Markenzeichen, Einrichtungsgegenstände und Waren.

146. Unter welchen Voraussetzungen liegt eine Werklieferung vor?

§ 3 Abs. 4 Satz 1 UStG bezeichnet als **Werklieferung** die **Bearbeitung oder Verarbeitung** eines Gegenstandes aus **vom Unternehmer beschafften Stoffen**, sofern es sich dabei **nicht nur um Zutaten oder sonstigen Nebensachen** handelt.

147. Warum spricht der Gesetzgeber von Bearbeitung und Verarbeitung und nicht einfach von der Herstellung eines Gegenstandes?

Der Gesetzgeber spricht in § 3 Abs. 4 Satz 1 UStG deshalb von Be- oder Verarbeitung und nicht von der Herstellung eines Gegenstandes, weil der Begriff „Be- oder Verarbeitung" **umfassender** ist.

148. Welches sind die entscheidenden Merkmale für das Vorliegen einer Werklieferung?

Die **entscheidenden Merkmale** für das Vorliegen einer **Werklieferung** sind:

- die **übernommene Veränderung** (= Einwirkung einschließlich Reparatur = Be- oder Verarbeitung) bzw. die Herstellung eines Gegenstandes, also ein Tätigwerden i.S.d. § 3 Abs. 9 Satz 1 UStG für den Leistungsempfänger sowie
- die **Beschaffung** der Stoffe (Werkunternehmer oder Werkauftraggeber) und
- die **Art** der verwendeten Stoffe.

149. Welches ist der wichtigste Fall der Werklieferung?

Der **wichtigste Fall** der Werklieferung ist die **Herstellung** eines Gegenstandes i.S.d. § 3 Abs. 4 Satz 1 UStG.

150. Kann auch bei einer Erweiterung, Erneuerung oder Reparatur eines Gegenstandes eine Werklieferung vorliegen?

Eine Werklieferung kann auch bei einer Erweiterung, Erneuerung oder Reparatur eines Gegenstandes vorliegen, wenn der **Leistende** Stoffe i.S.d. § 3 Abs. 4 UStG verwendet. Dies ist z.B. der Fall bei der Erweiterung eines schmalen Schranks zu einem breiten Schrank, der Totalrunderneuerung von Autoreifen und dem Aufarbeiten eines Pelzes auf einen Mantel.

151. In welchen Fällen hat der Werkunternehmer den Stoff selbst beschafft?

Ein Stoff ist selbst beschafft worden, wenn der Werkunternehmer den Stoff erworben, selbst hergestellt oder gewonnen (urerzeugt) hat.

152. Was ist unter den Begriffen „Stoff", „Hauptstoff" und „Nebenstoff" zu verstehen und wie können die Begriffe „Hauptstoff" und „Nebenstoff" abgegrenzt werden?

Stoff ist jedes Material, das der Unternehmer zur **Herstellung von Gegenständen** verwenden kann. Stoffe sind demnach körperliche Gegenstände (Sachen i.S.d. § 90 BGB). **Verwendet** werden sie, wenn der Stoff Objekt der Werklieferung wird, d.h. wenn er **gegenständlich in das herzustellende Werk eingeht**. Stoffe, die lediglich zur Herstellung des Werkes benutzt werden, wie Werkzeuge, elektrische Energie u.ä., sind nicht als Stoff im fertigen Werk enthalten und gelten daher nicht als Stoffe i.S.d. § 3 Abs. 4 UStG.
Für die **Unterscheidung Hauptstoff - Nebenstoff** ist entscheidend, welche Bedeutung der einzelne Stoff in Bezug auf den herzustellenden Gegenstand hat. Dabei ist auf den **Willen der Vertragsparteien** und auf die **Verkehrsanschauung** abzustellen (Abschn. 27 Abs. 1 Sätze 4 und 5 UStR).
Hauptstoffe bestimmen die **Eigenart** der aus ihnen hergestellten Gegenstände. Nebenstoffe sind nicht mitbestimmend, ihr Fehlen lässt das Wesen des Werks unangetastet.
Die **Wertrelation** der verwendeten Stoffe zum Gegenstandswert oder zum Wert der Arbeitsleistung oder die Unentbehrlichkeit des Stoffes sind **keine Kriterien**, sondern allenfalls Indizien im Rahmen einer Gesamtwürdigung der Parteienvereinbarung.

153. Genügt die Beschaffung eines Hauptstoffes bzw. eines Teils eines Hauptstoffes durch den Werkunternehmer für das Vorliegen einer Werklieferung?

Die Beschaffung **eines** Hauptstoffes durch den Werkunternehmer genügt für das Vorliegen einer Werklieferung. Eine Werklieferung liegt selbst dann vor, wenn der Werkunternehmer nur **einen Teil** davon beschafft, soweit dieser Teil nicht nur eine völlig untergeordnete Bedeutung hat (Abschn. 27 Abs. 1 Satz 2 UStR).

154. Was ist Gegenstand der Lieferung bei der Werklieferung?

Gegenstand der Lieferung bei der **Werklieferung** ist grundsätzlich das **fertige Werk** und nicht die zur Herstellung des Werkes verwendeten Stoffe (abzüglich Beistellungen).

155. Welche Bedeutung hat § 3 Abs. 4 Satz 2 UStG?

§ 3 Abs. 4 **Satz 2** UStG dient der **Klarstellung**. Das Eigentum an den einzelnen Gegenständen geht nach §§ 94, 946 BGB durch Verbindung mit dem Grund und Boden kraft Gesetzes an den Eigentümer des Grund und Bodens über. Die Verfügungsmacht über den Gegenstand der Werklieferung geht (meist) erst später über.

156. Unter welchen Voraussetzungen liegt eine Materialbeistellung vor?

Eine **Materialbeistellung** liegt vor, wenn der **Werkbesteller** dem Werkhersteller einen von mehreren Hauptstoffen, einen Teil des Hauptstoffes oder Nebenstoffe zur Verfügung stellt und vereinbart wird, dass der zur Verfügung gestellte Stoff zur Be- oder Verarbeitung bzw. Herstellung des Gegenstandes Verwendung finden soll und dieses auch geschieht.

157. Wie werden Materialbeistellungen des Werkbestellers im Rahmen der Werklieferung behandelt?

Bei Werklieferungen **scheiden** Materialbeistellungen des Werkbestellers aus dem Leistungsaustausch **aus** (Abschn. 27 Abs. 2 Satz 1 UStR).

158. Scheiden Materialbeistellungen auch im Falle des Stoffaustausches durch den Werkhersteller aus dem Leistungsaustausch aus?

Ein **wirtschaftlich gerechtfertigter Stoffaustausch** gegen art-, funktions- und wertgleiche Stoffe ist **unschädlich** (Abschn. 27 Abs. 3 Satz 3 UStR).

159. Wann wird von Leistungsbeistellung gesprochen?

Beteiligt sich der **Besteller** in anderer Weise an der Herstellung des Werkes, z.B. dadurch dass er selbst körperlich oder geistig mitarbeitet, Arbeiter, Fahrzeuge, Maschinen oder sonstige Geräte zur Verfügung stellt oder Strom, Wärme, Dampf u.ä. überlässt, so spricht man von **Leistungsbeistellung.**

160. Nehmen Leistungsbeistellungen auf die Frage der Abgrenzung zwischen Werklieferung und Werkleistung Einfluss?

Da bei Leistungsbeistellungen **keine Stoffe** i.S.d. § 3 Abs. 4 UStG beschafft werden, haben Leistungsbeistellungen auf die Frage der Abgrenzung zwischen Werklieferung und Werkleistung **keinen** Einfluss.

161. Unter welchen Voraussetzungen liegt eine Materialgestellung vor?

Eine Materialgestellung liegt vor, wenn der Auftraggeber mindestens **alle Stoffe**, die nicht nur Zutaten oder sonstige Nebensachen sind, selbst beschafft (Abschn. 27 Abs. 2 Satz 4 UStR).

162. Was ist Gegenstand der Lieferung bei Materialbeistellungen?

Die Materialbeistellungen beeinflussen den Gegenstand der Werklieferung. Der **Gegenstand der Lieferung** bestimmt sich nach dem **fertigen Werk abzüglich der Beistellungen.**

163. Liegt in den folgenden Fällen eine Werklieferung oder eine Werkleistung vor?

1. Ein Kunde kauft einen Anzug im Kaufhaus „von der Stange".

2. Ein Kunde kauft einen Anzug und vereinbart mit dem Kaufhaus eine Änderung der Arm- und Beinlänge.

3. Ein Kunde sucht bei einem Schneider einen Anzugstoff aus und lässt sich einen Anzug „nach Maß" fertigen.
4. Ein Kunde lässt sich vom Schneider aus einem mitgebrachten Stoff eine Hose anfertigen. Knöpfe, Nähgarn und Futter stellt der Schneider.

- Es wurde ein Kaufvertrag, kein Werkvertrag geschlossen. Da folglich keine Be- oder Verarbeitung eines Gegenstandes vorliegt, erbringt das Kaufhaus eine Lieferung (§ 3 Abs. 1 UStG).
- Die Änderung der Arm- und Beinlänge ist eine im Zusammenhang mit der Anzugslieferung übliche Nebenleistung. Das Kaufhaus erbringt auch hier eine Lieferung (§ 3 Abs. 1 UStG).
- Der Schneider erbringt eine Werklieferung (§ 3 Abs. 4 UStG).
- Der Schneider erbringt eine Werkleistung, da er selbst keinen Hauptstoff beschafft hat (§ 3 Abs. 4 Umkehrschluss i.V.m. Abs. 9 UStG).

164. Besteht die Möglichkeit, dass dem Werkunternehmer die Stoffbeschaffung zugerechnet wird?

Die Möglichkeit der Zurechnung der Stoffbeschaffung an den Werkunternehmer besteht, wenn der Werkunternehmer an der Beschaffung der Stoffe als Kommissionär mitgewirkt hat oder der Werkunternehmer die Stoffe im eigenem Namen von dem Lieferer der Werkstoffe erworben hat (Abschn. 27 Abs. 4 Sätze 1 und 5 UStR). In beiden Fällen werden die Stoffe vom Lieferer an den Werkunternehmer geliefert, und dieser tätigt sodann eine Werklieferung, die auch die von ihm beschafften Stoffe umfasst. Eine Materialbeistellung liegt insoweit nicht vor (Abschn. 27 Abs. 4 Sätze 2 und 6 UStR).

165. Welche umsatzsteuerlichen Auswirkungen kann die Zurechnung der Stoffbeschaffung haben?

Die Zurechnung der Stoffbeschaffung kann Auswirkungen auf die **Art der Leistung** durch den Werkunternehmer und auf den **Leistungsort** haben. Die Aufwendungen für die Stoffbeschaffung erhöhen anteilig die Bemessungsgrundlage für die ausgeführte Leistung.

166. Wodurch, zu welchem Zeitpunkt und an welchem Ort wird eine Werklieferung ausgeführt?

Eine Werklieferung ist eine besondere Art der Lieferung, so dass **mangels Spezialnorm** für die Ausführung, den Zeitpunkt und den Ort der Werklieferung die Vorschriften des § 3 Abs. 1 und § 3 Abs. 6 bis 8 UStG anzuwenden sind.

167. Welche Tatbestände werden einer Lieferung gegen Entgelt gleichgestellt?

Einer Lieferung gegen Entgelt werden nach § 3 Abs. 1b Satz 1 Nr. 1 - 3 UStG gleichgestellt:

- die **Entnahme** eines Gegenstandes durch einen Unternehmer **aus seinem Unternehmen** für Zwecke, die **außerhalb des Unternehmens** liegen (§ 3 Abs. 1b Satz 1 Nr. 1 UStG);
- die **unentgeltliche Zuwendung** eines Gegenstandes durch einen Unternehmer an sein **Personal** für dessen **privaten Bedarf**, sofern **keine Aufmerksamkeiten** vorliegen (§ 3 Abs. 1b Satz 1 Nr. 2 UStG);
- **jede andere unentgeltliche Zuwendung** eines Gegenstandes, ausgenommen Geschenke von geringem Wert und Warenmuster für Zwecke des Unternehmens (§ 3 Abs. 1b Satz 1 Nr. 3 UStG).

168. Werden die in § 3 Abs. 1b Satz 1 Nr. 1 - 3 UStG enthaltenen Tatbestände stets einer Lieferung gleichgestellt?

Die in § 3 Abs. 1b Satz 1 Nr. 1 - 3 UStG enthaltenen Tatbestände werden einer Lieferung nur unter der Voraussetzung gleichgestellt, „dass der Gegenstand oder seine Bestandteile zum **vollen oder teilweisen Vorsteuerabzug** berechtigt haben“ (§ 3 Abs. 1b **Satz 2** UStG).

169. Worin besteht der Sinn und Zweck der Regelung des § 3 Abs. 1b UStG?

Der Sinn und Zweck der Regelung des § 3 Abs. 1b UStG besteht darin, einen **unversteuerten Letztverbrauch** des Unternehmers zu verhindern.

170. Die nach § 3 Abs. 1b UStG einer entgeltlichen Lieferung gleichgestellte Entnahme oder unentgeltliche Zuwendung eines Gegenstandes aus dem Unternehmen setzt die Zugehörigkeit des Gegenstandes zum Unternehmen voraus. Richtet sich die Zuordnung eines Gegenstands zum Unternehmen nach ertragsteuerlichen Merkmalen?

Die **Zuordnung eines Gegenstandes zum Unternehmen** richtet sich **nicht** nach ertragsteuerlichen Merkmalen, also nicht nach der Einordnung als Betriebs- oder Privatvermögen. Maßgebend ist, ob der Unternehmer den Gegenstand dem unternehmerischen oder dem nichtunternehmerischen Tätigkeitsbereich zugewiesen hat (Abschn. 24b Abs. 1 Sätze 2 und 3 UStR).

171. Was sind Bestandteile im Sinne des § 3 Abs. 1b Satz 2 UStG?

Als **Bestandteile** gelten alle **nicht selbstständig nutzbaren Wirtschaftsgüter**, die mit dem gelieferten Gegenstand in einem **einheitlichen Nutzungs- und Funktionszusammenhang** stehen, auch wenn sie in den Gegenstand erst später eingegangen sind, wie z.B. eine nachträglich in ein Kraftfahrzeug eingebaute Klimaanlage (Abschn. 24b Abs. 2 Satz 2 UStR).

172. Ein dem Unternehmen dienender Pkw erleidet während einer nichtunternehmerischen Nutzung (Privatfahrt) einen Totalschaden. Liegt eine Entnahme i.S.d. § 3 Abs. 1b Satz 1 Nr. 1 UStG vor?

Wird ein dem Unternehmen dienender Gegenstand während der Dauer einer nichtunternehmerischen Verwendung aufgrund **äußerer Einwirkungen** zerstört, z.B. Totalschaden eines Pkw infolge eines Unfalls auf einer Privatfahrt, so liegt **keine Entnahme** i.S.d. § 3 Abs. 1b Nr. 1 UStG vor (Abschn. 24b Abs. 4 Satz 1 UStR).

173. Fallen Geschenke, für die nach § 15 Abs. 1a Nr. 1 UStG i.V.m. § 4 Abs. 5 Satz 1 Nr. 1 EStG kein Vorsteuerabzug vorgenommen werden kann, unter die Besteuerung nach § 3 Abs. 1b Satz 1 Nr. 3 UStG?

Bei **Geschenken**, für die nach § 15 Abs. 1a Nr. 1 UStG i.V.m. § 4 Abs. 5 Satz 1 Nr. 1 EStG **kein Vorsteuerabzug** vorgenommen werden kann, **entfällt** eine Besteuerung nach § 3 Abs. 1b Satz 1 Nr. 3 UStG (Abschn. 24b Abs. 8 Satz 4 UStR).

174. Entfällt für Geschenke von geringem Wert die Besteuerung nach § 3 Abs. 1b Nr. 3 UStG?

Für Geschenke von geringem Wert **entfällt** die Besteuerung nach § 3 Abs. 1b Satz 1 Nr. 3 UStG (Abschn. 24b Abs. 8 Satz 5 UStR).

175. Welche Geschenke sind Geschenke von geringem Wert?

Geschenke von **geringem Wert** liegen vor, wenn die Anschaffungs- oder Herstellungskosten der dem Empfänger im Kalenderjahr zugewendeten Gegenstände insgesamt **40 €** (Nettobetrag ohne Umsatzsteuer) nicht übersteigen (Abschn. 24b Abs. 8 Satz 6 UStR).

176. Ein Juwelier aus Köln schenkt seiner Tochter zum 21. Geburtstag einen Brillantring aus seinem Schmuckbestand. Beim Einkauf des Brillantrings war für den Juwelier der Vorsteuerabzug möglich. Wie ist dieser Vorgang umsatzsteuerlich zu behandeln?

Dieser Vorgang wird nach § 3 Abs. 1b Satz 1 Nr. 1 UStG einer Lieferung gegen Entgelt im Inland gleichgestellt und ist damit steuerbar und mangels Befreiung steuerpflichtig.

177. Ein Unternehmer aus Bonn spendet einem gemeinnützigen Verein Waren im Wert von netto 500 € (Wiederbeschaffungskosten), die er dem

Warenbestand seines Unternehmens entnommen hat. Beim Einkauf der Waren hat der Unternehmer die Umsatzsteuer als Vorsteuer abgezogen. Wie ist dieser Vorgang umsatzsteuerlich zu behandeln?

Dieser Vorgang ist nach § 3 Abs. 1b Satz 1 Nr. 3 UStG einer Lieferung gegen Entgelt im Inland gleichgestellt und damit nach § 1 Abs. 1 Nr. 1 UStG i.V.m. § 3 Abs. 1b Satz 1 Nr. 3 UStG steuerbar und mangels Befreiung steuerpflichtig.

178. Ein Unternehmer aus Düsseldorf verteilt an nicht zu seinem Unternehmen gehörende Personen Gegenstände zur Verkaufsförderung und zur Imagepflege. Wie ist dieser Vorgang umsatzsteuerlich zu behandeln?

Die unentgeltliche Zuwendung von Gegenständen aus unternehmerischen Gründen an nicht zum Unternehmen gehörende Personen wird durch § 3 Abs. 1b Satz 1 Nr. 3 UStG einer Lieferung gegen Entgelt gleichgestellt, sofern der Gegenstand beim Einkauf zum Vorsteuerabzug berechtigt hat. Unter diese Regelung fallen unentgeltliche Zuwendungen von Gegenständen, die zu Werbezwecken, zur Verkaufsförderung oder zur Imagepflege erbracht werden.
Ausdrücklich **ausgenommen** von dieser Regelung sind **Geschenke von geringem Wert** und die Abgabe von Warenmustern für Zwecke des Unternehmens.

179. Ein Unternehmer aus Essen schenkt einer Angestellten Waren im Wert von netto 150 €. Der Unternehmer hat die Waren seinem Warenbestand entnommen. Beim Einkauf der Waren hat er den Vorsteuerabzug geltend gemacht. Wie ist dieser Vorgang umsatzsteuerlich zu behandeln?

Die unentgeltliche Lieferung eines Gegenstandes durch einen Unternehmer an **sein Personal für dessen privaten Bedarf** wird durch § 3 Abs. 1b Satz 1 Nr. 2 UStG einer Lieferung gegen Entgelt gleichgestellt, sofern der Gegenstand beim Einkauf zum Vorsteuerabzug berechtigt hat. Dieser Vorgang ist daher einer Lieferung gegen Entgelt gleichgestellt und damit nach § 1 Abs. 1 Nr. 1 i.V.m. § 3 Abs. 1b Satz 1 Nr. 2 UStG steuerbar und mangels Befreiung steuerpflichtig. Ausgenommen von der Besteuerung sind Aufmerksamkeiten an Arbeitnehmer (z.B. Blumen anlässlich eines Geburtstags). Bei einem Warenwert von 150 € ist eine Aufmerksamkeit nicht mehr gegeben (Abschn. 12 Abs. 3 Satz 2 UStR).

180. Was sind sonstige Leistungen?

Sonstige Leistungen sind nach § 3 Abs. 9 Satz 1 UStG Leistungen, die **keine Lieferungen** sind.

181. Welche Tatbestände werden einer sonstigen Leistung gegen Entgelt gleichgestellt?

Einer sonstigen Leitung gegen Entgelt werden nach § 3 Abs. 9a Satz 1 Nr. 1 und 2 UStG gleichgestellt:

- die Verwendung eines dem Unternehmen zugeordneten Gegenstandes, der zum vollen oder teilweisen Vorsteuerabzug berechtigt hat, durch einen Unternehmer für Zwecke, die außerhalb des Unternehmens liegen, oder für den privaten Bedarf seines Personal, sofern keine Aufmerksamkeiten vorliegen (§ 3 Abs. 9a Satz 1 Nr. 1 UStG);
- die unentgeltliche Erbringung einer anderen sonstigen Leistung durch einen Unternehmer für Zwecke, die außerhalb des Unternehmens liegen, oder für den privaten Bedarf seines Personals, sofern keine Aufmerksamkeiten vorliegen (§ 3 Abs. 9a Satz 1 Nr. 2 UStG).

182. Unterliegt die nichtunternehmerische Nutzung eines Fahrzeugs der Besteuerung nach § 3 Abs. 9a UStG?

Nach § 3 Abs. 9a Satz 2 UStG **entfällt** die Steuerbarkeit bei der Verwendung eines Fahrzeugs, bei dessen Anschaffung oder Herstellung, Einfuhr oder innergemeinschaftlichem Erwerb Vorsteuerbeträge nach § 15 Abs. 1b UStG nur zu 50 v.H. abziehbar waren (Abschn. 24c Abs. 3 Satz 2 UStR).

183. Ein Bauunternehmer nutzt seine betrieblichen Kommunikationsgeräte (Telefonanlage, Kopierer, Fax, Computer), Baumaschinen und Werkzeuge sowie Schalholz für private Zwecke. Die privatanteiligen Kosten – außer Grund- und Gesprächsgebühren - betragen insgesamt 1.000 €. Wie ist dieser Vorgang umsatzsteuerlich zu behandeln?

Die Verwendung eines dem Unternehmen zugeordneten Gegenstands durch einen Unternehmer für Zwecke, die außerhalb des Unternehmens liegen, wird durch § 3 Abs. 9a Satz 1 Nr. 1 UStG einer sonstigen Leistung gegen Entgelt gleichgestellt, sofern der Gegenstand zum Vorsteuerabzug berechtigt hat.
Dieser Vorgang wird nach § 3 Abs. 9a Nr. 1 UStG einer sonstigen Leistung gegen Entgelt gleichgestellt und ist damit steuerbar und mangels Befreiung steuerpflichtig (Abschn. 24c Abs. 4 Sätze 1 und 2 UStR). Die entstandenen Kosten in Höhe von 1.000 € sind der Umsatzsteuer zu unterwerfen.

184. Ein Unternehmer gestattet seinen Arbeitnehmern die kostenlose Nutzung von Unternehmensgegenständen wie Telekommunikationsanlagen, Ferienwohnungen oder Baumaschinen für private Zwecke. Wie ist dieser Vorgang umsatzsteuerlich zu behandeln?

Die Verwendung eines dem Unternehmen zugeordneten Gegenstands für den privaten Bedarf des Personals wird durch § 3 Abs. 9a Satz 1 Nr. 1 UStG einer sonstigen Leistung gegen Entgelt gleichgestellt, sofern der Gegenstand beim Einkauf zum Vorsteuerabzug berechtigt hat. Der Vorgang ist steuerbar und mangels Befreiung steuerpflichtig.

185. Ein Unternehmer setzt betriebliche Arbeitskräfte für seine privaten Zwecke ein. Wie ist dieser Vorgang umsatzsteuerlich zu beurteilen?

Der Einsatz betrieblicher Arbeitskräfte für nichtunternehmerische (private) Zwecke zu Lasten des Unternehmens ist grundsätzlich eine steuerbare Wertabgabe nach § 3 Abs. 9a Satz 1 Nr. 2 UStG (Abschn. 24c Abs. 5 UStR).

186. Welche Besonderheit besteht für nach dem 31. März 1999 erworbene Fahrzeuge, die der Unternehmer sowohl für unternehmerische als auch nichtunternehmerische Zwecke nutzt?

Hat ein Unternehmer ein nach dem 31. März 1999 erworbenes Fahrzeug, dass er sowohl unternehmerisch als auch nichtunternehmerisch nutzt, zulässigerweise seinem Unternehmen zugeordnet, kann der **50 v.H.** der **Vorsteuerbeträge abziehen**, die auf die Anschaffungskosten und die Unterhaltskosten des Fahrzeugs entfallen (§ 15 Abs. 1b UStG). In diesem Fall entfällt die Besteuerung des nichtunternehmerischen Nutzung dieses Fahrzeugs (§ 3 Abs. 9a Satz 2 UStG).

187. Ein Unternehmer hat in der Zeit vor dem 31. März 1999 einen Pkw angeschafft, den der sowohl unternehmerisch als auch nichtunternehmerisch nutzt. Der Unternehmer hatte bei der Anschaffung des Pkw den vollen Vorsteuerabzug geltend gemacht. Liegt in diesem Falle für die Zeit nach dem 31. März 1999 hinsichtlich der nichtunternehmerischen Nutzung eine der sonstigen Leistungen gleichgestellte Leistung vor?

Bis zum 31. März 1999 liegt infolge des vollen Vorsteuerabzugs hinsichtlich der nichtunternehmerischen Nutzung des Pkw ein steuerbarer Leistungseigenverbrauch (bisher § 1 Abs. 1 Nr. 2b UStG) und nach dem 31. März 1999 eine der sonstigen Leistungen gleichgestellte Leistung vor (§ 3 Abs. 9a Nr. 1 UStG).

188. Warum ist die Unterscheidung zwischen Lieferungen und sonstigen Leistungen von Bedeutung?

Je nach dem, ob eine Lieferung oder eine sonstige Leistung vorliegt, sind **unterschiedliche Bestimmungen** anzuwenden. Die Unterschiede betreffen insbesondere:

- den Zeitpunkt der Leistung,
- den Ort der Leistung (§§ 3 Abs. 6 - 8, 3a – 3f UStG),
- die Steuerbefreiungen (§§ 4, 6, 6a, 7, 8 UStG),

- die Steuererhebung (§§ 18 ff., §§ 51 ff. UStDV),
- den Steuersatz (§ 12 UStG).

Der Ort der sonstigen Leistung ist auch insoweit von besonderer Bedeutung, als dieser darüber entscheidet, welchem Staat das Besteuerungsrecht für die jeweilige sonstige Leistung zusteht.

189. Welche Arten der sonstigen Leistung gibt es?

Eine sonstige Leistung kann bestehen in einem

- Tätigwerden (z.B. in einer Werk- oder Dienstleistung),
- Dulden (z.B. einer Lizenznutzung, Vermietung, Verpachtung, Darlehenshingabe) oder
- Unterlassen (z.B. ein Handelsvertreter unterlässt die Ausübung seiner Tätigkeit in einer bestimmten Region).

190. Welches sind die wichtigsten Vorschriften in Bezug auf die sonstigen Leistungen?

Die wichtigsten Vorschriften in Bezug auf die sonstigen Leistungen sind:

- § 3 Abs. 4 Satz 1 Umkehrschluss i.V.m. § 3 Abs. 9 Satz 1 UStG (Werkleistung),
- § 3 Abs. 10 UStG (Werkleistung),
- § 3a UStG (Ort der sonstigen Leistung),
- § 3b UStG (Ort der Beförderungsleistungen),
- § 3f UStG (Ort der unentgeltlichen sonstigen Leistungen).

§ 3a UStG ist hierbei die umfangreichste und bedeutendste dieser Vorschriften.

191. Was bezweckt § 3 Abs. 10 UStG?

§ 3 Abs. 10 UStG beruht auf der **Rechtsprechung** zu den Fällen des **Umtauschgewerbes** (Umtauschmüllerei, Umtauschmosterei, Umtauschspinnerei u.ä.). Diese Geschäfte spielen sich zivilrechtlich und praktisch in den Formen des **Tausches** ab, da dem Besteller nicht sein bearbeiteter Gegenstand, sondern ein **gleichartiger** Gegenstand zurückgegeben wird. Wirtschaftlich ist gleichwohl nur eine **Werkleistung** gewollt. § 3 Abs. 10 UStG trägt dem Rechnung, sofern das Entgelt ausschließlich für die Bearbeitung als Werklohn und nicht nach dem Materialpreis berechnet wird.

192. Ein Landwirt bringt Weizen zur Mühle und erhält eine dem angelieferten Weizen entsprechende Menge Weizenmehl (aus fremdem Weizen). Dem Landwirt wird nur der Werklohn für das Mahlen des Weizens berechnet. Liegt eine sonstige Leistung vor?

Es liegt eine sonstige Leistung gem. § 3 Abs. 10 UStG (Umtauschmüllerei) vor.

193. § 3 Abs. 10 UStG setzt Gleichartigkeit der Stoffe voraus. Wird die Gleichartigkeit durch das Hinzufügen von Zutaten oder Nebenstoffen ausgeschlossen?

Die Gleichartigkeit wird **nicht** durch das Hinzufügen von Zutaten oder Nebenstoffen ausgeschlossen.

194. Ein Landwirt bringt Weizen zur Mühle und erhält eine dem angelieferten Weizen entsprechende Menge Roggenmehl zurück. Liegt ein Fall des § 3 Abs. 10 UStG vor?

Bringt ein Landwirt Weizen zur Mühle und erhält dieser eine dem angelieferten Weizen entsprechende Menge Roggenmehl, **fehlt** es an der **Gleichartigkeit**. § 3 Abs. 10 UStG liegt nicht vor.
Gem. **§ 3 Abs. 12 UStG** liegt ein **Tausch** vor. Der Landwirt liefert Weizen an die Mühle und die Mühle liefert Roggenmehl an den Landwirt. Das

Entgelt für die Lieferung des Getreides ist der Wert des Roggenmehls. Ein etwaiger Werklohn wäre zusätzliches Entgelt für die Lieferung des Roggenmehls.

195. Wann liegt eine Gehaltslieferung nach 3 Abs. 5 UStG vor?

Im Falle der **Gehaltslieferung** wird rechtlich und praktisch eine Sache hingegeben, während wirtschaftlich nur der **Gehalt** der Sache dem Leistungsempfänger zugewendet werden soll. § 3 Abs. 5 UStG **beschränkt** den Leistungsaustausch und damit die Lieferung auf die dem Abnehmer verbleibenden Teile.

196. Ein Landwirt beliefert eine Zuckerfabrik mit Rüben. Die Zuckerfabrik gibt ihm eine seiner Rübenanlieferung entsprechende Menge Rübenschnitzel zu Futterzwecken zurück. Was ist Gegenstand der Lieferung?

Gem. § 3 Abs. 5 UStG liegt nur eine **Lieferung des Zuckergehalts** der Rüben vor. Gegenstand der Lieferung ist der Zucker.

197. Zu welchem Zeitpunkt werden sonstige Leistung ausgeführt?

Sonstige Leistungen werden zu dem Zeitpunkt ausgeführt, in dem das **wirtschaftlich Gewollte beendet** wird (Abschn. 177 Abs. 3 Satz 1 UStR).

198. Nach welchen Vorschriften bestimmt sich der Ort der sonstigen Leistungen?

Der **Ort** der **sonstigen Leistungen** wird insbesondere von folgenden Vorschriften bestimmt:

- § 3a Abs. 1 UStG (Grundregel),
- § 3a Abs. 2 Nr. 1 UStG (Belegenheitsort des Grundstücks),

- § 3a Abs. 2 Nr. 3 UStG (Tätigkeitsort des leistenden Unternehmers),
- § 3a Abs. 3 UStG, wenn die sonstige Leistung unter § 3a Abs. 4 UStG fällt (Sitzort des Leistungsempfängers),
- § 3b UStG (Sonderregelung für Beförderungsleitungen),
- § 3f UStG (unentgeltliche Lieferungen und sonstige Leistungen),
- § 1 UStDV (Verlagerung ins Ausland).

Die Vorschriften sind also nach dem **Regel-Ausnahmeprinzip** aufgebaut:

- § 3a Abs. 1 UStG enthält den der Vereinfachung dienenden Grundsatz, dass sonstige Leistungen an dem Ort ausgeführt werden, an dem der Unternehmer sein Unternehmen betreibt (§ 21 AO). Bei nicht natürlichen Personen ist der Ort der Geschäftsleitung (§ 10 AO) maßgebend.

- Diese Grundregel ist stark ausgehöhlt. § 3a Abs. 1 UStG darf nur angewandt werden, wenn zuvor § 3a Abs. 2 - 4 inklusive § 3b und § 3f UStG und §§ 2 - 7 UStDV nicht zur Anwendung kommen.

- Treffen auf eine der genannten sonstigen Leistungen sowohl § 3a Abs. 2, § 3b als auch § 3a Abs. 3 und 4 UStG zu, so geht nach § 3a Abs. 3 Satz 4 UStG innerhalb der Regelung des § 3a der **§ 3a Abs. 2 UStG** als die speziellere Bestimmung vor. Nach § 3a Abs. 1 Satz 1 UStG wiederum geht § 3b und 3f UStG den Vorschriften des § 3a UStG vor.

199. An welchem Ort wird eine einer sonstigen Leistung gleichgestellte Leistung ausgeführt?

Eine einer sonstigen Leistung gleichgestellte Leistung wird an dem Ort ausgeführt, von dem aus der Unternehmer sein Unternehmen betreibt (§ 3f Satz 1 UStG).

200. Welche Gruppen von sonstigen Leistungen umfasst § 3a Abs. 2 UStG im Einzelnen und wo werden diese Leistungen ausgeführt?

§ 3a Abs. 2 UStG umfasst **drei verschiedene Gruppen** von sonstigen Leistungen:

- **Grundstückbezogene Leistungen (§ 3a Abs. 2 Nr. 1 Buchst. a - c UStG)**

Diese Sonderregelungen gelten insbesondere für Vermieter von Grundstücken und Wohnungen, für das Beherbergungsgewerbe, für Unternehmer, die Parkhäuser und Campingplätze betreiben, für Grundstücksmakler, Grundstückssachverständige sowie für Architekten, Bauhandwerker usw. (Abschn. 34 Abs. 3 bis 7 UStR). Die Leistung wird dort ausgeführt, wo das Grundstück liegt (**Lage des Grundstücks**).

- **Tätigkeiten, bei denen der Ort der Tätigkeit als Leistungsort gilt (§ 3a Abs. 2 Nr. 3 Buchst. a und c UStG)**

Bei diesen Tätigkeiten handelt es sich **zum einen** um kulturelle, künstlerische, wissenschaftliche, unterrichtende, sportliche, unterhaltende oder ähnliche Leistungen (Buchst. a) und **zum anderen** um Arbeiten an beweglichen körperlichen Gegenständen und die Begutachtung dieser Gegenstände (Buchst. b).

Diese Leistungen werden grundsätzlich dort ausgeführt, wo der Unternehmer jeweils ausschließlich oder zum wesentlichen Teil tätig wird. Diese Leistungen werden am **Tätigkeitsort** ausgeführt.

Handelt es sich um **innergemeinschaftliche Werkleistungen** an beweglichen Gegenständen oder die Begutachtung dieser Gegenstände, so wird die Verwendung der **Umsatzsteuer-Identifikationsnummer** (USt-IdNr.) für die Ortsbestimmung von Bedeutung.
Verwendet der Leistungsempfänger gegenüber dem leistenden Unternehmer eine ihm von einem **anderen Mitgliedstaat** erteilte USt-IdNr., **gilt** die unter dieser Nummer in Anspruch genommene Leistung als in dem Gebiet des **anderen Mitgliedstaats** ausgeführt (§ 3a Abs. 2 Nr. 3 Buchst. c Satz 2 UStG). Dies gilt nicht, wenn der Gegenstand im Anschluss an die Werkleistung oder Begutachtung in dem Mitgliedstaat verbleibt, in dem

der leistende Unternehmer jeweils ausschließlich oder zum wesentlichen Teil tätig geworden ist (§ 3a Abs. 2 Nr. Buchst. c Satz 3 UStG).

– **Vermittlungsleistungen nach § 3a Abs. 2 Nr. 4 UStG**

Der Ort der Vermittlungsleistung bestimmt sich nach dem Ort, an dem der **vermittelte Umsatz ausgeführt** wird (§ 3a Abs. 2 Nr. 4 Satz 1 UStG). Eine **Besonderheit** gilt wiederum hinsichtlich der vom Leistungsempfänger verwendeten USt-IdNr. (§ 3a Abs. 2 Nr. 4 Satz 2 UStG). Diese grundsätzliche Regelung für Vermittlungsleistungen gilt **nicht** für die in Absatz 4 Nr. 10 und in § 3b Abs. 5 und 6 UStG bezeichneten Vermittlungsleitungen (§ 3a Abs. 2 Nr. 4 Satz 3 UStG).

201. Welche Regelungen bestehen bei Beförderungsleistungen und den damit zusammenhängenden sonstigen Leistungen nach § 3b UStG?

Beförderungsleistungen stellen eine **eigenständige Leistung** dar, für die der **Leistungsort** nach **§ 3b UStG** zu ermitteln ist.

Nach § 3b UStG gelten folgende **Grundsätze**:

- Ist die Beförderungsstrecke **ausschließlich** im Inland, so ist der Leistungsort im Inland (§ 3b Abs. 1 Satz 1 UStG).
- Ist die Beförderungsstrecke **ausschließlich** im Ausland und handelt es sich nicht um eine innergemeinschaftliche Beförderung eines Gegenstandes, so ist der Leistungsort im Ausland (§ 3b Abs. 1 Satz 1 UStG).
- Ist die Beförderungsstrecke teilweise im Inland und teilweise im Ausland und handelt es sich um eine **Personenbeförderung,** ist die Beförderungsleistung aufzuteilen. Nur der im Inland bewirkte Leistungsteil ist steuerbar (§ 3b Abs. 1 Satz 2 UStG). Von dem Grundsatz der Aufteilung gibt es Ausnahmen (§§ 2 - 7 UStDV).
- Für die Beförderung von **Gegenständen** von einem Mitgliedstaat in einen anderen Mitgliedstaat der EG bzw. EU wird die Leistung ab dem 1.1.1993 nicht mehr aufgeteilt. Der einheitliche Leistungsort richtet sich in erster Linie danach, ob der Leistungsempfänger (Auftraggeber)

gegenüber dem Beförderungsunternehmer eine USt-IdNr. verwendet. Verwendet er nämlich eine USt-IdNr., so ist die Beförderungsleistung einheitlich in dem Mitgliedstaat bewirkt, von dem die USt-IdNr. erteilt wurde (§ 3b Abs. 3 Satz 2 UStG). Verwendet der Leistungsempfänger (Auftraggeber) keine USt-IdNr., so ist die Beförderungsleistung einheitlich in dem Mitgliedstaat bewirkt, in dem die Beförderung beginnt (§ 3b Abs. 3 Satz 1 UStG).

202. Bei welchen sonstigen Leistungen bestimmt sich der Leistungsort nach dem Sitzort des Leistungsempfängers?

Auf den **Sitzort** des Leistungsempfängers kommt es bei den in **§ 3a Abs. 4 UStG** abschließend genannten sonstigen Leistungen an. Die Anknüpfung an den **Sitzort** beruht darauf, dass sich bei den in § 3a Abs. 4 aufgezählten Leistungen in der Regel der **Empfängerort** mit dem **Ort des Verbrauchs** decken wird.

203. Welche Fallgruppen sind im Rahmen des § 3a Abs. 4 i.V.m. Abs. 3 UStG zu unterscheiden?

Es sind folgende Fallgruppen zu unterscheiden:

- Der **Leistungsempfänger** ist **Unternehmer**.

  Geleistet wird nach § 3a Abs. 3 Satz 1 und 2 UStG dort, wo der **Empfänger** sein Unternehmen betreibt bzw. am Ort der Betriebsstätte.

  Beispiel:
  Ein Wirtschaftsprüfer berät einen Unternehmer in Zürich in Wirtschaftsfragen: Ort der sonstigen Leistung ist Zürich.

- Der **Leistungsempfänger** ist **Nichtunternehmer und im Drittlandsgebiet ansässig.**

Geleistet wird nach § 3a Abs. 3 Satz 3 UStG am Wohnsitz oder Sitz des Nichtunternehmers.

- Der **Leistungsempfänger ist Nichtunternehmer und im Gemeinschaftsgebiet ansässig.**

  Kein Fall des § 3a Abs. 3 UStG. Es greift der **Grundsatz** des § 3a Abs. 1 UStG ein. Geleistet wird am Unternehmensort des Leistungsgebers. (Beachte aber die Sonderregelung des § 1 UStDV).

204. Welche sonstigen Leistungen des § 3a Abs. 4 UStG sind besonders zu nennen?

Bei dem **abschließenden Leistungskatalog** des § 3 a Abs. 4 UStG handelt es sich vor allem um Patente, Urheberrechte, Warenzeichenrechte und andere absolute Rechte, Werbung, Beratungsleistungen, Überlassungen von Informationen.

205. Was bewirkt die Sonderregelung des § 3a Abs. 5 i.V.m. § 1 UStDV?

§ 1 UStDV **verlagert** abweichend von § 3a Abs. 1 UStG für bestimmte abschließend aufgeführte Fälle den **Ort der Leistung in das Inland**.

206. Was ist Sinn und Zweck des § 1 UStDV?

Sinn und Zweck der Regelung ist es, **Doppelbesteuerungen**, den **unbesteuerten Letztverbrauch** sowie **Wettbewerbsnachteile inländischer Unternehmer zu verhindern**. Daher ist § 1 UStDV nicht anzuwenden, wenn es sich um Leistungen eines Unternehmers mit Sitz im Gemeinschaftsgebiet handelt.

207. Wie wird die Steuer bei Vorliegen des § 1 UStDV erhoben?

Die Steuer wird bei Vorliegen des § 1 UStDV grundsätzlich im Wege des **Abzugsverfahrens** gem. §§ 51 ff. UStDV erhoben.

208. Unter welchen Voraussetzungen kommt § 1 UStDV zur Anwendung?

§ 1 UStDV setzt voraus, dass die sonstige Leistung

- von einem im Drittlandsgebiet ansässigen Unternehmer erbracht wird,
- es sich um eine sonstige Leistung i.S.d. § 3a Abs. 4 Nr. 1 – 11 UStG für den nichtunternehmerischen Bereich einer im Inland ansässigen juristischen Person des öffentlichen Rechts oder um nicht von § 3a Abs. 2 und 4 UStG erfassten sonstigen Leistungen oder um die Vermietung von Beförderungsmittel handelt und
- die Leistung im Inland genutzt oder ausgewertet wird.

209. Welche Zwecke verfolgt der Gesetzgeber mit Steuerbefreiungen im Umsatzsteuergesetz?

Der Gesetzgeber verfolgt mit Steuerbefreiungen im Umsatzsteuergesetz vor allem sozialpolitische, kulturpolitische, volkswirtschaftliche (insbesondere wettbewerbspolitische) sowie steuersystematische und steuertechnische Zwecke.

210. Unter welcher Voraussetzung sind die Befreiungsvorschriften anwendbar?

Die Vorschriften über die **Steuerbefreiungen** sind nur dann anwendbar, wenn **steuerbare** Umsätze vorliegen. Es wäre ein schwerer Fehler die Frage der Steuerbefreiung zu prüfen, wenn es von vornherein an einer steuerbaren Leistung fehlt. Umsätze sind steuerpflichtig, wenn sie steuerbar und nicht steuerbefreit sind.

211. Aus welchen Vorschriften ergeben sich die wesentlichen Steuerbefreiungen des Umsatzsteuergesetzes?

Die wesentlichen Steuerbefreiungen des Umsatzsteuergesetzes ergeben sich aus

- § 4 UStG für Lieferungen und sonstige Leistungen,
- § 4b UStG für den innergemeinschaftlichen Erwerb von Gegenständen,
- § 5 UStG für Einfuhren,
- § 25 Abs. 2 UStG für bestimmte Reiseleistungen.

212. Können umsatzsteuerliche Befreiungen stets nur Ausgangsumsätze oder können Steuerbefreiungen auch Eingangsumsätze betreffen?

Umsatzsteuerliche Steuerbefreiungen können **Ausgangsumsätze** wie auch **Eingangsumsätze** betreffen.

213. Welche Folgen haben Befreiungen grundsätzlich für den Vorsteuerabzug?

Für **steuerfreie Umsätze** ist der **Vorsteuerabzug** grundsätzlich **ausgeschlossen** (§ 15 Abs. 2 UStG).

214. Für welche wichtigen Tatbestände der Umsatzsteuerpraxis wird der Grundsatz des § 15 Abs. 2 UStG durch § 15 Abs. 3 Nr. 1a UStG durchbrochen?

Nach § 15 Abs. 3 Nr. 1a UStG tritt der Vorsteuerausschluss nicht ein für

- steuerfreie Ausfuhrlieferungen (§ 4 Nr. 1a UStG) und
- innergemeinschaftliche Lieferungen (§ 4 Nr. 1b UStG).

215. Welche Regelung beinhaltet § 9 UStG?

§ 9 UStG erlaubt für bestimmte, in dieser Vorschrift genannte steuerfreie Umsätze, eine **Option**, d.h. den **Verzicht auf Steuerbefreiungen**.

216. Unter welchen Voraussetzungen ist der Vorsteuerabzug für einen Umsatz endgültig ausgeschlossen?

Endgültig ausgeschlossen ist der Vorsteuerabzug für einen Umsatz, wenn

- § 15 Abs. 3 UStG den Grundsatz des § 15 Abs. 1 UStG nicht rückgängig macht und
- keine Möglichkeit der Option besteht.

217. Unter welcher Voraussetzung können sich Steuerbefreiungen auswirken?

Steuerbefreiungen können sich im System der „Allphasen-Nettoumsatzsteuer mit Vorsteuerabzug" nur dann auswirken, wenn sie die letzte Phase der Umsatzkette, nämlich die **Leistungen an den Endverbraucher betreffen. Befreiungen**, die lediglich für die vorangehende Phase zutreffen, werden auf der nächsten Stufe kompensiert (sog. Nachholeffekt).
Da sich durch den Ausschluss des Vorsteuerabzugs bei der Anwendung einer Reihe von Befreiungstatbeständen Nachteile ergeben können, bestimmt **§ 9 Abs. 1 UStG**, dass Unternehmer, die solche Umsätze an einen anderen Unternehmer ausführen, auf die Befreiung verzichten können, wenn der Umsatz an einen Unternehmer für dessen Unternehmen ausgeführt wird.

218. Welche Überlegungen liegen der Umsatzbesteuerung des internationalen Waren- und Dienstleistungsverkehrs zugrunde?

Die handeltreibenden Staaten sind sich darüber einig, dass der internationale Waren- und Dienstleistungsverkehr erschwert oder gar unmöglich gemacht würde, wenn **grenzüberschreitende Leistungen doppelt besteuert** würden. Die Staaten **vermeiden** daher eine solche **Doppelbesteuerung** mit Umsatzsteuer durch Anwendung des sog. **Bestimmungsland-**

prinzips. Sobald eine Ware über die Grenze verbracht wird, besteuert der Einfuhrstaat diese Einfuhr, während der Ausfuhrstaat für diese Ausfuhrlieferung eine systemgerechte Steuerbefreiung mit Vorsteuerabzug gewährt (§ 4 Nr. 1a, § 6, § 15 Abs. 2 und Abs. 3 UStG).
So ist sichergestellt, dass die Ware an der Grenze von der Umsatzsteuer des Exportstaates entlastet und anschließend mit Umsatzsteuer des einführenden Staates in der Höhe belastet wird, wie sie für vergleichbare Lieferungen im Importstaat erhoben wird. Gleichzeitig wird damit das Besteuerungsrecht dem Staat zugewiesen, für den die Ware bestimmt ist (Bestimmungsland).

219. Ist der Tatbestand der Einfuhr ein eigener Steuertatbestand?

Der Tatbestand der Einfuhr ist nach dem Umsatzsteuergesetz ein **eigener Steuertatbestand** (§ 1 Abs. 1 Nr. 4 UStG). Ab dem **1.1.1994** liegt eine **Einfuhr** i.S.d. UStG jedoch nur noch vor, wenn Gegenstände aus dem **Drittlandsgebiet in das Inland** verbracht werden.

220. Ist die Einfuhrumsatzsteuer rechtlich eine Verkehrsteuer oder eine Verbrauchsteuer?

Die **Einfuhrumsatzsteuer** (EUSt) ist eine **Verbrauchsteuer** i.S.d. **Abgabenordnung** (§ 21 Abs. 1 UStG). Sie wird daher von der **Zollverwaltung** erhoben und verwaltet. Für die Einfuhrumsatzsteuer gelten die Vorschriften für die Zölle sinngemäß (§ 21 Abs. 2 UStG).

221. Welchem Zweck dient die Einfuhrumsatzsteuer?

Die Belastung eingeführter Waren mit Einfuhrumsatzsteuer soll umsatzsteuerlich zu einer **völligen Gleichstellung** der Importwaren mit den vergleichbaren inländischen Erzeugnissen führen. Deshalb stimmen die Steuersätze der Einfuhrumsatzsteuer mit denjenigen der Umsätze im Inland überein. Die Einfuhrumsatzsteuer soll - wie die Umsatzsteuer - nur den privaten und vergleichbaren Verbrauch belasten. Sie ist deshalb im

Unternehmerbereich grundsätzlich als **Vorsteuer abzugsfähig** (§ 15 Abs. 1 Nr. 2 UStG).

222. Was ist Bemessungsgrundlage der Einfuhrumsatzsteuer?

Bemessungsgrundlage für die Einfuhrumsatzsteuer ist nach § 11 UStG grundsätzlich der **Zollwert**.

223. Woraus resultieren die Steuersätze für Einfuhren?

Die Steuersätze für die Einfuhrumsatzsteuer (§ 12 UStG) werden im **Gebrauchszolltarif** bei der jeweiligen **Zollnummer** nachrichtlich angegeben.

224. Welchen Warenweg setzt eine Ausfuhr voraus?

Bis zum 31.12.1992 lagen dann Ausfuhrlieferungen vor, wenn der Warenweg im Inland begonnen und im Ausland geendet hat.
Ab dem 1.1.1993 liegt eine Ausfuhrlieferung im nachstehenden Sinne nur dann vor, wenn der **Warenweg im Drittlandsgebiet endet**. Ab dem 1.1.1993 sind die Ausfuhrlieferungen in § 4 Nr. **1a** UStG erwähnt (bis dahin § 4 Nr. 1 UStG).

225. Die Vorschrift des § 6 UStG enthält drei selbstständig nebeneinander, abschließend geregelte Arten der Ausfuhrlieferung mit jeweils unterschiedlichen Voraussetzungen. Welche?

Die Vorschrift des § 6 UStG enthält folgende selbstständig nebeneinander, abschließend geregelte Arten von Ausfuhrlieferungen mit unterschiedlichen Voraussetzungen. Gemeinsame Voraussetzung ist aber, dass der Liefergegenstand vom Inland in das Ausland gelangt.

Tatbestandsmerkmale des § 6 Abs. 1 Nr. 1 - 3 UStG im Vergleich:

§ 6 Abs. 1 Nr. 1	§ 6 Abs. 1 Nr. 2	§ 6 Abs. 1 Nr. 3
1. Unternehmer 2. befördert/versendet 3. Liefergegenstand 4. in das Drittlandsgebiet, ausgenommen in Zollfreigebiete nach § 1 Abs. 3 5. Ausfuhrnachweis (§§ 8 - 10 UStDV) 6. Buchnachweis (§ 13 UStDV)	1. Abnehmer 2. befördert/versendet 3. Liefergegenstand 4. in das Drittlandsgebiet, ausgenommen in Zollfreigebiete nach § 1 Abs. 3 5. Abnehmer ist ausländischer Abnehmer 6. Ausfuhrnachweis (§§ 8 - 10 UStDV) 7. Buchnachweis (§ 13 UStDV)	1. Unternehmer oder Abnehmer 2. befördert/versendet 3. Liefergegenstand 4. in Zollfreigebiete nach § 1 Abs. 3 5. Abnehmer ist Unternehmer, der den Gegenstand für Zwecke seines Unternehmens erworben hat, oder Abnehmer ist ein ausländischer Abnehmer, aber kein Unternehmer und der Gegenstand gelangt in das übrige Drittlandsgebiet 6. Ausfuhrnachweis (§§ 8 - 10 UStDV) 7. Buchnachweis (§ 13 UStDV)

226. Besteht die Steuerfreiheit für Ausfuhrlieferungen auch bei den den Lieferungen gleichgestellten Lieferungen i.S.d. § 3 Abs. 1b UStG?

§ 6 Abs. 5 UStG **schließt** die Steuerbefreiung für Ausfuhrlieferungen bei den den Lieferungen gleichgestellten Lieferungen i.S.d. § 3 Abs. 1b UStG **aus**.

227. Warum bestehen bezüglich der Umsatzsteuer im Binnenmarkt besondere Regelungen?

Aufgrund des Art. 8a des EWG-Vertrags sind in der Gemeinschaft ab 1.1.1993 die **Grenzkontrollen** und die **Einfuhrumsatzsteuer** bei Warenbewegungen über die EG-Binnengrenzen **beseitigt** worden.

228. Welches sind die Eckwerte der Umsatzbesteuerung im Binnenmarkt?

a) Die Einfuhrumsatzsteuer (§ 1 Abs. 1 Nr. 4 UStG) wird nur noch auf Warenbewegungen aus dem Drittlandsgebiet erhoben. Im innergemeinschaftlichen Handel ist die Einfuhrumsatzsteuer durch eine Steuer auf den innergemeinschaftlichen Erwerb (§ 1a UStG) ersetzt worden. Die sog. Erwerbsteuer ist wie die Einfuhrumsatzsteuer als Vorsteuer abziehbar (§ 15 Abs. 1 Nr. 3 UStG).
b) Für innergemeinschaftliche Lieferungen an Unternehmer in anderen Mitgliedstaaten gilt wie bisher für Ausfuhrlieferungen das Bestimmungslandprinzip. Die Lieferung ist steuerfrei (§ 4 Nr. 1b, § 6a UStG) und der Abnehmer muss den Erwerb in dem anderen Mitgliedstaat versteuern.
c) Innerhalb der EG bzw. EU sind im **nichtkommerziellen Reiseverkehr** alle Einfuhrbeschränkungen abgeschafft worden. Lieferungen an Privatpersonen werden endgültig mit der Umsatzsteuer des Ursprungslandes belastet.
d) Ausnahmen von c) gelten bei Beförderungs- und Versendungslieferungen an Endverbraucher in einem anderen Mitgliedstaat (sog. Versandhandelsregelung, § 3c UStG). Der Unternehmer muss seine Lieferungen an Abnehmer, die nicht der Erwerbsbesteuerung in dem Bestimmungsland unterliegen, in dem anderen Mitgliedstaat versteuern, wenn er die dort jeweils geltende maßgebende Lieferschwelle überschreitet.
e) Beim Erwerb neuer Fahrzeuge wird durch Sonderregelungen sichergestellt, dass die Besteuerung stets nach dem Bestimmungslandprinzip erfolgt (§ 1b, § 2a und § 6a Abs. 1 Nr. 2c UStG).
f) Lieferungen verbrauchsteuerpflichtiger Waren werden nur dann im Ursprungsland versteuert, wenn Privatpersonen die Waren dort abholen. In allen anderen Fällen erfolgt die Besteuerung im Bestimmungsland (§ 1a Abs. 5, § 3c Abs. 5 UStG).

g) Innergemeinschaftliche Güterbeförderungen sind nicht mehr nach § 4 Nr. 3a UStG befreit. Der Ort solcher Leistungen richtet sich grundsätzlich danach, wo die Beförderung beginnt (§ 3b Abs. 3 Satz 1 UStG).
h) Unternehmer, die innergemeinschaftliche Lieferungen tätigen oder aus anderen Mitgliedstaaten Waren erwerben, die sie der Erwerbsbesteuerung unterwerfen müssen, erhalten eine Umsatzsteuer-Identifikationsnummer (USt-IdNr.) (§ 27a UStG).
i) Neben der Pflicht zur Abgabe von Umsatzsteuer-Voranmeldungen tritt die Verpflichtung zur vierteljährlichen Abgabe sog. Zusammenfassender Meldungen (§ 18a UStG), in denen insbesondere innergemeinschaftliche Lieferungen gemeldet werden müssen.

229. Welcher Steuertatbestand wird durch den innergemeinschaftlichen Erwerb ersetzt?

Mit dem durch das Umsatzsteuer-Binnenmarktgesetz (UStBG) ab dem 1.1.1993 neu in das Umsatzsteuergesetz eingeführten Tatbestand des **innergemeinschaftlichen Erwerbs** gem. § 1 Abs. 1 Nr. 5 und § 1a UStG wird - für den gewerblichen Warenverkehr - der Steuertatbestand der **Einfuhr** ersetzt.

230. Welche Tatbestandsmerkmale müssen nach § 1a Abs. 1 UStG erfüllt sein?

Für den Besteuerungstatbestand des § 1a UStG müssen folgende **Tatbestandsmerkmale** erfüllt sein:

- eine **entgeltliche Lieferung** i.S.d. § 3 Abs. 1 UStG. Voraussetzung ist, dass das fertige Werk Gegenstand der grenzüberschreitenden Warenbewegung ist. Wird der Gegenstand der Werklieferung erst im Bestimmungsland fertig gestellt, greift die Erwerbsbesteuerung nicht ein.
- **Lieferung eines Unternehmers** (nicht Kleinunternehmers) **im Rahmen seines Unternehmens** (§ 1a Abs. 1 Nr. 3a UStG). Der Erwerber kann von der Erfüllung dieser Voraussetzungen durch den Lieferer ausgehen, wenn der ausländische Lieferer in einer Rechnung eine

Umsatzsteuer-Identifikationsnummer angibt, keine ausländische Umsatzsteuer ausweist und auf die Steuerbefreiung für die innergemeinschaftliche Lieferung hinweist.

- **Warenbewegung aus einem Mitgliedstaat in einen anderen Mitgliedstaat** oder aus dem übrigen Gemeinschaftsgebiet in die in § 1 Abs. 3 UStG bezeichneten Gebiete.
- **Erwerb eines Unternehmers für sein Unternehmen**. Im Zweifel gibt der Erwerber durch Angabe seiner Umsatzsteuer-Identifikationsnummer zu erkennen, dass er den Liefergegenstand für sein Unternehmen erwerben will. Verwendet er dagegen seine Umsatzsteuer-Identifikationsnummer nicht, so bekundet der damit, dass er den Gegenstand nicht für sein Unternehmen erwerben will.

231. Unter welcher Voraussetzung ist der innergemeinschaftliche Erwerb gegen Entgelt steuerbar?

Steuerbar ist der innergemeinschaftliche Erwerb gegen Entgelt, wenn der **Ort** des Erwerbs **im Inland** liegt.

232. Nach welcher Vorschrift bestimmt sich der Ort des innergemeinschaftlichen Erwerbs?

Der **Ort** des innergemeinschaftlichen Erwerbs bestimmt sich nach **§ 3d UStG**. Das ist der Ort, an dem sich der Gegenstand am **Ende** der Beförderung oder Versendung **befindet**. Diese Vorschrift enthält eine **reine Ortsbestimmung**.

233. Bestehen für innergemeinschaftliche Erwerbe besondere Steuerbefreiungen?

Steuerfrei ist der innergemeinschaftliche Erwerb von Gegenständen, die in § 4b UStG genannt sind.

234. Wie erfolgt die Abrechnung des Erwerbsvorgangs?

Das deutsche Umsatzsteuergesetz enthält **keine** Regelungen, die den ausländischen Lieferer zur Ausstellung einer Rechnung verpflichten. Es ist jedoch davon auszugehen, dass in den anderen Mitgliedstaaten eine der deutschen Regelung entsprechende Regelung besteht (§ 14a UStG).
Die Rechnung des ausländischen Lieferers sollte enthalten: das Rechnungsdatum, das Entgelt, den Hinweis auf die Steuerbefreiung der innergemeinschaftlichen Lieferung, die Umsatzsteuer-Identifikationsnummer des ausländischen Lieferers und die Umsatzsteuer-Identifikationsnummer des ausländischen Abnehmers.

235. Welche Bedeutung hat die Umsatzsteuer-Identifikationsnummer?

Gem. § 27a Abs. 1 Satz 1 UStG wird Unternehmern i.S.d. § 2 UStG **auf Antrag** vom **Bundesamt für Finanzen** eine Umsatzsteuer-Identifikationsnummer erteilt. Die Umsatzsteuer-Identifikationsnummer wird als **„Unternehmer-Kennzeichen"** im innergemeinschaftlichen Waren- und Dienstleistungsverkehr benötigt. Sie hat vor allem Bedeutung für die innergemeinschaftliche Lieferung und die Erwerbsbesteuerung. Der **Abnehmer** weist durch die Verwendung seiner Umsatzsteuer-Identifikationsnummer gegenüber dem ausländischen Lieferanten darauf hin, dass er Unternehmer ist, den Gegenstand für sein Unternehmen erwerben will und der Erwerbsbesteuerung nach § 1a UStG unterliegt.
Der **ausländische Lieferer** benötigt diese Information, um die Voraussetzungen der (steuerfreien) innergemeinschaftlichen Lieferung prüfen zu können.

236. Können sich Unternehmer beim Bundesamt für Finanzen die Gültigkeit einer von einem anderen Mitgliedstaat erteilten Umsatzsteuer-Identifikationsnummer bestätigen lassen?

Unternehmer i.S.d. § 2 UStG haben gem. § 18e UStG das Recht, sich beim Bundesamt für Finanzen die Gültigkeit einer von einem anderen Mitgliedstaat erteilten Umsatzsteuer-Identifikationsnummer bestätigen zu lassen.

Der Unternehmer kann sich schriftlich, telefonisch oder mittels Telefax an das Bundesamt wenden (Abschn. 245i Abs. 1 Satz 1 UStR). Er muss sich mit seiner Umsatzsteuer-Identifikationsnummer als Unternehmer identifizieren.

237. Welche steuersystematische Bedeutung hat die innergemeinschaftliche Lieferung i.S.d. § 6a UStG?

Die **innergemeinschaftliche Lieferung** ist mit der **Erwerbsbesteuerung** in dem **anderen Mitgliedstaat** systematisch **verknüpft**. Zu den Tatbestandsmerkmalen der innergemeinschaftlichen Lieferung gehört, dass der Erwerb des Gegenstandes der Lieferung beim Abnehmer in einem anderen Mitgliedstaat der Erwerbsbesteuerung unterliegt (§ 6a Abs. 1 Nr. 3 UStG). Die Besteuerung des innergemeinschaftlichen Erwerbs (§ 1a UStG) setzt demgegenüber **nicht** voraus, dass in dem anderen Mitgliedstaat eine steuerfreie innergemeinschaftliche Lieferung bewirkt wird.

238. Welches sind die Voraussetzungen der innergemeinschaftlichen Lieferung i.S.d. § 6a Abs. 1 UStG bei Erwerb durch einen Unternehmer?

Die Voraussetzungen für eine innergemeinschaftliche Lieferung bei Erwerb durch einen Unternehmer sind:

- Warenbewegung vom Inland in das übrige Gemeinschaftsgebiet (§ 6a Abs. 1 Nr. 1 UStG),
- Erwerb eines Unternehmers für sein Unternehmen (Abnehmervoraussetzung des § 6a Abs. 1 Nr. 2a UStG),
- Erwerbsbesteuerung beim Abnehmer im Bestimmungsland (§ 6a Abs. 1 Nr. 3 UStG),
- Nachweis der Voraussetzungen (§ 6a Abs. 3 UStG; §§ 17a bis 17c UStDV),

Der Unternehmer kann den Angaben des Abnehmers vertrauen. Es besteht eine Vertrauensschutzregelung (§ 6a Abs. 4 UStG).

239. Muss der Unternehmer innergemeinschaftliche Lieferungen besonders erklären?

Der Unternehmer hat für **jeden** Voranmeldungs- und Besteuerungszeitraum in den **amtlich vorgeschriebenen Vordrucken** die Besteuerungsgrundlagen seiner innergemeinschaftlichen Lieferungen **gesondert zu erklären** (§ 18b Abs. 1 Satz 1 UStG). Die Angaben sind in dem **Voranmeldungszeitraum** zu machen, in dem die Rechnung für die innergemeinschaftlichen Lieferung ausgestellt wird, spätestens jedoch in dem Voranmeldungszeitraum, in dem der auf die Ausführung der innergemeinschaftlichen Lieferung folgende Monat endet (§ 18 Abs. 1 Satz 2 UStG).

240. Welche Besonderheit besteht hinsichtlich der Lieferung von neuen Fahrzeugen nach § 6a Abs. 1 Nr. 2c UStG?

Der innergemeinschaftliche Erwerb **neuer** Fahrzeuge unterliegt der Erwerbsbesteuerung (§ 1b Abs. 1 UStG). Deshalb ist die Lieferung solcher Fahrzeuge auch dann eine steuerfreie innergemeinschaftliche Lieferung, wenn der Abnehmer weder Unternehmer noch eine juristische Person ist.

241. Ein französischer Privatmann erwirbt bei einem Autohändler in Düsseldorf ein neues Fahrzeug. Wie ist der Sachverhalt umsatzsteuerlich zu behandeln?

Die Lieferung ist nach § 4 Nr. 1b, § 6a Abs. 1 UStG steuerfrei. Der Abnehmer unterliegt mit dem Erwerb des Fahrzeugs in Frankreich der Erwerbsbesteuerung.

242. Welche Unternehmer sind von der Erwerbsbesteuerung ausgenommen?

Von der Erwerbsbesteuerung sind gem. § 1a Abs. 3 UStG grundsätzlich die sog. **Halb- oder Minderunternehmer** ausgenommen.

243. Welche Unternehmer werden als Halbunternehmer bezeichnet?

Als **Halbunternehmer** werden bezeichnet:

- Unternehmer, die nur **vorsteuerschädliche** steuerfreie Umsätze ausführen,
- Kleinunternehmer gem. § 19 Abs. 1 UStG,
- nach Durchschnittssätzen besteuernte Land- und Forstwirte,
- nichtunternehmerische Erwerbe juristischer Personen, sofern sie (kumulativ) die **Erwerbsschwelle von 12.500 €** nicht übersteigen.

244. Welche Sonderregelungen bestehen ab 1993 für private Verbraucher?

Für innergemeinschaftliche Lieferungen und innergemeinschaftliche Erwerbe durch **private Verbraucher** gilt ab 1.1.1993 das **Ursprungsprinzip**. Die von ihnen eingekauften Waren unterliegen nur noch im Staat der Lieferung der Umsatzbesteuerung. Die Ortsbestimmung erfolgt nach § 3 Abs. 6 und 7 UStG. Es besteht keine Steuerfreiheit nach § 4 Nr. 1b i.V.m. § 6a UStG.

245. Gilt das Ursprungsprinzip bei privaten Verbrauchern in allen Fällen?

Aus Sorge vor **Wettbewerbsverzerrungen**, aber auch vor **Haushaltsausfällen**, gilt das Ursprungsprinzip insbesondere dann **nicht**, wenn es sich um

- Versendungslieferungen ab einer bestimmten Größenordnung (§ 3c UStG) oder
- die Lieferung neuer Fahrzeuge (§ 1b Abs. 2 UStG)

handelt.

246. Wo befindet sich der Ort des innergemeinschaftlichen Erwerbs?

Entsprechend zu § 3c UStG gilt als **Ort des innergemeinschaftlichen Erwerbs** gem. **§ 3d Satz 1 UStG** grundsätzlich der Ort, an dem sich der Gegenstand am Ende der Beförderung oder Versendung **befindet**.
Verwendet der **Erwerber** gegenüber dem Lieferer eine ihm von einem anderen Mitgliedstaat erteilte Umsatzsteuer-Identifikationsnummer, so gilt der innergemeinschaftliche Erwerb als in dem Staat bewirkt, von dem die Umsatzsteuer-Identifikationsnummer erteilt wurde.
Eine Doppelbesteuerung kann in diesen Fällen nur dadurch vermieden werden, dass der **Erwerber** die Besteuerung durch den Staat nachweist, in dem der Erwerb gem. § 3d UStG stattgefunden hat (§ 3d Satz 2 UStG).
Unter diesen Voraussetzungen ist die Besteuerung in dem Mitgliedstaat, der die Umsatzsteuer-Identifikationsnummer erteilt hat, rückgängig zu machen (§ 17 Abs. 2 Nr. 4 i.V.m. Abs. 1 UStG).

247. Wann entsteht die Steuerschuld für den innergemeinschaftlichen Erwerb?

Die Steuer für den innergemeinschaftlichen Erwerb **entsteht** grundsätzlich **am Tag der Ausstellung der Rechnung des Lieferers** (§ 13 Abs. 1 Nr. 6 UStG). Es kommt also nicht auf den Rechnungseingang beim Abnehmer an. Stellt der ausländische Lieferer die Rechnung erst später aus oder erteilt er keine Rechnung, so entsteht die Erwerbsteuer spätestens mit Ablauf des auf den Erwerb folgenden Kalendermonats (§ 13 Abs. 1 Nr. 6 UStG).

248. Wer ist beim innergemeinschaftlichen Erwerb Steuerschuldner?

Steuerschuldner ist der Abnehmer (§ 13 Abs. 2 Nr. 3 UStG).

249. Kann die Erwerbsteuer als Vorsteuer abgezogen werden?

Der Erwerber kann die Erwerbsteuer nach § 15 Abs. 1 Nr. 3 UStG als Vorsteuer abziehen.

250. Bestehen für den innergemeinschaftlichen Erwerb besondere Aufzeichnungspflichten?

Die Bemessungsgrundlagen für den innergemeinschaftlichen Erwerb von Gegenständen sowie die hierauf entfallenden Steuerbeträge sind vom Unternehmer aufzuzeichnen (§ 22 Abs. 2 Nr. 7 UStG).

251. Welche Bedeutung hat die Bemessungsgrundlage bei der Umsatzsteuer?

Die Bemessungsgrundlage wird zur **Berechnung** der Umsatzsteuer benötigt. So beträgt die Steuer nach § 12 Abs. 1 UStG „sechzehn vom Hundert der Bemessungsgrundlage".

252. Wonach wird der Umsatz bei Lieferungen und sonstigen Leistungen sowie beim innergemeinschaftlichen Erwerb bemessen?

Nach § 10 Abs. 1 Satz 1 UStG wird der Umsatz bei Lieferungen und sonstigen Leistungen (§ 1 Abs. 1 Nr. 1 Satz 1 UStG) und beim innergemeinschaftlichen Erwerb (§ 1 Abs. 1 Nr. 5 UStG) nach dem **Entgelt** bemessen.

253. Was rechnet grundsätzlich zum Entgelt?

Grundsätzlich zum Entgelt rechnet nach § 10 Abs. 1 **Satz 2** UStG „alles, was der Leistungsempfänger aufwendet, um die Leistung zu erhalten, jedoch abzüglich der Umsatzsteuer". Dies bedeutet, dass die Bemessungsgrundlage für diese Leistungen nach den **Aufwendungen** des Leistungsempfängers bestimmt wird. Das Gesetz bezeichnet diese Aufwendungen als Entgelt.

254. Für welche Umsatztatbestände hat der Gesetzgeber besondere Wertmaßstäbe festgelegt?

Für folgende Umsatztatbestände hat der Gesetzgeber besondere Wertmaßstäbe festgelegt:

Tatbestand	Bemessungsgrundlage
– Tausch (§ 3 Abs. 12 Satz 1 UStG), – tauschähnliche Umsätze (§ 3 Abs. 12 Satz 2 UStG, – Hingabe an Zahlungs statt	**gemeiner Wert** der Gegenleistung (§ 10 Abs. 2 Satz 2 UStG)
– Verbringen eines Gegenstandes i.S.d. § 1a Abs. 2 und des § 3 Abs. 1a UStG, – Lieferungen i.S.d. § 3 Abs. 1b UStG	**Einkaufspreis** zuzüglich der Nebenkosten für den Gegenstand oder für einen gleichartigen Gegenstand oder mangels eines Einkaufspreises nach den **Selbstkosten**, jeweils im Zeitpunkt des Umsatzes (§ 10 Abs. 4 Nr. 1 UStG)
– sonstige Leistungen i.S.d. § 3 Abs. 9a Nr. 1 UStG	nach den bei der Ausführung dieser Umsätze entstandenen **Kosten**, soweit sie zum vollen oder teilweisen Vorsteuerabzug berechtigt haben (§ 10 Abs. 4 Nr. 2 UStG)
– sonstige Leistungen i.S.d. § 3 Abs. 9a Nr. 2 UStG	nach den bei der Ausführung dieser Umsätze entstandenen **Kosten** (§ 10 Abs. 4 Nr. 3 UStG)
– Einfuhr	**Zollwert**

255. Was gehört im Einzeln zum Entgelt?

Nach der Legaldefinition in § 10 Abs. 1 Satz 2 UStG ist Entgelt **„alles was der Leistungsempfänger aufwendet, um die Leistung zu erhalten, jedoch abzüglich der Umsatzsteuer“**. Demzufolge **erhöht** sich das Entgelt durch Preisaufschläge, freiwillig an den Unternehmer gezahlte

Beträge (wie z.B. Trinkgelder), wenn zwischen der Leistung des Unternehmers und der Zahlung eine innere Verknüpfung besteht, und durch dem Abnehmer in Rechnung gestellte Kosten. Das Entgelt **vermindern** Boni, Skonti und Rabatte.

256. Unternehmer U stellt seinem Abnehmer A einen Gesamtbetrag i.H.v. 100 € in Rechnung. Beinhaltet dieser Betrag die gesetzliche Umsatzsteuer?

Der Gesamtbetrag, den der Leistungsempfänger aufwendet, um die Gegenleistung zu erhalten, ist ein **Bruttobetrag**. Da die Umsatzsteuer nach § 10 Abs. 1 Satz 2 UStG nicht zur Bemessungsgrundlage gehört, ist sie aus der gesamten Gegenleistung herauszurechnen, und zwar in der gesetzlich vorgeschriebenen Höhe.

257. Mit Hilfe welcher Formel kann das Entgelt aus einem Bruttobetrag herausgerechnet werden?

Das **Entgelt** kann aus dem Bruttobetrag nach folgender Formel ermittelt werden:

(Bruttobetrag x 100) : (100 + Steuersatz) = Entgelt.

258. Wie kann der Steuerbetrag aus einem Bruttoentgelt herausgerechnet werden?

Der **Steuerbetrag** kann aus dem Bruttoentgelt nach folgender Formel ermittelt werden:

(Bruttoentgelt x Steuersatz) : (100 + Steuersatz) = Umsatzsteuer.

259. Welchen Sinn und Zweck hat die Regelung des § 10 Abs. 5 UStG?

§ 10 Abs. 5 UStG beinhaltet eine **Mindestbemessungsgrundlage** für die in dieser Vorschrift genannten Umsätze.

260. Der Regelsteuersatz beträgt für jeden steuerpflichtigen Umsatz ab 1.4.1998 sechzehn vom Hundert (16 v.H.) der Bemessungsgrundlage. Wie hoch ist der ermäßigte Steuersatz?

Der **ermäßigte Steuersatz** beträgt **sieben vom Hundert** (7 v.H.) der **Bemessungsgrundlage.**

261. Für welche steuerpflichtigen Umsätze kommt der ermäßigte Steuersatz in Betracht?

Der ermäßigte Steuersatz kommt für die in **§ 12 Abs. 2 UStG** aufgeführten Umsätze in Betracht.

262. Unter welcher Voraussetzung wirkt sich die Begünstigung eines steuerpflichtigen Umsatzes durch den ermäßigten Steuersatz in einer Umsatzkette bis zum Endverbraucher aus?

Die Begünstigung eines Umsatzes durch den ermäßigten Steuersatz bleibt nur dann endgültig bis zum Endverbraucher erhalten, wenn die Begünstigung bis zum letzten Umsatz durchgezogen wird. Wird eine begünstige Leistung für eine nachfolgende Leistung verwendet, die dem Regelsteuersatz unterliegt, entfällt der Begünstigungseffekt. Es ergibt sich eine Nachholwirkung.

263. Welche Besonderheit besteht bei der Lieferung von Speisen und Getränken in Bezug auf den Steuersatz?

Lieferungen von Speisen und Getränken unterliegen grundsätzlich dem **ermäßigten Steuersatz**. Werden die Speisen und Getränke jedoch zum **Verzehr an Ort und Stelle** abgegeben, so liegt eine sonstige Leistung vor

(§ 3 Abs. 9 Satz 4 UStG). Diese sonstigen Leistungen unterliegen dem **Regelsteuersatz**.

264. Welchen Sinn und Zweck hat der Vorsteuerabzug nach § 15 UStG?

Der **Vorsteuerabzug** hat im geltenden Allphasen-Nettoumsatzsteuersystem mit Vorsteuerabzug den **Zweck**, die **Umsatzsteuer-Belastung bezüglich** der an den **Unternehmer erbrachten Leistungen aufzuheben**. Damit wird erreicht, dass sich die Umsatzsteuer-Belastung nicht kumuliert, sondern sich vielmehr innerhalb der Unternehmenskette **kostenneutral** auswirkt. Alle gleichen Leistungen werden ohne Rücksicht auf die Anzahl und Art der Vorumsätze gleichmäßig belastet. Da der Vorsteuerabzug nur dem Unternehmer zusteht, wird zugleich der Gedanke verwirklicht, den Endverbraucher als Steuerträger mit der Umsatzsteuer zu belasten.

265. Besteht eine sachliche und/oder zeitliche Wechselbeziehung zwischen der Eingangs-Umsatzsteuer und der Ausgangs-Umsatzsteuer?

Der **Vorsteuerabzug** ist grundsätzlich im Rahmen der **Abschnittsbesteuerung** gem. § 16 Abs. 2 i.V.m. § 18 UStG geltend zu machen. Es besteht weder eine sachliche noch eine zeitliche Wechselbeziehung zwischen der Eingangs-Umsatzsteuer (= Vorsteuer) und der Ausgangs-Umsatzsteuer. Davon **ausgenommen** ist das **Vorsteuerabzugsverbot** des § 15 Abs. 2 UStG.

266. Welches sind die grundsätzlichen Voraussetzungen für den Vorsteuerabzug?

Der **Vorsteuerabzug** ist nach § 15 UStG nur dann möglich, wenn folgende Voraussetzungen vorliegen:

- Leistungen an denjenigen, der die Vorsteuer geltend macht,
- Regelbesteuerung, d.h. kein Kleinunternehmer nach § 19 Abs. 1 UStG,
- Leistungen (Eingangsumsätze) an das Unternehmen,

- Unternehmereigenschaft des Leistungsgebers,
- gesonderter Umsatzsteuer-Ausweis in einer Rechnung i.S.d. § 14 UStG,
- kein Vorsteuerausschluss gem. § 15 Abs. 2 UStG.

267. Was besagt § 15a UStG grundsätzlich?

Ändern sich bei einem Wirtschaftsgut die Verhältnisse, die im Kalenderjahr der erstmaligen Verwendung maßgebend waren, innerhalb von **fünf** Jahren seit dem Beginn der Verwendung, so ist für jedes Wirtschaftsjahr der Änderung ein Ausgleich durch eine Berichtigung des Abzugs der auf die Anschaffungs- oder Herstellungskosten entfallenden Vorsteuerbeträge vorzunehmen (§ 15a Abs. 1 Satz 1 UStG). Bei **Grundstücken** beträgt der Berichtigungszeitraum **zehn** Jahre und die Berichtigung ein Zehntel der Vorsteuerbeträge (§ 15a Abs. 1 Satz 2 und Abs. 2 Satz 1 UStG). Eine **Vereinfachungsregel** enthält § 44 UStDV.

268. Können auch im Ausland ansässige Unternehmer den Vorsteuerabzug beanspruchen?

Zum Vorsteuerabzug sind Unternehmer i.S.v. § 2 UStG (und § 2a UStG) berechtigt. Auf den Sitz oder Wohnsitz des Unternehmens kommt es nach dem UStG nicht an. Auch ein nicht im Inland ansässiger Unternehmer ist grundsätzlich zum Vorsteuerabzug berechtigt (Abschn. 191 Abs. 2 UStR). Eventuell kommt das **Vorsteuervergütungsverfahren** (§§ 59 – 61 UStDV) zur Anwendung.

269. Wann erfüllt ein Unternehmer die Voraussetzungen der Regelbesteuerung?

Der Unternehmer erfüllt die Voraussetzungen der Regelbesteuerung, wenn er weder unter die sog. Nullbesteuerung gem. § 19 Abs. 1 UStG noch unter die Sondertatbestände der §§ 23 - 25 UStG fällt.

270. Ein Gegenstand wurde von einem Unternehmer zunächst für nichtunternehmerische Zwecke erworben. Zu einem späteren Zeitpunkt dient der Gegenstand dem Unternehmen. Wird aufgrund der Änderung des Verwendungszwecks nachträglich der Vorsteuerabzug möglich?

Für die Frage, ob eine Leistung für das Unternehmen vorliegt, sind grundsätzlich die Verhältnisse im **Zeitpunkt des Umsatzes an das Unternehmen maßgebend** (Abschn. 192 Abs. 14 Satz 4 UStR). Ein Vorsteuerabzug ist also **nicht** möglich, wenn ein Gegenstand zunächst für nichtunternehmerische Zwecke erworben wurde und zu einem späteren Zeitpunkt der Verwendungszweck dahingehend geändert wird, dass der Gegenstand nunmehr dem Unternehmen dienen soll.

271. Berechtigen Einlagen eines Unternehmers aus dem nichtunternehmerischen in den unternehmerischen Bereich diesen zum Vorsteuerabzug?

Einlagen eines Unternehmers aus dem nichtunternehmerischen Bereich in den unternehmerischen Bereich berechtigen diesen **nicht** zum Vorsteuerabzug.

272. Ein Nichtunternehmer als Leistungsgeber weist in einer Rechnung an einen zum Vorsteuerabzug berechtigten Unternehmer Umsatzsteuer gesondert aus. Kann der Leistungsempfänger die vom Nichtunternehmer gesondert ausgewiesene Umsatzsteuer als Vorsteuer abziehen?

Weist ein Leistungsgeber als **Nichtunternehmer** Umsatzsteuer in einer Rechnung gesondert aus, so kann der Leistungsempfänger **keine** Vorsteuer abziehen.

273. Ist der gesonderte Ausweis der Umsatzsteuer in einem Abrechnungspapier i.S.d. § 14 UStG materiell-rechtliche Voraussetzung für den Vorsteuerabzug?

Das Vorliegen einer Rechnung mit gesondertem Umsatzsteuer-Ausweis ist eine **materiell-rechtliche Voraussetzung** für den Vorsteuerabzug (§ 15 Abs. 1 Nr. 1 UStG).

274. Was ist im umsatzsteuerlichen Sinne eine Rechnung?

Nach **§ 14 Abs. 4 UStG** ist eine **Rechnung** i.S.d. § 15 Abs. 1 UStG **jede Urkunde**, mit welcher ein Unternehmer bzw. in seinem Auftrag ein Dritter über eine Lieferung oder sonstige Leistung abrechnet. Die Rechnung muss einem Außenstehenden (Leistungsempfänger) zugehen. Innerbetriebliche Abrechnungen sind keine Rechnungen. Auf die ausdrückliche Bezeichnung als Rechnung kommt es nicht an. Maßgeblich ist somit nur, dass die Urkunde inhaltlich eine Abrechnung darstellt. Die Abrechnung muss bestimmte formale Voraussetzungen erfüllen (Abschn. 183 UStR).

275. Werden neben den herkömmlichen Papierrechnungen auch elektronische Abrechnungen als Rechnungen anerkannt?

Nach § 14 Abs. 4 Satz 2 UStG gilt auch eine mit einer **digitalen Signatur** nach dem Signaturgesetz[5] versehende **elektronische Abrechnung** als Rechnung.

276. Welche elektronischen Abrechnungen werden als Rechnung i.S.d. § 14 Abs. 4 Satz 2 UStG anerkannt?

Als elektronische Abrechnungen i.S.d. § 14 Abs. 4 Satz 2 UStG werden z.B. Abrechnungen über das Internet (E-Mail) oder durch Übersendung von maschinell lesbaren Datenträgern (Magnetband, Diskette, CD-ROM), anerkannt.

277. Wann wird eine elektronische Abrechnung wirksam?

[5] Vgl. Signaturgesetz vom 22. Juli 1997 (BGBl I. S. 1870, 1872) in der jeweils geltenden Fassung.

Eine elektronische Abrechnung wird wirksam, wenn sie derart in den Machtbereich des Empfängers gelangt, dass dieser bei Annahme gewöhnlicher Umstände die **Möglichkeit** ihrer Kenntnisnahme hat.

278. Nach welchen Abrechnungsarten können Rechnungen unterschieden werden?

Nach **Abrechnungsarten** können Rechnungen wie folgt unterschieden werden:

- Abrechnungen des Leistungsgebers,
- Abrechnungen des Leistungsempfängers (Gutschrift, § 14 Abs. 5 UStG).

279. Wann liegt eine Abrechnung des Leistungsgebers vor?

Rechnet der Leistungsgeber ab, so liegt eine Rechnung i.S.d. § 14 UStG vor, wenn der Leistungsgeber Unternehmer ist, über eine Leistung gegenüber dem Leistungsempfänger abrechnet und die Abrechnungslast trägt.

280. In welchen Fällen liegt die Abrechnungslast beim Leistungsempfänger?

Die Abrechnungslast liegt beim Leistungsempfänger, wenn dies **gesetzlich vorgeschrieben** ist oder zwischen den Parteien **ausdrücklich vereinbart** wurde.

281. Welche Voraussetzungen müssen erfüllt sein, wenn der Leistungsempfänger abrechnet?

Rechnet der Leistungsempfänger ab, müssen gem. **§ 14 Abs. 5 UStG** folgende Voraussetzungen erfüllt sein:

- Abrechnungslast beim Leistungsempfänger,
- steuerpflichtige Leistung,
- Leistungsgeber muss zum gesonderten Umsatzsteuer-Ausweis berechtigt sein,
- Einverständnis zwischen Leistungsgeber und -empfänger über die Abrechnung mit Gutschriften bzw. Abrechnungslast kraft Gesetzes,
- Zuleitung der Gutschrift an den Leistungsgeber,
- kein Widerspruch des Leistungsgebers gegen den Steuerausweis in der Gutschrift.

Fehlt nur eine der Voraussetzungen, so gilt die Gutschrift nicht als Rechnung und der Vorsteuerabzug ist ausgeschlossen (verschärfte Voraussetzungen).

282. In welchen Fällen darf kraft Gesetz nur der Leitungsempfänger abrechnen?

In folgenden Fällen darf kraft Gesetz nur der Leistungsempfänger abrechnen:

- § 87c HGB: Vermittlungsleistung des Handelsvertreters;
- § 384 Abs. 2 HGB: Verkaufskommissionär;
- § 24 Verlagsgesetz: Nur der Verleger ist gegenüber dem Schriftsteller zur Abrechnung berechtigt.

283. Welche sechs Angaben muss eine ordnungsgemäße Rechnung mit einem Bruttorechnungsbetrag von mehr als 100 € haben, damit sie zum Vorsteuerabzug berechtigt?

Eine ordnungsgemäße Rechnung, die zum Vorsteuerabzug berechtigt, liegt dann vor, wenn sie die in § 14 Abs. 1 UStG geforderten **sechs Angaben** enthält:

- Name und Anschrift des leistenden Unternehmers (§ 14 Abs. 1 Nr. 1 UStG),

- Name und Anschrift des Leistungsempfängers (§ 14 Abs. 1 Nr. 2 UStG),
- die Menge und die handelsübliche Bezeichnung der gelieferten Gegenstände oder die Art und den Umfang der sonstigen Leistung (§ 14 Abs. 1 Nr. 3 UStG),
- den Zeitpunkt der Leistung (§ 14 Abs. 1 Nr. 4 UStG),
- das Entgelt für die Leistung (§ 14 Abs. 1 Nr. 5 UStG),
- den auf das Entgelt entfallenden Steuerbetrag (§ 14 Abs. 1 Nr. 6 UStG).

284. Welche vier Angaben muss eine Kleinbetragsrechnung enthalten, damit sie zum Vorsteuerabzug berechtigt?

Eine Kleinbetragsrechnung **(Bruttobetrag bis zu 100 €)** berechtigt nach **§ 33 UStDV** zum **Vorsteuerabzug**, wenn sie folgende **vier** Angaben enthält:

- Name und Anschrift des leistenden Unternehmers (§ 33 Nr. 1 UStDV),
- die Menge und die handelsübliche Bezeichnung des Gegenstandes der Lieferung oder die Art und den Umfang der sonstigen Leistung (§ 33 Nr. 2 UStDV),
- das Bruttoentgelt (§ 33 Nr. 3 UStDV),
- den Steuersatz (§ 33 Nr. 4 UStDV).

Entbehrlich sind also:

- Name und Anschrift des Leistungsempfängers,
- Zeitpunkt der Leistung,
- der auf das Entgelt entfallende Steuerbetrag.

285. Hat der Leistungsempfänger einen Anspruch auf eine Rechnung mit gesondertem Steuerausweis?

Nach § 14 Abs. 1 Satz 1 UStG ist der Leistungsgeber verpflichtet, wenn der Leistungsempfänger Unternehmer ist und verlangt, eine ordnungsgemäße Rechnung auszustellen.

286. Was bedeuten folgende Mängel in Rechnungen über 100 € für den Vorsteuerabzug?
a) fehlender USt-Ausweis,
b) zu niedrigerer USt-Ausweis,
c) zu hoher USt-Ausweis,
d) unberechtigter USt-Ausweis.

- **fehlender USt-Ausweis:**
  - kein Vorsteuerabzug;

- **zu niedriger USt-Ausweis:**
  - nur der ausgewiesene Betrag darf als Vorsteuer abgezogen werden,
  - Leistungsempfänger kann berichtigte Rechnung verlangen,
  - unabhängig von der Rechnungsberichtigung schuldet der Leistungsgeber die richtige, höhere Umsatzsteuer (Abschn. 189 Abs. 7 UStR);

- **zu hoher Steuerausweis** (§ 14 Abs. 2 UStG):
  - Unternehmer schuldet die zu hohe Steuer,
  - Leistungsempfänger kann die zu hohe Umsatzsteuer **nicht** als Vorsteuer abziehen (Abschn. 189 Abs. 1 Satz 3 UStR);

- **unberechtigter Steuerausweis** (§ 14 Abs. 3 UStG):
  - Rechnungsaussteller schuldet die Umsatzsteuer nach § 14 Abs. 3 UStG,
  - in der Regel keine Berichtigungsmöglichkeit (Abschn. 190 Abs. 3 UStR).

287. Welche Unterscheidung trifft das Umsatzsteuergesetz hinsichtlich des Besteuerungsverfahrens?

Das Umsatzsteuergesetz unterscheidet beim **Besteuerungsverfahren** zwischen

- dem **Voranmeldungsverfahren** und
- dem **Jahresanmeldungsverfahren**.

288. Was hat der Unternehmer im Rahmen des Umsatzsteuer-Voranmeldungsverfahren zu veranlassen?

Im Rahmen des **Umsatzsteuer-Voranmeldungsverfahren** hat der Unternehmer nach Ablauf des Voranmeldungszeitraums die Umsatzsteuer **selbst zu berechnen**, dem **Finanzamt anzumelden** (Umsatzsteuer-Voranmeldung) und **abzuführen**.

289. Was ist bei der Umsatzsteuer der Voranmeldungszeitraum?

Der **Voranmeldungszeitraum** ist nach § 18 Abs. 2 Satz 1 UStG grundsätzlich das **Kalendervierteljahr**. Beträgt die Steuerschuld für das **vorangegangene** Kalenderjahr mehr als **6.136 €**, ist der **Kalendermonat** Voranmeldungszeitraum (§ 18 Abs. 2 Satz 2 UStG). Beträgt die Steuer für das **vorangegangene** Kalenderjahr nicht mehr als **512 €**, kann das Finanzamt den Unternehmer von der **Verpflichtung** zur Abgabe der Voranmeldungen und Entrichtung der Vorauszahlungen **befreien** (§ 18 Abs. 2 Satz 3 UStG).

290. Zu welchem Zeitpunkt entsteht die Umsatzsteuer?

- Bei der **Soll-Besteuerung** entsteht die Umsatzsteuer gem. § 13 Abs. 1 Nr. 1a UStG grundsätzlich mit Ablauf des Voranmeldungszeitraums, in dem die **Leistung ausgeführt** worden ist.
- Bei der **Ist-Besteuerung** entsteht die Umsatzsteuer gem. § 13 Abs. 1 Nr. 1b UStG mit Ablauf des Voranmeldungszeitraums, in dem die **Entgelte vereinnahmt** worden (zugeflossen) ist.
- Bei **Leistungen i.S.d. § 3 Abs. 1b und 9a UStG** entsteht die Umsatzsteuer mit Ablauf des Voranmeldungszeitraums, in dem diese Leistungen ausgeführt worden sind (§ 13 Abs. 1 Nr. 2 UStG).
- Die **Erwerbsumsatzsteuer** entsteht nach § 13 Abs. 1 Nr. 6 UStG grundsätzlich im Zeitpunkt der Ausstellung der Rechnung.

291. Welches ist der Abgabezeitpunkt der Umsatzsteuer-Voranmeldung?

Die **Umsatzsteuer-Voranmeldung** ist grundsätzlich **bis zum 10. Tag nach Ablauf eines jeden Voranmeldungszeitraums** beim Finanzamt nach amtlich vorgeschriebenem Vordruck abzugeben (§ 18 Abs. 1 Satz 1 UStG). Die Steuer ist selbst zu berechnen.

292. Wann wird die selbst angemeldete Steuer fällig?

Die selbst angemeldete Steuer wird grundsätzlich am **10. Tag nach Ablauf des betreffenden Voranmeldungszeitraums** fällig. Wird die Steuerschuld erst nach der Fälligkeit entrichtet, fallen grundsätzlich **Säumniszuschläge** (für jeden angefangenen Säumnismonat 1 v.H. der Steuerschuld) an. Hierbei ist die Schonfrist nach § 240 Abs. 3 AO zu beachten.

293. Was ist unter der Dauerfristverlängerung nach § 46 UStDV zu verstehen?

Auf Antrag hat das Finanzamt die Frist für die Abgabe der Voranmeldung und die Entrichtung der Vorauszahlungen um **einen Monat** zu verlängern (§ 46 UStDV). Der Unternehmer muss eine **Sondervorauszahlung** von **1/11** der Summe der Vorauszahlungen des vorangegangenen Kalenderjahrs leisten (§ 47 UStDV).

294. Was ist eine Zusammenfassende Meldung (ZM)?

Nach § 18a UStG hat der Unternehmer i.S.d. § 2 UStG, der **innergemeinschaftliche Warenlieferungen** ausführt, hierfür beim Bundesamt für Finanzen (Außenstelle Saarlouis) „eine Meldung nach amtlich vorgeschriebenem Vordruck" abzugeben. Diese Meldung wird als **Zusammenfassende Meldung** (ZM) bezeichnet. Meldezeitraum ist das Kalendervierteljahr. Abzugeben ist die Zusammenfassende Meldung bis zum 10. Tag nach Ablauf jedes Kalendervierteljahres, in dem der Unternehmer innergemeinschaftliche Warenlieferungen ausgeführt hat (§ 18a Abs. 1 Satz 1 UStG).

295. Wann ist die Jahressteueranmeldung abzugeben?

Nach **Ablauf des ersten Kalendervierteljahres** ist vom Unternehmer eine Jahressteuermeldung für das gesamte Kalenderjahr abzugeben. Diese Abgabefrist richtet sich nach den allgemeinen Abgabefristen für Steuererklärungen (§ 149 AO).

296. Für wen kommt das Vorsteuer-Vergütungsverfahren in Betracht?

Das **Vorsteuer-Vergütungsverfahren** kommt für **im Ausland ansässige Unternehmer** in Betracht (§ 59 Abs. 1 UStDV). Da das Umsatzsteuer-Voranmeldungsverfahren auf derartige Unternehmer keine Anwendung findet, kann diesen die Vorsteuer nur in einem besonderen Verfahren (dem sog. Vergütungsverfahren) erstattet werden.

297. Welche Besteuerungsformen lassen sich nach dem Umsatzsteuergesetz unterscheiden?

Das Umsatzsteuergesetz unterscheidet folgende Besteuerungs**formen**:

- Kleinunternehmerbesteuerung mit Optionsmöglichkeit (§ 19 Abs. 1 und 2 UStG),
- Besteuerung von Reiseleistungen (§ 25 UStG),
- Differenzbesteuerung (§ 25a UStG),
- Besteuerung nach Durchschnittssätzen für land- und forstwirtschaftliche Betriebe mit Optionsmöglichkeit (§ 24 UStG),
- Besteuerung nach allgemeinen Durchschnittssätzen (§ 23 UStG),
- Regelbesteuerung.

298. Welche Besteuerungsarten unterscheidet das Umsatzsteuergesetz?

Hinsichtlich der Besteuerungs**arten** ist zwischen der Besteuerung nach **vereinbarten** Entgelten sowie nach **vereinnahmten** Entgelten (§ 20 UStG) zu unterscheiden.

299. Was bedeutet eine Besteuerung nach vereinbarten bzw. vereinnahmten Entgelten?

Die Steuer ist **grundsätzlich** nach **vereinbarten** Entgelten zu berechnen (Sollbesteuerung). Dies bedeutet, dass für die Erfassung der Umsätze und der nach § 16 Abs. 1 Satz 2 UStG geschuldeten Steuerbeträge der Voranmeldungszeitraum maßgebend ist, in dem die Leistungen ausgeführt worden sind.
Abweichend hiervon kann die Besteuerung nach **vereinnahmten** Entgelten durchgeführt werden (Ist-Besteuerung nach § 20 UStG). Bei der Besteuerung nach **vereinnahmten** Entgelten **entsteht** die Steuer für Lieferungen und Leistungen mit Ablauf des Voranmeldungszeitraums, in dem die Entgelte vereinnahmt worden sind.

300. Wem kann das Finanzamt die Ist-Besteuerung nach § 20 UStG gestatten?

Die Ist-Besteuerung nach § 20 UStG kann das Finanzamt Unternehmern **auf Antrag** gestatten, deren

- Gesamtumsatz (§ 19 Abs. 3 UStG) im vorangegangenen Kalenderjahr nicht mehr als 125.000 € betragen hat, oder
- die von der Verpflichtung, Bücher zu führen und aufgrund jährlicher Bestandsaufnahmen Abschlüsse zu erstellen, nach § 148 AO befreit sind, oder
- Umsätze aus einer Tätigkeit als Angehöriger eines freien Berufs i.S.d. § 18 Abs. 1 Nr. 1 EStG resultieren.

Wenn ein Unternehmen eröffnet wird, ist für die 125.000 €-Grenze der voraussichtliche Jahresgesamtumsatz des laufenden Jahres zugrunde zu legen.

Abgesehen von der Besonderheit, dass die unter § 20 UStG fallenden Unternehmen die Steuer nach vereinnahmten Entgelten berechnen, bleiben für diesen Personenkreis alle anderen Berechtigungen und Verpflichtungen des Umsatzsteuergesetzes bestehen.

301. Wer ist Kleinunternehmer i.S.d. § 19 UStG?

Nach § 19 Abs. 1 UStG wird die Umsatzsteuer für Umsätze nach § 1 Abs. 1 Nr. 1 UStG nicht erhoben, wenn der in § 19 Abs. 1 Satz 2 UStG bezeichnete Umsatz zuzüglich der darauf entfallenden Steuer

- im vorangegangenen Kalenderjahr 16.620 € nicht überstiegen hat und
- im laufenden Kalenderjahr 50.000 € voraussichtlich nicht übersteigen wird.

Bei der Ermittlung der Grenzen von 16.620 € und 50.000 € ist jeweils vom Gesamtumsatz i.S.d. § 19 Abs. 3 UStG auszugehen, und zwar von den vereinnahmten Entgelten einschließlich Umsatzsteuer.
Umsätze von Wirtschaftsgüter des Anlagevermögens bleiben gem. § 19 Abs. 1 Satz 2 UStG unberücksichtigt. Das gilt für Veräußerungen und für Entnahmen von Wirtschaftsgütern des Anlagevermögens (Abschn. 246 Abs. 6 Satz 1 UStR).

302. Wie ist der Gesamtumsatz i.S.d. § 19 Abs. 3 UStG zu berechnen?

Für die Ermittlung des Gesamtumsatzes i.S.d. § 19 Abs. 3 UStG ist von den steuerbaren Umsätzen des § 1 Abs. 1 Nr. 1 UStG auszugehen.
Von den steuerbaren Umsätzen sind bei Ermittlung des Gesamtumsatzes die folgenden Umsätze abzuziehen:

- die Umsätze des § 4 Nr. 8 Buchst. i, Nr. 9 Buchst. b, Nr. 11 - 28 UStG und
- die Umsätze des § 4 Nr. 8 Buchst. a - h, Nr. 9 Buchst. a und Nr. 10 UStG, wenn sie **Hilfsumsätze** sind.

Als **Hilfsumsätze** sind nach Abschn. 251 Abs. 2 Satz 4 und 5 UStR Umsätze zu betrachten, die zwar zur unternehmerischen Tätigkeit des Unternehmens gehören, jedoch nicht den eigentlichen Gegenstand des Unternehmens bilden.
Hierzu gehören z.B. der Verkauf eines Betriebsgrundstücks oder die Verschaffung von Versicherungsschutz für die Arbeitnehmer.

Hat der Unternehmer seine unternehmerische Tätigkeit nur in einem Teil des Kalenderjahres ausgeübt, so ist der tatsächliche Gesamtumsatz in einen Jahresumsatz umzurechnen (§ 19 Abs. 3 Satz 3 UStG).

303. Welche Rechtsfolgen treten bei Vorliegen der Voraussetzungen des § 19 Abs. 1 UStG ein?

Bei Vorliegen der Voraussetzungen des § 19 Abs. 1 UStG treten folgende Rechtsfolgen ein:

- Die für Umsätze i.S.d. § 1 Abs. 1 Nr. 1 UStG geschuldete Umsatzsteuer wird nicht erhoben (§ 19 Abs. 1 Satz 1 UStG).
- Der Unternehmer hat keinen Vorsteuerabzug (§ 19 Abs. 1 Satz 4 UStG).
- Der Unternehmer darf in seinen Rechnungen keine Umsatzsteuer gesondert ausweisen (§ 19 Abs. 1 Satz 4 UStG). Weist er dennoch Umsatzsteuer aus, schuldet er diese nach § 14 Abs. 3 UStG (§ 19 Abs. 1 Satz 3 UStG).
- Der Unternehmer darf nicht auf Steuerbefreiungen nach § 9 UStG verzichten (§ 19 Abs. 1 Satz 4 UStG).
- Der Unternehmer darf eine Vorsteuerberichtigung nach § 15a UStG nicht vornehmen, wenn das Wirtschaftsgut zu einem Zeitpunkt erstmalig verwendet wird, zu dem der Unternehmer der Regelung des § 19 Abs. 1 unterlegen ist (§ 19 Abs. 1 Satz 5 UStG).

304. Kann der Unternehmer auf die Anwendung des § 19 Abs. 1 UStG verzichten?

Da sich die Regelung des § 19 Abs. 1 UStG nachteilig auswirken kann, hat der Unternehmer die Möglichkeit, auf die Anwendung dieser Vorschrift zu verzichten (§ 19 Abs. 2 UStG). Die erforderliche Erklärung kann der Unternehmer bis zur Unanfechtbarkeit der Steuerfestsetzung gegenüber dem Finanzamt abgeben (§ 19 Abs. 2 Satz 1 UStG).
Unanfechtbar ist die Steuerfestsetzung, wenn auf die Einlegung des Rechtsbehelfs verzichtet worden ist (§ 354 Abs. 1 AO), wenn die

Rechtsbehelfsfrist abgelaufen ist (§ 355 Abs. 1 AO) oder wenn gegen den Verwaltungsakt oder die gerichtliche Entscheidung kein Rechtsbehelf mehr gegeben ist.
Nach Eintritt der Unanfechtbarkeit der Steuerfestsetzung **bindet** die Erklärung den Unternehmer **mindestens fünf Kalenderjahre** (§ 19 Abs. 2 Satz 2 UStG).

305. Welche Unternehmer fallen unter die Besteuerung von Reiseleistungen (§ 25 UStG)?

Unter diese Besteuerungsform fallen **alle Unternehmer**, die **Reisen** (Beförderungen, Pauschalreisen, Beherbergungen) **an Privatleute im eigenen Namen** verkaufen, sich aber bei der Ausführung der erbrachten Reiseleistungen **Subunternehmern** bedienen.

306. Was muss der Unternehmer nach § 25 UStG versteuern?

Für die Besteuerung von Reiseleistungen besteht eine besondere Vorschrift im Umsatzsteuergesetz. Nach der Vorschrift des § 25 UStG muss der Unternehmer (Reisebüro, Reiseveranstalter) für eine steuerpflichtige Reiseleistung **nicht das gesamte Entgelt**, sondern nur die **Differenz zwischen dem Reisepreis** und dem **Wert der Reisevorleistung** versteuern Die Umsatzsteuer gehört nicht zur Bemessungsgrundlage. Die Bemessungsgrundlage bildet also die **Nettomarge des Reiseunternehmers**.

307. Berechtigen Reisevorleistungen zum Vorsteuerabzug?

Die von einem Subunternehmer an den Reiseveranstalter erbrachten Leistungen (Beförderung, Verpflegung oder Unterbringung), die als **Reisevorleistungen** bezeichnet werden, berechtigen den Reiseveranstalter **nicht** zum Vorsteuerabzug. Soweit die Reisevorleistungen im Dritt-Ausland erbracht werden, ist die vom Reiseveranstalter erbrachte Reiseleistung steuerfrei (§ 25 Abs. 2 UStG).

308. Worum handelt es sich bei der Differenzbesteuerung nach § 25a UStG?

Bei der Differenzbesteuerung gem. § 25a UStG handelt es sich - wie bei der Besteuerung von Reiseleistungen - um eine **Umsatzbesteuerung mit Vorumsatzabzug**. Die Steuer wird aus dem Unterschiedsbetrag zwischen dem Verkaufspreis und dem Einkaufspreis (sog. Marge) herausgerechnet. Auf diese Weise muss der Händler nur den auf seiner Stufe entstandenen **„Mehrwert"** versteuern. Diese Besteuerungsform wurde in Anbetracht der Schwierigkeiten bei den Agenturgeschäften im **Gebrauchtwagenhandel** eingeführt. Ein weiterer Anwendungsfall betrifft den Handel mit **Antiquitäten**.

309. Was ist Bemessungsgrundlage bei der Differenzbesteuerung?

Bemessungsgrundlage ist **abweichend** von § 10 Abs. 1 UStG nicht das volle vom Abnehmer aufgewendete Entgelt, sondern nur der Betrag, um den der Verkaufspreis den Einkaufspreis für den Gegenstand übersteigt (§ 25a Abs. 3 Satz 1 UStG).
Die Umsatzsteuer gehört nicht zur Bemessungsgrundlage. Sie ist daher stets aus der Differenz zwischen Verkaufspreis und Einkaufspreis herauszurechnen.

310. Finden die Vorschriften über den gesonderten Steuerausweis Anwendung?

Im Rahmen der Sonderregelung des § 25a UStG finden die Vorschriften über den gesonderten Steuerausweis in der Rechnung **keine** Anwendung (§ 25a Abs. 6 Satz 1 UStG). Der Unternehmer darf somit die Steuer auf die Differenz **nicht** gesondert ausweisen. Dies gilt auch in den Fällen, in denen der Abnehmer ein zum Vorsteuerabzug berechtigter Unternehmer ist.

311. Kommt der Vorsteuerabzug in Betracht?

Aus dem Erwerb eines Gegenstandes kommt ein Vorsteuerabzug **nicht** in Betracht, weil der Veräußerer seinerseits keine Umsatzsteuer gesondert in Rechnung stellen kann. Unberührt bleibt jedoch das Abzugsrecht des Händlers für andere Vorsteuern, wie z.B. Vorsteuern aus Reparaturen.

312. Besteht die Möglichkeit der Option zur Regelbesteuerung?

Der Unternehmer kann bei jeder einzelnen Lieferung an einen anderen Unternehmer für dessen Unternehmen auf die Sonderregelung des § 25a UStG verzichten und diese Lieferung nach den allgemeinen Vorschriften des Gesetzes besteuern.

313. Was ist die Besonderheit der Besteuerung nach Durchschnittssätzen für land- und forstwirtschaftliche Betriebe nach § 24 UStG?

Für Umsätze, die ein **land- und fortwirtschaftlicher** Unternehmer erbringt, beträgt der **Regelsteuersatz 9 v.H.** Für bestimmte andere Umsätze gelten Steuersätze von 5 und 16 v.H. (§ 24 Abs. 1 UStG).
Es besteht **kein Vorsteuerabzug** aufgrund von **Einzelbelegen**. An seine Stelle tritt ein **pauschaler Steuerabzug**. Im Allgemeinen sind **9 v.H.** (Sonderfälle 5 v.H.) der Bemessungsgrundlage als Vorsteuer abziehbar.
Da die Vorsteuerpauschale im Normalfall die Ausgangs-Umsatzsteuer neutralisiert, bedeutet dies, dass der Land- und Forstwirt **keine Umsatzsteuer** an das Finanzamt abführen muss. Der Land- und Forstwirt darf die vom Käufer der Erzeugnisse erhaltene Umsatzsteuer letztlich behalten. Bei dieser Vorschrift handelt es sich somit um eine **Subvention der Land- und Forstwirtschaft.**
Land- und Forstwirte können für die Normalbesteuerung optieren (§ 24 Abs. 4 UStG).

314. Worum geht es bei der Besteuerung nach allgemeinen Durchschnittssätzen nach § 23 UStG?

Bei der Besteuerung nach **allgemeinen Durchschnittssätzen** handelt es sich um eine **Vorsteuerpauschalierungsmöglichkeit**, die an die Stelle des Vorsteuerabzugs aufgrund von Einzelbelegen treten kann. M.a.W.: die Vorsteuerpauschale tritt an die Stelle des konkreten Vorsteuerabzugs.

315. Für wen kommt diese Besteuerungsform in Betracht?

Diese Besteuerungsform kommt nur für Unternehmer in Betracht, bei denen hinsichtlich der Besteuerungsgrundlagen annähernd gleiche Verhältnisse vorliegen und die nicht verpflichtet sind, Bücher zu führen und aufgrund jährlicher Bestandsaufnahmen regelmäßig Abschlüsse zu machen (§ 23 Abs. 1 UStG).
Die Durchschnittssätze müssen zu einer Steuer führen, die nicht wesentlich von dem Betrag abweicht, der sich nach der Regelbesteuerung ergeben würde (§ 23 Abs. 2 UStG). Die Pauschalierung ist **ausgeschlossen**, wenn der Gesamtumsatz im vorangegangen Kalenderjahr 61.356 € überstiegen hat (§ 69 Abs. 3 UStDV).

316. Welche Vorschrift beinhaltet die Durchschnittssätze?

Die anzuwendenden Durchschnittssätze sind in der Anlage zu den **§§ 69, 70 UStDV** enthalten. Die Anlage ist in **zwei Abschnitte untergliedert.**
Die in **Abschnitt A** bezeichneten **Durchschnittssätze** gelten für **sämtliche Vorsteuerbeträge**, die mit der Tätigkeit der Unternehmer in den in der Anlage bezeichneten Berufs- und Gewerbezweige zusammenhängen **(Vollpauschalierung)**.
In **Abschnitt B** der Anlage sind **Berufsgruppen** aufgeführt, für die nur eine **Teilpauschalierung** vorgesehen ist (z.B. Architekten, Rechtsanwälte usw). Bei der Teilpauschalierung nach Abschnitt B können neben der Vorsteuer nach dem maßgeblichen Durchschnittssteuersatz bestimmte Vorsteuerbeträge **zusätzlich** abgezogen werden.

317. Was verlangt die Vorschrift des § 22 Abs. 1 Satz 1 UStG hinsichtlich der Aufzeichnungspflichten?

Nach § 22 Abs. 1 **Satz 1** UStG ist der **Unternehmer** verpflichtet, zur Feststellung der Steuer und der Grundlagen ihrer Berechnung Aufzeichnungen zu machen.

318. Wie müssen die Aufzeichnungen nach § 22 UStG beschaffen sein?

Die Aufzeichnungen nach § 22 UStG müssen so beschaffen sind, dass es einem sachverständigen Dritten innerhalb einer angemessenen Zeit möglich ist, einen Überblick über die Umsätze des Unternehmers und die abziehbaren Vorsteuern zu erhalten und die Grundlagen für die Steuerberechnung festzustellen (§ 63 Abs. 1 UStDV, § 145 AO).

319. Was muss nach § 22 Abs. 2 UStG aus den Aufzeichnungen zu ersehen sein?

Nach § 22 Abs. 2 UStG muss aus den Aufzeichnungen insbesondere zu ersehen sein:

- die vereinbarten Entgelte für die vom Unternehmer ausgeführten Lieferungen und sonstigen Leistungen. Dabei muss u.a. ersichtlich sein, wie sich die Entgelte auf die steuerpflichtigen Umsätze, getrennt nach Steuersätzen, und auf die steuerfreien Umsätze verteilen (§ 22 Abs. 2 Nr. 1 UStG);
- die vereinnahmten Entgelte und Teilentgelte für noch nicht ausgeführte Lieferungen und sonstige Leistungen (§ 22 Abs. 2 Nr. 2 UStG);
- die Bemessungsgrundlage für die Einfuhr von Gegenständen (§ 22 Abs. 2 Nr. 6 UStG);
- die Bemessungsgrundlage für den innergemeinschaftlichen Erwerb von Gegenständen und die hierauf entfallende Steuerbeträge (§ 22 Abs. 2 Nr. 7 UStG).

2. Grunderwerbsteuer

1. Wie lässt sich die Grunderwerbsteuer charakterisieren?

Die **Grunderwerbsteuer** besteuert **den Eigentumswechsel des Grundbesitzes**. Sie ist damit eine **Verkehrsteuer**. Ferner ist die Grunderwerbsteuer eine **indirekte Steuer** und eine **Veranlagungsteuer**. Um Doppelbelastungen zu vermeiden, werden Umsätze, die unter das Grunderwerbsteuergesetz fallen, von der **Umsatzsteuer befreit** (§ 4 Nr. 9a UStG).

2. Was ist Steuergegenstand der Grunderwerbsteuer?

Gegenstand der Besteuerung sind bestimmte **Rechtsvorgänge**, soweit sie sich auf **inländische Grundstücke** beziehen (§ 1 Abs. 1 GrEStG).

3. Welches sind die Haupttatbestände der Grunderwerbsteuer?

Die **Haupttatbestände** der Grunderwerbsteuer sind:

1. **Kaufverträge** oder andere Rechtsgeschäfte (z.B. Tauschverträge), die einen Anspruch auf Übereignung begründen (§ 1 Abs. 1 Nr. 1 GrEStG). Es muss ein Eigentumswechsel zwischen zwei verschiedenen Rechtsträgern eintreten.
2. **Auflassungen**, d.h. die Einigung des Veräußerers und des Erwerbers über einen Rechtsvorgang, wenn kein Rechtsgeschäft vorausgegangen ist, das den Anspruch auf Übereignung begründet (§ 1 Abs. 1 Nr. 2 GrEStG).
3. den **Übergang des Eigentums,** wenn kein den Anspruch auf Übereignung begründendes Rechtsgeschäft vorausgegangen ist und keine Auflassung erforderlich ist und es auch keiner Auflassung bedarf (§ 1 Abs. 3 Nr. 3 GrEStG). In diesen Fällen handelt es sich um den Eigentumsübergang kraft Gesetzes, wie z.B. bei der Umwandlung einer Kapitalgesellschaft in eine Personengesellschaft im Wege der Gesamtrechtsnachfolge.

4. **Meistgebote im Zwangsversteigerungsverfahren** (§ 1 Abs. 1 Nr. 4 GrEStG).

4. Was sind Grundstücke i.S.d. Grunderwerbsteuergesetzes?

Unter Grundstücke i.S.d. Grunderwerbsteuergesetzes sind **Grundstücke i.S.d. bürgerlichen Rechts** zu verstehen (§ 2 Abs. 1 Satz 1 GrEStG). Nicht zu den Grundstücken rechnen nach § 2 Abs. 1 Satz 2 Nr. 1 und 2 GrEStG Scheinbestandteile, Zubehör, Maschinen, Betriebsvorrichtungen, Mineralgewinnungsrechte und sonstige Gewerbeberechtigungen.

5. Enthält das Grunderwerbsteuergesetz Steuerbefreiungen?

Das Grunderwerbsteuergesetz enthält **sachliche** Steuerbefreiungen. Die Befreiungstatbestände sind vom Finanzamt **von Amts wegen** zu prüfen. Die wichtigsten Befreiungen sind:

- der Erwerb von geringwertigen Grundstücken. Der maßgebende Wert von 2.500 € stellt eine Freigrenze dar (§ 3 Nr. 1 GrEStG);.
- der Grundstückserwerb von Todes wegen (§ 3 Nr. 2 GrEStG);
- die Grundstücksschenkungen unter Lebenden (§ 3 Nr. 2 GrEStG);
- der Erwerb eines Nachlassgrundstücks durch Miterben zur Teilung des Nachlasses (§ 3 Nr. 3 GrEStG);
- die Erwerbung unter Ehegatten (§ 3 Nr. 4 GrEStG);
- der Grundstückserwerb anlässlich einer Scheidung (§ 3 Nr. 5 GrEStG);
- der Grundstückserwerb durch Verwandte in gerader Linie (§ 3 Nr. 6 GrEStG);
- der Grundstückserwerb bei fortgesetzter Gütergemeinschaft (§ 3 Nr. 7 GrEStG);
- der Rückerwerb eines Grundstücks durch den Treuhänder bei Auflösung des Treuhandverhältnisses (§ 3 Nr. 8 GrEStG);
- bestimmte Erwerbe von Grundstücken durch Körperschaften des öffentlichen Rechts, ausländische Staaten, ausländische kulturelle Einrichtungen (§ 4 GrEStG).

6. Wie wird die Grunderwerbsteuer berechnet?

Die Grunderwerbsteuer bemisst sich nach dem **Wert der Gegenleistung** (§ 8 Abs. 1 GrEStG). Als **Gegenleistung** gilt im Regelfall der **Kaufpreis** einschließlich der vom Käufer übernommenen **sonstigen Leistungen** und der dem Verkäufer **vorbehaltenen Nutzungen** (§ 9 Abs. 1 Nr. 1 GrEStG). **Sonstige Leistungen** können sein die Übernahme einer Hypothek oder Grundschuld oder die Übernahme einer vom Verkäufer geschuldeten Maklerprovision. Dem Verkäufer **vorbehaltene Nutzungen** können sein ein Wohnrecht oder die Vereinbarung einer niedrigeren Miete für den Verkäufer.

7. Was soll die Vorschrift des § 9 Abs. 1 Nr. 1 GrEStG verhindern?

Die Vorschrift des § 9 Abs. 1 Nr. 1 GrEStG soll verhindern, dass ein Teil des Kaufpreises durch andere Leistungen und Nutzungen ersetzt wird. Haben sich die Parteien über eine **Gesamtleistung** für das Grundstück und nicht der Grunderwerbsteuer unterliegende Gegenstände geeinigt, so ist diese **aufzuteilen**. Die Aufteilung ist nach folgender **Aufteilungsformel** vorzunehmen:

$$\frac{\text{Gesamtkaufpreis x gemeiner Wert des Grundstücks}}{\text{gemeiner Wert der sonstigen Gegenstände + gemeiner Wert des Grundstücks}}$$

Maßgebend für die Verhältnisrechnung sind die **tatsächlichen Verhältnisse** und nicht die durch die Parteien vorgenommenen Verteilungswerte.

8. Wie erfolgt das Besteuerungsverfahren?

Steuerschuldner sind regelmäßig die an einem Erwerbsvorgang als Vertragsteile beteiligten Personen, also **Verkäufer** und **Käufer** (§ 13 GrEStG). Üblicherweise wird vereinbart, dass der **Käufer** die Grunderwerbsteuer zu tragen hat. Die an einem Erwerbsvorgang als Vertragsteile beteiligten Personen schulden die Grunderwerbsteuer **gesamtschuldnerisch**.

Gerichte, Behörden und Notare haben dem zuständigen Finanzamt nach amtlich vorgeschriebenem Vordruck Anzeige über Grundstücksübertragungen aller Art zu erstatten (§ 18 GrEStG). Auch für die Beteiligten bestehen Anzeigepflichten (§ 19 GrEStG). Für die **Eintragung ins Grundbuch** ist eine **Unbedenklichkeitsbescheinigung des zuständigen Finanzamts** vorzulegen. Diese Bescheinigung wird ausgestellt, wenn die Grunderwerbsteuer entrichtet wurde oder wenn feststeht, dass die Zahlung nicht gefährdet ist (§ 22 Abs. 1 Satz 1 GrEStG).

9. Wann entsteht die Grunderwerbsteuer?

Die Grunderwerbsteuer **entsteht** im Regelfall mit dem **Abschluss des Kaufvertrages**. Aufgrund des gemeldeten Steuertatbestandes fertigt das Finanzamt den Steuerbescheid und gibt ihn dem Käufer bekannt.

10. Wann wird die Grunderwerbsteuer fällig?

Die Grunderwerbsteuer wird **einen Monat nach Bekanntgabe des Steuerbescheid fällig** (§ 15 GrEStG). Das Finanzamt kann eine **längere Zahlungsfrist** setzen.

11. Welches Finanzamt ist für die Besteuerung zuständig?

Für die Besteuerung ist im Regelfall das Finanzamt **örtlich zuständig**, in dessen Bezirk das **Grundstück** oder der **wertvollste Teil des Grundstücks liegt** (§ 17 Abs. 1 Satz 1 GrEStG).

12. Wie hoch ist der Steuersatz?

Der Erwerb inländischer Grundstücke aller Art unterliegt einer einmaligen Grunderwerbsteuer von **3,5 v.H.** (§ 11 Abs. 1 GrEStG).

Dritter Teil

Besteuerungsverfahren

Literaturhinweise: Ax, R./Große, T./Melchior, J., Abgabenordnung und Finanzgerichtsordnung, 17. Aufl., Stuttgart 2001; Friemel, R., Lehrbuch der Abgabenordnung, 13. Aufl., Herne/Berlin 1996; Sikorski, R./Wüstenhöfer, U., Abgabenordnung, 5. Aufl., München 1999.

1. Welche Bedeutung hat die Abgabenordnung?

Bei der **Abgabenordnung** handelt es sich um ein **allgemeines Steuergesetz**. Die Abgabenordnung zieht diejenigen Vorschriften vor die **Klammer**, die für **mehrere Steuergesetze** gelten. Sie wird deshalb auch als **Steuergrundgesetz** oder **Mantelgesetz** bezeichnet. Die Bestimmungen, die nur für **einzelne Steuern** gelten, finden sich in den **Einzelsteuergesetzen**. Die Abgabenordnung enthält **formelles Recht** (Verfahrensrecht) und **materielles Recht**.

2. Wie ist die Abgabenordnung aufgebaut?

Die Abgabenordnung ist wie folgt aufgebaut:

Aufbau der Abgabenordnung		
Teil	**Vorschriften**	**Wichtige Regelungsinhalte**
1	§§ 1 – 32	**Einleitende Vorschriften** • Klärung des Anwendungsbereichs • Definitionen und Begriffsbestimmungen • Zuständigkeit der Finanzbehörden • Steuergeheimnis
2	§§ 33 – 77	**Steuerschuldrecht** • Steuerschuldverhältnis • Haftung

3	§§ 78 – 133	**Allgemeine Verfahrensvorschriften** • Besteuerungsgrundsätze • Fristen, Termine, Wiedereinsetzung in den vorigen Stand • Verwaltungsakte, insbesondere Bekanntgabe und offenbare Unrichtigkeit
4	§§ 134 - 217	**Durchführung der Besteuerung** • Steuererklärungen • Steuerfestsetzung • Festsetzungsverjährung • Bestandskraft • Festsetzung von Steuermessbescheiden • Außenprüfung • Verbindliche Zusage
5	§§ 218 - 248	**Erhebungsverfahren** • Fälligkeit, Stundung • Zahlung, Aufrechnung, Erlass • Zahlungsverjährung • Verzinsung • Säumniszuschläge
6	§§ 249 - 346	**Vollstreckung**
7	§§ 347 - 368	**Außergerichtliches Rechtsbehelfsverfahren**
8	§§ 369 - 412	**Straf- und Bußgeldvorschriften**
9	§§ 413 - 415	**Schlussvorschriften**

3. Was bedeutet „Ermessen" im Steuerrecht?

„Ermessen" im Steuerrecht bedeutet einen **Entscheidungsspielraum der Finanzbehörde** innerhalb des vom Gesetzgeber gesteckten Rahmens. Unterschiedliche Entscheidungen können rechtmäßig sein.
Beim Ermessen wird die **Rechtsfolge** von der **Verwaltung** bestimmt. Im Gegensatz hierzu gibt es **gebundene Verwaltungsakte**, bei denen nur eine Entscheidung rechtmäßig ist.

4. Welche Formulierungen in den Gesetzestexten bringen einen Entscheidungsspielraum (Ermessensspielraum) der Finanzbehörden zum Ausdruck?

Formulierungen wie **„kann“** (z.B. § 129, § 165 AO) oder **„können“** (z.B. § 164, § 222 AO), **„ist zulässig“** (z.B. § 193 AO), bringen einen **Entscheidungsspielraum** (Ermessensspielraum) der Finanzbehörden zum Ausdruck. Bei **Soll-Vorschriften** hingegen **müssen** die Finanzbehörden in der Regel nach der Vorschrift verfahren und dürfen nur in atypischen Fällen abweichen. Es besteht eine **Ermessensreduzierung** (z.B. § 80 Abs. 3 AO, § 93 Abs. 1 Satz 3 AO).

5. Welches sind Beispiele für Ermessensentscheidungen?

Beispiele für **Ermessensentscheidungen** sind:

- Festsetzung eines Verspätungszuschlags (§ 152 AO),
- Gewährung von Fristverlängerungen,
- Stundung (§ 222 AO),
- Erlass (§ 227 AO),
- Gewährung von Buchführungserleichterungen (§ 148 AO).

6. Wodurch werden die Grenzen des Ermessens bestimmt?

Die **Grenzen des Ermessens** werden bestimmt durch den **Zweck**, die **Zumutbarkeit**, die **Angemessenheit** und die **Verhältnismäßigkeit** der Mittel. Ferner dürfen **keine sachfremden Erwägungen** angestellt werden und es darf **keine Willkür** vorliegen.

7. Hat das Finanzamt hinsichtlich der festzusetzenden Steuer und hinsichtlich der Festsetzung eines Verspätungszuschlags bei verspäteter Abgabe der Steuererklärung einen Ermessensspielraum?

Während sich die Höhe der festzusetzenden Steuer aus dem Gesetz ergibt (kein Ermessensspielraum), **kann** das Finanzamt bei verspäteter Abgabe der Steuererklärung von der Festsetzung eines Verspätungszuschlags absehen (Ermessensspielraum).

8. Sind Ermessensentscheidungen zu begründen?

Ermessensentscheidungen sind zu begründen.

9. Können übergeordnete Finanzbehörden und die Finanzgerichte eine Ermessensentscheidung überprüfen?

Übergeordnete Finanzbehörden können eine Ermessensentscheidung **in vollem Umfange** überprüfen. **Gerichte** haben nur eine **beschränkte Nachprüfungsbefugnis**. Sie dürfen ihr eigenes Ermessen nicht an die Stelle des Ermessens der Finanzbehörde setzen. Gerichte können Ermessensentscheidungen nur aufheben oder bestätigen.

10. Welche Bedeutung hat der Wohnsitz im Steuerrecht?

Der **Wohnsitz** bestimmt, ob eine Person **unbeschränkt** oder **beschränkt** steuerpflichtig ist (§ 1 Abs. 1 EStG) und welche Finanzbehörde **zuständig** ist (§ 19 Abs. 1 AO). Ferner ist der Wohnsitz im Zusammenhang mit **Doppelbesteuerungsabkommen** von Bedeutung.

11. Welche Bedeutung hat der gewöhnliche Aufenthalt?

Hat eine natürliche Person keinen Wohnsitz, ist **weiteres Anknüpfungsmerkmal** für die **beschränkte** oder **unbeschränkte** Steuerpflicht und die Zuständigkeit der Finanzbehörden der **gewöhnliche Aufenthalt** (§ 1 Abs. 1 und 4 EStG, § 19 Abs. 1 AO).

12. Welche Bedeutung haben Sitz oder Geschäftsleitung?

Sitz (§ 11 AO) oder **Geschäftsleitung (§ 10 AO)** sind **alternative räumliche Anknüpfungsmerkmale** für die Frage der **unbeschränkten** bzw. **beschränkten** Steuerpflicht vor allem von **Kapitalgesellschaften**.

13. Wo befindet sich die Geschäftsleitung?

Die **Geschäftsleitung** ist der **Mittelpunkt der geschäftlichen Oberleitung** (§ 10 AO). Diese befindet sich dort, wo der für das Unternehmen **maßgebende Wille** gebildet wird. In der Regel kommt es darauf an, wo die Vorstandsmitglieder oder Geschäftsführer ihre leitende Tätigkeit ausüben.

14. Wodurch wird der Sitz einer Kapitalgesellschaft bestimmt?

Der **Sitz** einer Kapitalgesellschaft wird durch **Satzung** oder **Gesellschaftsvertrag** bestimmt (§ 11 AO).

15. Welche Bedeutung hat der Ort der Betriebstätte im Steuerrecht?

Der **Ort** der **Betriebstätte** ist wichtig für die **räumliche Zuordnung** eines **Gewerbebetriebs** zum Inland oder Ausland oder zu einer bestimmten inländischen Gemeinde. Er kann auch für die **örtliche Zuständigkeit der Finanzämter** von Bedeutung sein (§ 18 Abs. 1 AO).

16. Was ist steuerrechtlich unter einer Betriebstätte zu verstehen?

Steuerrechtlich ist nach **§ 12 Satz 1 AO** eine **Betriebstätte** „jede feste Geschäftseinrichtung oder Anlage, die der Tätigkeit eines Unternehmens dient.“ In **Satz 2** dieser Vorschrift ist für eine Reihe von Anlagen und Einrichtungen (z.B. Stätte der Geschäftsleitung, Zweigniederlassungen, Geschäftsstellen, Fabrikations- oder Werkstätten, Warenlager, Ein- und

Verkaufsstellen, Bergwerke, Steinbrüche, bestimmte Bauausführungen oder Montagen) der Betriebstättencharakter ausdrücklich ausgesprochen.

17. Welche Bedeutung hat das Steuergeheimnis (§ 30 AO)?

Das **Steuergeheimnis** schützt den Steuerpflichtigen oder Dritte davor, dass die den Finanzbehörden bekannt gewordenen Tatsachen für Zwecke außerhalb des Besteuerungsverfahrens gegen sie verwendet werden.

18. Was unterliegt dem Steuergeheimnis?

Dem **Steuergeheimnis** unterliegen die gesamten persönlichen, wirtschaftlichen, rechtlichen, öffentlichen und privaten Verhältnisse einer Person. Ferner unterliegen dem Steuergeheimnis **fremde Betriebs- und Geschäftsgeheimnisse**, d.h. alles was für das Unternehmen Bedeutung hat und nach dem Willen des Unternehmers geheimgehalten werden soll. Dazu gehören z.B. Kundenlisten, Kalkulationen, Prospekte, Kostenvoranschläge und die Art der Kundenwerbung.

19. Müssen Steuerberater das Steuergeheimnis wahren?

Steuerberater sind **keine Amtsträger** und müssen daher das Steuergeheimnis **nicht** wahren. Sie machen sich jedoch strafbar, wenn sie unbefugt fremde Geheimnisse offenbaren.

20. Müssen die Abzugsverpflichteten (z.B. Arbeitgeber) das Steuergeheimnis wahren?

Nicht zur Wahrung des Steuergeheimnisses verpflichtet sind die **Abzugsverpflichteten**, z.B. die Arbeitgeber, die zur Einbehaltung und Abführung der Lohnsteuer verpflichtet sind.

21. Was regelt das Steuerschuldrecht?

Das **Steuerschuldrecht** enthält insbesondere die Vorschriften über das **Steuerschuldverhältnis** und die **Haftung**.

22. Was ist unter dem Steuerschuldverhältnis zu verstehen?

Unter dem **Steuerschuldverhältnis** versteht man die **Rechtsbeziehungen** zwischen dem **Steuergläubiger** und dem **Steuerschuldner**, die der Verwirklichung von Steueransprüchen und steuerlichen Nebenleistungen dienen. Das Steuerschuldverhältnis ist **öffentlich-rechtlicher Natur**.

23. Welches sind die Ansprüche aus dem Steuerschuldverhältnis?

Ansprüche aus dem Steuerschuldverhältnis sind der **Steueranspruch** und der Anspruch auf eine steuerliche Nebenleistung, der Haftungsanspruch, der Steuervergütungsanspruch und der Erstattungsanspruch (§ 37 Abs. 1 AO).

24. Zu welchem Zeitpunkt entstehen Ansprüche aus dem Steuerschuldverhältnis?

Ansprüche aus dem Steuerschuldverhältnis entstehen sobald der Tatbestand verwirklicht ist, an den das Gesetz die Leistungspflicht knüpft (§ 38 AO).

25. Ist für die Entstehung der Steuer von Bedeutung, ob sich der Steuerpflichtige über die Entstehung der Steuer geirrt hat?

Es ist **ohne Bedeutung**, ob der Steuerpflichtige die Steuer entstehen lassen will oder sich über die Entstehung geirrt hat.

26. Ist es für die Entstehung der Steuer von Bedeutung, ob und wann die Steuer festgesetzt wird?

Für die Entstehung der Steuern ist es **ohne Bedeutung**, ob und wann die Steuer festgesetzt wird und wann sie zu entrichten ist.

27. Wonach richtet sich der Entstehungszeitpunkt für die Einkommensteuer und die Umsatzsteuer?

Der **Entstehungszeitpunkt** für die **Einkommensteuer** ist der **Ablauf des Kalenderjahrs** (§ 36 Abs. 1 EStG) und für die **Umsatzsteuer** der **Ablauf des Voranmeldungszeitraums** (§ 13 UStG).

28. Wodurch erlöschen Ansprüche aus dem Steuerschuldverhältnis?

Ansprüche aus dem Steuerschuldverhältnis **erlöschen** nach **§ 47 AO** insbesondere durch **Zahlung** (§§ 224, 224a, 225 AO), **Aufrechnung** (§ 226 AO), **Erlass** (§§ 163, 227 AO) und **Verjährung** (§§ 169 bis 171, §§ 228 - 232 AO).

29. Was bedeutet Haftung im Steuerrecht?

Haftung bedeutet im Steuerrecht **Einstehen müssen** mit dem **eigenen Vermögen** für eine **fremde Schuld**. Der Haftungsschuldner ist **neben** dem Steuerschuldner verpflichtet, die Steuerschuld zu zahlen. Haftungsschuldner und Steuerschuldner sind somit **Gesamtschuldner** (§ 44 AO).

30. Ergeben sich die steuerlichen Haftungstatbestände allein aus dem Steuerrecht?

Die **Haftungstatbestände** ergeben sich **nicht allein** aus dem **Steuerrecht**, sondern auch aus dem **Zivilrecht**. Die **steuerrechtliche** Haftung ergibt sich aus der **Abgabenordnung** und den **Einzelsteuergesetzen**. Die **zivilrechtliche** Haftung ergibt sich aus dem **BGB** und dem **HGB**. Die **Haftungstatbestände** nach der **Abgabenordnung** finden sich in den **§§ 69 - 75 AO**.

31. Welche Personen kommen als Haftungsschuldner in Betracht?

Als **Haftungsschuldner** kommen **Personen** i.S.d. **§§ 34 und 35 AO** in Betracht, und zwar

- gesetzliche Vertreter natürlicher Personen (§ 34 Abs. 1 AO), z.B. Eltern als gesetzliche Vertreter Minderjähriger (§ 1626 BGB),
- gesetzliche Vertreter juristischer Personen (§ 34 Abs. 1 AO), z.B. Vorstand der AG, Geschäftsführer der GmbH sowie
- Geschäftsführer nichtrechtsfähiger Personenvereinigungen (§ 34 Abs. 1 AO). Sollte kein Geschäftsführer bestellt sein, so haften die Gesellschafter.
- Verfügungsberechtigte (§ 35 AO).

32. Worauf beschränkt sich die Haftung des Betriebsübernehmers nach § 75 AO?

§ 75 AO normiert die Haftung des **Betriebsübernehmers für Betriebsteuern** (Gewerbesteuer und Umsatzsteuer, Verbrauchsteuern bei Herstellungsbetrieben, z.B. Biersteuer, Tabaksteuer, Versicherungsteuer) und **Abzugsteuern** (Lohnsteuer, Kapitalertragsteuer).
Gem. § 75 Abs. 1 Satz 2 AO **beschränkt** sich die Haftung auf den **Bestand des übernommenen Vermögens.** Der Erwerber haftet also nur mit dem übernommenen Unternehmensvermögen, dagegen nicht mit seinem übrigen Vermögen. **Haftungsgrundlage** ist das **Aktivvermögen ohne Berücksichtigung der Passiva.**

33. Sind der Arbeitgeber und der Arbeitnehmer Haftungsschuldner für die Lohnsteuer nach § 42d EStG?

Der **Arbeitgeber** ist **Haftungsschuldner** für die **Lohnsteuer**. Der **Arbeitnehmer** ist **Steuerschuldner** und scheidet deshalb als Haftungsschuldner aus. In den Fällen der **Pauschalierung der Lohnsteuer** gem. §§ 40 - 40b EStG ist der **Arbeitgeber selbst Steuerschuldner** (kann also nicht

Haftungsschuldner sein). Der Arbeitnehmer ist dort weder Steuerschuldner noch Haftungsschuldner.

34. In welchen Fällen haftet der Arbeitgeber für die Lohnsteuer?

Der Arbeitgeber haftet nach **§ 42d Abs. 1 Nr. 1 – Nr. 3 EStG**, für

- die Lohnsteuer, die er einzubehalten und abzuführen hat,
- die Lohnsteuer, die er beim Lohnsteuer-Jahresausgleich zu Unrecht erstattet hat,
- für die Einkommensteuer (Lohnsteuer), die aufgrund fehlerhafter Angaben im Lohnkonto oder in der Lohnsteuerbescheinigung verkürzt wird.

35. Welche zivilrechtlichen Vorschriften begründen Haftungsansprüche?

Eine **Haftung nach zivilrechtlichen Vorschriften** besteht nach **§ 419 BGB** (Haftung mit dem übernommenen Vermögen und nach **§ 25 HGB** (unbeschränkte Haftung).

36. Welche Fälle betrifft die Haftung nach § 419 BGB?

§ 419 BGB betrifft die **Haftung des Vermögensübernehmers** bei Übertragung des Vermögens **im Ganzen. Gehaftet** wird mit dem **übernommenen Vermögen** für die Schulden des anderen **zur Zeit** des Vertragsabschlusses. **Vermögen** ist das gesamte **Aktivvermögen**.

37. Wodurch unterscheidet sich die Haftung nach § 75 AO von der nach § 419 BGB?

Im **Gegensatz zu § 75 AO** haftet der **Übernehmer nach § 419 BGB** für **alle Steuerschulden** des **Veräußerers.**

Die Haftung nach **§ 419 BGB** unterscheidet sich von der nach § 75 AO u.a. dadurch, dass sie **enger** ist. Sie setzt nicht nur den **Übergang** eines **Unternehmens** (§ 75 AO), sondern den **Übergang** des **gesamten Vermögens** (§ 419 AO) voraus. Andererseits ist sie insoweit **weiter**, als die sich nicht auf Betriebsteuern beschränkt.

38. Welche Fälle betrifft die Haftung nach § 25 HGB?

Die **Haftung nach § 25 HGB** betrifft den **Erwerb eines Handelsgeschäfts.** Der Erwerber eines Handelsgeschäfts haftet für **alle** im Betrieb des Geschäfts begründeten Verbindlichkeiten des **früheren Inhabers,** wenn das Geschäft unter der bisherigen Firma fortgeführt wird (§ 25 Abs. 1 HGB).

39. Kann die Haftung nach § 25 HGB ausgeschlossen werden?

Die **Haftung** kann durch **Eintragung ins Handelsregister** oder durch **Mitteilung an die Gläubiger ausgeschlossen** werden (§ 25 Abs. 2 HGB). Hierdurch tritt ein **Haftungsausschluss** auch gegenüber der **Finanzbehörde** ein.

40. Geht die Haftung nach § 25 HGB über die Haftung nach § 75 AO hinaus?

Tritt **kein** Haftungsausschluss ein, so geht die Haftung nach **§ 25 HGB** über die Haftung nach **§ 75 AO** hinaus. In **§ 25 HGB** ist **keine zeitliche Begrenzung** vorgesehen. Ferner erstreckt sie sich die Haftung nach § 25 HGB **auf alle betrieblichen Abgabeschulden**, die im übernommenen Handelsgeschäft begründet sind, und nicht nur auf die betrieblichen Steuern.

41. Enthält die Abgabenordnung eine Definition der Begriffe „Fristen und Termine"?

Die Abgabenordnung enthält **keine** Definition der Begriffe „Fristen und Termine“. Sie werden vorausgesetzt.

42. Was ist eine Frist?

Eine **Frist** ist ein **abgegrenzter Zeitraum**, nach dessen **Ablauf** eine **bestimmte Rechtsfolge eintritt**. Fristen sind **Zeiträume**, innerhalb derer bestimmte Rechte ausgeübt werden können oder Pflichten erfüllt werden müssen.

43. Ein Recht kann nur innerhalb einer bestimmten Frist ausgeübt werden. Welche Rechtsfolge hat der Fristablauf?

Kann ein Recht nur innerhalb einer bestimmten Frist ausgeübt werden, so führt der Fristablauf zum **Verlust des Rechts**. Somit kann nach Ablauf der Rechtsbehelfsfrist ein außergerichtlicher Rechtsbehelf (Einspruch) nicht mehr eingelegt werden (§ 355 AO).

44. Was ist ein Termin?

Ein **Termin** ist ein **bestimmter Zeitpunkt**, an dem eine Handlung vorzunehmen ist (etwas geschehen soll) oder eine Wirkung (Rechtsfolge) eintritt. Termine kommen im Steuerrecht vergleichsweise seltener vor (z.B. das Finanzamt setzt einen Termin für den Beginn der steuerlichen Außenprüfung (§ 197 AO) oder das Finanzamt setzt einen Termin zur persönlichen Vorsprache an Amtsstelle (§ 93 Abs. 5 AO)).

45. Welche Unterscheidung ist hinsichtlich eines Fristversäumnisses zu treffen?

Hinsichtlich eines **Fristversäumnisses** ist zwischen **verlängerungsfähigen** und **nicht verlängerungsfähigen Fristen** zu unterscheiden.

Nicht verlängerungsfähige Fristen (Ausschlussfristen) sind die **gesetzlichen Fristen.** Bei Fristversäumnis kommt allenfalls Wiedereinsetzung in den vorigen Stand in Betracht. **Nicht verlängerungsfähig** sind insbesondere die Rechtsbehelfsfrist (§ 355 AO), die Klagefrist (§ 47 FGO) und die Antragsfrist auf schlichte Änderung nach § 172 Abs. 1 Satz 1 Nr. 2a AO. **Verlängerungsfähige Fristen** sind die **gesetzlichen Erklärungsfristen** und die **behördlichen Fristen.**

Fristen		
Gesetzliche Fristen (§ 169, § 228, § 355 AO)	Gesetzliche Erklärungsfristen (§ 149, § 220 AO)	Behördliche Fristen (§ 109 Abs. 1 Satz 1 AO)
nicht verlängerungsfähig, wiedereinsetzungsfähig (§ 110 AO)	**verlängerungsfähig (§ 109 AO),** z.B. Zahlungsfrist durch Stundung oder Aussetzung der Vollziehung	

46. Welche Vorschriften gelten für die Fristberechnung?

Für die **Fristberechnung** gelten nach § 108 Abs. 1 AO die **Vorschriften des BGB** (§§ 187 bis 193 BGB) entsprechend.

47. Wovon hängt der Fristbeginn ab?

Der **Fristbeginn** hängt davon ab, ob für den **Anfang der Frist** ein **Ereignis** (Ereignisfristen) oder der **Beginn eines Tages** (Tagesbeginnfristen) maßgebend ist.

48. Wie wird der Fristbeginn bei Ereignisfristen berechnet?

Ist für den Beginn einer Frist ein **Ereignis** maßgebend, so wird bei der Berechnung der Frist der Tag nicht mitgerechnet, in welchen das Ereignis fällt (§ 187 Abs. 1 BGB). Im Steuerrecht gelten überwiegend Ereignisfristen.

49. Wie wird der Fristbeginn bei Tagesbeginnfristen berechnet?

Ist der **Beginn eines Tages** der für den Anfang einer Frist maßgebende Zeitpunkt, so wird dieser Tag bei der Berechnung der Frist mitgerechnet (§ 187 Abs. 2 Satz 1 BGB). **Tagesbeginnfristen** haben im Steuerrecht insbesondere Bedeutung für die Berechnung des Lebensalters und die Berechnung der Zinsen nach § 238 Abs. 1 Satz 2 AO.

50. Die Einkommensteuernachzahlung wird ab dem 1.2.01 gestundet. Ab welchem Zeitpunkt sind Stundungszinsen zu entrichten?

Gem. § 238 Abs. 1 AO sind die Stundungszinsen ab dem 1.2.01 zu berechnen (Tagesbeginnfrist).

51. Wonach richtet sich das Fristende?

Das **Fristende** richtet sich nach der **Fristdauer**.

52. Zu welchem Zeitpunkt endet eine nach Tagen bestimmte Frist?

Eine **nach Tagen bestimmte Frist** (z. B. **Schonfrist** von **fünf Tagen** bei **Säumniszuschlägen** gem. § 240 Abs. 3 AO) **endet** gem. **§ 188 Abs. 1 BGB** mit dem **Ablauf des letzten Tages der Frist**.

53. Wonach richtet sich das Fristende bei Ereignisfristen?

Im Falle einer **Ereignisfrist** endet eine nach **Wochen** oder **Monaten** bestimmte Frist mit dem **Ablauf desjenigen Tages der letzten Woche**

oder des letzten Monats, welcher durch seine Benennung oder seine Zahl dem Tag entspricht, in den das Ereignis fällt (§ 188 Abs. 2, 1. HS BGB). So endet eine **Wochenfrist** mit Ablauf des Tages in der späteren Woche, der den **gleichen Namen** trägt wie der **Ereignistag** (§ 188 Abs. 2, 1. HS BGB).

54. Der Ereignistag sei Montag, der 5.4.01. Wie lange läuft die Frist?

Die Frist läuft bis **Montag**, 12.4.01, 24 Uhr.

55. Wann endet die Frist bei Monatsfristen?

Bei **Monatsfristen** endet die Frist mit Ablauf des Tages **im späteren Monat**, der die **gleiche Ziffer** trägt **wie** der **Ereignistag** (§ 188 Abs. 2, 1. HS BGB).

56. Ein Steuerbescheid wird am 10.6.01 (Ereignistag) wirksam bekannt gegeben. Wie lange läuft die Rechtsbehelfsfrist von einem Monat?

Die Rechtsbehelfsfrist von **einem Monat** läuft bis **10.7.01**, 24 Uhr.

57. Wonach richtet sich das Fristende bei Tagesbeginnfristen?

Im Falle einer **Tagesbeginnfrist** endet die Frist mit dem Ablauf desjenigen Tages der letzten Woche oder des letzten Monats, welcher dem Tag **vorhergeht**, der durch seine Benennung oder Zahl dem Anfangstag der Frist entspricht (§ 188 Abs. 2, 2. HS BGB).

58. Handelt es sich bei der Rechtsbehelfsfrist um eine Ereignisfrist?

Nach hM soll die **Rechtsbehelfsfrist** als **Ereignisfrist** behandelt werden (übliche Lehrbuchmeinung).

59. Bei einer nach Monaten bestimmten Frist fehlt im letzten Monat der für den Fristablauf maßgebende Tag. Wann endet die Frist?

Fehlt bei einer nach Monaten bestimmten Frist im letzten Monat der für ihren Ablauf maßgebende Tag, so endet die Frist mit dem Ablauf des letzten Tages dieses Monats (§ 188 Abs. 3 BGB).

60. Ein Steuerbescheid wird am 30.01.01 wirksam bekannt gegeben. Wann beginnt und endet die Rechtsbehelfsfrist von einem Monat?

Die Rechtsbehelfsfrist **beginnt** am **31.1.01 um 0 Uhr** und müsste nach § 188 Abs. 2 HS 1 BGB am **„30.02.“** enden. Da es dieses Datum nicht gibt, **endet** die Rechtsbehelfsfrist gem. § 188 Abs. 3 BGB am **28.02. (24.00 Uhr)** bzw. in einem Schaltjahr am 29.02 (24.00 Uhr).

61. Das Fristende fällt auf einen Samstag, Sonntag oder gesetzlichen Feiertag. Wann endet die Frist?

Fällt das **Fristende** auf einen **Samstag, Sonntag oder gesetzlichen Feiertag**, so **endet** die Frist **mit Ablauf des nächstfolgenden Werktages** (§ 108 Abs. 3 AO).

62. Ein Steuerbescheid wird am 25.11.01 bekannt gegeben. Wann läuft die Rechtsbehelfsfrist ab?

Die Rechtsbehelfsfrist von einem Monat liefe nach § 188 Abs. 2 BGB an sich am 25.12.01 ab. Da sowohl der 25.12.01 als auch der 26.12.01 gesetzliche Feiertage sind, läuft die Rechtsbehelfsfrist nach § 108 Abs. 3 AO erst mit **Ablauf des 27.12.01** ab, sofern dieser Tag ein Werktag ist.

63. Ein Steuerpflichtiger hat seine Rechte im Falle einer Ausschlussfrist versäumt. Hat er seine Rechte endgültig verwirkt?

Sind Rechte bei der **Versäumung** von sog. **Ausschlussfristen** (gesetzliche nicht verlängerbare Fristen) verwirkt, so kann **Wiedereinsetzung in den vorigen Stand** nach **§ 110 AO** in Betracht kommen.

64. Unter welchen Voraussetzungen kommt Wiedereinsetzung in den vorigen Stand in Betracht?

War jemand **ohne Verschulden** verhindert, eine **gesetzliche Frist** einzuhalten, so ist ihm **auf Antrag** Wiedereinsetzung in den vorigen Stand zu gewähren (§ 110 Abs. 1 Satz 1 AO).

65. Was bedeutet „Verschulden" im Sinne des § 110 AO?

Für den **Begriff des Verschuldens** ist **nicht** auf die im **Verkehr übliche Sorgfalt im Sinne des BGB** abzustellen, sondern auf die **Umstände des Einzelfalles** und auf die **persönlichen Verhältnisse**.
Die Fristversäumnis ist nur entschuldbar, wenn sie durch die äußerste, den Umständen des Falles angemessene und vernünftigerweise zu erwartende Sorgfalt, nicht verhindert werden konnte.

66. Führen folgende Gründe zu einer Wiedereinsetzung nach § 110 AO?
a) Versäumung der Rechtsbehelfsfrist wegen Arbeitsüberlastung,
b) Abwesenheit wegen eines mehrwöchigen Urlaubs,
c) keine Bestellung eines Bevollmächtigten durch einen Kaufmann trotz längerer Abwesenheit,
d) schwere und plötzliche Krankheit, die den Kranken sowohl daran hindert, seine steuerlichen Pflichten selbst zu besorgen als auch rechtzeitig einen Vertreter zu bestellen,
e) nur kurze Fristüberschreitung,
f) Rechtsirrtum über die Erfolgsaussichten eines Rechtsbehelfs,
g) Irrtum über den Fristablauf,
h) Irrtum über materielles Recht, z.B. über die Erfolgsaussichten eines fristgebundenen Antrags,

i) ***Warten bis zum letzten Tag der Frist und daraus sich ergebende zu späte Übermittlung des Rechtsbehelfs,***
j) ***Fristversäumnis wegen Verzögerung des Postlaufs.***

a) **Arbeitsüberlastung** als Zeiterscheinung sowie **persönliche Schwierigkeiten und Sorgen** und daraus folgend Versäumung der Rechtsbehelfsfrist stellen im Allgemeinen **keinen Grund** für eine **Wiedereinsetzung** dar, da die Rechtsbehelfseinlegung nur einen einfachen Schriftsatz erfordert.
b) Bei **Abwesenheit wegen Urlaubs bis etwa sechs Wochen** wird vom **Normalbürger** keine besondere Vorsorge verlangt.
c) Ein **Geschäftsmann** (Geschäftsführer) handelt **stets schuldhaft**, wenn er bei **längerer Abwesenheit** versäumt, einen **Bevollmächtigen** zu bestellen.
d) Eine **schwere und plötzliche Krankheit**, die den Kranken sowohl daran hindert, seine steuerlichen Pflichten selbst zu besorgen als auch rechtzeitig einen Vertreter zu bestellen, führt zur **Wiedereinsetzung.**
e) Eine **nur kurze Fristüberschreitung** ist allein **kein Grund** für eine Wiedereinsetzung.
f) Ein **Rechtsirrtum** über die **Erfolgsaussichten eines Rechtsbehelfs** ist **kein** Wiedereinsetzungsgrund.
g) Ein **Irrtum über den Fristablauf** ist ein **Wiedereinsetzungsgrund,** wenn die **gebotene Sorgfalt** beachtet wurde.
h) Ein **Irrtum über materielles Recht,** z.B. über die Erfolgsaussichten eines fristgebundenen Antrags, ist **kein Wiedereinsetzungsgrund,** weil der Berechtigte die Frist bewusst verstreichen lässt.
i) Das **Warten bis zum letzten Tag der Frist** und die sich hieraus ergebende zu späte Übermittlung des Rechtsbehelfs ist ein **Wiedereinsetzungsgrund,** wenn normalerweise eine rechtzeitige Übermittlung gewährleistet gewesen wäre.
j) Ein **Fristversäumnis wegen Verzögerung des Postlaufs** geht **nicht** zu Lasten des Steuerpflichtigen.

67. Welche Rechtsfolgen hat das Verschulden eines gesetzlichen Vertreters für den Vertretenen?

Das **Verschulden** eines **gesetzlichen Vertreters** (z.B. Eltern, Vorstand bzw. Geschäftsführer einer Kapitalgesellschaft) steht dem **eigenen Verschulden gleich** (§ 110 Abs. 1 Satz 2 AO).

68. Wird das Verschulden eines Erfüllungsgehilfen dem Steuerpflichtigen zugerechnet?

Ein Verschulden des **Erfüllungsgehilfen** wird dem Steuerpflichtigen nur dann zugerechnet werden, wenn dieser bei der **Auswahl** und **Beaufsichtigung** des Gehilfen die **notwendige Sorgfalt** hat **vermissen lassen**.

69. Welche Frist ist für den Antrag auf Wiedereinsetzung in den vorigen Stand zu beachten?

Der **Antrag** auf Wiedereinsetzung muss innerhalb **eines Monats** nach Wegfall des Hindernisses gestellt werden (§ 110 Abs. 2 Satz 1 AO). Innerhalb der Frist ist auch die **versäumte Rechtshandlung** (z.B. Rechtsbehelf) **nachzuholen** (§ 110 Abs. 2 Satz 3 AO).
Nach Ablauf **eines Jahres** seit dem Ende der versäumten Frist kann Wiedereinsetzung **nicht** mehr beantragt werden (§ 110 Abs. 3 AO).

70. Wodurch äußern die Finanzbehörden ihren hoheitlichen Willen?

Finanzbehörden äußern ihren **hoheitlichen Willen** durch **Verwaltungshandlungen**.

71. Was sind Verwaltungshandlungen?

Verwaltungshandlungen sind entweder **tatsächliche Handlungen** (z.B. die Entgegennahme einer Steuererklärung) oder **Verwaltungsrechtshandlungen** (z.B. der Erlass eines Steuerbescheides). Letztere sind **Verwaltungsakte** i.S.d. § 118 AO. So sind z.B. die Prüfungsanordnung (§ 196 AO) oder die Aufforderung des Prüfers, bestimmte Unterlagen vorzulegen

(Aufgabe eines Tun) **Verwaltungsakte**, nicht aber tatsächliche Prüfungshandlungen des Prüfers oder der spätere Prüfungsbericht. Die Ablehnung einer Maßnahme ist stets ein Verwaltungsakt.

72. Was ist ein Verwaltungsakt?

Begrifflich ist ein **Verwaltungsakt** jede **Verfügung, Entscheidung oder andere hoheitliche Maßnahme**, die eine **Behörde** zur Regelung eines **Einzelfalles** auf dem Gebiet des öffentlichen Rechts trifft und die auf unmittelbare Rechtswirkung nach außen gerichtet ist (§ 118 AO).

73. Welchen Erfordernissen muss ein Verwaltungsakt genügen?

Ein Verwaltungsakt muss unter Wahrung der Formerfordernisse **inhaltlich** eindeutig bestimmt sein (§ 119 Abs. 1 AO). Der Verwaltungsakt muss sicher erkennen lassen, wem gegenüber was festgestellt, von wem was verlangt oder was gewährt oder abgelehnt wird.

74. Führt ein Verstoß gegen § 119 Abs. 1 AO zur Nichtigkeit des Verwaltungsaktes?

Ein Verstoß gegen § 119 Abs. 1 AO kann je nach Art des Fehlers zur **Nichtigkeit** führen (§ 125 Abs. 1 AO). So ist ein Bescheid an einen Verstorbenen oder an eine nicht bestehende Firma **nichtig**. Inhaltliche Ungenauigkeiten führen allerdings nicht stets zur Nichtigkeit. Die fehlende Aufschlüsselung in einem Steuerbescheid führt **nicht** zur Nichtigkeit.

75. Stellt der Grundsatz des § 119 Abs. 2 AO, wonach kein Formzwang für Verwaltungsakte besteht, die Regel dar?

Der **Grundsatz** des § 119 Abs. 2 AO, wonach **kein Formzwang** besteht, ist **nicht** die Regel, sondern die **Ausnahme**, da für alle wichtigen Verwaltungs-

akte **Schriftform** vorgesehen ist (z.B. § 157 Abs. 1 Satz 2 AO bezüglich des Steuerbescheides).
Schriftliche Steuerbescheide müssen die festgesetzte Steuer nach Art und Umfang und Betrag bezeichnen und angeben, wer die Steuer schuldet. Soweit der Verwaltungsakt nicht nichtig ist, sind zahlreiche formelle Mängel **heilbar** (§ 126 Abs. 1 AO).

76. Müssen schriftliche Verwaltungsakte begründet werden?

Nach § 121 Abs. 1 AO müssen **schriftliche** Verwaltungsakte **begründet** werden. Eine Begründung ist allerdings nur erforderlich, soweit dies zum Verständnis des Verwaltungsaktes notwendig ist, d.h. der Steuerpflichtige aufgrund der Begründung den **Inhalt** des Verwaltungsaktes beurteilen kann.

77. Welche Rechtsfolge hat ein Verstoß gegen die Begründungspflicht?

Die **Rechtsfolge** eines **Verstoßes gegen die Begründungspflicht** ist die **Rechtswidrigkeit**. **Nichtigkeit** nach § 125 AO tritt **nicht** ein.

78. Kann eine fehlende Begründung geheilt werden?

Eine **Heilung** kann sich aus § 126 Abs. 1 Nr. 2 AO ergeben. Diese nachträgliche Begründung, die die ursprüngliche Verletzung ohne Auswirkung lässt, wird häufig erst in der Rechtsbehelfsentscheidung erfolgen.

79. Wodurch werden Verwaltungsakte wirksam?

Verwaltungsakte entfalten erst dann **Rechtswirkung**, wenn sie dem Betroffenen wirksam **bekannt gegeben** wurden (§ 124 AO). Die Rechtswirkung richtet sich nach dem bekannt gegebenen Inhalt.

80. Der Steuerpflichtige S hat steuerpflichtige Einkünfte in Höhe von 30.000 € erklärt. Durch einen Übertragungsfehler werden im ausgedruckten Steuerbescheid Einkünfte in Höhe von 33.000 € ausgewiesen. Dieser Bescheid wird dem Steuerpflichtigen bekannt gegeben. In welcher Höhe wird der Steuerbescheid wirksam?

Zwar wollte die Behörde hier von einem Betrag von 30.000 € ausgehen. Auf den behördlichen Willen kommt es jedoch nicht an. Entscheidend ist der **Inhalt des bekannt gegebenen Bescheids.** Da im Bescheid 33.000 € zugrunde gelegt sind, entfaltet der Bescheid mit einer Besteuerungsgrundlage von 33.000 € Rechtswirkung.
Der Steuerpflichtige muss sich zur Wehr setzen, um die Rechtswirkung zu beseitigen. Zu empfehlen ist die Einlegung des Einspruchs bzw. die Anregung einer Korrektur gem. § 129 AO.

81. Wann ist ein Verwaltungsakt bekannt gegeben?

Bekannt gegeben ist ein **Verwaltungsakt,** wenn er mit dem **Willen der Behörde** dem **Steuerpflichtigen** (Adressaten) **zugegangen** ist.

82. Wann ist ein Verwaltungsakt zugegangen?

Zugegangen ist ein Verwaltungsakt, wenn er in den **Machtbereich des Steuerpflichtigen** (Adressaten) **gelangt**, so dass dessen **Kenntnisnahme möglich ist.**

83. Was ist der Machtbereich des Steuerpflichtigen?

Der **Machtbereich des Steuerpflichtigen** (Adressaten) ist z.B. dessen Wohnung, Geschäftsräume, Briefkasten, Postschließfach u.ä. Auch ein Empfangsbevollmächtigter zählt zum Machtbereich des Steuerpflichtigen; er ist „Briefkastenersatz". Die **Möglichkeit** der Kenntnisnahme genügt. Tatsächliche Kenntnisnahme ist nicht erforderlich.

84. Welche Bekanntgabefiktion enthält § 122 Abs. 2 AO?

§ 122 Abs. 2 AO enthält die **häufigste Bekanntgabeform**, und zwar das Zusenden des Verwaltungsaktes an den Steuerpflichtigen in einem **einfachen Brief durch die Post**. Der genaue Zugangszeitpunkt ist bei der Übermittlung eines einfachen Briefs durch die Post nur schwer zu bestimmen. Deshalb enthält § 122 Abs. 2 Nr. 1 AO die **Fiktion**, dass der Verwaltungsakt am **dritten Tage nach der Aufgabe zur Post** zugegangen und damit wirksam geworden ist.
Die Aufgabe zur Post erfolgt z.B. durch Einwurf in den Postbriefkasten, Einlieferung bei der Postanstalt, Einwurf in den Straßenbriefkasten. Der Aufgabetag wird in den Akten vermerkt („zur Post am ..."). Dieser Vermerk ist jedoch keine Wirksamkeitsvoraussetzung für die Bekanntgabe.

85. Postaufgabetag ist Montag, 24.9.01. Welches ist der Bekanntgabetag?

Der Bekanntgabetag ist nach § 122 Abs. 2 Nr. 1 AO der dritte Tag nach Aufgabe zur Post. Dieser Tag der Donnerstag, der 27.9 01.

86. Welche Regelung gilt bei Bekanntgabe ins Ausland?

Bei Bekanntgabe ins **Ausland** gilt der Verwaltungsakt **einen Monat nach Postaufgabe** als bekannt gegeben (§ 122 Abs. 2 Nr. 2 AO).

87. Welche Rechtsfolge hat die Bekanntgabe eines Verwaltungsaktes für den Steuerpflichtigen?

Ist der Verwaltungsakt bekannt gegeben, so wird er gem. § 124 AO **wirksam**. Der **Steuerpflichtige** ist an den Verwaltungsakt **gebunden**, d.h. er muss ihn beachten und befolgen.

88. Welche Rechtsfolge hat die Wirksamkeit eines Verwaltungsaktes für die erlassende Behörde?

Im Falle der Wirksamkeit eines Verwaltungsaktes ist auch die Behörde an den Verwaltungsakt gebunden. Das bedeutet, dass die Behörde den Verwaltungsakt nur noch ändern kann, wenn ein Rechtsbehelf eingelegt wurde bzw. wenn Korrekturvorschriften eingreifen. Mit Ablauf des Tages der wirksamen Bekanntgabe beginnt der Lauf der Rechtsbehelfsfrist (§ 355 Abs. 1 Satz 1 AO).

89. Welche Bedeutung haben Steuererklärungen im Besteuerungsverfahren?

Bei **Steuererklärungen** handelt es sich um **Wissenserklärungen** über die für die **Steuerfestsetzung erheblichen Sachverhalte**. Die Abgabe einer ordnungsgemäßen Steuererklärung ist die **bedeutsamste Pflicht** eines Steuerpflichtigen. Die Steuererklärung stellt eine der **wichtigsten Grundlagen** für die **Steuerfestsetzung** dar.

90. Gehören auch die Steueranmeldungen zu den Steuererklärungen?

Zu den Steuererklärungen gehören auch die Erklärungen, in denen der **Steuerpflichtige** die Steuer **selbst berechnet**. Derartige Erklärungen werden als **Steueranmeldungen** bezeichnet. Steueranmeldungen sind die **Umsatzsteuervoranmeldungen** (§ 18 Abs. 1 UStG), die **Umsatzsteuerjahreserklärungen** (§ 18 Abs. 3 UStG) und die **Lohnsteueranmeldungen** (§ 41a EStG).

91. Wer ist zur Abgabe einer Steuererklärung verpflichtet?

Zur **Abgabe einer Steuererklärung** sind insbesondere diejenigen Steuerpflichtigen verpflichtet, die nach den **Einzelsteuergesetzen** Steuererklärungen abzugeben haben (§ 149 Abs. 1 AO).

92. Welche Bedeutung hat die Zusendung der Steuer-Erklärungsvordrucke?

In der Zusendung der Steuer-Erklärungsvordrucke liegt die **Aufforderung zur Abgabe der Steuererklärung.**

93. Wann sind Steuererklärungen abzugeben?

Steuererklärungen sind vorbehaltlich von Sonderregelungen (z.B. § 18 Abs. 1 UStG) spätestens **fünf Monate nach Ablauf des Kalenderjahres** (§ 149 Abs. 2 Satz 1 AO) auf **amtlich vorgeschriebenem Vordruck** (§ 150 Abs. 1 Satz 1 AO) abzugeben.

94. Welche Folgen kann die Nichtabgabe der Steuererklärung auslösen?

Gibt der Steuerpflichtige die Erklärung nicht oder nicht fristgerecht ab, kann die **Abgabe der Steuererklärung erzwungen** werden (§§ 328 ff.). Ferner können die **Besteuerungsgrundlagen geschätzt** (§ 162 AO) und ein **Verspätungszuschlag** (§ 152 AO) festgesetzt werden. Gleichzeitig kann der **Tatbestand der Steuerhinterziehung** (§ 370 AO) erfüllt sein. In der verspäteten Abgabe kann auch eine **Selbstanzeige** (§ 371 AO) liegen.

95. In welcher Höhe kann ein Verspätungszuschlag festgesetzt werden?

Der **Verspätungszuschlag** darf **10 v.H.** der festgesetzten Steuer oder des festgesetzten Messbetrags nicht übersteigen und **höchstens 25.000 €** betragen (§ 152 Abs. 2 AO).

96. Wodurch werden Steuern festgesetzt?

Steuern werden grundsätzlich durch **Steuerbescheid** festgesetzt (§ 155 Abs. 1 Satz 1 AO).

97. Welche Vorschriften der Abgabenordnung gelten für Steuerbescheide im Rahmen der Steuerfestsetzung?

Steuerbescheide unterliegen neben den **allgemeinen Regelungen** über den **Verwaltungsakt** noch den **besonderen Vorschriften** über **Steuerbescheide** (§§ 155 ff. AO).

98. Welche Form und welchen Inhalt müssen Steuerbescheide haben ?

Steuerbescheide müssen grundsätzlich **schriftlich** ergehen (§ 157 Abs. 1 Satz 1 AO). Schriftliche Steuerbescheide müssen den Steuerschuldner, die Steuerart, den Steuerbetrag und den Steuerzeitraum enthalten und als Absender die erlassene Behörde bezeichnen (§ 157 Abs. 1 Satz 2 AO).

99. Welche Folgen hat ein Verstoß gegen die Formvorschriften?

Bei einem **Verstoß gegen die Formvorschriften** ist der Steuerbescheid nach § 125 Abs. 1 bzw. Abs. 2 Nr. 1 AO **nichtig** und damit **unwirksam**.

100. Welche Folgen hat eine fehlende Rechtsbehelfsbelehrung?

Der Steuerbescheid hat eine Rechtsbehelfsbelehrung zu enthalten (§ 157 Abs. 1 Satz 3 AO). Fehlt die Rechtsbehelfsbelehrung, so **verlängert** sich die **Einspruchsfrist** auf ein Jahr (§ 356 Abs. 2 Satz 1 AO).

101. Ist bei Steueranmeldungen eine Steuerfestsetzung durch Steuerbescheid erforderlich?

Eine Steuerfestsetzung durch Steuerbescheid ist bei **Steueranmeldungen** nur erforderlich, wenn das Finanzamt von der Steuerberechnung laut Anmeldung abweichen will oder der Steuerschuldner die Steueranmeldung nicht abgibt (§ 167 Abs. 1 AO). Steueranmeldungen stehen unter dem **Vorbehalt der Nachprüfung**.

102. Ein Steuerbescheid ergeht unter dem Vorbehalt der Nachprüfung (§ 164 AO). Was bedeutet das?

Steuerfestsetzungen unter dem **Vorbehalt der Nachprüfung** sind Steuerbescheide, in denen die Steuern unter dem Vorbehalt einer späteren abschließenden Nachprüfung festgesetzt werden (§ 164 Abs. 1 AO).

103. Welche Arten der Vorbehaltsfestsetzung unterscheidet § 164 AO?

Die AO unterscheidet **zwei Arten** von Vorbehaltsfestsetzungen, nämlich

- die Vorbehaltsfestsetzung **kraft ausdrücklichen Vermerks** (§ 164 Abs. 1 Satz 1 AO) in Steuerbescheiden, Feststellungsbescheiden und Steuer-Messbescheiden und
- die Vorbehaltsfestsetzung **kraft Gesetzes** ohne besonderen Vermerk in Vorauszahlungsbescheiden gem. § 164 Abs. 1 Satz 2 AO und Steueranmeldungen gem. § 168 Satz 1 AO.

104. Welche Rechtswirkungen entfaltet eine Steuerfestsetzung unter dem Vorbehalt der Nachprüfung?

Eine Steuerfestsetzung unter dem Vorbehalt der Nachprüfung entfaltet **dieselben Wirkungen** wie endgültige Bescheide. Dementsprechend muss die Vorbehaltsfestsetzung sämtliche Formerfordernisse erfüllen, die auch ein endgültiger Bescheid erfüllen muss.
Solange allerdings der Vorbehalt wirksam ist, ist der Steuerfall **„offen"** und die Steuerfestsetzung kann innerhalb der Festsetzungsverjährung **in vollem Umfang** zugunsten und zuungunsten des Steuerpflichtigen aufgehoben oder geändert werden (§ 164 Abs. 2 AO).

105. Kann der Steuerpflichtige die Aufhebung der Festsetzung unter dem Vorbehalt der Nachprüfung beantragen?

Der Steuerpflichtige kann die Aufhebung oder Änderung der Steuerfestsetzung unter dem Vorbehalt der Nachprüfung **jederzeit beantragen** (§ 164 Abs. 2 Satz 2 AO). Der Vorbehalt kann jederzeit aufgehoben werden (§ 164 Abs. 3 Satz 1 AO). In diesem Falle ergeht ein Aufhebungsbescheid.

106. Welche Folgen hat eine Außenprüfung für den Vorbehalt der Nachprüfung?

Nach **Außenprüfungen** (z.B. Betriebsprüfungen) ist der Vorbehalt der Nachprüfung **zwingend aufzuheben,** wenn sich Änderungen gegenüber der Steuerfestsetzung unter dem Vorbehalt der Nachprüfung nicht ergeben (§ 164 Abs. 3 Satz 3 AO).
Vorauszahlungsbescheide bleiben stets unter dem Vorbehalt der Nachprüfung, auch wenn eine abschließende Überprüfung stattgefunden hat (§ 164 Abs. 1 Satz 2 AO).

107. In welchen Fällen ergeht eine vorläufige Steuerfestsetzung nach § 165 AO?

Soweit ungewiss ist, ob die **Voraussetzungen für die Entstehung** einer Steuer eingetreten sind, kann die Steuerfestsetzung vorläufig erfolgen (§ 165 Abs. 1 Satz 1 AO). Der Gesetzgeber räumt so der Finanzbehörde die Möglichkeit ein, die Steuerfestsetzung unverzüglich durchzuführen, auch wenn in **einzelnen Punkten** noch Unklarheiten bestehen.

108. Wodurch unterscheiden sich die vorläufige Steuerfestsetzung von der Vorbehaltsfestsetzung?

Bei der vorläufigen Steuerfestsetzung i.S.d. § 165 AO ist der Steuerfall im Gegensatz zur Steuerfestsetzung unter dem Vorbehalt der Nachprüfung nach § 164 AO nicht in vollem Umfang, sondern nur **punktuell offen**. Wird ein vorläufiger Steuerbescheid erlassen, so tritt - soweit die Vorläufigkeit reicht - weder für den Steuerpflichtigen noch für die Finanzbehörde eine endgültige Bindung ein. Dies bedeutet, der Steuerbescheid kann in diesem Punkt jederzeit zugunsten wie zu ungunsten des Steuerpflichtigen aufgehoben oder geändert werden. Sobald die Voraussetzungen für die Vorläufigkeit weggefallen sind, muss das Finanzamt den vorläufigen Bescheid entweder aufheben, ändern oder für endgültig erklären (§ 165 Abs. 2 Satz 2 AO).

109. In welchen Fällen erfolgt eine gesonderte Feststellung der Besteuerungsgrundlagen?

Grundsätzlich ist die **Feststellung der Besteuerungsgrundlagen** ein **unselbstständiger Teil des Steuerbescheids**, die **nicht** selbstständig mit einem Rechtsbehelf angegriffen werden kann (§ 157 Abs. 2 AO). Der **Einspruch** muss sich vielmehr gegen die **Höhe der Steuerschuld** wenden und kann unter Hinweis auf die Besteuerungsgrundlagen begründet werden. Von diesem Grundsatz gibt es **Ausnahmen**. Die Abgabenordnung schreibt vor, dass in bestimmten Fällen die **Besteuerungsgrundlagen gesondert festzustellen** sind (gesonderte Feststellung), und zwar insbesondere dann, wenn die Besteuerungsgrundlagen für **mehrere Steuerarten** von Bedeutung sind oder eine Besteuerungsgrundlage **mehreren** Personen bei der Besteuerung zuzurechnen ist.

110. In welchen Fällen erfolgt die Feststellung einheitlich?

Einheitlich ist die **Feststellung**, weil sie gegenüber **mehreren Personen einheitlich** vorgenommen wird (§ 179 Abs. 2 AO).

111. An einer OHG sind mehrere Gesellschafter beteiligt. Wie erfolgt die Feststellung der Besteuerungsgrundlagen (Gewinnfeststellung)?

Die Feststellung der Besteuerungsgrundlagen erfolgt **einheitlich** für alle Gesellschafter und **gesondert** von den übrigen Besteuerungsgrundlagen der Gesellschafter, weil mehrere Personen an den Einkünften beteiligt sind (§ 180 Abs. 1 Nr. 2a AO).

112. Kann gegen Feststellungsbescheide Einspruch eingelegt werden?

Feststellungsbescheide sind selbstständige Verwaltungsakte, die den Steuerbescheiden gleichgestellt sind. Gegen Feststellungsbescheide ist der Rechtsbehelf des Einspruchs gegeben. Feststellungsbescheide sind als Grundlagenbescheide bindend für andere Bescheide.

113. Was bedeutet Festsetzungsverjährung?

Festsetzungsverjährung bedeutet die **zeitliche Einschränkung der Möglichkeit der Steuerfestsetzung.**

114. Welche Rechtsfolge hat die Festsetzungsverjährung?

Nach Ablauf der Festsetzungsfrist ist eine Steuerfestsetzungen sowie ihre Aufhebung oder Änderung nicht mehr zulässig (§ 169 Abs. 1 Satz 1 AO).

115. Wann beginnt die Festsetzungsfrist?

Grundsätzlich **beginnt** die Festsetzungsfrist mit **Ablauf des Kalenderjahres, in dem die Steuer entstanden ist** (§ 170 Abs. 1 AO). Dieser Grundsatz der **Kalenderjahrverjährung** ist zugleich die **Ausnahme.** Ist aufgrund einer gesetzlichen Vorschrift bei **Besitz- oder Verkehrsteuern** eine **Steuererklärung** abzugeben oder eine **Steueranmeldung** einzureichen, so **beginnt** die **Festsetzungsfrist** grundsätzlich erst **mit Ablauf des Kalenderjahres, in dem die Erklärung** oder **die Steueranmeldung eingereicht** wurde, **spätestens** jedoch mit Ablauf des **dritten Kalenderjahres, das auf das Kalenderjahr folgt, in dem die Steuer entstanden ist** (§ 170 Abs. 2 Satz 1 Nr. 1 AO). Damit dauert die **Anlaufhemmung** höchstens **drei Jahre.**
Auch im Falle der **gesonderten Feststellung** von Besteuerungsgrundlagen sind die Regelungen über die Festsetzungsverjährung anzuwenden (§ 181 Abs. 1 AO).

116. Welche Fristdauer besteht bei der Festsetzungsfrist?

Die Festsetzungsfrist beträgt nach § 169 Abs. 2 AO für

- Zölle und Verbrauchsteuern **ein Jahr**,
- Besitz- und Verkehrsteuern **vier Jahre**,
- leichtfertige Steuerverkürzung **fünf Jahre** für alle Steuern,
- Steuerhinterziehung **zehn Jahre** für alle Steuern.

117. Endet die Festsetzungsfrist stets mit Ablauf des Kalenderjahres?

Weil für den Beginn der Festsetzungsfrist immer der Ablauf eines Kalenderjahres das maßgebende Ereignis ist, **endet** die Festsetzungsfrist auch regelmäßig **mit Ablauf eines Kalenderjahres** (§ 108 Abs. 1 AO i.V.m. §§ 187, 188 BGB). Da der Beginn und die Dauer gesetzlich geregelt sind, können die Vorschriften über das grundsätzliche Ende der Festsetzungsfrist fehlen.

118. Wann tritt eine Ablaufhemmung ein?

Die Festsetzungsfrist läuft nicht ab, solange und soweit der Ablauf der Verjährung **gehemmt** ist. § 171 AO enthält eine **abschließende Aufzählung**. Im Falle der Ablaufhemmung endet die Festsetzungsfrist nicht mit Ablauf, sondern im Laufe des Kalenderjahres.

119. Welches Verfahren schließt im Besteuerungsverfahren an das Festsetzungsverfahren an?

An das Festsetzungsverfahren schließt sich das **Erhebungsverfahren** (§§ 218 - 248 AO) an. Die Festsetzung des Steueranspruchs erfolgt regelmäßig im Steuerbescheid. Die mit dem Steuerbescheid verbundene **Fälligkeitsbestimmung** sowie die entsprechende **Zahlungsaufforderung** sind bereits **Teil des Erhebungsverfahrens**.

120. Was regelt das Erhebungsverfahren?

Das Erhebungsverfahren regelt die Verwirklichung, die Fälligkeit, die Stundung von Ansprüchen aus dem Steuerschuldverhältnis (§§ 218 - 223 AO), die Zahlung, die Aufrechnung und den Erlass (§§ 224 - 227 AO), die Zahlungsverjährung (§§ 228 - 232 AO), die Verzinsung (§§ 233 - 239 AO), die Säumniszuschläge (§ 240 AO) und die Sicherheitsleistung (§§ 241 - 248 AO).

121. Welche Bedeutung hat die Fälligkeit im Besteuerungsverfahren?

Die Grundlage für die Verwirklichung von Ansprüchen aus dem Steuerschuldverhältnis ist regelmäßig die **Festsetzung des Anspruchs durch Steuerbescheid** (§ 218 Abs. 1 Satz 1 AO). **Steueranmeldungen** werden hierbei den **Steuerbescheiden gleichgestellt** (§ 218 Abs. 1 Satz 2 AO). Damit ist noch nichts über die Fälligkeit gesagt.

Fälligkeit bedeutet **Ablauf der Zahlungsfrist**. Es tritt **Zahlungspflicht** ein. Der Steuergläubiger kann vom Steuerschuldner die Zahlung des festgesetzten Anspruchs verlangen.

122. Der Steuerpflichtige überschreitet die Zahlungsfrist. Welche Rechtsfolge ist damit verbunden?

Wird die Zahlungsfrist überschritten, so entstehen **Säumniszuschläge** (§ 240 AO).

123. Wovon ist die Zahlungsverjährung abhängig?

Die **Zahlungsverjährung** ist grundsätzlich abhängig von der **erstmaligen Fälligkeit** des Anspruchs (§ 229 Abs. 1 Satz 1 AO). Die Fälligkeit der Ansprüche aus dem Steuerschuldverhältnis richtet sich grundsätzlich nach den **Einzelsteuergesetzen** (§ 220 Abs. 1 AO).

124. Welche Fälligkeit besteht hinsichtlich folgender Ansprüche?
a) Einkommensteuer-Vorauszahlung,
b) Einkommensteuer-Abschlusszahlung,
c) Gewerbesteuer-Vorauszahlung,
d) Gewerbesteuer-Abschlusszahlung,
e) Lohnsteuer,
f) Umsatzsteuer-Vorauszahlung,
g) Umsatzsteuer-Abschlusszahlung.

Es bestehen folgende Fälligkeiten:

a) Einkommensteuer-Vorauszahlung	10.3./10.6./10.9./10.12. (§ 37 Abs. 1 Satz 1 EStG)
b) Einkommensteuer-Abschlusszahlung	1 Monat nach Bekanntgabe des Steuerbescheids (§ 36 Abs. 4 EStG)
c) Gewerbesteuer-Vorauszahlung	15.2./15.5./15.8./15.11. (§ 19 Abs. 1 GewStG)
d) Gewerbesteuer-Abschlusszahlung	1 Monat nach Bekanntgabe des Steuerbescheids (§ 20 Abs. 2 GewStG)
e) Lohnsteuer	10. Tag nach Ablauf des Voranmeldungszeitraums (§ 41a Abs. 1 EStG)
f) Umsatzsteuer-Vorauszahlung	10. Tag nach Ablauf des Voranmeldungszeitraums (§ 18 Abs. 1 und 2 UStG)
g) Umsatzsteuer-Abschlusszahlung laut Anmeldung laut Bescheid	 1 Monat nach Eingang der Steueranmeldung (§ 18 Abs. 4 Satz 1 UStG) 1 Monat nach Bekanntgabe des Steuerbescheids (§ 18 Abs. 4 Satz 2 UStG)

125. Enthält der Steuerbescheid die Fälligkeitsbestimmung?

Die **Fälligkeitsbestimmung** der **Einzelsteuergesetze** wird in der **Praxis** bei **Veranlagungsteuern** regelmäßig im Verwaltungsakt durch **Angabe des entsprechenden Ablaufdatums** wiederholt („Bitte zahlen Sie bis zum ...").
Bei **Anmeldungsteuern** muss dagegen die **gesetzliche Fälligkeit** dem Steuerschuldner bekannt sein.
Erstattungsansprüche werden mit der **Bekanntgabe des Steuerbescheids** fällig (z.B. § 36 Abs. 4 Satz 2 EStG).
Fehlt eine gesetzliche Regelung über die Fälligkeit, so gilt der Grundsatz, dass der Anspruch mit seiner Entstehung fällig ist (§ 220 Abs. 2 Satz 1, 1. HS AO). Unter diese Vorschrift fallen in erster Linie **Säumniszuschläge** (§ 240 AO).

126. Kann der Fälligkeitszeitpunkt bei Ansprüchen aus dem Steuerschuldverhältnis hinausgeschoben werden?

Der **Fälligkeitszeitpunkt** kann bei Ansprüchen aus dem Steuerschuldverhältnis durch **Stundung** nach § 222 AO hinausgeschoben werden.

127. Unter welchen Voraussetzungen können Ansprüche aus dem Steuerschuldverhältnis gestundet werden?

Ansprüche aus dem Steuerschuldverhältnis können ganz oder teilweise **gestundet** werden, wenn die Zahlung bei Fälligkeit eine **erhebliche Härte** für den Steuerpflichtigen bedeuten würde **und** der **Anspruch** des Staates durch die Stundung **nicht gefährdet** erscheint (§ 222 Satz 1 AO).

128. Wann liegt eine erhebliche Härte vor?

Eine **erhebliche Härte** liegt vor, wenn die Verhältnisse bei demjenigen, der einen Antrag auf Stundung stellt, ungünstiger liegen als bei anderen Steuerpflichtigen.

129. Ist Existenzgefährdung Voraussetzung für eine Stundung?

Existenzgefährdung ist **nicht** Voraussetzung für eine Stundung. Es genügen **ernsthafte Zahlungsschwierigkeiten**, die der Steuerpflichtige nicht in zumutbarer Weise, z.B. durch Aufnahme eines (weiteren) Kredits überwinden kann. Kreditaufnahme ist grundsätzlich zumutbar.

130. Wann liegt eine erhebliche Härte in den persönlichen Verhältnissen des Steuerpflichtigen?

War der Steuerpflichtige z.B. längere Zeit krank und hat er daher erhebliche geschäftliche Verluste erlitten, kann die Einziehung der Steuer eine erhebliche Härte bedeuten. Auch sind Nachforderungen bei Saisonbetrieben außerhalb der Saison oft mit erheblichen Härten verbunden. Die Insolvenz eines wichtigen Kunden und der damit verbundene Forderungsausfall können gleichfalls eine erhebliche Härte bedeuten.

131. Wie kann eine in den persönlichen Verhältnissen des Steuerpflichtigen liegende erhebliche Härte nachgewiesen werden?

Eine in den **persönliche Verhältnissen liegende erhebliche Härte** kann durch einen **Liquiditätsnachweis**, der die Vermögenswerte in kurzfristig realisierbare und nicht kurzfristig realisierbare Vermögenswerte aufteilt, nachgewiesen werden.
In diesem Zusammenhang wird das Finanzamt berücksichtigen, ob der Steuerpflichtige seine Zahlungsschwierigkeiten selbst verursacht hat, z.B. durch zu hohe Privatentnahmen oder durch hohe Aufwendungen zur Erlangung von Steuervorteilen oder Rabatten.
Auch die Einstellung des Steuerpflichtigen gegenüber seinen steuerlichen Verpflichtungen spielt eine Rolle.

132. Worin können sachliche Stundungsgründe liegen?

Sachliche Stundungsgründe können in einem Zusammenfallen von Vorauszahlungen mit für den Steuerpflichtigen nicht vorhersehbaren hohen Steuernachforderungen aufgrund einer Betriebsprüfung liegen, auf die sich der Steuerpflichtige nicht rechtzeitig einrichten konnte.

133. Unter welcher Voraussetzung können Steuern erlassen werden?

Die Finanzbehörden können Ansprüche aus dem Steuerschuldverhältnis **erlassen**, wenn deren Einziehung nach der **Lage des einzelnen Falles unbillig** wäre (§ 227 Abs. 1 AO).

134. Kann die unbillige Härte sowohl in der Person des Steuerpflichtigen als auch in der Sache selbst liegen?

Die **unbillige Härte** kann in der **Person** des Steuerpflichtigen (persönliche Billigkeitsgründe) oder in der **Sache** selbst (sachliche Billigkeitsgründe) liegen.

135. Was ist Voraussetzung für das Vorliegen persönlicher Billigkeitsgründe?

Voraussetzung für das Vorliegen **persönlicher Billigkeitsgründe** ist **Erlasswürdigkeit** und **Erlassbedürftigkeit**.

136. Wann liegt Erlasswürdigkeit vor?

Erlasswürdigkeit liegt vor, wenn sich der Steuerpflichtige bisher gegenüber dem Finanzamt steuerehrlich verhalten hat und unverschuldet in die finanzielle Notlage geraten ist.

137. Wann liegt Erlassbedürftigkeit vor?

Erlassbedürftigkeit liegt vor, wenn die wirtschaftliche Existenz (Fortführung des Unternehmens) oder der notwendige Lebensunterhalt der Familie durch Einziehung des Anspruchs gefährdet erscheint.

138. Wann liegen sachliche Billigkeitsgründe vor?

Sachliche Billigkeitsgründe liegen vor, wenn eine Besteuerung nach dem Gesetz zu einem vom Gesetzgeber offensichtlich **nicht gewollten Ergebnis** führt. Sachliche Billigkeitsgründe liegen selten vor.

139. Kommt für Säumniszuschläge ein Erlass aus sachlichen Billigkeitsgründen in Betracht?

Säumniszuschläge sind aus sachlichen Billigkeitsgründen zu erlassen, wenn der Steuerschuldner überschuldet und nur beschränkt zahlungsfähig ist, da eine Erhebung mit dem Sinn und dem Zweck der Säumniszuschläge nicht vereinbar ist.

140. Welche Arten der Verjährung unterscheidet die Abgabenordnung?

Die Abgabenordnung unterscheidet zwischen **Festsetzungsverjährung** (§ 169 AO) und **Zahlungsverjährung** (§§ 228 ff. AO).
Der Ablauf der Festsetzungsfrist verbietet die **Festsetzung** einer entstandenen Steuer im Festsetzungsverfahren, der Eintritt der Zahlungsverjährung verhindert die **Einziehung** bereits festgesetzter Ansprüche im Erhebungsverfahren.

141. Welche Zahlungsverjährungsfrist besteht nach § 228 Satz 2 AO?

Die Zahlungsverjährungsfrist beträgt **fünf Jahre** (§ 228 Satz 2 AO).

142. Wann beginnt die Zahlungsverjährungsfrist?

Die Zahlungsverjährungsfrist **beginnt** mit Ablauf des Kalenderjahres, in dem der **Anspruch** erstmals **fällig** geworden ist (§ 229 Abs. 1 Satz 1 AO).

143. Kann die Zahlungsverjährung unterbrochen werden?

Die **Zahlungsverjährung** kann unterbrochen werden. § 231 Abs. 1 Satz 1 AO enthält einen **abschließenden Katalog** der **Unterbrechungshandlungen**. Die in der **Praxis** wichtigsten Unterbrechungshandlungen sind die schriftliche Geltendmachung des Anspruchs und die Gewährung der Stundung.

144. Welche Rechtsfolge ist mit der Unterbrechung der Zahlungsverjährung verbunden?

Mit Ablauf des Kalenderjahres, in dem die Unterbrechungshandlung geendet hat, **beginnt** eine **neue fünfjährige Verjährungsfrist** (§ 231 Abs. 3 AO). Da die Finanzbehörden durch eine Unterbrechungshandlung die Zahlungsverjährung um mindestens fünf Jahre hinausschieben können, tritt die Zahlungsverjährung im Regelfall nur ein, wenn die Finanzbehörden eine Forderung endgültig niederschlagen.

145. Sind die Ansprüche aus dem Steuerschuldverhältnis zu verzinsen?

Ansprüche aus dem **Steuerschuldverhältnis** sind zu **verzinsen**, soweit dies gesetzlich vorgeschrieben ist (§ 233 Satz 1 AO).

146. Wie erfolgt die Verzinsung in folgenden Fällen?
a) Steuernachforderungen,
b) Stundung,
c) Steuerhinterziehung,
d) Aussetzung der Vollziehung.

a) Für **Steuernachforderungen beginnt** der Zinslauf **15 Monate** nach Ablauf des Kalenderjahrs, in dem die Steuer **entstanden** ist (§ 233a Abs. 2 Satz 1 AO) und **endet** mit Ablauf des Tages, an dem die Steuerfestsetzung wirksam wird (§ 233a Abs. 2 Satz 3 AO).
b) Bei einer **Stundung** werden für die Dauer der gewährten Stundung **Stundungszinsen** festgesetzt (§ 234 AO).
c) Im Falle einer **Steuerhinterziehung** werden als Vorteilsausgleich die hinterzogenen Beträge verzinst (§ 235 AO).
d) Bei einer **Aussetzung der Vollziehung** werden **Aussetzungszinsen** erhoben, soweit für einen ausgesetzten Steuerbetrag der Rechtsbehelf endgültig keinen Erfolg gehabt hat (§ 237 AO).

147. Wie werden die Zinsen berechnet?

Die Zinsen betragen **0,5 v.H. je Zinsmonat**, wobei **angefangene Monate unberücksichtigt bleiben** (§ 238 Abs. 1 AO).

148. Was wird unter der sog. Vollverzinsung verstanden?

Die sog. **Vollverzinsung** regelt die Verzinsung von sich aus der Veranlagung ergebenden **Steuernachforderungen** und **Steuererstattungen** (§ 233a AO). Da die **Entstehung einer Steuer** grundsätzlich für **alle Veranlagungsteuern gleich ist**, die **Fälligkeit** dagegen abhängig ist von der **Wirksamkeit der Steuerfestsetzung**, sollen durch diese Regelung **Vorteile bzw. Nachteile**, die sich **durch unterschiedliche Fälligkeiten ergeben, ausgeglichen werden**. Die **Ursachen** für eine verhältnismäßig spät eingetretene Fälligkeit (z B. späte Abgabe einer Steuererklärung, verzögerte Bearbeitung durch das Finanzamt) **spielen** dabei **keine Rolle**. Die **Zinsen** sind das **Entgelt für die Nutzung überlassenen** oder **vorenthaltenen Kapitals**; der **Grund** dafür ist **unbeachtlich**.

149. Kommt die Vollverzinsung für alle Steuern in Betracht?

Die Verzinsung ist **begrenzt** auf die **wichtigsten Steuerarten** der Praxis, nämlich auf die Einkommen-, Körperschaft-, (Vermögen-), Umsatz- und Gewerbesteuer (§ 233a Abs. 1 Satz 1 AO). Ausdrücklich **ausgenommen** wird die Festsetzung von **Vorauszahlungen** und **Steuerabzugsbeträgen** (§ 233a Abs. 1 Satz 2 AO). **Alle anderen Steuern** und **Ansprüche** werden **nicht verzinst.**

Für die **Höhe und Berechnung** sowie die **Festsetzung** dieser Zinsen gelten die **allgemeinen Vorschriften über die Verzinsung** (§§ 238 und 239 AO).

150. Wann beginnt die Verzinsung?

Der **Zinslauf beginnt** grundsätzlich erst **fünfzehn Monate nach Ablauf des Kalenderjahrs,** in dem die Steuer **entstanden** ist (§ 233a Abs. 2 Satz 1 AO). Diese **Karenzzeit** trägt in der **Praxis** dazu bei, dass in einer **Vielzahl von Fällen keine Verzinsung** erfolgt.

Bei **Steuererstattungen** beginnt die Verzinsung frühestens mit dem Tag der **Zahlung** der zuviel gezahlten Steuern (§ 233a Abs. 3 Satz 3 AO).

151. Wann endet die Vollverzinsung?

Der **Zinslauf endet** mit der **Fälligkeit** der Nachforderung bzw. Erstattung (§ 233a Abs. 2 Satz 3 AO).

152. Wann entstehen Säumniszuschläge?

Wird eine **Steuer** nicht bis zum **Ablauf des Fälligkeitstages** entrichtet, so entstehen insoweit kraft Gesetzes **Säumniszuschläge** (§ 240 Abs. 1 Satz 1 AO). Eine **besondere Festsetzung** der Säumniszuschläge durch Verwaltungsakt ist daher **nicht** erforderlich.

153. Welche Bedeutung hat die sog. Schonfrist?

Erfolgt die **Zahlung** innerhalb der sog. **Schonfrist von fünf Tagen**, so wird auf die **Erhebung** der bereits entstandenen **Säumniszuschläge verzichtet** (§ 240 Abs. 3 AO). Die **Schonfrist** besteht nur für Überweisungen und Einzugsermächtigungen, nicht hingegen für Barzahlungen und Scheckzahlungen.

154. Wann beginnt und endet der Säumniszeitraum?

Der **Säumniszeitraum beginnt** mit **Ablauf des Fälligkeitstages** und **endet** am **Tag der Zahlung**. Bei **Steueranmeldungen** tritt die Säumnis nicht ein, bevor die Steuer festgesetzt wird oder die Steueranmeldung abgegeben worden ist, denn ohne Festsetzung kann eine Steuer nicht fällig sein (§ 240 Abs. 1 Satz 3 AO).

155. In welcher Höhe entsteht der Säumniszuschlag?

Der Säumniszuschlag beträgt **1 v.H.** des abgerundeten rückständigen Steuerbetrages **je angefangenen Monat** (§ 240 Abs. 1 Satz 1 AO). Abzurunden ist auf den nächsten durch **50 €** teilbaren Betrag. Spätere Änderungen Aufhebungen oder Berichtigungen der Steuer bleiben unberücksichtigt (§ 240 Abs. 1 Satz 4 AO). Die bis dahin verwirkten Säumniszuschläge bleiben bestehen.

156. Welches Korrektursystem enthält die Abgabenordnung?

Die **Abgabenordnung** unterscheidet die **Korrektur** von **Verwaltungsakten**, die **Steuerbescheide** sind oder Steuerbescheiden gleichgestellt sind sowie die Korrektur von **Verwaltungsakten**, die **weder Steuerbescheide** sind noch Steuerbescheiden gleichgestellt sind. Bei den **Verwaltungsakten**, die **Steuerbescheide** sind oder **Steuerbescheiden gleichgestellt** sind, erfolgt die Korrektur nach den **§§ 172 – 177, § 164 Abs. 2 oder § 165 Abs. 2 AO.**
Bei **Verwaltungsakten**, die weder **Steuerbescheide** sind noch Steuerbescheiden gleichgestellt sind, erfolgt die Korrektur nach den **§§ 130, 131 AO.**
§ 129 AO gilt für **alle** Verwaltungsakte.

157. Welche Berichtigungen können von der Finanzbehörde nach § 129 AO vorgenommen werden?

Die **Finanzbehörde kann offenbare Unrichtigkeiten**, die **ihr** beim Erlass eines **Verwaltungsaktes** unterlaufen sind, **jederzeit berichtigten** (§ 129 AO).

158. Können auch Fehler des Steuerpflichtigen nach § 129 AO berichtigt werden?

Fehler des **Steuerpflichtigen**, die die Finanzbehörde nicht erkennen kann, können nach § 129 AO **nicht** berichtigt werden.

159. Besteht für Berichtigungen nach § 129 AO eine zeitliche Begrenzung?

Die **zeitliche Begrenzung** für Berichtigungen nach § 129 AO bildet die **Festsetzungsverjährung**.

160. Kann die Bestandskraft von Steuerbescheiden durchbrochen werden?

Die **Bestandskraft von Steuerbescheiden** kann bei Vorliegen der Voraussetzungen der §§ 164 Abs. 2, 165 Abs. 2 AO und der §§ 172 - 177 AO **durchbrochen** werden.
Neben den Vorschriften der AO bestehen in den **Einzelsteuergesetzen** Vorschriften zur Aufhebung und Änderung von Steuerbescheiden, wie z.B. § 10d EStG oder § 35b GewStG.

161. Besteht hinsichtlich der Aufhebung und Änderung von Steuerbescheiden eine zeitliche Begrenzung?

Die **zeitliche Grenze** für die **Aufhebung und Änderung von Steuerbescheiden** bildet die **Festsetzungsfrist**.

162. Worin liegt der wichtigste Unterschied zwischen der Änderung von Steuerbescheiden nach § 164 AO und der Änderung von Steuerbescheiden nach den §§ 172 - 177 AO?

Der wichtigste Unterschied der zwischen der Änderung von Steuerbescheiden nach § 164 AO und der Änderung von Steuerbescheiden nach den §§ 172 - 177 AO liegt im **Umfang der Änderung**. Während **§ 164 AO** eine **Gesamtänderung** des Steuerfalles zulässt, ist den übrigen Berichtigungsvorschriften gemeinsam, dass es sich um **punktuelle** Änderungen (sog. Punktberichtigungen) handelt.

163. Welche Regelungen beinhaltet die Kleinbetrags-Verordnung?

Nach §§ 1 - 4 der **Kleinbetragsverordnung** unterbleibt regelmäßig eine Berichtigung zum Nachteil des Steuerpflichtigen, wenn die Abweichung von der bisherigen Steuerfestsetzung nicht mindestens **10 €** beträgt. Die **Bagatellgrenze** für die Änderung von **Gewerbesteuer-Messbeträgen** beträgt **2 €** und für die Änderung von **einheitlichen und gesonderten Feststellungen** von Einkünften **20 €**.

164. Unter welchen Voraussetzungen kann eine sog. „schlichte Änderung“ eines Steuerbescheides erfolgen?

Die sog. **„schlichte Änderung“** eines **Steuerbescheides** kann nach **§ 172 Abs. 1 Satz 1 Nr. 2a AO** erfolgen, wenn der Steuerbescheid nicht vorläufig oder unter dem Vorbehalt der Nachprüfung ergangen ist und Besitz- und Verkehrsteuern betrifft, „soweit der Steuerpflichtige **zustimmt** oder seinem **Antrag der Sache nach entsprochen wird**.“

165. In welchem Bereich liegt der Hauptanwendungsbereich der Vorschrift des § 172 Abs. 1 Satz 1 Nr. 2a AO?

Der **Hauptanwendungsbereich** der Vorschrift des § 172 Abs. 1 Satz 1 Nr. 2a AO liegt im **Einspruchsverfahren.**
Das Einspruchsverfahren wird zwar grundsätzlich durch eine förmliche Einspruchsentscheidung entschieden (§ 367 Abs. 1 Satz 1 AO). Eine solche Entscheidung ist jedoch nicht erforderlich, wenn die Finanzbehörde dem Begehren des Steuerpflichtigen in vollem Umfang entspricht (§ 367 Abs. 2 Satz 3 AO). Ein solcher **Abhilfebescheid** bietet der Finanzbehörde die Möglichkeit, einen vollinhaltlich begründeten Rechtsbehelf unbürokratisch zu erledigen.

166. Welche Regelung beinhaltet § 173 Abs. 1 AO?

§ 173 Abs. 1 **Nr. 1** AO regelt die **Aufhebung** und **Änderung** von **Steuerbescheiden**, soweit **Tatsachen** oder **Beweismittel nachträglich bekannt werden**, die zu einer **höheren** Steuer führen (Änderung zuungunsten des Steuerpflichtigen).
§ 173 Abs. 1 **Nr. 2** regelt die **Aufhebung** und **Änderung** von **Steuerbescheiden**, soweit **Tatsachen** oder **Beweismittel nachträglich bekannt werden**, die zu einer **niedrigeren** Steuer führen **und** den **Steuerpflichtigen kein grobes Verschulden** daran trifft, dass die Tatsachen oder Beweismittel erst nachträglich bekannt werden (Änderung zugunsten des Steuerpflichtigen).

167. Wann sind Tatsachen oder Beweismittel nachträglich bekannt geworden?

Tatsachen oder Beweismittel sind **nachträglich bekannt geworden**, wenn sie dem mit der Bearbeitung des Falles **beauftragten Sachbearbeiter nach** der **abschließenden Zeichnung des Falles zugehen**. Es kommt also **nicht auf die Bekanntgabe und das Wirksamwerden** des entsprechenden Verwaltungsaktes an, sondern auf den **Zeitpunkt des Abschlusses der**

Willensbildung. Als bekannt gilt grundsätzlich das, was aus den Akten des Finanzamts ersichtlich ist.

168. Wann liegt grobes Verschulden des Steuerpflichtigen vor?

Grobes Verschulden liegt vor, wenn der Steuerpflichtige vorsätzlich oder grob fahrlässig seine Mitwirkungspflichten verletzt. **Typische Fälle** groben Verschuldens sind z.B. Nichtabgabe von Steuererklärungen, Verletzung der Grundsätze ordnungsmäßiger Buchführung, Nichtbeachtung ausdrücklicher Hinweise in der Steuererklärung oder Nichtbeantwortung leichter Fragen im Anschreiben des Finanzamts.

169. Können auch Steuerbescheide, die aufgrund einer Außenprüfung ergangen sind, wegen neuer Tatsachen geändert werden?

Sind Steuerbescheide aufgrund einer **Außenprüfung** ergangen, so erlangen diese Steuerbescheide eine **erhöhte Bestandskraft** (§ 173 Abs. 2 AO). Sie können nur noch aufgehoben oder geändert werden, wenn eine Steuerhinterziehung (§ 370 AO) oder eine leichtfertige Steuerverkürzung (§ 378 AO) vorliegt.

170. Ein Grundlagenbescheid wird erlassen, aufgehoben oder geändert. Welche Folgen hat dies für den Steuerbescheid als Folgebescheid?

Ein Steuerbescheid (Folgebescheid) ist zu erlassen, aufzuheben oder zu ändern, soweit ein Grundlagenbescheid, dem Bindungswirkung für diesen Steuerbescheid zukommt, erlassen, aufgehoben oder geändert wird (§ 175 Abs. 1 Satz 1 Nr. 1 AO).

171. Der Gewinnfeststellungsbescheid über die anteiligen Einkünfte der Gesellschafter an einer OHG wird geändert. Welche Konsequenzen hat dies für die Steuerbescheide der Gesellschafter?

Der Gewinnfeststellungsbescheid über anteilige Einkünfte der Gesellschafter an einer OHG stellt einen Grundlagenbescheid dar (§ 180 Abs. 1 Nr. 2a AO), dem Bindungswirkung für die jeweiligen Einkommensteuerbescheide der Gesellschafter zukommt (§ 182 Abs. 1 AO). Wird der Gewinnfeststellungsbescheid geändert, sind die Einkommensteuerbescheide der Gesellschafter über § 175 Abs. 1 Satz 1 Nr. 1 AO zu ändern.

172. Welche Regelung beinhaltet § 175 Abs. 1 Satz 1 Nr. 2 AO?

Nach § 175 Abs. 1 Satz 1 Nr. 2 AO ist ein Steuerbescheid zu erlassen, aufzuheben oder zu ändern soweit ein **Ereignis** eintritt, das **steuerliche Wirkung für die Vergangenheit hat** (sog. **rückwirkendes Ereignis**).

173. In welchem Sinne muss sich ein Ereignis nach § 175 Abs. 1 Satz 1 Nr. 2 AO rückwirkend auswirken?

Ein Ereignis im Sinne von § 175 Abs. 1 Satz 1 Nr. 2 AO muss sich **steuerlich rückwirkend auswirken**, z. B. bezüglich des Steuergegenstandes, des Steuersatzes oder bestimmter Steuervergünstigungen.

174. Was ist ein Ereignis im Sinne des § 175 Abs. 1 Satz 1 Nr. 2 AO?

Ein **Ereignis** ist jeder **tatsächliche oder rechtliche Umstand**, der nach dem Steuergesetz im Einzelfall den Steueranspruch dem Grunde oder der Höhe nach beeinflusst.
Kein Ereignis ist der gesetzliche abstrakte Tatbestand, z. B. eine rückwirkende steuerliche Gesetzesänderung. Die Nichtigkeitserklärung einer Rechtsnorm durch das Bundesverfassungsgericht führt wegen § 79 BVerfG ebenfalls nicht zu einer Änderung, soweit nicht ein besonderes Gesetz ergeht. § 175 Abs. 1 Satz 1 Nr. 2 AO greift auch bei einer (späteren) Änderung der Rechtsprechung nicht ein, da die Entscheidung keine Rechtswirkungen über den entschiedenen Fall hinaus hat.

175. Wann muss das Ereignis nach § 175 Abs. 1 Satz 1 Nr. 2 AO eintreten?

Das Ereignis muss **nachträglich eintreten**, d. h. das Ereignis muss eintreten, nach dem der Steueranspruch entstanden ist und im Fall der Änderung eines Steuerbescheides, nachdem dieser Steuerbescheid ergangen ist, weil sonst die Änderung eines Steuerbescheides nicht erforderlich ist. Das Ereignis muss sich **steuerlich für die Vergangenheit**, d. h. rückwirkend **auswirken**. Das ist regelmäßig der Fall, wenn die Besteuerung **nicht** an Lebensvorgänge, **sondern** unmittelbar oder mittelbar an **Rechtsgeschäfte, Rechtsverhältnisse oder Verwaltungsakte** anknüpft **und diese Umstände rückwirkend anders gestaltet werden.**

176. In welchem Umfang erfolgt die Korrektur nach § 175 Abs. 1 Satz 1 Nr. 2 AO?

§ 175 Abs. 1 Satz 1 Nr. 2 AO führt zu einer **punktuellen Änderung** mit jeder Art der Saldierung nach § 177 AO.

177. Wann beginnt die Festsetzungsfrist für eine Korrektur nach § 175 Abs. 1 Satz 1 Nr. 2 AO?

Die **Festsetzungsfrist** für die Korrektur beginnt mit Ablauf des Jahres, in dem das Ereignis eintritt (§ 175 Abs. 1 Satz 2 AO). Es handelt sich hier um eine **spezielle Anlaufhemmung**.

178. Wie ist § 175 Abs. 1 Satz 1 Nr. 2 AO von § 173 AO abzugrenzen?

In Bezug auf die **Abgrenzung** des **§ 175 Abs. 1 Satz 1 Nr. 2 AO** (rückwirkendes Ereignis) von **§ 173 AO** (neue Tatsachen) gilt folgendes:

Ein **Ereignis** im Sinne des **§ 175 Abs. 1 Satz 1 Nr. 2 AO** muss **nachträglich eintreten**, d.h. nachdem der Steueranspruch entstanden ist und im Falle der Änderung des Steuerbescheids, **nachdem** dieser Bescheid ergangen ist, weil sonst die Änderung eines Steuerbescheides nicht erforderlich ist. Der steuerlich **relevante Sachverhalt** erfährt **nachträglich** eine **andere Gestaltung**. Dies unterscheidet § 175 Abs. 1 Satz 1 Nr. 2 AO von der Änderungsmöglichkeit nach § 173 Abs. 1 AO wegen neuer Tatsachen oder Beweismittel.

Bei der Änderungsmöglichkeit nach **§ 173 Abs. 1 AO** erfährt der steuerlich relevante Sachverhalt **nicht** wie bei § 175 Abs. 1 Satz 1 Nr. 2 AO **nachträglich und rückwirkend** eine andere Gestaltung, sondern es wird **nur die Kenntnis des Finanzamts** bezüglich des vorhandenen Sachverhalts **nachträglich erweitert** („bekannt"). § 175 Abs. 1 Satz 1 Nr. 2 und § 173 Abs. 1 schließen sich gegeneinander aus.

179. Können bei Anwendung einer Korrekturvorschrift Rechtsfehler mitberücksichtigt werden, für die keine Berichtigungsvorschriften bestehen?

Bei Anwendung der **Berichtigungsvorschriften** erfolgen jeweils nur **Punktberichtigungen. Rechtsfehler**, für die keine Berichtigungsvorschriften bestehen, können grundsätzlich nicht korrigiert werden, **ausgenommen Rechtsfehler**, „soweit die Änderung reicht" (§ 177 Abs. 1 und 2 AO). Folglich müssen **zwei Fehler** vorliegen: ein Fehler, der die Berichtigung erlaubt und ein Fehler der mitberücksichtigt wird (Gegenläufigkeit der Fehler). **Rechtsfehler** i.S.d. § 177 AO sind alle Fehler einschließlich offenbarer Unrichtigkeiten i.S.d. § 129 AO, die zur Festsetzung einer Steuer führen, die von der kraft Gesetzes entstandenen Steuer abweicht (§ 177 Abs. 3 AO).

180. Welche Aufgabe hat das außergerichtliche Rechtsbehelfsverfahren?

Der **Rechtsschutz im Steuerrecht** hat die **Aufgabe**, den einzelnen **Staatsbürger** gegen **rechtswidrige Maßnahmen der Finanzverwaltung** zu **schützen**. Das **außergerichtliche Rechtsbehelfsverfahren** soll die Finanzverwaltung dazu veranlassen, ihr Handeln noch einmal zu überprüfen. Es ist als Fortsetzung des Veranlagungsverfahrens ausgestaltet („verlängertes Festsetzungsverfahren"). Das außergerichtliche Rechtsbehelfsverfahren ist als Selbstkontrolle der Verwaltung gedacht, das die Finanzgerichte entlasten soll (Filterwirkung). Nur etwa 3 % der eingelegten Einsprüche führen zu Klagen.

181. Handelt es sich bei einer Dienst- oder Sachaufsichtsbeschwerde und einer Gegenvorstellung um einen außergerichtlichen Rechtsbehelf?

Keine außergerichtliche Rechtsbehelfe sind die **Dienst- oder Sachaufsichtsbeschwerde**, die **Gegenvorstellung** sowie **Anregungen**, einen Verwaltungsakt aufzuheben oder zu ändern. Derartige Maßnahmen sind formlos und nicht in der AO geregelt.

Mit der **Dienst- oder Sachaufsichtsbeschwerde** kann sich der Steuerpflichtige an eine übergeordnete Behörde wenden, um durch eine **innerdienstliche Anweisung** eine Änderung des Verwaltungsaktes zu erreichen.

Die **Gegenvorstellung** richtet sich gegen die Behörde selbst, die den Verwaltungsakt erlassen hat. Mit **Gegenvorstellung** wird oftmals angeregt, einen Verwaltungsakt aufzuheben oder zu ändern (§§ 129 f., 164, 172 ff. AO).

182. Wird durch die Einlegung eines außergerichtlichen Rechtsbehelfs der Eintritt der Bestandskraft und der Vollzug des Verwaltungsakts verhindert?

Durch Einlegung eines **außergerichtlichen Rechtsbehelfs** wird der **Eintritt** der formellen und materiellen Bestandskraft **verhindert**, nicht jedoch der **Vollzug** des Verwaltungsakts. Durch die Einlegung eines außergerichtlichen Rechtsbehelfs wird die Finanzbehörde zur Entscheidung verpflichtet.

183. Was ist das Ziel des außergerichtlichen Rechtsbehelfsverfahren?

Ziel des **außergerichtlichen Rechtsbehelfsverfahren** ist es, eine **sachliche Überprüfung** des **angefochtenen Verwaltungsaktes** herbeizuführen. Die Finanzbehörde hat die Sache **in vollem Umfang** erneut zu prüfen (§ 367 Abs. 2 Satz 1 AO). Das setzt voraus, dass der Rechtsbehelf **zulässig** ist (§ 358 AO). Fehlt es an der Zulässigkeit, muss der Rechtsbehelf von Amts wegen als **unzulässig** verworfen werden (§ 358 Satz 2 AO).

184. Unterliegen außergerichtliche Rechtsbehelfe Formvorschriften?

Rechtsbehelfe sind nach § 357 Abs. 1 AO **schriftlich einzureichen** oder **zur Niederschrift zu erklären.** Die Einlegung durch **Telegramm** ist zulässig (§ 357 Abs. 1 Satz 3 AO). Dagegen kann ein Rechtsbehelf **fernmündlich nicht eingelegt** werden. Eine **fehlende Unterschrift** ist **ohne Bedeutung,** wenn aus dem Inhalt des Einspruchschreibens oder der Steuernummer erkennbar ist, wer den Einspruch eingelegt hat. Rechtsbehelfe sind **bedingungsfeindlich.** Es besteht **kein Begründungszwang** (Sollvorschrift). Der Rechtsbehelf muss nicht richtig bezeichnet sein (§ 357 Abs. 1 Satz 4 AO).

185. Ist bei Einlegung eines außergerichtlichen Rechtsbehelfs eine bestimmte Frist einzuhalten?

Die **Rechtsbehelfsfrist** beträgt **einen Monat** (§ 355 Abs. 1 Satz 1 AO). Sie **beginnt** mit Ablauf des Tages der Bekanntgabe (§ 122 Abs. 2 AO).

186. Bei welcher Behörde ist der außergerichtliche Rechtsbehelf anzubringen?

Der Rechtsbehelf ist grundsätzlich bei der Behörde anzubringen, die den Verwaltungsakt erlassen hat (§ 357 Abs. 2 Satz 1 AO, § 357 Abs. 2 Satz 3 AO). Bei Anbringen bei einer sonstigen Behörde muss der Rechtsbehelf innerhalb der Rechtsbehelfsfrist bei der zuständigen Anbringungsbehörde eingegangen sein (§ 357 Abs. 2 Satz 4 AO). Der Steuerpflichtige trägt das Risiko der rechtzeitigen Übermittlung.

187. Wer ist rechtsbehelfsbefugt?

Rechtsbehelfsbefugt ist, **wer** geltend macht, durch einen Verwaltungsakt **beschwert** zu sein (§ 350 AO). Keine Beschwer liegt vor, wenn der Verlust zu niedrig festgestellt wird. Etwas anderes gilt bei Feststellungsbescheiden. **Befugt ist** i.d.R. der **Adressat**, ausnahmsweise ein **Dritter**, wenn er materiell vom Verwaltungsakt betroffen ist. Einen Rechtsbehelf einlegen können auch gesetzliche oder rechtsgeschäftliche Vertreter. Der Steuerberater ist (nur) zur Erstellung der Steuererklärung bevollmächtigt. Es besteht **kein** automatisches Recht zur Einlegung eines Rechtsbehelfs.

188. Muss die Finanzbehörde eine Entscheidung über den Rechtsbehelf treffen?

Die Finanzbehörde, die über den Einspruch entscheidet, hat die Sache in **vollem Umfang erneut** zu prüfen (§ 367 Abs. 2 Satz 1 AO). Eine Einspruchsentscheidung ist nur insoweit erforderlich, als die Finanzbehörde nicht durch Aufhebung oder Änderung des angefochtenen Bescheides dem Einspruchsantrag entsprechen will (§ 367 Abs. 2 Satz 3 AO).

189. Darf die Finanzbehörde den Verwaltungsakt auch zum Nachteil des Steuerpflichtigen ändern (verbösern)?

Die Finanzbehörde, die den Verwaltungsakt erlassen hat, darf im Falle des Einspruchs des Steuerpflichtigen den Verwaltungsakt auch **zum Nachteil des Einspruchsführers ändern**, d.h. verbösern (§ 367 Abs. 2 Satz 2 AO). Dem Einspruchsführer ist die Möglichkeit der Rücknahme des Einspruchs zu geben, und zwar im Wege des **rechtlichen Gehörs**. Durch den **Verböserungshinweis** erhält der Steuerpflichtige die Möglichkeit seinen Einspruch zurückzunehmen.
Trotz **Rücknahme** des Einspruchs kann jedoch eine Änderung **zum Nachteil des Steuerpflichtigen** erfolgen, und zwar dann, wenn Berichtigungs- oder Änderungsvorschriften der AO (§§ 129, 130 ff., 172 ff. AO) die Änderung des Verwaltungsaktes zum Nachteil des Steuerpflichtigen

erlauben. Auch im außergerichtlichen Rechtsbehelfsverfahren gelten die Korrekturvorschriften.

190. Wird durch die Einlegung eines außergerichtlichen Rechtsbehelfs die Vollziehung des angefochtenen Verwaltungsakts gehemmt?

Durch Einlegung eines außergerichtlichen Rechtsbehelfs wird die **Vollziehung des angefochtenen Verwaltungsaktes nicht gehemmt** (§ 361 Abs. 1 Satz 1 AO; Ausnahme Abs. 4). Soll die Vollziehung gehemmt werden, ist **Aussetzung der Vollziehung** (§ 361 AO) zu beantragen. Die Gewährung des vorläufigen Rechtsschutzes ist ein **unselbständiges Nebenverfahren**. Die Einlegung eines Rechtsbehelfs ist deshalb unabdingbare Voraussetzung für die Aussetzung der Vollziehung. Aussetzung der Vollziehung ist zu gewähren, wenn **„ernste Zweifel an der Rechtmäßigkeit"** des Verwaltungsaktes bestehen, wenn sich auf Grund einer summarischen Prüfung ergibt, dass - neben den **für** die Rechtmäßigkeit sprechenden Umstände - gewichtige **gegen** die Rechtmäßigkeit sprechende Gründe vorhanden sind, die **Unentschiedenheit oder Unklarheit** in der Beurteilung von Rechts- und Tatfragen auslösen. Es genügt, wenn der Erfolg des Rechtsbehelfs eben so wenig auszuschließen ist, wie der Misserfolg.

Literaturverzeichnis

Ax, R./Große, T./Melchior, J., Abgabenordnung und Finanzgerichtsordnung, 17. Aufl., Stuttgart 2001.

Cattelaens, H./Gottstein, S./Stegmüller, H./Zenthöfer, W., Körperschaftsteuer, 11. Aufl., Stuttgart 1995.

Friemel, R., Lehrbuch der Abgabenordnung, 13. Aufl., Herne/Berlin 1996.

Sikorski, R./Wüstenhöfer, U., Abgabenordnung, 5. Aufl., München 1999.

Graf, W./Obermeier, A., NWB Steuerrecht aktuell 3/2000, Herne/Berlin 2000.

Grefe, C., Ermittlung der Zuschlagsteuern zur Einkommensteuer, SteuerStud 2001, S. 243 – 246.

Grefe, C., Unternehmenssteuern, 5. Aufl., Ludwigshafen 2001.

Grotherr, S., Das neue Körperschaftsteuersystem mit Anteilseigner-Entlastung bei der Besteuerung von Einkünften aus Beteiligungen, BB 2000, S. 849 – 861.

Haar, H./Wittmayer, H., Lehrbuch des Bewertungsrechts. Einheitsbewertung und Bedarfsbewertung, 6. Aufl., Herne/Berlin 1998.

Haas, H., Körperschaftsteuer, 3. Aufl., München 1994.

Haberstock, H./Breithecker, V., Einführung in die Betriebswirtschaftliche Steuerlehre, 11. Aufl., Bielfeld 2000.

Hahn, V./Kortschak, H.-P., Lehrbuch der Umsatzsteuer, 8. Aufl., Herne/Berlin 2000.

Halaczinsky, R./Obermeier, A./Teß, W., Neuregelung der Grundstücksbewertung, Erbschaft- und Schenkungsteuer, Herne/ Berlin 1998.

Kulemann, G./Harle, G., Das Halbeinkünfteverfahren aus der Sicht des Anteilseigners, SteuerStud 2000, S. 531 - 537.

Kußmaul, H., Betriebswirtschaftliche Steuerlehre, 2. Aufl., München/Wien 2000.

Lange, J./Reiß, W., Lehrbuch der Körperschaftsteuer, 8. Aufl., Herne/Berlin 1996.

Lierow, W./Meyer, H., Umsatzsteuer, 10. Aufl., Stuttgart/München 2000.

Märkle, R., Besteuerung von Einzel- und Mitunternehmern ab 2001, 2. Teil: Wiedereinführung des halben Steuersatzes, 6. Freiburger Steuergespräch, 13.11.2000, http://www.vwl.uni-freiburg.de/fakultaet/ bwlV/ htm.

Plückebaum, R./Wendt, W./Niemeier, G., Einkommensteuer, 19. Aufl., Achim 1999.

Rick, E./Gunsenheimer, G./Martin, K./Schneider, J., Lehrbuch der Einkommensteuer, 10. Aufl., Herne/Berlin 1999.

Sauerland, H./Schmidt, A./Lippross, O.-G., Umsatzsteuer, 18. Aufl., Achim 1994.

Scheffler, W., Besteuerung von Unternehmen I: Ertrag-, Substanz- und Verkehrsteuern, 4. Aufl., Heidelberg 2001.

Schneider, J., Familienbezogene Einkommensteuervergünstigungen des § 1a EStG, SteuerStud 2001, S. 294 f.

Schulze zur Wiesche, D., Lehrbuch der Erbschaftsteuer, 4. Aufl., Herne/Berlin 1997.

Seigel, G., Steuerlehre, Stuttgart 2001.

Seigel, G./Schemmel, L., ABWL. Eine praxisorientierte Einführung in die moderne Betriebswirtschaftslehre, Köln 1999.

Siegle, W., Übungsfälle zum Schuldzinsenabzug, SteuerStud 2000, S. 237 ff.

Sikorski, R./Wüstenhöfer, U., Abgabenordnung, 5. Auf., München 1999.

Spangenmacher, G., Gewerbesteuer, 13. Aufl., Achim 2000.

Völkel, D./Karg, H., Umsatzsteuer, 8. Aufl., Stuttgart 1997.

Wöhe, G., Betriebswirtschaftliche Steuerlehre I/1. Die Steuern des Unternehmens – Das Besteuerungsverfahren, 6. Aufl., München 1988.

Wüstenhöfer, U., Gewerbesteuer, München 1994.

Zenthöfer, W./ Schulze zur Wiesche, D., Einkommensteuer, 6. Aufl., Stuttgart 2001.

Stichwortverzeichnis

Abgabenordnung
- Aufbau 331 f.
- Bedeutung 15 f., 331

Altersentlastungsbetrag 57
Anrechnungsverfahren 161 ff.
Arbeit, selbstständige 102 ff.
Arbeitnehmer 109 ff.
Arbeitslohn 111
Änderung von Steuerbescheiden
- Abhilfebescheid 374
- Ereignis 377 f.
- Festsetzungsfrist 377
- Grobes Verschulden 375
- Grundlagenbescheid 375
- Rechtsfehler 378
- Rückwirkendes Ereignis 376 f.
- schlichte Änderung 373
- Tatsachen und Beweismittel 374 f.
- zeitliche Begrenzung 372 f.

Aufhebung und Änderung von Verwaltungsakten 372 ff.
Außensteuergesetz 40 f.
Außergerichtliches Rechtsbehelfsverfahren
- Aufgabe 378
- Befugnis 381
- Entscheidung 381
- Formvorschriften 380
- Rechtsbehelfsfrist 380
- Verböserung 381
- Ziel 379 f.

Außergewöhnliche Belastungen 60 f.
Ausfuhr 293 f.
Aussetzung der Vollziehung 382
Bedarfsbewertung 207 ff.
Beiträge 6
Bekanntgabe 352 ff.
Berichtigung von Verwaltungsakten 372 f.
Besteuerungsgrundsätze
- Gleichmäßigkeit 7
- Leistungsfähigkeit 18
- Tatbestandsmäßigkeit 6 f.

Betriebliche Steuerlehre
- Aufgaben 1 ff.
- Grundbegriffe 3 ff.
- Grundlagen 3 ff.

Betriebsaufgabe 92 ff.
Betriebsausgaben
- Begriff 69
- Abzugsfähigkeit 70 ff.
- Bewirtungsaufwendungen 72 f.
- doppelte Haushaltsführung 74
- Geschenke 72
- Häusliches Arbeitszimmer 74
- private Kfz-Nutzung 75 ff.
- Schuldzinsenabzug 71 f.
- Verpflegungsmehraufwendungen 73
- Wege zwischen Wohnung und Betriebsstätte 73 f.

Betriebseinnahmen 69
Betriebsstätte 174, 335
Betriebsvermögensvergleich 152 f.
Bewertung nach dem Bewertungsgesetz 198 ff.
Bewertungsgesetz
- Aufbau 197 f.
- Zweck 197

Bilanzgewinn 150
Bilanzverlust 150
Binnenmarkt 294 ff.
Doppelbesteuerungsabkommen 135 f.
Durchschnittssteuersatz 14
Einfuhr 264, 292
Einfuhrumsatzsteuer 292
Einheitswert 201, 206 f.
Einkommen 58, 140
Einkommensteuer
- Charakteristik 29 ff.
- Ermittlungszeitraum 62 f.
- Steuerermäßigung bei Gewerbebetrieben 186 ff.
- Steuererklärung 131 f.
- Steuerpflicht 31 ff.
- Tarif 61 f.

- Veranlagungszeitraum 63
- Veranlagungsverfahren 63
- Vorauszahlungen 132

Einkünfte
- Begriffliche Klärungen 45 ff., 50 f.
- Gewerbebetrieb 83 ff.
- Kapitalvermögen 113 ff.
- Land- und Forstwirtschaft 77 f.
- Nicht selbstständiger Arbeit 109 ff.
- Selbstständiger Arbeit 102 ff.
- Vermietung und Verpachtung 117 ff.
- Sonstige Einkünfte 122 ff.

Einlagen
- verdeckte 157 ff.

Einnahmen 64 ff.
Einspruch
- Feststellungsbescheide 360

Erhebungsverfahren
- Bedeutung 362
- Inhalt 362

Erlass 366 f.
Ermessen 332 ff.
Erbschaft- und Schenkungsteuer
- Anzeigepflichten 225
- Befreiungen 216 f.
- Bemessungsgrundlage 217
- Besteuerungsverfahren 224 f.
- Bewertung 218 ff.
- Charakteristik 213 f.
- Grundtatbestände 214 f.
- Steuerklassen 221 f.
- Steuerpflicht 215 f.
- Steuersätze 222 f.

Ertragswert 199 ff.
Ertragswertverfahren 204 f.
Fälligkeit 363 ff.
Festsetzung
- Ablaufhemmung 361
- Festsetzungsfrist 360 f.
- Festsetzungsverjährung 360
- Fristdauer 361

Feststellung
- Bescheide 360
- einheitliche 359
- gesonderte 359

Finanzbehörden 26
Freibetrag 15
Frist
- Ausschlussfrist 346 f.
- Ereignisfristen 343, 345
- Fristbeginn 343
- Fristberechnung 343
- Fristende 344 ff.
- Fristversäumnis 342
- Rechtsbehelfsfrist 345
- Tagesbeginnfristen 344 f.

Gebühren 6
Gegenvorstellung 379
Geldleistungen 3 f., 5
Gemeiner Wert 199 f.
Gesamtbetrag der Einkünfte 160
Geschäftsleitung 134, 335
Gesetze 25
Gewerbebetrieb
- Begriff 84, 171 f.
- Einkünfte 83 ff.

Gewerbesteuer
- Beginn und Ende 174 f.
- Berechnung 170 f., 180 ff.
- Betriebsstätte 174
- Charakteristik 168 f.
- Gewerbebetriebe 170 ff.
- Gewerbeertrag 175
- Gewerbesteuer- Rückstellung 183
- Gewerbeverlust 180
- Hinzurechnungen 176 ff.
- Kürzungen 179 ff.
- Schulden 177 ff.
- Steuergegenstand 169
- Zerlegungsmaßstab 186

Gewinnausschüttungen
- offene 143, 153
- verdeckte 143 ff.

Gewöhnlicher Aufenthalt 36 ff., 334
Grenzsteuersatz 15
Grundbesitz 201 ff.
Grunderwerbsteuer
- Aufteilungsformel 328
- Berechnung 328
- Besteuerungsverfahren 328 f.
- Charakteristik 326

- Entstehung 329
- Fälligkeit 329
- Steuerbefreiungen 327
- Steuergegenstand 326
- Steuersatz 329
- Zuständigkeit 329

Grundsätze des Steuerrechts 17
Grundsteuer
- Berechnung 209
- Charakteristik 208
- Steuergegenstand 208 f.
- Veranlagung 210 ff.

Grundstück 327
Grundvermögen 203 ff.
Haftung 338 ff.
Halbeinkünfteverfahren 160 ff., 165 ff.
Handelsbilanzgewinn 153
Inland 34
Innergemeinschaftlicher Erwerb 296 ff.
Innergemeinschaftliche Lieferungen 299 ff.
Jahresfehlbetrag 150
Jahresüberschuss 150
Kirchensteuer 193 ff.
Kleinbetragsverordnung 373
Körperschaftsteuer
- Beginn und Ende 136
- Charakteristik 133
- Ermittlung des zu versteuernden Einkommen 139 ff.
- nicht abziehbare Aufwendungen 145 ff.
- Steuerpflicht 133 ff.

Kommissionär 265 f.
Korrektursystem der Abgabenordnung 371
Leasing 267 f.
Leistungsaustausch 240 ff.
Liebhaberei 48 ff.
Lieferungen
- Begriff 255 ff.
- gleichgestellte 274 ff.
- Ort der Lieferung 258 ff.
- Zeitpunkt 257 ff.

Maßstabsteuer 29
Mitunternehmer 85 ff.
Progression 14
Rechnung 310 ff.
Rechtsbehelfsbelehrung
- fehlende 356

Rechtsprechung 25
Rechtsquellen 25
Rechtsverordnungen 25
Reihengeschäft 259 ff.
Sachaufsichtsbeschwerde 379
Sachbezüge 66 ff.
Sachwertverfahren 205 f.
Säumniszuschlag 5, 371
Schonfrist 370 f.
Sitz 134 f., 335
Solidaritätszuschlag 193ff.
Sonderausgaben 58 ff.
Sonstige Leistung
- Begriff 278
- gleichgestellte Leistungen 278 ff.
- Ort 283 ff.
- Zeitpunkt 280, 283

Spekulationsgeschäfte 126 f.
Steueranmeldung 354, 356
Staatsangehörigkeit 38
Steuerbegriff 3 ff.
Steuerbemessungsgrundlage 11 f.
Steuerbescheid 355 ff.
Steuerdestinatar 10
Steuererklärung 354 f.
Steuergeheimnis 336
Steuergläubiger 10
Steuern
- Aufkommen 24
- Besitzsteuern 21
- Betriebswirtschaftliche Gesichtspunkte 23
- direkte 19
- Entstehung 337 f.
- Bundessteuern 22
- Ertragsteuern 24
- Gemeindesteuern 22
- Gemeinschaftsteuern 22
- indirekte 20
- Ländersteuern 20
- Objektsteuern 19 f.
- Veranlagungsteuer 30
- Personensteuern 19
- Realsteuern 21

– Verbrauchsteuern 20
– Verkehrsteuern 20
Steuerobjekt 11
Steuerpflichtiger 9
Steuerrechtsfähigkeit 9 f.
Steuerschuldner 8 f.
Steuersatz
– ermäßigter 83, 95 ff.
Steuersubjekt 8
Steuersystem 12
Steuertarif 12 ff.
Steuerträger 10
Steuerzahler 10
Steuerbilanzgewinn 159
Steuerbilanzverlust 159
Steuerbilanzwert 199
Steuerschuldrecht 337 ff.
Steuergestaltungslehre 2
Steuerrechtsgestaltungslehre 2
Steuerrechtsnormenlehre 2
Steuerwirkungslehre 2
Stille Gesellschaft 115 f.
Stiller Gesellschafter 89
Stundung 364 f.
Subsidiaritätsprinzip 47 f., 119
Teilbetrieb 91 f.
Teilwert 199
Termin 342
Umsatzsteuer
– Aufzeichnungen 325
– Befreiungen 289 f.
– Beginn und Ende 250 f.
– Besteuerungsarten 317 f.
– Besteuerungsformen 317
– Charakteristik 227 ff.
– Differenzbesteuerung 322
– Durchschnittssätze 323 f.
– Einheitstheorie 253 f.
– Entstehung 315
– Entgelt 303 ff.
– Geltungsbereich 232 ff.
– Halbunternehmer 301
– Identifikationsnummer 298
– Istbesteuerung 318
– Kleinunternehmer 319 ff.
– Option 289 f.
– Organschaft 246 ff.
– Zusammenfassende Meldung 316
– Regelbesteuerung 308 f.
– Reiseleistungen 321 f.
– Steuergegenstand 235 ff.
– Steuersatz 306
Unternehmer 243 ff.
Veranlagungsverfahren 30 f.
Veranlagungsformen 128 ff.
Veräußerungsgewinne 89 ff., 125 ff.
Verjährung
– Arten 367 f.
Verluste 51 ff.
Vermögensarten 198
Verspätungszuschlag 5, 355
Verwaltungsakt
– Begriff 350
– Begründung 351
– Bekanntgabe 353 ff.
– Erfordernisse 350
– Formzwang 350
– Nichtigkeit 350
– Wirksamkeit 351
Verwaltungsanweisungen 26
Verwaltungshandlungen 349 f.
Verzinsung 368 ff.
Vorbehalt der Nachprüfung 357 ff.
Vorläufige Steuerfestsetzung 358 f.
Vorsteuerabzug 307 ff.
Werbungskosten 67 ff., 116 f., 124
Werklieferung 268 ff.
Wiedereinsetzung 347 ff.
Wirtschaftliche Einheit 198 f.
Wohnsitz 35 f., 334
Zahlung
– Zahlungsfrist 362
– Zahlungsverjährung 362 f.
– Zahlungsverjährungsfrist 367 f.
Zuschlagsteuern 193 ff.
Zwangsgelder 5

www.ingramcontent.com/pod-product-compliance
Lightning Source LLC
LaVergne TN
LVHW092153300926
849161LV00002B/267